SCHÄFFER
POESCHEL

Marco Herrmann/Sarah Lisanne John

Arbeitsbuch
Volkswirtschaftslehre

2017
Schäffer-Poeschel Verlag Stuttgart

Sarah Lisanne John, Deutsche Bundesbank, Frankfurt/ Main
Dr. Marco Herrmann, VNG-Verbundnetz Gas AG, Leipzig.

Gedruckt auf chlorfrei gebleichtem, säurefreiem und alterungsbeständigem Papier

Bibliografische Information der Deutschen Nationalbibliothek
Die Deutsche Nationalbibliothek verzeichnet diese Publikation in der Deutschen National-
bibliografie; detaillierte bibliografische Daten sind im Internet über http://dnb.d-nb.de
abrufbar.

Print: ISBN 978-3-7910-3868-1   Bestell-Nr. 10212-0001
ePDF: ISBN 978-3-7910-3869-8   Bestell-Nr. 10212-0150

Die Aufgaben sind eine Auswahl aus der US-Originalausgabe.
Die Lösungen wurden von den deutschen Autoren erstellt.

With Selected Materials from
WORTH PUBLISHERS, New York
Copyright 2015 by Worth Publishers
All rights reserved

Titel der Originalausgabe »ECONOMICS 4E« von Paul Krugman und Robin Wells,
veröffentlicht 2015 in den USA von WORTH PUBLISHERS, New York
© 2015 der Aufgaben WORTH PUBLISHERS
© 2017 Schäffer-Poeschel Verlag für Wirtschaft · Steuern · Recht GmbH

www.schaeffer-poeschel.de
service@schaeffer-poeschel.de

Umschlagentwurf: Goldener Westen, Berlin
Umschlaggestaltung: Kienle gestaltet, Stuttgart (Bildnachweis: Shutterstock)
Layout: Ingrid Gnoth | GD 90, Buchenbach
Redaktion: Bernd Marquard, Stuttgart
Satz: Claudia Wild, Konstanz
Druck und Bindung: C.H. Beck, Nördlingen

Printed in Germany
März 2017

Schäffer-Poeschel Verlag Stuttgart
Ein Tochterunternehmen der Haufe Gruppe

Inhaltsverzeichnis

Vorwort

Die zweite Auflage der deutschen Ausgabe des weltweit erfolgreichen Standardlehr-buches der Volkswirtschaftslehre, »Economics« von Paul Krugman und Robin Wells (ISBN 978-3-7910-3371-9), erscheint nicht nur komplett überarbeitet und in einem neuen, modernen Layout, sondern erstmals auch gemeinsam mit einem Arbeits-buch als Begleiter. Durch die Vielzahl der neuen Inhalte im Lehrbuch war es für die Arbeitsaufgaben am Ende eines jeden Kapitels zu eng geworden. Diese Aufgaben haben in dem nun vorliegenden Arbeitsbuch ihren wohlverdienten Platz gefunden.

Natürlich enthält das Arbeitsbuch nicht nur Aufgaben, sondern auch Antworten. Beantwortet werden gleichermaßen einfachere Wiederholungsfragen und komple-xere Problemstellungen, die sich an den 34 Kapiteln aus dem Lehrbuch orientieren. Dabei haben wir uns stets bemüht, auf nachvollziehbare und anschauliche Weise das vielfältige Wissen aus dem Lehrbuch auf die konkreten ökonomischen Sachver-halte anzuwenden. Viele Antworten werden zudem durch Abbildungen unterstützt.

An dieser Stelle geht unser Dank an Herrn Dipl.-Volksw. Frank Katzenmayer und Herrn Dipl.-Volksw. Bernd Marquard, die den Grundstein für dieses Arbeitsbuch ge-legt und gleichzeitig maßgeblich zu dessen Gelingen beigetragen haben.

Wir hoffen, dass das Arbeitsbuch den großen Fußstapfen des Lehrbuches folgt und für alle Lesenden eine sinnvolle und hilfreiche Ergänzung zum großartigen Lehrbuch darstellt.

Sarah Lisanne John und Marco Herrmann
Tübingen und Leipzig, im November 2016

1 Grundprinzipien

Frage 1

Beschreiben Sie einige Komponenten der Opportunitätskosten, wenn Sie sich entschließen, das Folgende zu tun:

   a. eine Universität zu besuchen statt einer Berufstätigkeit nachzugehen;
   b. ins Kino zu gehen statt sich für eine Prüfung vorzubereiten;
   c. mit dem Bus zu fahren statt das eigene Auto zu nehmen.

Lösung

   a. Einige Opportunitätskosten des Studiums sind die folgenden: entgangenes Einkommen aus Erwerbsarbeit, entgangene Arbeitserfahrung, Studiengebühren, Kosten für Lehrbücher und Arbeitsmaterialien usw. Der Universitätsbesuch generiert aber auch Nutzen: spannenderer, besser bezahlter Job nach dem Studium, Freude am Lernen usw.
   b. Es entstehen insbesondere Opportunitätskosten in Form von weniger Zeit zum Lernen (da Zeit eine knappe Ressource ist) und damit verbunden eine schlechtere Note in der Prüfung und andere Konsequenzen. Natürlich generiert der Kinobesuch auch Nutzen (z. B. Spaß).
   c. Opportunitätskosten, die mit Bus fahren verbunden sind, beinhalten die Wartezeit, den Fußweg von der Bushaltestelle zu Ihrem Zielort (statt das Auto direkt vor dem Gebäude abstellen zu können) und vermutlich eine längere Fahrzeit. Wenn die Opportunitätskosten ihrer Zeit hoch sind, könnten diese Kosten prohibitiv hoch sein. Nutzen des Busfahrens: Es ist günstiger.

Frage 2

Lisa muss sich für ihre nächste Wirtschaftsvorlesung ein englischsprachiges Lehrbuch kaufen. In der Universitätsbuchhandlung kostet das Buch 65 Euro. Im Internet bietet ein Händler das Buch für 55 Euro an, ein anderer für 57 Euro. In allen Preisen ist die Mehrwertsteuer enthalten. Die Tabelle zeigt die durchschnittlichen Versandkosten für Lehrbücher, die online bestellt werden.

   a. Worin bestehen die Opportunitätskosten, wenn man online kauft?
   b. Stellen Sie die relevanten Entscheidungsmöglichkeiten von Lisa dar. Wodurch bestimmt sich, welche dieser Optionen Lisa wählen wird?

Tab. 1-1

Versandmethode	Lieferzeit	Versandkosten
Standardversand	3–7 Arbeitstage	3,99 €
Schnellversand	2 Arbeitstage	8,98 €
Expressversand	1 Arbeitstag	13,98 €

Lösung

a. Die Opportunitätskosten des Bücherkaufs über das Internet sind die Summe der zusätzlichen Versandkosten plus der Opportunitätskosten der Zeit, die Sie warten müssen, bis das Buch geliefert wird (in der Buchhandlung ist das Buch sofort verfügbar) minus die Kosten, die Sie gegenüber dem Kauf in der Buchhandlung sparen.

b. Wenn Lisa das Buch spätestens am nächsten Tag benötigt, wird sie es in der Buchhandlung kaufen, da selbst das billigste Internetangebot mit Expressversand 68,98 Euro kosten würde (Kauf auf der ersten Website: Buchpreis 55 Euro + Expressversand 13,98 Euro). Wenn sie es erst später benötigt, wird sie es online kaufen. Lisa wird sich nie für die Website entscheiden, bei der das Buch 57 Euro kostet, da die Kosten immer höher sind als bei einer Bestellung über die Website, bei der das Buch 55 Euro kostet.

Frage 3

Erläutern Sie für jedes der folgenden Beispiele, wie Sie das Marginalprinzip anwenden würden, um eine Entscheidung zu fällen.

a. Die Entscheidung, wie lange Sie warten wollen, bevor Sie das nächste Mal Wäsche waschen.

b. Die Entscheidung, wie oft Sie nicht an der Vorlesung »Einführung in die Volkswirtschaftslehre« teilnehmen.

Lösung

Wenn das Marginalprinzip angewendet wird, um eine Entscheidung zu fällen, lautet die grundsätzliche Frage: Ist der zusätzliche Nutzen größer als die zusätzlichen Kosten? Wenn diese Frage mit »ja« beantwortet werden kann, sollte die Aktion durchgeführt werden.

a. Wie viel Wäsche benötige ich für einen weiteren Tag und wie viel Geld kann ich dadurch einsparen, dass ich die Waschmaschine erst anschalte, wenn sie voll ist?

b. Wie viel Wissen geht verloren, wenn man auf die Teilnahme an einer weiteren Vorlesungseinheit verzichtet? Welchen zusätzlichen Nutzen bringt eine alternative Zeitverwendung?

Frage 4

An diesem Morgen haben Sie eine Reihe individueller Entscheidungen getroffen: Sie haben ein belegtes Brötchen und eine Tasse Tee in Ihrem Café um die Ecke gekauft, Sie sind mit Ihrem Auto während der Hauptverkehrszeit zur Universität gefahren und Sie haben für eine Kommilitonin die Seminararbeit getippt, weil Sie sehr schnell tippen können – im Gegenzug wird die Kommilitonin für einen Monat Ihre Wäsche waschen. Beschreiben Sie für jede dieser Aktionen, welche Wechselwirkungen zwischen Ihren individuellen Entscheidungen und den individuellen Entscheidungen anderer bestanden. Erläutern Sie, ob sich andere Menschen aufgrund Ihrer Entscheidungen schlechter oder besser gestellt haben.

Lösung

Sie haben für den Kauf eines Brötchens und einer Tasse Tee im Café Geld bezahlt. Der Handel ist zum beiderseitigen Vorteil: Ihr Nutzen (Geschmack, Zeitersparnis) ist größer als Ihre Kosten (sonst hätten sie den Kauf nicht getätigt); der Erlös des Cafébesitzers ist größer als die Herstellungskosten (sonst hätte er Brötchen und Tee nicht zum Kauf angeboten).

Die Entscheidung, während der Hauptverkehrszeit mit dem Auto zu fahren, trägt zu einer weiteren Verstopfung der Straßen bei. Ihre Entscheidung hatte einen Nebeneffekt für andere Autofahrer, die schlechter gestellt werden: Dadurch, dass Sie ebenfalls mit dem Auto unterwegs sind, fahren alle anderen noch ein wenig langsamer.

Die Entscheidung, mit Ihrer Kommilitonin einen Handel einzugehen – sie wäscht Ihre Wäsche, während Sie ihre Seminararbeit tippen – ist ein weiteres Beispiel dafür, dass Handel zum beiderseitigen Vorteil ist. Sie haben beide freiwillig zugestimmt, sich auf eine Aufgabe zu spezialisieren, die Sie verhältnismäßig besser können, weil Sie erwarten, von dieser Interaktion zu profitieren.

Frage 5

Beschreibt die folgende Situation ein Gleichgewicht? Wenn nicht, wie müsste dann ein Gleichgewicht aussehen?

Jeder Studierende der Veranstaltung »Einführung in die Volkswirtschaftslehre« muss auch an einer wöchentlichen Übungsgruppe teilnehmen. In diesem Semester werden zwei Übungsgruppen angeboten: Übungsgruppe A und Übungsgruppe B. Beide Übungen finden zur selben Zeit in nebeneinanderliegenden Räumen statt und werden von gleichermaßen kompetenten Assistenten geleitet. Übungsgruppe A ist überfüllt, die Studierenden sitzen auf dem Boden und können oft nicht erkennen, was an die Tafel geschrieben wird. In Übungsgruppe B gibt es viele freie Plätze.

Lösung

Die Situation beschreibt kein Gleichgewicht. Wenn Studierende aus der Übungsgruppe A in die Übungsgruppe B wechseln würden, wären sie besser gestellt: Ohne zusätzliche Kosten (Übungsgruppen zur gleichen Zeit, Übungsleiter gleichermaßen kompetent) hätten sie einen Sitzplatz und könnten erkennen, was an die Tafel geschrieben wird. Man kann davon ausgehen, dass die Studierenden aus Übungsgruppe A im Laufe der Zeit zu Übungsgruppe B wechseln, bis sich ein Gleichgewicht eingestellt hat.

Frage 6

Erörtern Sie die Implikationen der folgenden Politikstrategie für Effizienz und Gerechtigkeit. Wie würden Sie den Wunsch nach Gerechtigkeit und Effizienz in diesen beiden Bereichen zum Ausgleich bringen?

Wenn Menschen ihren Arbeitsplatz verlieren, zahlt der Staat Arbeitslosenunterstützung, bis sie einen neuen Job finden.

Lösung

Die Politikstrategie ist gerecht: Alle Arbeitslosen werden gleichermaßen unterstützt. Sie ist ineffizient: Der Anreiz, möglichst schnell einen neuen Arbeitsplatz zu finden, nimmt ab. Um einen Ausgleich zu erzielen, müsste die Arbeitslosenunterstützung geringer als das letzte erzielte Einkommen sein und mit der Zeitdauer der Arbeitslosigkeit sinken oder voraussetzen, dass die Empfänger nachweisen können, dass sie aktiv nach einer Anschlussbeschäftigung suchen.

Frage 7

Regierungen greifen oft zu bestimmten politischen Maßnahmen, um ein bestimmtes Verhalten Ihrer Bürger zu erreichen. Bestimmen Sie für jede der folgenden Politikmaßnahmen, welcher Anreiz gesetzt wird und welches Verhalten die Regierung fördern möchte. Erläutern Sie jeweils auch, warum Sie glauben, dass die Regierung eine Verhaltensänderung der Menschen herbeiführen möchte, statt dies der individuellen Entscheidung zu überlassen.

    a. Die Regierung bezahlt Universitätsstudierende, damit sie Kindern von Familien mit niedrigem Einkommen Nachhilfeunterricht geben.

    b. Die Regierung erhebt eine Steuer auf die Menge an Luft verschmutzenden Emissionen, die ein Unternehmen freisetzt.

Lösung

    a. Diese Politikmaßnahme setzt einen finanziellen Anreiz für Studierende, damit Kinder aus Familien mit niedrigem Einkommen auch Nachhilfeunterricht erhalten, den sich die Eltern sonst vielleicht nicht leisten könnten. Dadurch können gleiche Bildungschancen für alle Kinder hergestellt werden, unabhängig von ihrer sozialen Herkunft. Gleichzeitig hat diese Maßnahme auch Nebeneffekte auf den Rest der Gesellschaft: Je besser die Schüler in der Schule sind, desto produktiver, glücklicher und gesünder wird die Bevölkerung sein. Darüber hinaus werden attraktive Nebenjobs für Studierende geschaffen.

    b. Die Steuer erhöht den Preis der umweltschädlichen Aktivitäten, sodass den Unternehmen ein Anreiz gesetzt wird, weniger Emissionen zu verursachen. Umweltverschmutzung hat einen negativen Effekt auf andere: Sie senkt die Luftqualität (beispielsweise trägt sie zur Bildung von Ozon und Smog bei) und verursacht eine Menge unterschiedlicher Gesundheitsbeschwerden (beispielsweise Asthma). Bei der Entscheidung, welche Emissionsmenge ein Unternehmen freisetzt, werden diese negativen Effekte ungenügend einkalkuliert. Die Steuer ist ein Weg, den Preis der Umweltverschmutzung zu erhöhen und Unternehmen zu verdeutlichen, welche Kosten sie für andere verursachen.

Frage 8

Erklären Sie für jede der folgenden Situationen, wie ein Eingreifen der Regierung die gesellschaftliche Wohlfahrt durch eine Änderung der Anreize erhöhen könnte, denen sich Menschen gegenübersehen. In welchem Sinne führt der Markt zu einer falschen Lösung?

a. Die durch Autoabgase hervorgerufene Umweltbelastung hat ein gesundheitsgefährdendes Maß erreicht.

b. Jeder Bewohner von Waldheim wäre besser gestellt, wenn es in der Stadt eine Straßenbeleuchtung gäbe. Keiner der Einwohner ist jedoch bereit, die Kosten für die Installation einer Straßenlaterne vor seinem Haus zu übernehmen. Es scheint nämlich unmöglich, von den Bürgern den Betrag zu erheben, der dem Nutzen entspricht, den sie durch diese Straßenlaterne erhalten.

Lösung

a. Bei der Entscheidung darüber, wie oft das Auto genutzt wird, berücksichtigen die Fahrer nicht die Kosten, die den anderen Verkehrsteilnehmern durch Autoabgase entstehen. Die Marktlösung führt also dazu, dass zu viel mit dem Auto gefahren wird und die Umweltverschmutzung zu hoch ist. Daher ist ein Staatseingriff nötig, wie z. B. die Förderung des Verkaufs von emissionsarmen Fahrzeugen oder die Erhebung einer Emissionssteuer, sodass der Autoverkehr abnimmt, die Gesundheitsgefahr gebannt und die gesellschaftliche Wohlfahrt gesteigert werden kann.

b. Die Marktlösung würde in dieser Situation dazu führen, dass es zu wenig oder auch gar keine Straßenbeleuchtung gibt. Daher sollte der Staat die Kosten für die Straßenbeleuchtung übernehmen und z. B. durch Steuern finanzieren, um die Wohlfahrt der Anwohner zu erhöhen. Es handelt sich um ein öffentliches Gut.

Frage 9

Im Jahr 2010 veröffentlichte Tim Geithner, der zu diesem Zeitpunkt Finanzminister der USA war, einen Artikel, der die Vorgehensweise der Regierung verteidigte. Er schrieb: »Die Rezession, die Ende des Jahres 2007 begann, war außerordentlich heftig. Aber die Maßnahmen, die wir zum Höhepunkt dieser Rezession ergriffen, um die Wirtschaft zu stimulieren, trugen dazu bei, den freien Fall aufzuhalten, verhinderten so einen noch schlimmeren Zusammenbruch und brachten die Wirtschaft wieder auf den Weg zum Aufschwung.« Welche zwei der drei Prinzipien gesamtwirtschaftlicher Interaktion spielen in dieser Aussage eine Rolle?

Lösung

Das im Jahr 2009 von Präsident Barack Obama auf den Weg gebrachte amerikanische Konjunkturpaket (American Recovery and Reinvestment Act) ist ein Beispiel für das Prinzip, dass Regierungspolitik die Ausgaben beeinflussen kann: Durch Steuersenkungen und die Erhöhung staatlicher Ausgaben sollte eine Erhöhung der Gesamtausgaben erreicht werden. Darüber hinaus ist es ein Beispiel für das Prinzip, dass die Ausgaben des einen die Einnahmen des anderen sind: Wenn Ausgaben getätigt werden, beispielsweise Investitionen in die Infrastruktur, steigen die Einnahmen der Unternehmen, die mit der Durchführung der Projekte beauftragt wurden.

Frage 10

Im August 2007 führte ein starker Abschwung auf dem amerikanischen Immobilienmarkt zu einem Einkommensrückgang bei einem Großteil derer, die in der Bauindustrie angestellt waren. Ein Zeitungsartikel im Wall Street Journal vermeldete, dass Walmarts elektronisches Bankgeschäft vermutlich zu leiden hätte, da viele Bauarbeiter Hispano-Amerikaner seien, die regelmäßig einen Teil ihres Einkommens via Walmart an Verwandte in ihrem Heimatland überweisen würden. Verwenden Sie diese Information und nutzen Sie eines der Prinzipien gesamtwirtschaftlicher Interaktion, um eine Argumentationskette zu entwickeln, die erklärt, wie ein Ausgabenrückgang für Immobilien in den Vereinigten Staaten die Entwicklung der mexikanischen Wirtschaft beeinflusst.

Lösung

Das hier zugrunde liegende Prinzip lautet: Die Ausgaben des einen sind die Einnahmen des anderen. Der Abschwung auf dem amerikanischen Immobilienmarkt war gleichbedeutend mit niedrigeren Einkommen für die in den Vereinigten Staaten tätigen Bauarbeiter (niedrigere Ausgaben auf dem Immobilienmarkt bedeuten niedrigere Einnahmen der dort arbeitenden). Das führt wiederum zu geringeren Summen, die an Verwandte in Mexiko überwiesen werden und deshalb zu einem Rückgang der Ausgaben mexikanischer Haushalte. Dadurch sinken die Umsätze der Unternehmen und Arbeitnehmer müssen entlassen werden. Im Endeffekt leidet die gesamte mexikanische Wirtschaft unter dem Abschwung auf dem amerikanischen Immobilienmarkt.

Frage 11

Im Jahr 2012 verursachte der Hurrikan Sandy massive Zerstörungen im Nordosten der USA. Zehntausende Menschen verloren Häuser und andere Besitztümer. Selbst diejenigen, die nicht direkt von den Verwüstungen betroffen waren, nahmen Schaden, da Unternehmen in Konkurs gingen oder sich verkleinern mussten und Arbeitsplätze gestrichen wurden. Erklären Sie unter Zuhilfenahme eines der Prinzipien gesamtwirtschaftlicher Interaktion, wie in dieser Situation ein Eingreifen der Regierung möglicherweise helfen könnte.

Lösung

Die durch den Hurrikan verursachten massiven Zerstörungen führten dazu, dass die dort lebenden Menschen weniger Ausgaben tätigten. Da Unternehmen in Konkurs gingen oder sich verkleinern mussten und Arbeitsplätze gestrichen wurden, sank das Einkommen im Allgemeinen. Durch eine Erhöhung der Staatsausgaben kann die Regierung in dieser Situation Abhilfe schaffen. Sie könnte beispielsweise Menschen für Aufräumarbeiten und die Beseitigung des Schadens sowie für den Wiederaufbau einstellen und so die gesunkenen privaten Ausgaben ausgleichen. Dies ist ein Beispiel dafür, dass Regierungspolitik die Ausgaben beeinflussen kann.

Frage 12

Während der Weltwirtschaftskrise verfaulten Nahrungsmittel auf den Feldern, und Felder, die einst aktiv bewirtschaftet wurden, lagen brach. Erklären Sie mithilfe eines der Prinzipien gesamtwirtschaftlicher Interaktion, wie dies passieren konnte.

Lösung

Während der Weltwirtschaftskrise sanken die Ausgaben derart, dass sie deutlich unter der Produktionskapazität des Landes lagen. Dies spiegelt das Prinzip wider, dass die Gesamtausgaben manchmal von der Produktionskapazität der Wirtschaft abweichen. Aufgrund des dramatischen Ausgabenrückgangs während der Weltwirtschaftskrise fanden die Landwirte nicht genug Abnehmer für die Nahrungsmittel, die sie bereits produziert hatten, und mussten sie verrotten lassen. Es gab ebenfalls einige Landwirte, die ihre Felder brach liegen ließen.

2 Ökonomische Modelle: Zielkonflikte und Handel

Frage 1

Auf Bermuda gibt es zwei wichtige Industriezweige: Fischfang und Tourismus. Im Jahr 2009 fingen die 306 registrierten Bermuda-Fischer 387 Tonnen Seefisch. Die 2.719 in der Hotelbranche angestellten Personen »produzierten« 554.400 Hotelaufenthalte (gemessen an den Besucherzahlen). Nehmen wir einmal an, dass dieser Produktionspunkt produktionseffizient ist. Gehen wir weiterhin davon aus, dass die Opportunitätskosten einer zusätzlichen Tonne Fisch 2.000 Hotelaufenthalte betragen und dass diese Opportunitätskosten konstant sind (die Opportunitätskosten verändern sich also nicht).

a. Wie viele zusätzliche Hotelaufenthalte könnten in Bermuda generiert werden, wenn alle 306 registrierten Fischer nun von den Hotels angestellt würden (zusätzlich zu den 2.719 Personen, die bereits in der Hotelbranche arbeiten)?

b. Wie viele zusätzliche Tonnen Fisch könnten in Bermuda gefangen werden, wenn alle 2.719 Hotelangestellten Fischer werden würden (zusätzlich zu den bereits registrierten 306 Fischern)?

c. Zeichnen Sie die Produktionsmöglichkeitenkurve Bermudas. Tragen Sie die Menge gefangenen Fischs auf der waagerechten Achse und die Anzahl der Hotelaufenthalte auf der senkrechten Achse ab. Markieren Sie den Produktionspunkt Bermudas im Jahr 2009.

Lösung

a. Der Verzicht auf die Produktion einer Tonne Fisch ermöglicht es Bermuda, 2.000 zusätzliche Hotelaufenthalte zu generieren. Durch den Verzicht auf die Produktion von 387 Tonnen Fisch können deshalb 774.000 zusätzliche Hotelaufenthalte generiert werden. Wenn alle Fischer nun von den Hotels angestellt würden, könnten insgesamt 1.328.400 Hotelaufenthalte generiert werden.

b. Der Verzicht auf die Bereitstellung von 2.000 Hotelübernachtungen ermöglicht es Bermuda, eine zusätzliche Tonne Fisch zu produzieren. Der Verzicht auf 554.400 Hotelübernachtungen ermöglicht Bermuda somit die Produktion von zusätzlich 277,2 Tonnen Fisch. Wenn alle Hotelangestellten nun Fischer werden würden, könnten in Bermuda 664,2 Tonnen Fisch produziert werden.

c. Die Abbildung zeigt die Produktionsmöglichkeiten für Bermuda. Beachten Sie, dass die Produktionsmöglichkeitenkurve als Gerade verläuft, da die Opportunitätskosten konstant sind. Punkt A bezeichnet den Produktionspunkt im Jahr 2009.

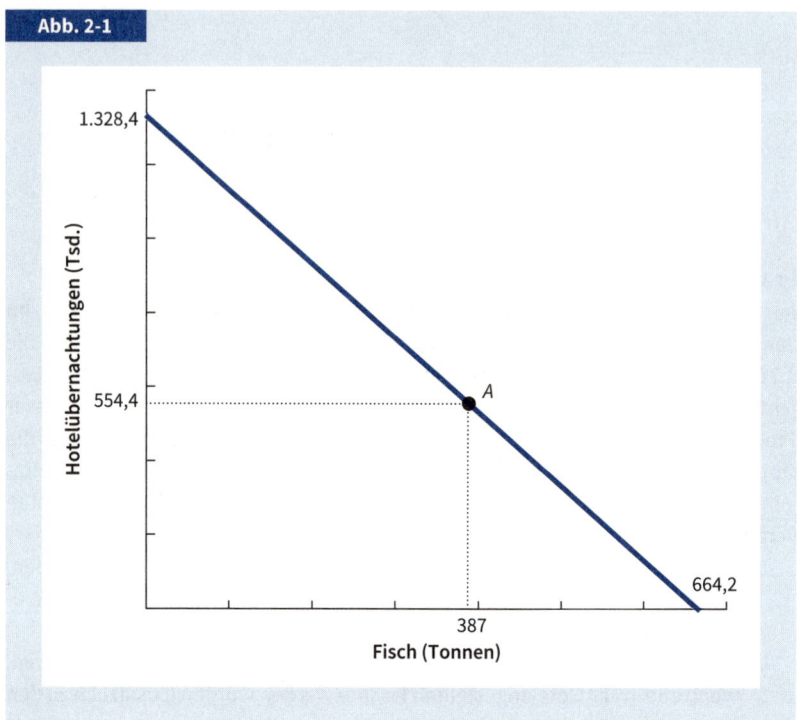

Abb. 2-1

Frage 2

In einem Monat verkauften die Vereinigten Staaten Flugzeuge im Wert von 1 Milliarde Dollar an China. Sie kauften China auch Flugzeuge ab, allerdings nur im Wert von 19.000 Dollar. Die Vereinigten Staaten erwarben aus China jedoch im gleichen Monat Männerhosen im Wert von 83 Millionen Dollar und verkauften an China Hosen lediglich im Wert von 8.000 Dollar. Beantworten Sie die folgenden Fragen mithilfe Ihres neu erworbenen Wissens darüber, wie Handel von komparativen Vorteilen bestimmt wird.

    a. Welches Land hat in der Flugzeugproduktion den komparativen Vorteil? Welches in der Produktion von Hosen?

    b. Können Sie bestimmen, welches Land den absoluten Vorteil in der Flugzeugproduktion bzw. in der Produktion von Hosen hat?

Lösung

    a. Da Länder von einer Spezialisierung in der Produktion der Güter profitieren, in der sie einen komparativen Vorteil haben, müssen die Vereinigten Staaten über einen komparativen Vorteil in der Flugzeugproduktion verfügen. China muss den komparativen Vorteil bei der Produktion von Bekleidung besitzen.

    b. Da Handel nichts über absolute Vorteile in der Produktion aussagt, können wir aus den Daten nicht ableiten, welches Land einen absoluten Vorteil in der Flugzeugproduktion bzw. in der Produktion von Hosen hat.

Frage 3

Sie sind verantwortlich für die Zusammenstellung der Baseball- und der Basketball-mannschaft Ihres Wohnheims. Bis auf die letzten vier Personen ist Ihr Team zusammengestellt. Von den letzten vier müssen zwei der Baseballmannschaft und zwei der Basketballmannschaft zugeteilt werden. Die zu dieser Aufgabe gehörende Tabelle zeigt für jeden der Kandidaten den Batting-Durchschnitt und den Freiwurf-Durchschnitt. (Der Batter ist beim Baseball der Schlagmann, der mit dem Schläger den Ball des Pitchers (Werfer) treffen muss, A.d.Ü.) Der Batting-Durchschnitt gibt den Prozentsatz der vom Schlagmann regelgerecht getroffenen Bälle an.

Tab. 2-1

Name	Batting-Durchschnitt	Freiwurf-Durchschnitt
Kelley	70 %	60 %
Jackie	50 %	50 %
Curt	10 %	30 %
Gerry	80 %	70 %

a. Erläutern Sie, wie Sie das Konzept des komparativen Vorteils verwenden würden, um die Spieler zuzuordnen. Berechnen Sie dabei zunächst für jeden Spieler die Opportunitätskosten von Freiwürfen, ausgedrückt in Batting-Durchschnitt-Einheiten.
b. Warum ist es wahrscheinlich, dass die anderen Basketballspieler mit ihrer Zuordnung nicht zufrieden sein werden, während sich die anderen Baseballspieler vermutlich freuen werden? Warum würde – unabhängig davon – ein Ökonom sagen, dass die von Ihnen gefundene Zuordnung eine effiziente Weise ist, die Spieler auf die beiden Mannschaften aufzuteilen?

Lösung

a. Schauen wir uns zunächst einmal die Opportunitätskosten von Freiwürfen eines jeden Spielers an:

Tab. 2-2

	Opportunitätskosten von …			
	Kelley	Jackie	Curt	Gerry
Freiwurf (in Batting-Durchschnitt-Einheiten)	70/60 = 1,17	50/50 = 1,00	10/30 = 0,33	80/70 = 1,14

Jackie und Curt besitzen die niedrigsten Opportunitätskosten des Basketball-spielens, sie haben also einen komparativen Vorteil beim Basketball. Sie müssten für eine Einheit Freiwurf-Durchschnitt auf weniger Einheiten Batting-Durchschnitt verzichten als Kelley und Gerry. Folglich muss man Jackie und Curt der Basketballmannschaft zuordnen und Kelley und Gerry der Baseballmannschaft.

Es ist wahrscheinlich, dass das Basketballteam mit dieser Zuteilung unzufrieden ist. Sowohl Jackie als auch Curt haben im Vergleich zu den anderen beiden Spielern einen absoluten Nachteil im Basketballspielen. (Sie haben auch einen absoluten Nachteil im Baseballspielen, aber sie sind verhältnismäßig weniger schlecht beim Basketball als beim Baseball.) Das Baseballteam wird vermutlich zufrieden sein, da Kelley und Gerry einen absoluten Vorteil im Baseballspielen besitzen. Wenn man jedoch Augenmerk auf die Anzahl der Gewinne mit dieser Zuteilung des Wohnheims legt (so wie ein Ökonom Augenmerk auf die Effizienz legt), ist diese Zuteilung die beste: Sie maximiert insgesamt die Gewinnchancen des Wohnheims.

Frage 4

Konstruieren Sie ein Kreislaufdiagramm, das den Sektor der Wirtschaft darstellt, der sich der Hochschulausbildung widmet: Universitäten stehen für den Unternehmenssektor, die Haushalte konsumieren Ausbildung und stellen Fakultätsmitglieder sowie Studierende zur Verfügung. Welches sind die relevanten Märkte dieses Modells? Was wird in jede Richtung ge- und verkauft? Wie wirkt es sich aus, wenn der Staat beschließen würde, 50 Prozent der Studiengebühren zu übernehmen?

Lösung

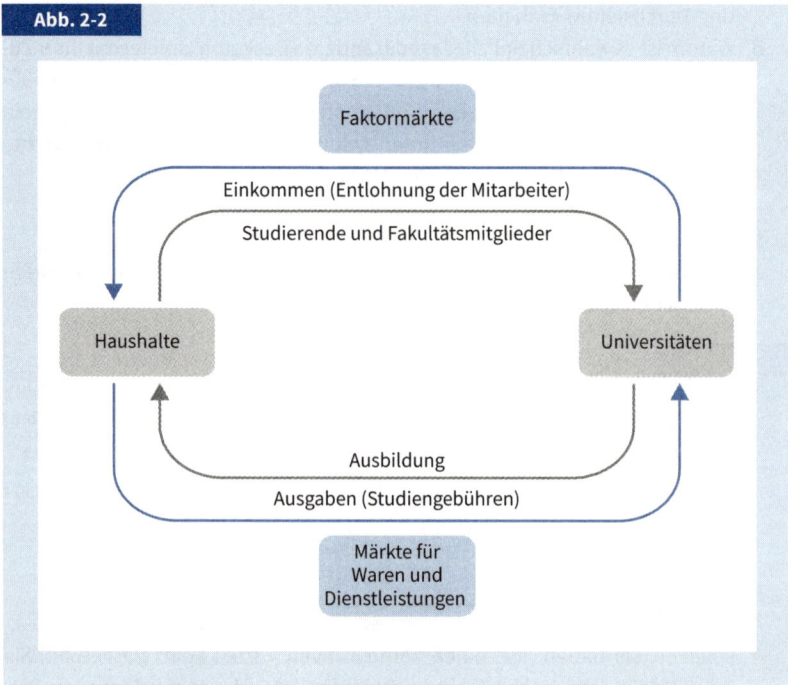

Abb. 2-2

Wenn der Staat beschließt, die Studiengebühren zu 50 Prozent zu übernehmen, sinken die Ausgaben der Haushalte für das Gut Ausbildung um die Hälfte. Gleichzeitig würde ein neuer Sektor Staat eingezeichnet, der die Hälfte der Ausgaben für Ausbildung übernimmt (Geldstrom vom Staat zu Universitäten). Die Haushalte würden Steuern an den Staat zahlen in Höhe ihrer Ausgaben für das Gut Ausbildung (Geldstrom von den Haushalten zum Staat). Die Einkommen der Mitarbeiter bleiben unverändert, ebenso der Strom »Studierende und Fakultätsmitglieder«.

Frage 5

Ein Vertreter der deutschen Textilindustrie machte kürzlich folgende Bemerkung: »Arbeiter müssen in Asien oft unter unzumutbaren Bedingungen arbeiten und erhalten nur wenige Cent pro Stunde. Deutsche Arbeiter sind produktiver und erhalten deswegen höhere Löhne. Um die sozialen Standards deutscher Arbeitsplätze aufrechterhalten zu können, sollte die Regierung ein Gesetz verabschieden, mit dem der Import von asiatischen Textilien verboten wird, die dort zu den sozial nicht akzeptablen Löhnen produziert wurden.«

 a. Bei welchen Teilen dieses Zitats handelt es sich um eine positive Aussage? Bei welchen Teilen handelt es sich um normative Aussagen?
 b. Ist die Politik, die hier vertreten wird, konsistent mit den vorausgehenden Aussagen über Löhne und Produktivität deutscher und asiatischer Arbeitnehmer?
 c. Würde die vorgeschlagene Politik einige Deutsche besser stellen, ohne andere Deutsche schlechter zu stellen? Anders ausgedrückt: Wäre diese Politik aus Sicht aller Deutschen effizient?
 d. Würde diese Politik den asiatischen Niedriglohnarbeitern nutzen oder schaden?

Lösung

 a. Die beiden ersten Sätze sind positive Aussagen, der dritte Satz ist eine normative Aussage.
 b. Die Politikempfehlung ist nicht konsistent mit den vorhergehenden Aussagen. Die Aussage über die Produktivität deutscher und asiatischer Arbeitnehmer bezieht sich auf den absoluten Vorteil, den deutsche Arbeitnehmer gegenüber asiatischen Arbeitnehmern haben. Asiatische Arbeiter könnten aber noch immer einen komparativen Vorteil haben. Wenn dies der Fall ist, wäre die Politikstrategie nicht effizient.
 c. Nein. Wenn Deutschland mehr Ressourcen in die Produktion von Kleidung stecken würde, müsste die Produktion anderer Güter aufgegeben werden. Im Ergebnis würde in Deutschland generell weniger konsumiert als in einer Situation ohne Beschränkung des Handels, was zumindest einige Konsumenten schlechter stellt (auch wenn durch die Politik Arbeitnehmer in deutschen Textilfabriken besser gestellt werden). Deshalb ist die Politik ineffizient.
 d. Auch den geringverdienenden asiatischen Arbeitnehmern würde diese Politik schaden. Die Ressourcen, die das asiatische Land in der Textilproduktion nutzte, würden nun für die Produktion anderer Güter verwendet werden, die

zuvor aus Deutschland importiert wurden. Da das asiatische Land aber nicht einen komparativen Vorteil in der Produktion dieser Güter besitzt, würde von allen Gütern weniger konsumiert werden.

Frage 6

Ökonomen, die für die Regierung arbeiten, werden oft um wirtschaftspolitische Empfehlungen gebeten. Warum, glauben Sie, ist es für die Öffentlichkeit wichtig, bei diesen Empfehlungen normative und positive Aussagen auseinanderhalten zu können?

Lösung

Positive Aussagen beruhen auf Fakten oder zumindest auf unserer bestmöglichen Einschätzung davon, wie diese Fakten aussehen. Diese Aussagen sind deshalb unabhängig von den politischen Ansichten eines Wirtschaftswissenschaftlers. Normative Aussagen können von den eigenen Werturteilen des Ökonomen geprägt sein. Ob man mit den normativen Aussagen eines Ökonomen übereinstimmt, hängt also davon ab, ob man diese Werte teilt oder nicht. Die Öffentlichkeit sollte daher in der Lage sein, diese normativen Aspekte von den positiven zu trennen, die Tatsachen beschreiben.

Frage 7

Atlantis ist ein kleines, isoliertes Land im Südatlantik. Die Einwohner bauen Kartoffeln an und fangen Fisch. Die Tabelle zeigt die maximalen jährlichen Outputkombinationen von Kartoffeln und Fisch. Vor dem Hintergrund der gegebenen begrenzten Ressourcen und der verfügbaren Technologie wird deutlich, dass bei Verwendung von mehr Ressourcen für die Kartoffelproduktion weniger Ressourcen für den Fischfang verfügbar sind.

Tab. 2-3

Maximaler jährlicher Output – Optionen	Menge an Kartoffeln (kg)	Menge an Fisch (kg)
A	1.000	0
B	800	300
C	600	500
D	400	600
E	200	650
F	0	675

a. Zeichnen Sie eine Produktionsmöglichkeitenkurve für die durch die Punkte A bis F beschriebenen Optionen. Tragen Sie dabei Kartoffeln auf der waagerechten und Fisch auf der senkrechten Achse ab.

b. Kann Atlantis 500 Kilogramm Fisch und 800 Kilogramm Kartoffeln produzieren? Begründen Sie Ihre Auffassung. Wo würde dieser Punkt im Verhältnis zur Produktionsmöglichkeitenkurve liegen?

c. Wie hoch sind die Opportunitätskosten, die sich ergeben, wenn der jährliche Output an Kartoffeln von 600 auf 800 Kilogramm erhöht wird?

d. Wie hoch sind die Opportunitätskosten einer Erhöhung der jährlichen Kartoffelproduktion von 200 auf 400 Kilogramm?

e. Können Sie erklären, warum Ihre Antworten zu Teil c und Teil d sich voneinander unterscheiden? Welche Implikation ergibt sich daraus für die Steigung der Produktionsmöglichkeitenkurve?

Lösung

a.

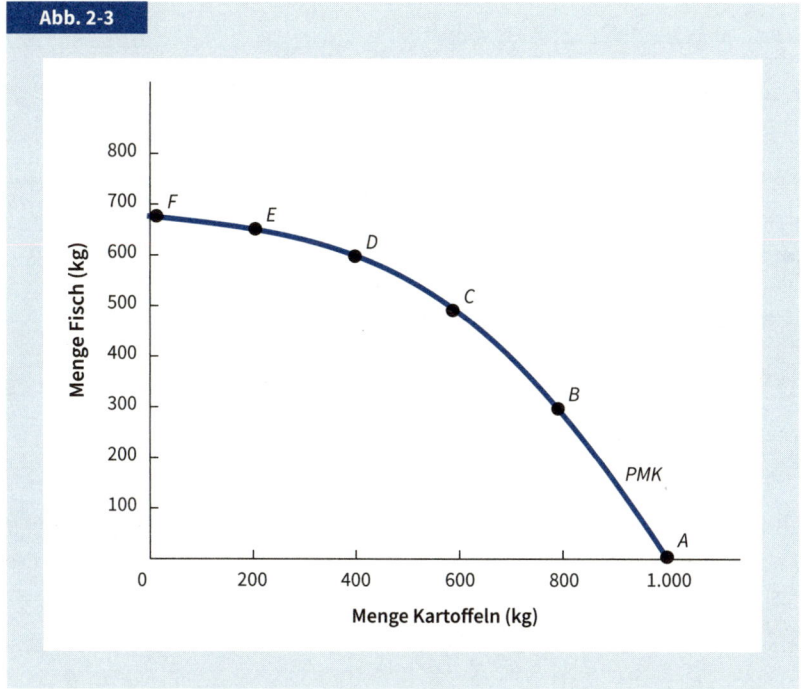

Abb. 2-3

b. Nein. Wenn Atlantis 500 Kilogramm Fisch produziert, können höchstens 600 Kilogramm Kartoffeln produziert werden. Der Punkt liegt außerhalb der Produktionsmöglichkeitenkurve, d. h. es stehen nicht genügend Ressourcen für diesen Produktionspunkt zur Verfügung.

c. Die Opportunitätskosten für die Erhöhung der Kartoffelproduktion von 600 auf 800 Kilogramm betragen 200 Kilogramm Fisch. In diesem Fall müsste die Fischproduktion von 500 auf 300 Kilogramm, also um 200 Kilogramm, reduziert werden.

d. Die Opportunitätskosten für die Erhöhung der Kartoffelproduktion von 200 auf 400 Kilogramm betragen 50 Kilogramm Fisch. In diesem Fall müsste die Fischproduktion von 650 auf 600 Kilogramm, also um 50 Kilogramm, reduziert werden.

e. Die Antworten zu den Aufgabenteilen c und d implizieren, dass die Opportunitätskosten steigen, je mehr Kartoffeln in Atlantis produziert werden (beispielsweise, weil die Fläche nutzbaren Landes sinkt). Je mehr Kartoffeln produziert werden, desto weniger Ressourcen stehen für die Fischproduktion zur Verfügung, die deshalb sinkt. Das impliziert, dass die Produktionsmöglichkeitenkurve immer steiler wird, je weiter man nach rechts gelangt. Die Produktionsmöglichkeitenkurve ist nach außen gekrümmt (mathematisch wird diese Form als *konkav* bezeichnet).

Anhang zu 2 Grafische Darstellungen in den Wirtschaftswissenschaften

Frage 1

Betrachten Sie die vier gezeigten Diagramme. Überlegen Sie bei den folgenden Teil-aufgaben, welches Diagramm die dort gemachten Aussagen widerspiegelt. Welche Variable muss an der waagerechten, welche an der senkrechten Achse abgetragen werden? Bei welchen Aussagen ist die Steigung der Kurve positiv, negativ, null oder unendlich?

Abb. 2 A-1

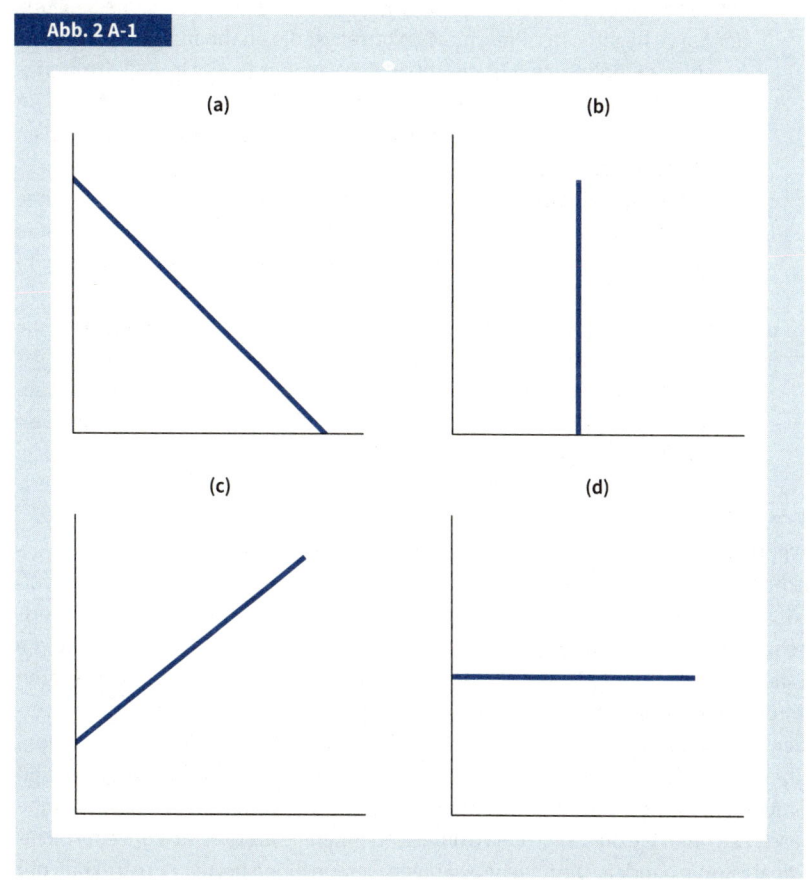

a. Arbeitnehmer mit größerer Berufserfahrung haben typischerweise höhere Einkommen als Arbeitnehmer mit geringerer Berufserfahrung.

b. Wenn der Preis für Kinokarten steigt, gehen weniger Menschen ins Kino.

c. Unabhängig von der Temperatur wird in Deutschland pro Tag die gleiche Anzahl von Bratwürsten gegessen.

d. Unabhängig vom Preis wird von den Verbrauchern dieselbe Menge Salz gekauft.

Lösung

a. Diagramm (c): Je mehr Berufserfahrung ein Arbeitnehmer hat, desto höher ist der Lohn, den er erhält. Die Berufserfahrung ist die unabhängige Variable und wird an der Abszisse abgetragen. Das daraus resultierende Einkommen ist die abhängige Variable und wird an der Ordinate abgetragen. Die Steigung der Kurve ist positiv.

b. Diagramm (a): Je höher der Preis für Kinokarten ist, desto weniger Menschen gehen ins Kino. Der Zusammenhang ist negativ und deshalb ist die Steigung der Kurve negativ. Der Preis für Kinokarten ist die unabhängige Variable; die Anzahl der Kinobesucher ist die abhängige Variable. Es gibt in der Wirtschaftswissenschaft jedoch die Konvention, dass der Preis, wenn er sich ändern kann, an der Ordinate abgetragen wird. Die Anzahl der Kinobesucher wird an der Abszisse abgetragen.

c. Diagramm (d): Mit der Temperatur als unabhängige Variable an der Abszisse und der Anzahl Bratwürste als abhängige Variable auf der Ordinate können wir sehen, dass sich die Anzahl der Bratwürste nicht ändert, egal welche Temperatur vorherrscht. Die Steigung der Kurve ist null.

d. Diagramm (b): Obwohl der Preis für Salz die unabhängige Variable und die Menge Salz die abhängige Variable ist, wird der Preis aufgrund der oben genannten Konvention auf der Ordinate und die Menge Salz auf der Abszisse abgetragen. Da sich der Salzverbrauch, unabhängig vom Preis, nicht ändert, verläuft die Kurve als senkrechte Linie. Die Steigung der Kurve ist also unendlich.

Frage 2

Während der Präsidentschaft von Ronald Reagan hat sich der amerikanische Wirtschaftswissenschaftler Arthur Laffer für eine Verringerung der Einkommensteuersätze ausgesprochen, um die Steuererträge zu erhöhen. Wie die meisten Wirtschaftswissenschaftler ging er davon aus, dass ab einem bestimmten Niveau die Erhöhung von Steuersätzen zu einem Rückgang des Steueraufkommens führen wird: Sehr hohe Steuersätze nehmen den Menschen den Arbeitsanreiz und sie würden überhaupt nicht mehr arbeiten wollen, wenn ihnen nach Abzug der Steuern überhaupt kein Einkommen verbliebe. Diese Beziehung zwischen Steuersätzen und Steueraufkommen wird grafisch in der sogenannten Laffer-Kurve zusammengefasst. Zeichnen Sie die Laffer-Kurve unter der Annahme, dass es sich um eine nichtlineare Kurve handelt. Die folgenden Fragen werden Ihnen bei der Konstruktion der Zeichnung helfen.

a. Welches ist die unabhängige Variable? Welches ist die abhängige Variable? Auf welcher Achse muss man daher den Einkommensteuersatz abtragen? Auf welcher Achse muss man das Steueraufkommen abtragen?

b. Wie hoch ist das Steueraufkommen bei einem Steuersatz von null Prozent?

c. Der maximale Steuersatz beträgt 100 Prozent. Wie hoch ist wohl das Steueraufkommen bei einem Steuersatz von 100 Prozent?

d. Schätzungen zeigen nun, dass das Maximum der Laffer-Kurve (ungefähr) bei einem Steuersatz von 80 Prozent liegt. Wie würden Sie die Beziehung zwischen Steuersatz und Steueraufkommen für Steuersätze beschreiben, die kleiner sind als 80 Prozent? Wie drückt sich diese Beziehung in der Steigung der Kurve aus? Wie würden Sie die Beziehung zwischen Steuersatz und Steueraufkommen für Steuersätze charakterisieren, die größer sind als 80 Prozent? Wie schlägt sich diese Beziehung in der Steigung der Kurve nieder?

Lösung

a. Der Einkommensteuersatz ist die unabhängige Variable. Er wird auf der Abszisse abgetragen. Das Steueraufkommen ist die abhängige Variable. Es wird auf der Ordinate abgetragen.

b. Wenn der Einkommensteuersatz 0 Prozent beträgt, ist das Steueraufkommen gleich 0.

c. Wenn der Einkommensteuersatz 100 Prozent beträgt (das gesamte Einkommen muss als Steuer abgeführt werden), bleibt nach Erhebung der Steuer kein Einkommen mehr übrig. Da die Menschen nicht willig sind zu arbeiten, wenn sie keinerlei Einkommen nach Steuern haben, wird es kein Einkommen geben. Das Steueraufkommen ist deshalb gleich 0.

d. Für Steuersätze unter 80 Prozent, ist die Beziehung zwischen Steuersatz und Steueraufkommen und somit auch die Steigung der Laffer-Kurve positiv. Bei Steuersätzen über 80 Prozent ist die Beziehung zwischen Steuersatz und Steueraufkommen und somit auch die Steigung der Laffer-Kurve negativ. Die Laffer-Kurve sieht deshalb in etwa so aus, wie in der Abbildung veranschaulicht. Das Maximum liegt bei einem Steuersatz von 80 Prozent.

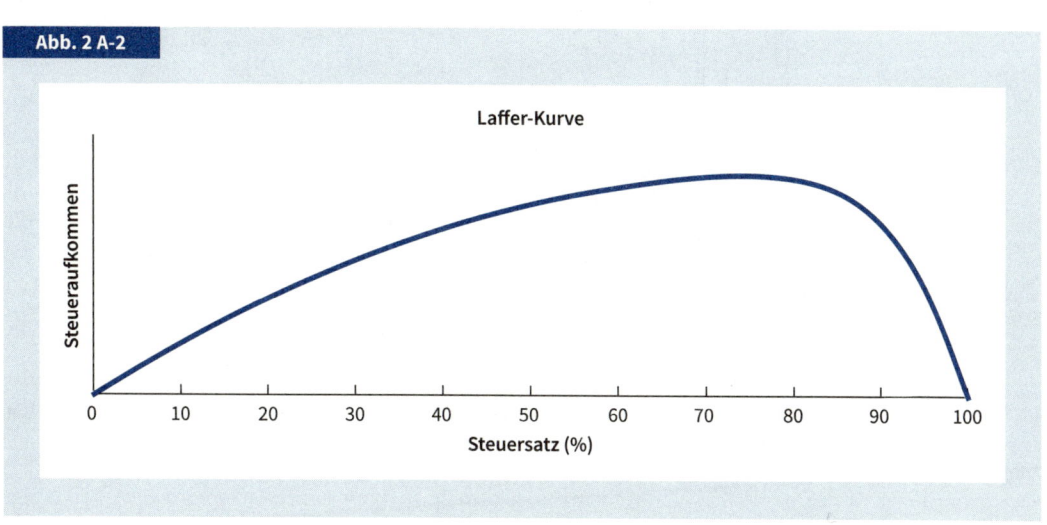

Abb. 2 A-2

Laffer-Kurve

Steueraufkommen

Steuersatz (%)

Frage 3

Wir messen die Steigung einer Kurve in fünf Punkten, die in Bezug auf die Abszisse immer weiter rechts liegen. Die Steigung dieser Kurve ändert sich, gemessen mit der Punktmethode, von 1,5 über 0,5 und 0 sowie –0,5 auf –1,5. Skizzieren Sie diese Kurve. Weist die Kurve ein Maximum oder ein Minimum auf?

Lösung

Die Abbildung zeigt eine schematische Darstellung der Kurve. Die Kurve weist zunächst eine abnehmende positive Steigung auf. Nach dem Maximum, in dem die Steigung gleich 0 ist, weist die Kurve eine zunehmend negative Steigung auf.

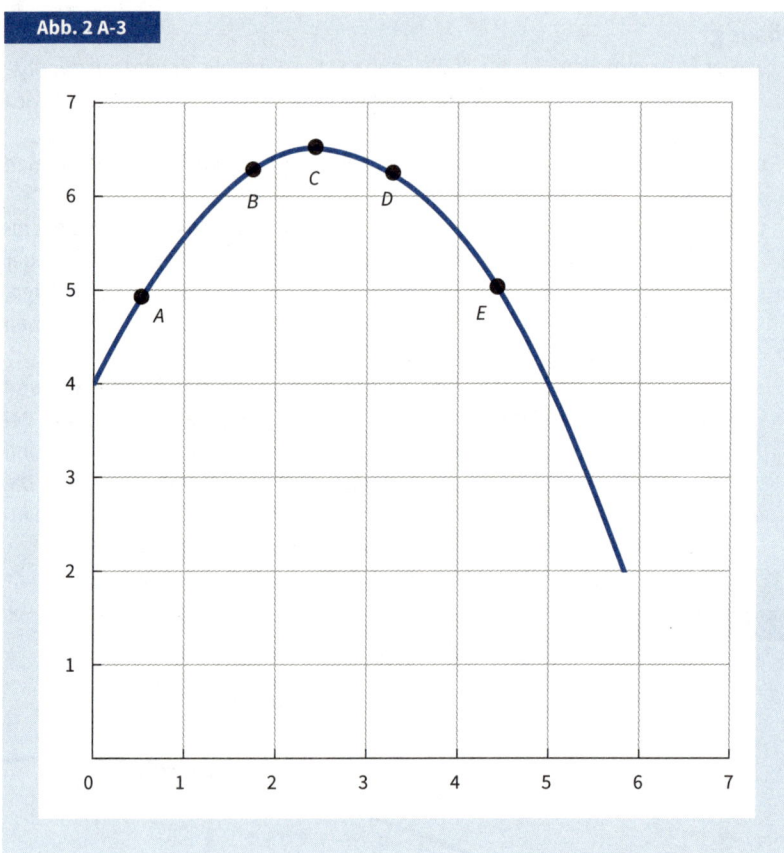

Abb. 2 A-3

Frage 4

Die Basis eines rechtwinkligen Dreiecks beträgt 10, die Fläche 20. Welche Höhe hat dieses rechtwinklige Dreieck?

Lösung

Die Fläche eines rechtwinkligen Dreiecks berechnet sich folgendermaßen: (Höhe × Basis)/2 = Fläche.

Wenn wir die in der Aufgabenstellung gegebenen Werte (Basis = 10 und Fläche = 20) einsetzen, erhalten wir: (Höhe × 10)/2 = 20.

Wir lösen nach der Höhe auf. Die Höhe dieses rechtwinkligen Dreiecks beträgt 4.

Frage 5

Eine Versicherungsgesellschaft hat herausgefunden, dass das Ausmaß der Vermögensschäden bei einem Feuer in positiver Beziehung zu der Zahl der Feuerwehrleute steht, die an der Brandbekämpfung beteiligt sind.

a. Welche Argumentation wird durch ein Diagramm suggeriert, in dem die Zahl der Feuerwehrleute an der Abszisse und die Zahl der Vermögensschäden an der Ordinate abgetragen werden? Vertauschen Sie nun gedanklich die beiden Achsen. Welche Argumentation würde jetzt hinter Ihrem Diagramm stehen?

b. Sollte die Versicherungsgesellschaft die Feuerwehr bitten, weniger Feuerwehrleute zu einem Brand zu entsenden, um ihre Schadensleistungen verringern zu können?

Lösung

a. Die Zahl der Feuerwehrleute wird auf der Abszisse abgetragen und ist deshalb die unabhängige Variable. Die Zahl der Vermögensschäden wird auf der Ordinate abgetragen und ist deshalb die abhängige Variable. Das heißt, wenn die Zahl der Feuerwehrleute steigt, die an der Brandbekämpfung beteiligt ist, steigt die Zahl der Vermögensschäden. Wenn die Zahl der Vermögensschäden die unabhängige Variable und die Zahl der Feuerwehrleute die abhängige Variable ist, wird damit ausgedrückt, dass mit steigendem Vermögensschaden mehr Feuerwehrleute an der Brandbekämpfung beteiligt sind.

b. Die Aussage impliziert, dass es einen kausalen Zusammenhang zwischen der Zahl der Feuerwehrleute und der Zahl der Vermögensschäden gibt, was vermutlich nicht der Fall ist. Es ist viel wahrscheinlicher, dass es eine dritte, relevante, aber fehlende Variable gibt, die sowohl mit der Zahl der Feuerwehrleute und der Zahl der Vermögensschäden zusammenhängt; beispielsweise das Ausmaß des Feuers. Weitgreifende Feuer sorgen sowohl dafür, dass der Vermögensschaden größer ist, als auch, dass mehr Feuerwehrleute an der Brandbekämpfung beteiligt sind.

Frage 6

Die zu dieser Aufgabe gehörende Tabelle zeigt die Bruttojahreseinkommen und die Einkommensteuerschuld für fünf Personen. Abgesehen von den Unterschieden im Einkommen und der unterschiedlichen Höhe der Steuerschuld seien diese fünf Individuen identisch.

Tab. 2 A-1		
Name	**Jahreseinkommen (€)**	**Einkommensteuer pro Jahr (€)**
Susanne	22.000	3.304
Bill	63.000	14.317
John	3.000	454
Mary	94.000	23.927
Peter	37.000	7.020

a. Wie groß wäre die durchschnittliche Steigung der Kurve zwischen den Datenpunkten für Einkommen und Steuern von Bill und Mary unter Verwendung der Bogenmethode, wenn Sie diese Datenpunkte in einem Diagramm darstellen würden? Wie würden Sie den gefundenen Wert für die Steigung interpretieren?

b. Wie groß ist die durchschnittliche Steigung der Kurve zwischen den Datenpunkten des Einkommens und der Steuern von John und Susanne unter Verwendung der Bogenmethode? Wie würden Sie den gefundenen Steigungswert interpretieren?

c. Wie wirkt sich eine Erhöhung des Einkommens auf die Steigung aus? Welche Implikation weist diese Beziehung hinsichtlich der Frage auf, wie sich die Höhe der Einkommensteuer auf den Anreiz eines Menschen auswirkt, ein höheres Einkommen erzielen zu wollen?

Lösung

a. Das Jahreseinkommen ist die unabhängige Variable (Abszisse). Die Einkommensteuer pro Jahr ist die abhängige Variable (Ordinate). Wenn das Einkommen um 31.000 Euro steigt – also von Bills Jahreseinkommen (63.000 Euro) auf Marys Jahreseinkommen (94.000 Euro) – steigt die Einkommensteuer pro Jahr um 9.610 Euro. Das heißt, die Steigung der Kurve beträgt 9.610/31.000 = 0,31. Die Interpretation lautet wie folgt: In dieser Einkommensgruppe muss für jeden zusätzlichen Euro an Jahreseinkommen eine Steuer von 0,31 Euro gezahlt werden.

b. Wenn das Jahreseinkommen um 19.000 Euro von Johns Einkommen (3.000 Euro) auf Susannes Einkommen (22.000 Euro) steigt, steigt die Einkommensteuer pro Jahr um 2.850 Euro. Die Steigung der Kurve beträgt 2.850/19.000 = 0,15. In dieser Einkommensgruppe muss also für jeden zusätzlichen Euro an Jahreseinkommen eine Steuer von 0,15 Euro abgeführt werden.

c. Die Steigung der Kurve ist zunehmend positiv – das Steuersystem ist progressiv. Wird zusätzliches Einkommen erzielt, muss davon ein steigender Anteil als Einkommensteuer gezahlt werden, wenn das Ausgangseinkommen steigt. Das wirkt sich negativ auf den Anreiz der Menschen aus, ein höheres Einkommen zu erzielen, da immer mehr des zusätzlichen Einkommens als Steuer abgeführt werden muss.

Frage 7

Studien haben gezeigt, dass es einen Zusammenhang zwischen dem jährlichen Wirtschaftswachstum eines Landes und der jährlichen Wachstumsrate an Luftschadstoffen gibt. Es wird davon ausgegangen, dass je höher das wirtschaftliche Wachstum ist, umso mehr Einwohner des Landes die Möglichkeit haben, ein Auto zu besitzen und zu reisen und deshalb mehr Luftschadstoffe emittiert werden.

a. Welche Variable ist die unabhängige Variable? Welche Variable ist die abhängige Variable?

b. Nehmen Sie an, dass bei einem Rückgang des jährlichen Wirtschaftswachstums in Südland von 3,0 Prozent auf 1,5 Prozent die jährliche Wachstumsrate an Luftschadstoffen von 6 Prozent auf 5 Prozent fällt. Wie groß ist – unter Nutzung der Bogenmethode – die durchschnittliche Steigung einer nichtlinearen Kurve zwischen diesen beiden Punkten?

c. Nehmen Sie nun an, dass bei einer Zunahme des jährlichen Wirtschaftswachstums von 3,5 Prozent auf 4,5 Prozent die jährliche Wachstumsrate an Luftschadstoffen von 5,5 Prozent auf 7,5 Prozent ansteigt. Wie groß ist – unter Nutzung der Bogenmethode – die durchschnittliche Steigung einer nichtlinearen Kurve zwischen diesen beiden Punkten?

d. Wie würden Sie den Zusammenhang zwischen den beiden Variablen beschreiben?

Lösung

a. Gemäß der Fragestellung verursacht Wirtschaftswachstum eine Zunahme von Luftschadstoffen. Das heißt, Wirtschaftswachstum ist die unabhängige Variable (Abszisse) und die Wachstumsrate an Luftschadstoffen ist die abhängige Variable (Ordinate).

b. Die Änderung der Rate des Wirtschaftswachstums beträgt –1,5. Die Änderung der Luftschadstoffwachstumsrate beträgt –1. Die Steigung berechnet sich dann als $(-1)/(-1,5) = 2/3$.

c. Die Änderung der Rate des Wirtschaftswachstums beträgt +1. Die Änderung der Luftschadstoffwachstumsrate beträgt +1. Die Steigung berechnet sich dann als $2/1 = 2$.

d. Die Steigung ist positiv und, wie man aus den Antworten zu den Aufgabenteilen b und c ablesen kann, mit steigender Rate des Wirtschaftswachstums zunehmend.

3 Angebot und Nachfrage

Aufgabe 1

Zeichnen Sie in ein Angebots-Nachfrage-Diagramm die Verschiebungen der Nachfrage nach Hamburgern in Ihrer Heimatstadt ein, die sich aufgrund der nachfolgend genannten Ereignisse ergeben. Zeigen Sie für jedes dieser Ereignisse die Auswirkungen auf Gleichgewichtspreis und Gleichgewichtsmenge.

   a. Der Preis für Döner nimmt zu.
   b. Alle Hamburger-Verkäufer erhöhen die Preise für ihre Pommes frites.
   c. Das Einkommen in Ihrer Heimatstadt sinkt. Nehmen Sie an, dass Hamburger für die meisten Leute ein inferiores Gut sind.

Lösung

   a. Bei Dönern und Hamburgern handelt es sich um Substitute.

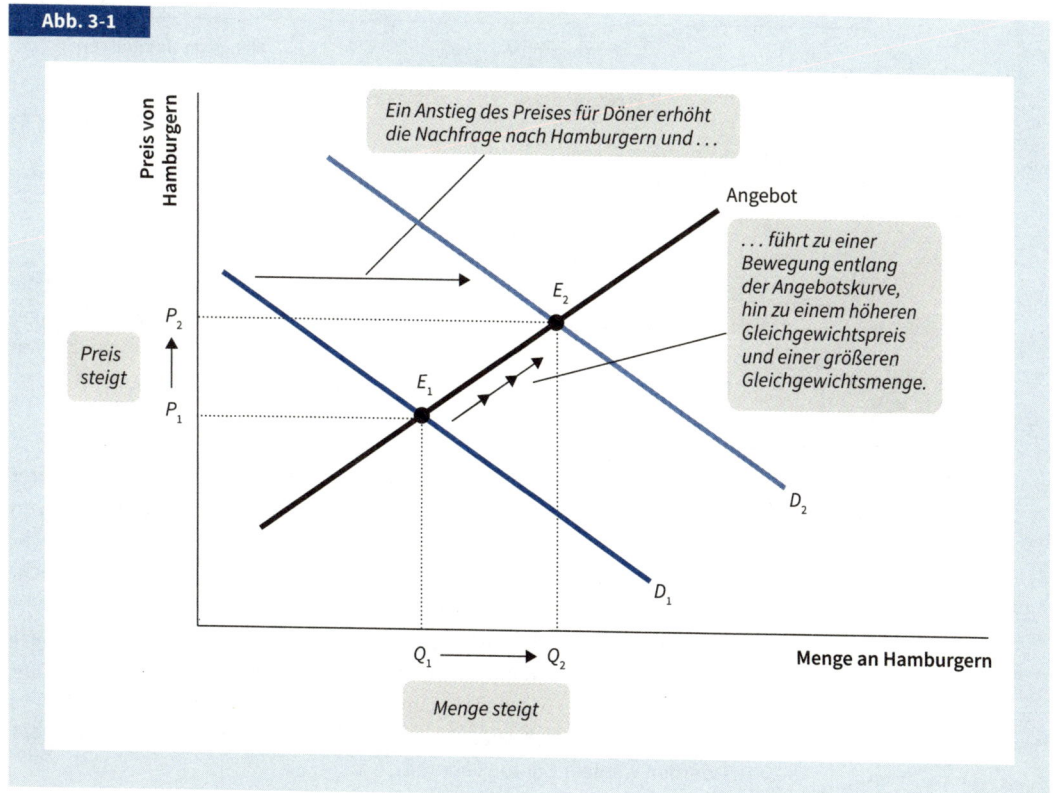

Abb. 3-1

Ein Anstieg des Preises für Döner erhöht die Nachfrage nach Hamburgern und ...

Angebot

... führt zu einer Bewegung entlang der Angebotskurve, hin zu einem höheren Gleichgewichtspreis und einer größeren Gleichgewichtsmenge.

Preis von Hamburgern

Preis steigt

E_2

E_1

P_2

P_1

D_2

D_1

$Q_1 \longrightarrow Q_2$

Menge an Hamburgern

Menge steigt

b. Bei Hamburgern und Pommes frites handelt es sich um Komplementärgüter.

Abb. 3-2

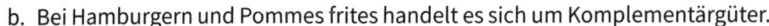

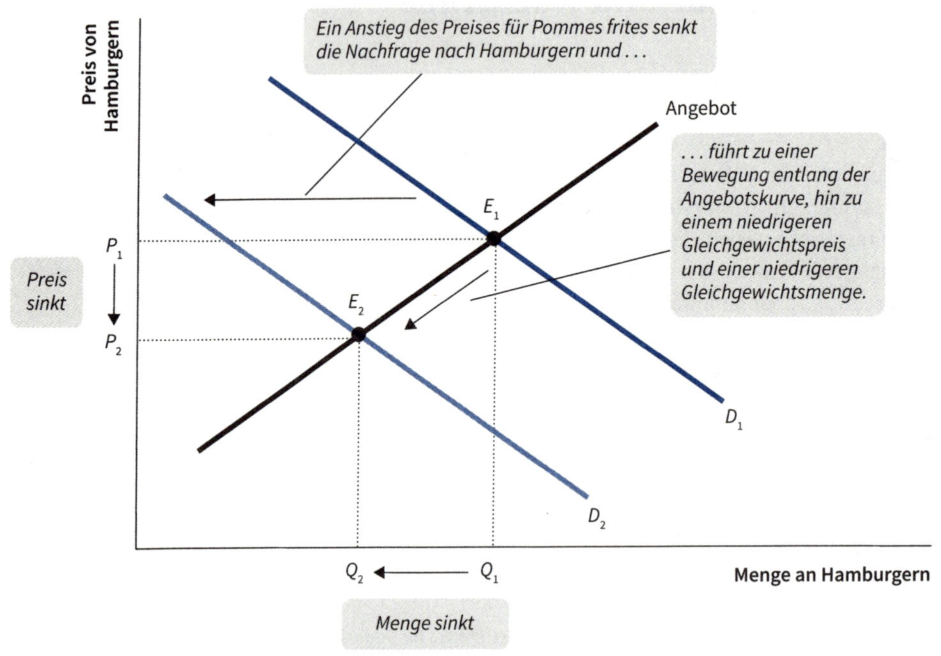

Preis von Hamburgern

Ein Anstieg des Preises für Pommes frites senkt die Nachfrage nach Hamburgern und . . .

Angebot

. . . führt zu einer Bewegung entlang der Angebotskurve, hin zu einem niedrigeren Gleichgewichtspreis und einer niedrigeren Gleichgewichtsmenge.

E_1

P_1

Preis sinkt

E_2

P_2

D_1

D_2

Q_2 Q_1

Menge sinkt

Menge an Hamburgern

c. Hamburger sind ein inferiores Gut: Eine Abnahme des Einkommens erhöht die Nachfrage nach Hamburgern und führt zu einer Bewegung entlang der Angebotskurve, hin zu einem höheren Gleichgewichtspreis und einer höheren Gleichgewichtsmenge. (Vgl. die Verschiebung der Kurven in Aufgabenteil a).

Aufgabe 2

Für viele Güter ändern sich die Marktbedingungen über das Jahr in vorhersagbarer Weise, weil diese auf Ereignisse wie Schulferien, Urlaubszeit, saisonale Änderungen der Produktion usw. reagieren. Erklären Sie unter Verwendung des Angebots-Nachfrage-Modells in jedem der nachfolgend genannten Fälle die Preisänderung. Beachten Sie, dass sich Angebots- und Nachfragekurve simultan verschieben können.

a. In den Sommermonaten ist die Hauptfangzeit für Hummer. Die Hummerpreise sinken während der Sommermonate, obwohl die Menschen im Sommer mehr Hummer essen als in den übrigen Monaten des Jahres.

b. Der Preis für Weihnachtsbäume ist nach dem Weihnachtsfest geringer, aber es werden weniger Bäume verkauft.

c. Der Preis für ein Hin- und Rückflugticket der Air France von New York nach Paris sinkt nach dem Ende der Schulferien im September um mehr als 200 Euro. Dies geschieht, obwohl die im Herbst auftretende Wetterverschlechterung die Kosten für Flüge nach Paris erhöht und Air France deswegen die Zahl der Flüge nach Paris bei jedem gegebenen Preis verringert.

Lösung

a. Die Konsumenten möchten im Sommer mehr Hummer essen als sonst (Rechtsverschiebung der Nachfragekurve). Ceteris paribus würde der Preis steigen. Im Sommer wird mehr Hummer gefangen (Rechtsverschiebung der Angebotskurve); das Angebot steigt und der Preis würde, ceteris paribus, sinken. Wenn das Angebot relativ stärker zunimmt als die Nachfrage, sinkt der Gleichgewichtspreis trotz eines Anstiegs der Gleichgewichtsmenge.

b. Nach Weihnachten ist die Nachfrage nach Weihnachtsbäumen bei jedem gegebenen Preis geringer als zuvor (Linksverschiebung der Nachfragekurve). Die Angebotskurve ist unverändert. Der Rückgang der angebotenen Menge an Weihnachtsbäumen beschreibt eine Bewegung entlang der Angebotskurve. Deshalb sinken sowohl der Gleichgewichtspreis als auch die Gleichgewichtsmenge.

c. Nach dem Ende der Schulferien sinkt die Nachfrage nach Flugtickets (Linksverschiebung der Nachfragekurve). Ceteris paribus würde der Preis der Flugtickets sinken. Gleichzeitig steigen die Kosten für die Durchführung der Flüge; es werden weniger Flüge angeboten (Linksverschiebung der Angebotskurve). Ceteris paribus würde der Preis der Flugtickets steigen. Dass der Gleichgewichtspreis insgesamt sinkt, bedeutet, dass die Linksverschiebung der Nachfragekurve stärker ist als die Linksverschiebung der Angebotskurve.

Aufgabe 3

Finden Sie die Argumentationsschwäche, die in der folgenden Aussage enthalten ist. Achten Sie dabei insbesondere auf die Unterscheidung zwischen Verschiebungen der und Bewegungen entlang von Angebots- und Nachfragekurven. Zeichnen Sie ein Diagramm, aus dem hervorgeht, was in jeder der nachfolgenden Situationen tatsächlich passiert.

»Auf den ersten Blick könnte es so aussehen, als ob eine technologische Innovation, die mit der Senkung der Produktionskosten eines bestimmten Gutes verbunden ist, letztlich zur Senkung des Preises führt, den die Verbraucher für dieses Gut bezahlen müssen. Ein Rückgang des Preises wird jedoch zu einer Erhöhung der Nachfrage nach dem betreffenden Gut führen. Die höhere Nachfrage treibt den Preis dann wieder nach oben. Es ist daher nicht sicher, dass eine Innovation letztlich tatsächlich zu einer Preissenkung führen wird.«

Lösung

In dieser Aussage wird eine Verschiebung einer Kurve mit der Bewegung entlang einer Kurve verwechselt. Eine technologische Innovation senkt die Herstellungskosten eines Gutes, sodass die Produzenten bei jedem gegebenen Preis mehr anbieten (Rechtsverschiebung der Angebotskurve). Der Gleichgewichtspreis sinkt und die Gleichgewichtsmenge steigt. Die Nachfrage steigt aufgrund des Preisrückgangs (Bewegung entlang der Nachfragekurve). Die Nachfragekurve verschiebt sich aber nicht nach rechts; der Preis wird deshalb nicht wieder steigen.

Abb. 3-3

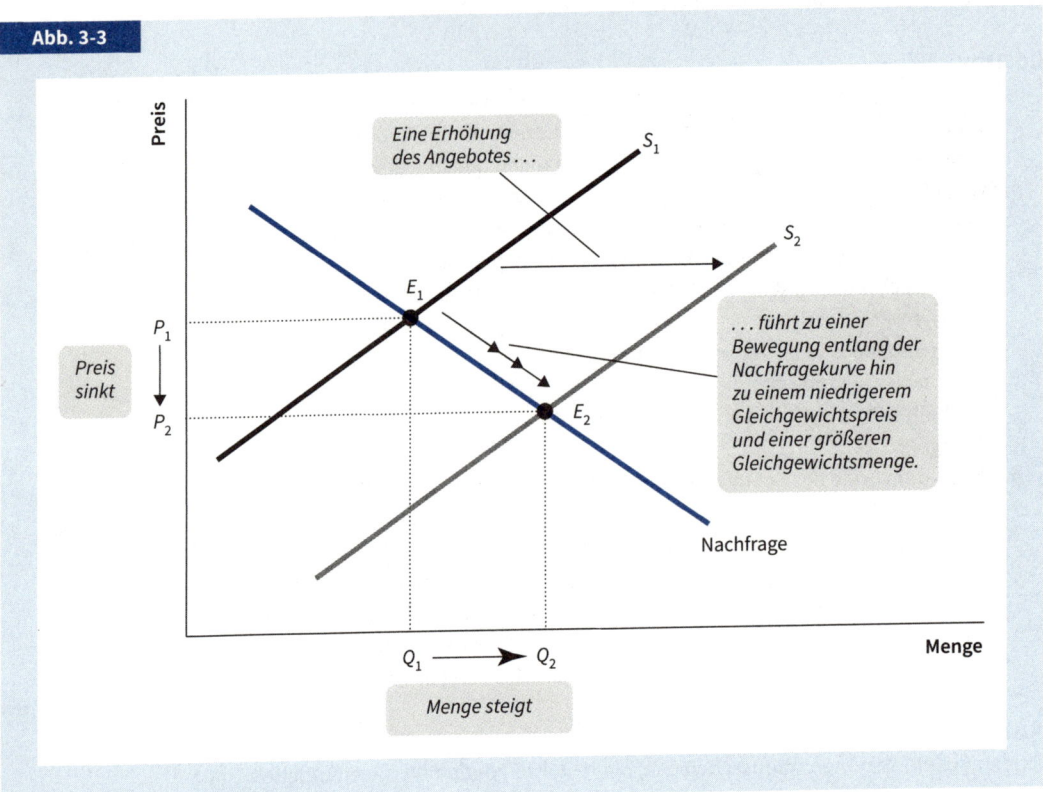

Aufgabe 4

In der folgenden Tabelle werden einige Punkte der Nachfragekurve für ein normales Gut gezeigt:

Tab. 3-1

Preis (€)	Nachgefragte Menge
23	70
21	90
19	110
17	130

a. Glauben Sie, dass der Anstieg der nachgefragten Menge (von 90 auf 110 in der Tabelle) bei einem Preisrückgang (von 21 Euro auf 19 Euro) auf einen Anstieg der Verbrauchereinkommen zurückzuführen ist? Erklären Sie den Sachverhalt in kurzer und klarer Form.
b. Nehmen Sie nun an, dass es sich bei dem Gut um ein inferiores Gut handelt. Wäre der Nachfrageplan auch für ein inferiores Gut gültig?

Lösung

a. Der Anstieg der nachgefragten Menge von 90 auf 110 bei einem Preisrückgang von 21 Euro auf 19 Euro ist nicht auf einen Anstieg der Verbrauchereinkommen zurückzuführen. Er spiegelt eine Bewegung entlang der Nachfragekurve wider, die durch einen Preisrückgang ausgelöst wird. Bei einem Anstieg der Verbrauchereinkommen würde sich die Nachfragekurve eines normalen Gutes nach rechts verschieben. Die Nachfrage wäre dann für jeden gegebenen Preis größer.
b. Dieser Nachfrageplan ist auch für ein inferiores Gut gültig, da sich inferiore Güter an das Gesetz der Nachfrage halten: Ein Preisanstieg führt, ceteris paribus, zu einem Rückgang der nachgefragten Menge.

Aufgabe 5

Aaron Hank ist ein berühmter Schlagmann der Baseballmannschaft von Bay City. Er steht kurz davor, den Ligarekord für die Anzahl der »Home Runs Hit« innerhalb einer Saison zu brechen. Fast jeder geht davon aus, dass er den Rekord im nächsten Spiel brechen wird. Deswegen sind die Tickets für das nächste Spiel heiß begehrt. Kurzfristig wird aber angekündigt, dass er aufgrund einer Knieverletzung am nächsten Spiel nicht teilnehmen kann. Nehmen Sie an, dass Dauerkartenbesitzer die Möglichkeit haben, ihre Tickets weiterzuverkaufen, wenn sie das wollen. Verwenden Sie Angebots-Nachfrage-Diagramme, um die folgenden Sachverhalte zu erklären.

a. Stellen Sie den Fall dar, in dem aufgrund dieser Ankündigung der Gleichgewichtspreis und die Gleichgewichtsmenge niedriger sind als zuvor.
b. Nehmen Sie an, dass ein Schwarzhändler vor der offiziellen Ankündigung mitbekommen hat, dass Aaron Hank am nächsten Spiel nicht teilnehmen kann. Wie würde er sich wohl verhalten?

Lösung

a. Nach der Ankündigung wollen sich weniger Fans das nächste Spiel anschauen: Für jeden gegebenen Preis werden weniger Tickets nachgefragt (Linksverschiebung der Nachfragekurve). Ceteris paribus sinken der Gleichgewichtspreis und die Gleichgewichtsmenge. Gleichzeitig möchten bei jedem gegebenen Preis mehr Dauerkartenbesitzer Tickets verkaufen (Rechtsverschiebung der Angebotskurve). Ceteris paribus sinkt der Gleichgewichtspreis und die Gleichgewichtsmenge steigt. Wenn die Gleichgewichtsmenge sinkt, ist die Linksverschiebung der Nachfragekurve stärker als die Rechtsverschiebung der Angebotskurve.

b. Ein Schwarzhändler, der bereits vor der offiziellen Ankündigung um den Ausfall des Spielers weiß, muss etwas unternehmen, um sicherzustellen, dass er alle Tickets verkauft hat, bevor die Ankündigung offiziell wird (beispielsweise könnte er den Verkaufspreis ein wenig senken). Der Grund für diese Handlung ist, dass er einen sinkenden Preis für Schwarzmarkttickets erwartet. Die Erwartung eines zukünftigen Preisrückgangs führt heute zu einem Anstieg der Angebotsmenge.

Aufgabe 6

In einer früheren Ausgabe der Musikzeitschrift »Rolling Stone« haben verschiedene Fans und Rockstars einschließlich der Band Pearl Jam die hohen Preise für Konzerttickets beklagt. Ein Superstar sagte: »Es ist einfach nicht 75 Euro wert, mich spielen zu sehen. Niemand sollte für ein Rockkonzert so viel bezahlen müssen.« Nehmen Sie an, dass dieser Musiker auf seiner Tournee bei einem durchschnittlichen Ticketpreis von 75 Euro stets in ausverkauften Stadien gespielt hat.

   a. Wie schätzen Sie das Argument ein, dass die Tickets zu teuer sind?
   b. Nehmen Sie an, dass aufgrund der geäußerten Kritik der Preis für Tickets auf 50 Euro gesenkt wird. In welchem Sinn ist dieser Preis zu niedrig? Zeichnen Sie ein Angebots-Nachfrage-Diagramm, um Ihr Argument zu erläutern.
   c. Nehmen Sie an, Pearl Jam wollte wirklich die Preise für Eintrittskarten senken. Die Band hat ihr Angebot an Dienstleistungen selbst in der Hand. Was würden Sie ihr also empfehlen? Erläutern Sie Ihre Antwort mithilfe eines Angebots-Nachfrage-Diagramms.

Lösung

   a. Wenn es sich um einen Wettbewerbsmarkt handelt, ist der Ticketpreis ganz einfach der Gleichgewichtspreis: der Preis, zu dem die angebotene Menge genau der nachgefragten Menge entspricht. In diesem Sinne »muss« niemand 75 Euro bezahlen, um ein Konzert zu besuchen. Ein potenzieller Konzertbesucher wird 75 Euro bezahlen, wenn ihm dieses Konzert so viel wert ist. Wenn nicht, wird er einfach etwas anderes tun.
   b. Bei einem Preis von 50 Euro je Ticket ist die nachgefragte Ticketmenge größer als die angebotene Ticketmenge. Es gibt zu diesem Preis also einen Ticketengpass (Knappheit), wie in der Abbildung verdeutlicht wird.
   c. Die Band könnte den durchschnittlichen Ticketpreis senken, indem sie das Angebot ausweitet, also mehr Konzerte gibt (Rechtsverschiebung der Angebotskurve). Das führt zu einer Bewegung entlang der Nachfragekurve hin zu einem niedrigeren Gleichgewichtspreis und einer größeren Gleichgewichtsmenge.

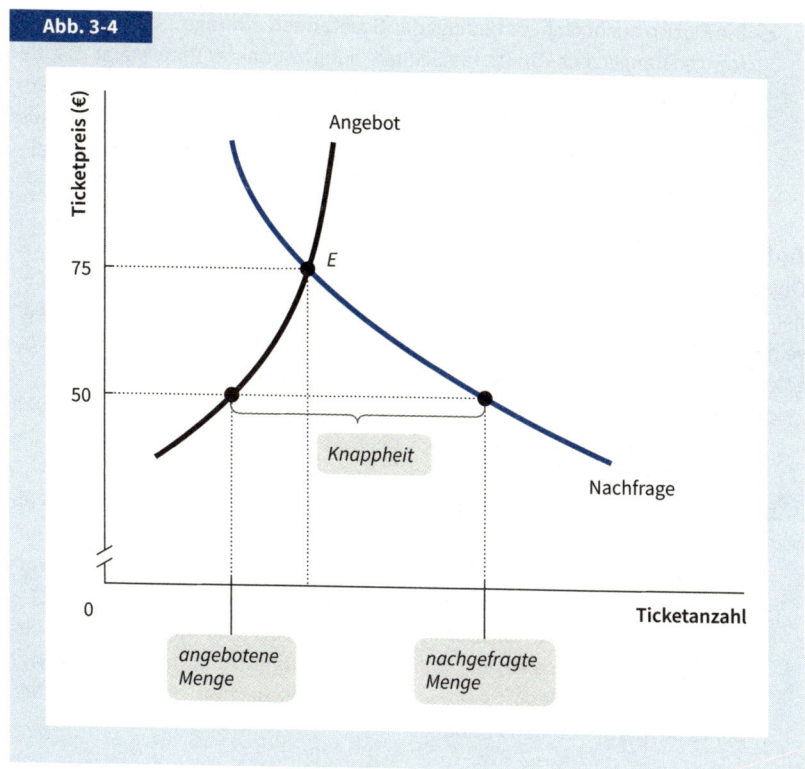

Abb. 3-4

Ticketpreis (€)

Angebot

75 ········ E

50 ········

Knappheit

Nachfrage

0

Ticketanzahl

angebotene Menge

nachgefragte Menge

Aufgabe 7

Zeichnen und erläutern Sie die Nachfragebeziehung, die sich aus jeder der folgenden Stellungnahmen ergibt.

  a. Ich würde niemals eine CD von Miley Cyrus kaufen! Ich würde sie noch nicht einmal geschenkt nehmen.

  b. Normalerweise kaufe ich etwas mehr Kaffee, wenn der Kaffeepreis sinkt. Wenn der Preis jedoch auf 2 Euro pro Pfund gesunken ist, kaufe ich den ganzen Bestand des Geschäftes auf.

  c. Ich gebe mehr für Orangensaft aus, selbst wenn der Preis steigt. (Bedeutet das, dass ich das Gesetz der Nachfrage verletze?)

Lösung

  a. In diesem Fall ist die nachgefragte Menge für jeden beliebigen Preis gleich null. Die Nachfragekurve dieser Person für ein Album von Miley Cyrus verläuft also senkrecht am Punkt 0 und liegt somit direkt auf der Ordinate.

  b. Bis zu einem Preis von 2 Euro je Pfund verläuft die Nachfragekurve der Person in ihrer typischen Form, also abfallend. Ab einem Preis von 2 Euro je Pfund verläuft die Nachfragekurve waagerecht, was verdeutlicht, dass die Person zu diesem Preis eine beliebige Menge Kaffee zu kaufen bereit ist.

c. Die Person bricht nicht unbedingt das Gesetz der Nachfrage. Die nachgefragte Menge Orangensaft könnte tatsächlich fallen, wenn der Preis steigt. Die Gesamtausgaben (Preis mal nachgefragter Menge) können höher sein als zuvor, wenn die nachgefragte Menge nicht ausreichend sinkt, um die höheren Ausgaben für eine Flasche Orangensaft auszugleichen. Die Nachfragekurve dieser Person verläuft sehr steil.

Aufgabe 8

Obwohl er ein ausgesprochen produktiver Künstler war, malte Pablo Picasso in seiner »Blauen Periode« lediglich 1.000 Leinwandgemälde. Picasso ist nun tot und all seine Arbeiten aus der Blauen Periode werden gegenwärtig in Museen oder Privatgalerien in Europa oder in den Vereinigten Staaten ausgestellt.

a. Zeichnen Sie eine Angebotskurve für die Arbeiten von Picasso aus der Blauen Periode. Warum unterscheidet sich diese Angebotskurve von denen, die Sie bislang gesehen haben?

b. Von welchem Faktor bzw. welchen Faktoren wird der Preis einer Arbeit von Picasso aus der Blauen Periode vollständig abhängen, wenn man von der Angebotskurve aus Teil a ausgeht? Zeichnen Sie ein Diagramm, aus dem hervorgeht, wie der Gleichgewichtspreis für eine solche Arbeit bestimmt wird.

c. Nehmen Sie an, reiche Kunstsammler gelangen zu der Einschätzung, dass der Erwerb eines Picassos aus der Blauen Periode für ihre Sammlung unabdingbar ist. Zeigen Sie die Auswirkungen dieser Einschätzung auf den Markt der Gemälde aus der Blauen Periode.

Lösung

a. Normalerweise verlaufen Angebotskurven aufwärts geneigt, von links unten nach rechts oben. Da es aber außer den 1.000 Leinwandgemälden keine weiteren Gemälde aus Picassos »Blauer Periode« gibt (und er offensichtlich keine weiteren mehr herstellen kann), verläuft die Angebotskurve bei einer Menge von 1.000 senkrecht (siehe Abbildung zu Aufgabenteil c).

b. Da das Angebot fix ist, wird der Preis für Picassos Gemälde aus der »Blauen Periode« lediglich von der Nachfrage bestimmt. Eine Änderung der Nachfrage spiegelt sich sofort und vollständig im Preis wider (siehe Abbildung zu Aufgabenteil c).

c. Die Nachfrage steigt (Rechtsverschiebung der Nachfragekurve). Da keine weiteren Gemälde mehr hergestellt werden, führt dieser Nachfrageanstieg lediglich zu einem Anstieg des Gleichgewichtspreises. Das Gleichgewicht verschiebt sich auf der Angebotskurve nach oben.

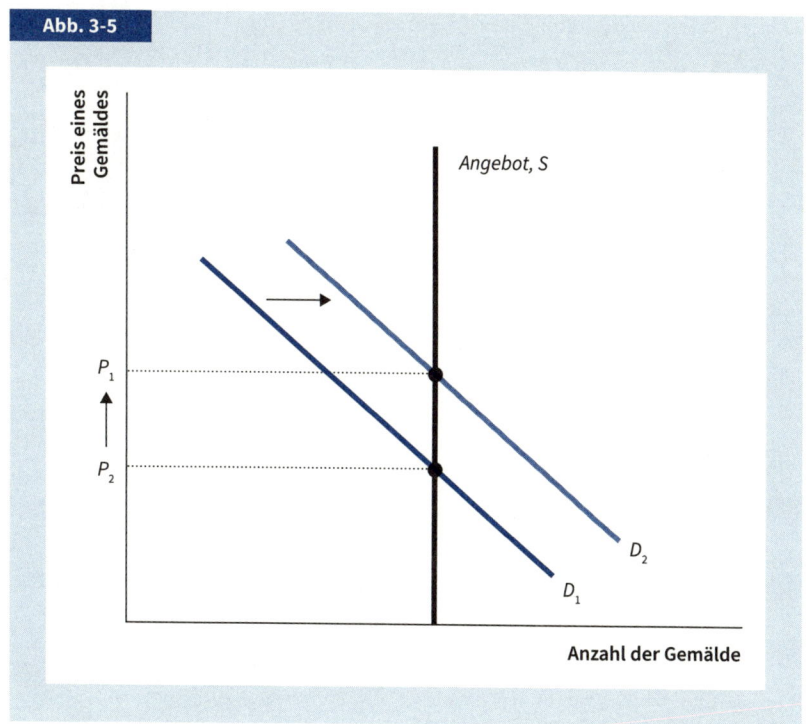

Abb. 3-5

4 Konsumentenrente und Produzentenrente

Aufgabe 1

Bestimmen Sie die Höhe der Konsumentenrente, die in jeder der folgenden Situationen generiert wird.

   a. Paul geht in ein Bekleidungsgeschäft, um sich ein neues T-Shirt zu kaufen. Er ist bereit, dafür bis zu 10 Euro zu bezahlen. Er sucht sich ein T-Shirt aus, das ihm gefällt. Das Preisschild zeigt, dass dieses T-Shirt genau 10 Euro kostet. An der Kasse erfährt er, dass dieses T-Shirt im Angebot ist und er es für die Hälfte des ursprünglichen Preises erhält.

   b. Robert geht in einen Musikladen und hofft, dass er dort ein gebrauchtes Exemplar der CD Eagles Greatest Hits für höchstens 10 Euro finden kann. Im Laden gibt es genau ein Exemplar, dessen Preis 10 Euro beträgt.

   c. Nach seinem Fußballtraining ist Philipp bereit, für eine Flasche Mineralwasser bis zu 2,00 Euro zu bezahlen. Der Kiosk am Sportplatz verkauft die Flasche aber zu einem Preis von 2,25 Euro.

Lösung

Die Konsumentenrente berechnet sich als Differenz zwischen der Zahlungsbereitschaft einer Person und dem tatsächlich zu zahlenden Preis.

   a. Pauls Konsumentenrente beträgt 5 Euro.

   b. Roberts Konsumentenrente beträgt 0 Euro.

   c. Es wird keine Konsumentenrente generiert, da es zu keinem Handel kommt. Philipps Zahlungsbereitschaft ist geringer als der Preis, den er für die Flasche Wasser zahlen müsste.

Aufgabe 2

Bestimmen Sie die Höhe der Produzentenrente, die in jeder der folgenden beschriebenen Situationen generiert wird.

   a. Bertram möchte seine alte Märklin-Eisenbahn bei eBay verkaufen. Er setzt das Mindestgebot auf 75 Euro fest. Nach einem Versteigerungszeitraum von fünf Tagen ergibt sich das abschließende Höchstgebot zu genau 75 Euro.

   b. Jenny stellt ihr Auto im Gebrauchtwagenteil der Campus-Zeitung zum Verkauf. In der Anzeige nennt sie einen Preis von 2.000 Euro, aber sie ist bereit, das Auto für jeden Preis zu verkaufen, der über 1.500 Euro liegt. Das beste Angebot, das sie erhält, beträgt 1.200 Euro.

   c. Sonja macht ihr Job so viel Spaß, dass sie auch bereit wäre, umsonst zu arbeiten. Ihr Jahresgehalt beträgt jedoch 80.000 Euro.

Lösung

Die Produzentenrente berechnet sich als Differenz zwischen dem erhaltenen Preis und den entstehenden Kosten.

- a. Die Produzentenrente beträgt 0 Euro.
- b. Es findet kein Handel statt, da der Preis, den Jenny erzielen möchte, über dem Höchstangebot liegt. Es wird also keine Produzentenrente generiert.
- c. Sonjas Kosten liegen bei 0 Euro. Da sie aber im Jahr 80.000 Euro verdient, beträgt ihre Produzentenrente ebenfalls 80.000 Euro.

Aufgabe 3

- a. In einer Auktion konkurrieren potenzielle Käufer durch das Einreichen von Angeboten um ein Gut. Adam Galinsky, ein Sozialpsychologe an der amerikanischen Northwestern University, verglich mehrere eBay-Auktionen miteinander, in denen das gleiche Gut verkauft wurde. Er stellte fest, dass der Verkaufspreis im Durchschnitt höher war, wenn es mehr Bieter gab. So wurde beispielsweise bei zwei Auktionen baugleicher iPods in der Auktion ein höherer Verkaufspreis erzielt, in der auch die Zahl der Bieter höher war. Galinsky zufolge ist das der Grund, weshalb bei eBay clevere Verkäufer den Startpreis, also den niedrigsten Preis, den der Verkäufer akzeptiert, absurd niedrig ansetzen, wie zum Beispiel 1 Cent für einen neuen iPod. Nutzen Sie die Konzepte der Konsumenten- und Produzentenrente, um Galinskys Argumentation zu erklären.
- b. Sie denken darüber nach, ihren alten 1969er-VW Käfer Cabrio zu verkaufen. Wenn das Auto in einem guten Zustand ist, ist es sehr wertvoll; wenn es in einem schlechten Zustand ist, hat es nur noch Schrottwert. Nehmen Sie an, dass Ihr Auto in einem hervorragenden Zustand ist, dass ein potenzieller Käufer aber 500 Euro aufwenden müsste, um die notwendigen Informationen über den Zustand des Autos mittels eines Gutachtens zu erhalten. Nutzen Sie Ihre Erkenntnisse aus Teil a, um zu erklären, ob Sie für die Überprüfung zahlen und die Ergebnisse mit allen interessierten Käufern teilen sollten.

Lösung

- a. Je höher der Verkaufspreis ist, desto größer ist auch die Produzentenrente einer Verkäuferin. Wenn eine größere Bieterzahl zu höheren Verkaufspreisen führt, wird eine Verkäuferin versuchen, die Zahl der Bieter für ihr Produkt zu erhöhen. Eine Möglichkeit ist, den Startpreis sehr niedrig anzusetzen. So wird zu Beginn der Auktion dem Höchstbietenden ein größerer Teil der Gesamtrente überlassen. Da ein potenzieller Käufer in diesem Fall davon ausgeht, dass die Konsumentenrente beim Zuschlag hoch ist, wird er eher an der Auktion teilnehmen. Wenn sonst keiner an der Auktion teilnimmt, wird der Bieter tatsächlich diese große Konsumentenrente erhalten. Ein niedrigerer Startpreis zieht aber weitere Bieter an, was im Durchschnitt zu einem höheren Verkaufspreis führt und so den Anteil an der Gesamtrente erhöht, der der Verkäuferin zufällt.

b. Wenn jeder potenzielle Käufer entweder 500 Euro aufwenden müsste, um die notwendigen Informationen über den Zustand des Autos zu erhalten, oder das Risiko eingehen müsste, ein praktisch wertloses Auto zu kaufen, wird die Zahl der potenziellen Käufer sehr niedrig sein. Um die Zahl der potenziellen Käufer zu erhöhen und so den Verkaufspreis zu erhöhen, wie in Aufgabenteil a erläutert wurde, wäre es klug, für die Kosten des Gutachtens selbst aufzukommen und es kostenfrei zur Verfügung zu stellen.

Aufgabe 4

Nehmen Sie an, dass aufgrund einer gestiegenen Nachfrage der durchschnittliche Preis eines Inlandsflugs von 319,85 Euro im vierten Quartal des Jahres 2015 auf 328,12 Euro im ersten Quartal des Jahres 2016, also um 8,27 Euro gestiegen ist. Die Zahl der im vierten Quartal 2015 verkauften Tickets betrug 151,4 Millionen. Im gleichen Zeitraum sind die Kosten der Fluggesellschaft ungefähr gleichgeblieben: Der durchschnittliche Kerosinpreis betrug in beiden Quartalen ungefähr 2 Euro pro Liter und der durchschnittliche Jahresverdienst eines Piloten blieb bei 117.060 Euro. Können Sie genau bestimmen, wie stark die Produzentenrente aufgrund des um 8,27 Euro höheren durchschnittlichen Flugpreises gestiegen ist? Wenn Sie kein genaues Ergebnis herausfinden, können Sie bestimmen, ob es mehr oder weniger als ein bestimmter Betrag gewesen ist?

Lösung

Die Form der Angebotskurve ist nicht bekannt. Es lässt sich deshalb nicht eindeutig bestimmen wie stark die Produzentenrente gestiegen ist. Wenn die Zahl der angebotenen Tickets unverändert geblieben ist, wäre die Produzentenrente um 8,27 € × 151,4 Millionen = 1,252 Milliarden Euro gestiegen. Angebotskurven verlaufen normalerweise von links unten nach rechts oben ansteigend. Daher wird die Produzentenrente um mehr als 1,252 Milliarden Euro gestiegen sein.

Aufgabe 5

Die Tabelle zeigt hypothetische Angebots- und Nachfragepläne für gebrauchte Exemplare der ersten Auflage dieses Lehrbuchs.

a. Berechnen Sie die Konsumenten- und die Produzentenrente im Marktgleichgewicht.
b. Nun ist die zweite Auflage dieses Lehrbuchs erhältlich. Die Zahlungsbereitschaft jedes potenziellen Käufers für ein gebrauchtes Exemplar fällt deshalb um 20 Euro. Erstellen Sie eine Tabelle, um den neuen Nachfrageplan darzustellen. Berechnen Sie die Konsumenten- und die Produzentenrente im neuen Marktgleichgewicht.

Tab. 4-1

Buchpreis (€)	Menge der nachge- fragten Bücher	Menge der angebotenen Bücher
55	50	0
60	35	1
65	25	3
70	17	3
75	14	6
80	12	9
85	10	10
90	8	18
95	6	22
100	4	31
105	2	37
110	0	42

Lösung

a. Der Gleichgewichtspreis beträgt 85 Euro und es werden 10 Exemplare ge- und verkauft.

Konsumentenrente:

▸ Zwei Käufer haben eine Zahlungsbereitschaft von 105 Euro. Ihre Konsumentenrente beträgt jeweils 20 Euro.

▸ Zwei Käufer haben eine Zahlungsbereitschaft von 100 Euro. Ihre Konsumentenrente beträgt jeweils 15 Euro.

▸ Zwei Käufer haben eine Zahlungsbereitschaft von 95 Euro. Ihre Konsumentenrente beträgt jeweils 10 Euro.

▸ Zwei Käufer haben eine Zahlungsbereitschaft von 90 Euro. Ihre Konsumentenrente beträgt jeweils 5 Euro.

▸ Die nächsten zwei Käufer haben eine Zahlungsbereitschaft von 85 Euro. Ihre Konsumentenrente beträgt jeweils 0 Euro.

▸ Alle anderen potenziellen Käufer erhalten keine Konsumentenrente, da ihre Zahlungsbereitschaft über dem Marktpreis liegt. Die Gesamtkonsumentenrente beträgt also 100 Euro.

Produzentenrente:

▸ Die Kosten der ersten Verkäuferin betragen 60 Euro. Ihre Produzentenrente beträgt somit 25 Euro.

▸ Den nächsten beiden Verkäufern entstehen Kosten in Höhe von 65 Euro. Ihre Produzentenrente beträgt jeweils 20 Euro.

▸ Den nächsten drei Verkäufern entstehen Kosten in Höhe von 75 Euro. Ihre Produzentenrente beträgt jeweils 10 Euro.

▸ Den nächsten drei Verkäufern entstehen Kosten in Höhe von 80 Euro. Ihre Produzentenrente beträgt jeweils 5 Euro.

▸ Der nächsten Verkäuferin entstehen Kosten in Höhe von 85 Euro. Ihre Produzentenrente beträgt jeweils 0 Euro.

▸ Alle anderen Verkäufer erhalten keine Produzentenrente, da ihre Kosten über dem Marktpreis liegen. Die Gesamtproduzentenrente beträgt also 110 Euro.

b. Der neue Nachfrageplan ist in der folgenden Tabelle dargestellt.
Der Gleichgewichtspreis beträgt 75 Euro; es werden 6 Exemplare ge- und verkauft. Die Berechnung der Konsumentenrente und der Produzentenrente erfolgt analog zu Aufgabenteil a. Die gesamte Konsumentenrente beträgt nun 30 Euro. Die gesamte Produzentenrente beträgt nun 35 Euro.

Tab. 4-2

Buchpreis (€)	Menge der nachge-fragten Bücher	Menge der angebotenen Bücher
55	14	0
60	12	1
65	10	3
70	8	3
75	6	6
80	4	9
85	2	10

Aufgabe 6

Donnerstags hat ein italienisches Restaurant in der Nähe Ihrer Universität einen speziellen Pasta-Abend. Achim findet die Pasta-Gerichte dieses Restaurants einfach klasse. Die Tabelle zeigt seine Zahlungsbereitschaft für jede Portion Nudeln.

Tab. 4-3

Pasta-Menge (Portionen)	Zahlungsbereitschaft für Pasta-Gerichte (je Portion) (€)
1	10
2	8
3	6
4	4
5	2
6	0

a. Falls der Preis für eine Portion Nudeln 4 Euro beträgt, wie viele Portionen wird Achim dann kaufen? Wie groß ist die Konsumentenrente, die ihm zufließt?

b. In der folgenden Woche geht Achim am Donnerstagabend wieder in das italienische Restaurant. Der Preis für eine Portion Nudeln beträgt jetzt aber 6 Euro. Um wie viel ist seine Konsumentenrente im Vergleich zur vorhergehenden Woche gesunken?

c. Noch eine Woche später geht er wieder in das Restaurant. Er stellt fest, dass es jetzt ein Spezialangebot »All you can eat« für 25 Euro gibt. Wie viele Portionen Nudeln wird Achim nun essen und wie groß ist die Konsumentenrente, die ihm zufließt?

Lösung

a. Achim kauft vier Portionen Nudeln. Seine Konsumentenrente beträgt dann 12 Euro: $(10 € - 4 €) + (8 € - 4 €) + (6 € - 4 €) + (4 € - 4 €) = 12 €$.

b. Achim kauft drei Portionen Nudeln. Seine neue Konsumentenrente beträgt 6 Euro. Seine Konsumentenrente ist also im Vergleich zur Vorwoche um 6 Euro gesunken.

c. Bei einem »All you can eat«-Angebot zahlt Achim pro zusätzlicher Portion 0 Euro. Er wird deshalb sechs Portionen Nudeln essen. Insgesamt beträgt seine Zahlungsbereitschaft für 6 Portionen 30 Euro. Da er nur 25 Euro zahlen muss, beträgt seine Konsumentenrente 5 Euro.

Aufgabe 7

Die Drehbuchautoren in Hollywood schließen mit den Filmstudios neue Verträge ab, die ihnen für Filme, an denen sie mitgearbeitet haben, 10 Prozent des Erlöses aus dem Verkauf von Blu-Ray-Discs zubilligen. Für Pay-per-View-Filme, die über das Internet bezogen werden können, gibt es eine solche Vereinbarung nicht.

a. Was passiert auf dem Markt für Blu-Ray-Discs, wenn die neue Vereinbarung mit den Drehbuchautoren in Kraft tritt? Wird sich die Angebotskurve oder die Nachfragekurve verschieben und wie sieht die Verschiebung aus? Wie wird sich durch die Verschiebung die Konsumentenrente auf dem Markt für Blu-Ray-Discs ändern? Illustrieren Sie Ihre Antwort mithilfe eines Diagramms. Glauben Sie, dass die Vereinbarung bei den Konsumenten populär sein wird, die Blu-Ray-Discs kaufen?

b. Die Verbraucher betrachten Blu-Ray-Discs und Pay-per-View-Filme in gewissem Maße als Substitute. Was passiert auf dem Markt für Pay-per-View-Filme, wenn die neue Vereinbarung in Kraft tritt? Wird sich das Angebot oder die Nachfrage verschieben und wie wird die Verschiebung aussehen? Wie wird sich aufgrund dieser Verschiebung die Produzentenrente auf dem Markt für Pay-per-View-Filme ändern? Illustrieren Sie Ihre Antwort mithilfe eines Diagramms. Glauben Sie, dass die Vereinbarung mit den Drehbuchautoren bei Internetanbietern, die Pay-per-View-Filme zur Verfügung stellen, populär sein wird?

Lösung

a. Wenn den Drehbuchautoren 10 Prozent des Erlöses zugebilligt werden, steigen die Kosten, um Blu-Ray-Discs zur Verfügung zu stellen. Die Angebotskurve verschiebt sich nach links. Der Gleichgewichtspreis steigt und die Gleichgewichtsmenge sinkt. Die Konsumentenrente fällt um die mit B bezeichnete Fläche. Die Vereinbarung mit den Drehbuchautoren wird bei den Konsumenten also auf wenig Gegenliebe stoßen.

Abb. 4-1

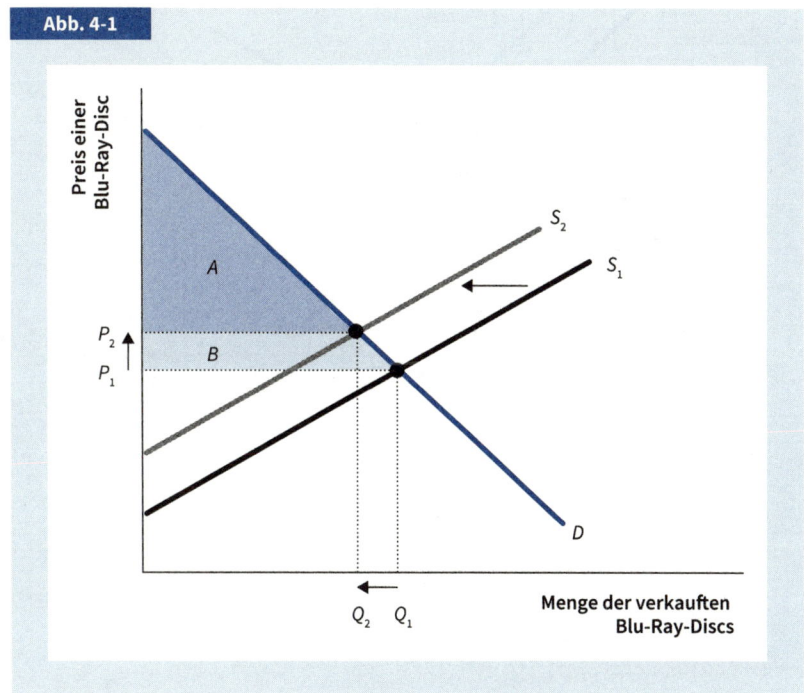

b. Da es sich bei Blu-Ray-Discs und Pay-per-View-Filmen um Substitute handelt, wird der höhere Preis dazu führen, dass Pay-per-View-Filme beliebter werden und die Nachfrage nach ihnen steigt. Die Nachfragekurve verschiebt sich nach rechts. Der Gleichgewichtspreis und die Gleichgewichtsmenge steigen. Die Produzentenrente steigt um die mit B bezeichnete Fläche. Die Internetanbieter, die Pay-per-View-Filme zur Verfügung stellen, werden die Vereinbarung mit den Drehbuchautoren gutheißen.

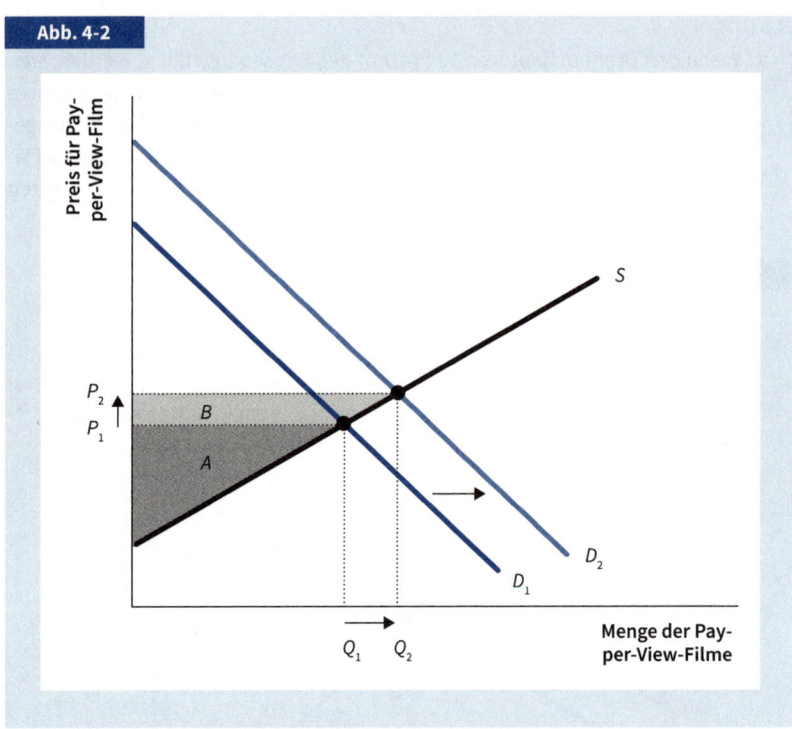

Abb. 4-2

5 Preisvorschriften und Mengenbeschränkungen: Der Markt schlägt zurück

Aufgabe 1

Um sich bei den Wählern einzuschmeicheln, beschließt der Bürgermeister von Gotham City, die Preise für Taxifahrten zu senken. Nehmen Sie zur Vereinfachung an, dass alle Taxifahrten gleich weit sind und daher dasselbe kosten. Die nachfolgende Tabelle zeigt den Nachfrage- und den Angebotsplan für Taxifahrten.

Tab. 5-1

Fahrpreis (€/Fahrt)	Anzahl der Fahrten (Mio. pro Jahr)	
	Nachgefragte Menge	Angebotene Menge
7,00	10	12
6,50	11	11
6,00	12	10
5,50	13	9
5,00	14	8
4,50	15	7

a. Nehmen Sie an, dass es keinerlei Beschränkungen für die Anzahl der Taxifahrten gibt, die in der Stadt angeboten werden dürfen. Wo liegen Gleichgewichtspreis und Gleichgewichtsmenge?

b. Nehmen Sie an, der Bürgermeister legt einen Höchstpreis in Höhe von 5,50 Euro fest. Wie groß ist die Knappheit bei diesem Preis? Illustrieren Sie Ihre Antwort mithilfe eines Diagramms. Wer verliert und wer gewinnt durch diese Politik?

c. Nehmen Sie an, dass die Aktienkurse einbrechen, was dazu führt, dass die Menschen in Gotham City auf einmal ärmer sind. Deswegen möge sich die Zahl der nachgefragten Taxifahrten für jeden gegebenen Preis um 6 Millionen Fahrten pro Jahr vermindern. Welche Wirkungen hätte die Politik des Bürgermeisters nun? Illustrieren Sie Ihre Antwort wieder mithilfe eines entsprechenden Diagramms.

d. Nehmen Sie an, dass die Aktienkurse steigen und die Nachfrage nach Taxifahrten wieder auf ihr normales Niveau zurückgeht. (Es soll also wieder der in der Tabelle gezeigte Nachfrageplan gelten.) Der Bürgermeister beschließt nun aber, sich bei den Taxifahrern einzuschmeicheln. Er kündigt eine Politik an, bei der Fahrlizenzen an bereits existierende Taxifahrer vergeben werden. Die Zahl der Lizenzen ist so begrenzt, dass nur 10 Millionen Fahrten pro Jahr gestattet sind. Illustrieren Sie die Wirkungen dieser Politik auf den Markt und zeigen Sie, welcher Preis und welche Menge sich ergeben. Wie hoch ist die Quotenrente je Fahrt?

Lösung

a. Der Gleichgewichtspreis beträgt 6,50 Euro und die Gleichgewichtsmenge 11 Millionen Taxifahrten pro Jahr (Zahl der angebotenen Fahrten ist gleich der Zahl der nachgefragten Fahrten).

b. Bei einem Höchstpreis von 5,50 Euro pro Fahrt werden 9 Millionen Taxifahrten angeboten, aber 13 Millionen Taxifahrten nachgefragt. Es besteht eine Knappheit von 4 Millionen Taxifahrten. Die Taxifahrer verlieren durch diese Politik, da wegen des niedrigeren Preises weniger Taxifahrten angeboten werden als zuvor. Der Effekt für die Konsumenten ist nicht eindeutig: Zwar können nur weniger Menschen Taxi fahren, aber diejenigen, die ein Taxi bekommen, müssen für die Fahrt weniger zahlen.

Abb. 5-1

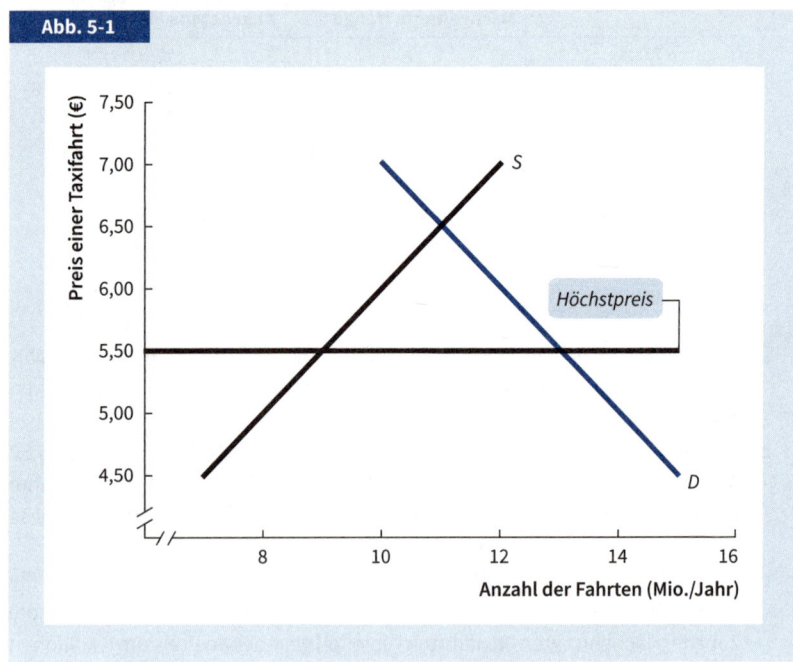

c. Aufgrund des niedrigeren Einkommens werden weniger Taxifahrten nachgefragt (Linksverschiebung der Nachfragekurve). Die Höchstpreisvorschrift hat nun keinerlei Auswirkung: Das Gleichgewicht stellt sich bei einem Preis von 5 Euro, also unterhalb des Höchstpreises, und einer Menge von 8 Millionen nachgefragten und angebotenen Taxifahrten ein.

Abb. 5-2

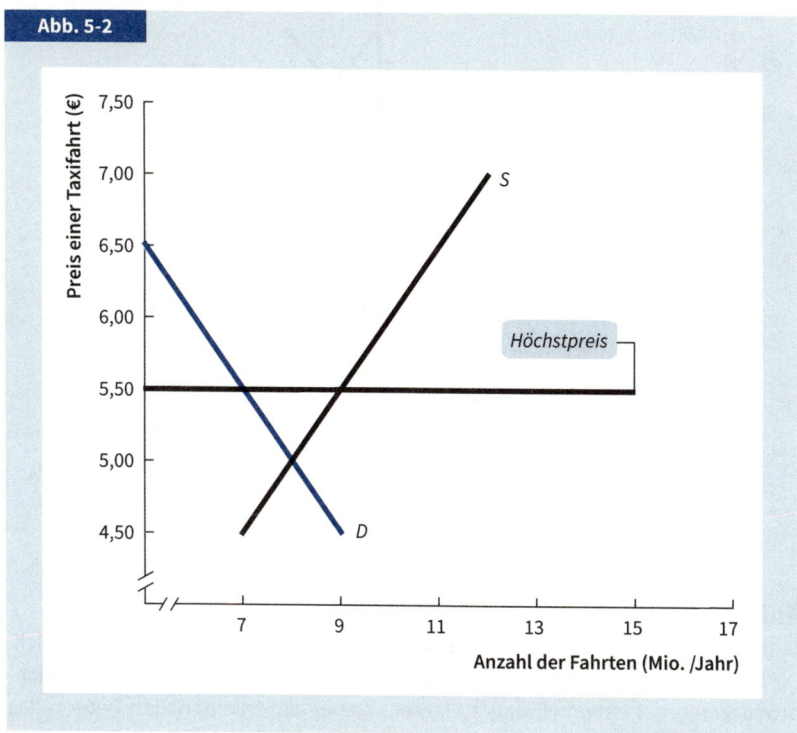

d. Aufgrund der Quote beträgt die Menge der Taxifahrten nun 10 Millionen, für die die Kunden jeweils 7 Euro je Fahrt zahlen. Die Taxifahrer würden diese Menge an Fahrten auch zu einem Preis von 6 Euro je Fahrt anbieten. Deshalb beträgt die Quotenrente 1 Euro je Taxifahrt.

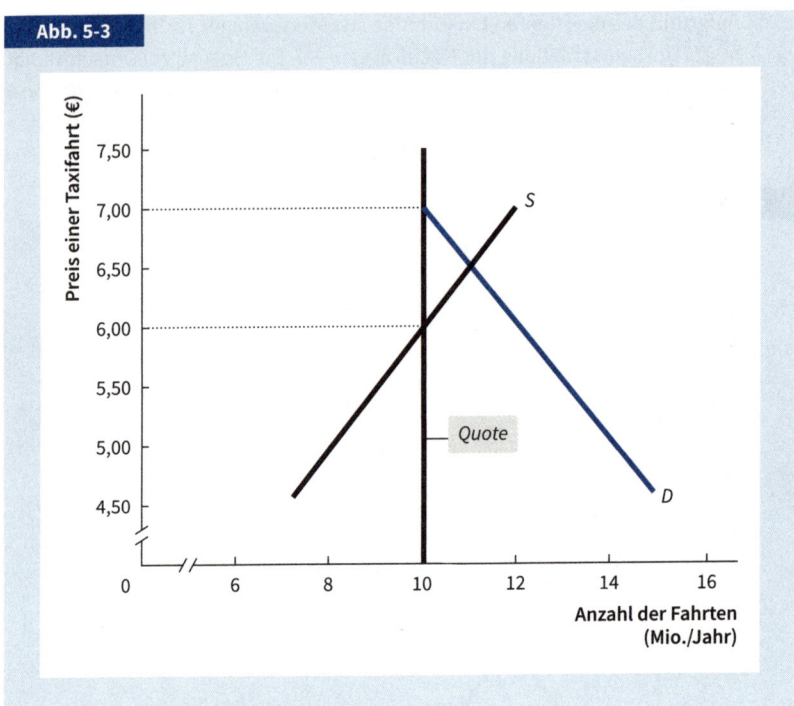

Abb. 5-3

Aufgabe 2

Die folgende Tabelle zeigt den Jahresnachfrage- und Jahresangebotsplan für Milch. Die Europäische Union beschließt, die Einkommen der landwirtschaftlichen Milchproduzenten auf einem Niveau zu halten, das einem traditionellen Betrieb das Überleben ermöglicht. Aus diesem Grund wird ein Mindestpreis in Höhe von 0,50 Euro je Liter beschlossen. Dieser Preis wird dadurch erreicht, dass die Europäische Union so lange Milch aufkauft, bis der Marktpreis 0,50 Euro je Liter erreicht hat.

Tab. 5-2

Milchpreis (€/Liter)	Milchmenge (Mio. Liter/Jahr)	
	Nachgefragte Menge	Angebotene Menge
0,60	550	850
0,55	600	800
0,50	650	750
0,45	700	700
0,40	750	650

a. Stellen Sie mithilfe eines Diagramms den Nettowohlfahrtsverlust dar, der durch eine ineffizient niedrige ge- und verkaufte Menge verursacht wird.
b. Wie groß ist der Überschuss an Milch, der sich aus dieser Politik ergibt?
c. Wie hoch sind die Kosten dieser Politik für die Europäische Union?
d. Weil Milch eine wichtige Eiweiß- und Kalziumquelle ist, beschließt die Europäische Union, den aufgekauften Milchüberschuss an Grundschulen zu einem Preis von 0,25 Euro je Liter zu verkaufen. Nehmen Sie an, dass die Schulen bei diesem niedrigen Preis den gesamten Milchüberschuss aufkaufen, egal wie hoch er ist. Die Eltern verringern aber ihren Milchkauf bei jedem gegebenen Preis um 50 Millionen Liter pro Jahr, weil sie wissen, dass ihre Kinder die Milch in der Schule erhalten. Wie hoch sind nun die Kosten des Milchprogramms für die Europäische Union?
e. Erklären Sie, wie diese Politik zu Ineffizienzen in Form einer ineffizienten Allokation von Verkäufen auf die Anbieter und in Form von Ressourcenverschwendung führen kann.

Lösung

a. Der Nettowohlfahrtsverlust entspricht in der Abbildung dem grauen Dreieck zwischen Angebots- und Nachfragekurve.

Abb. 5-4

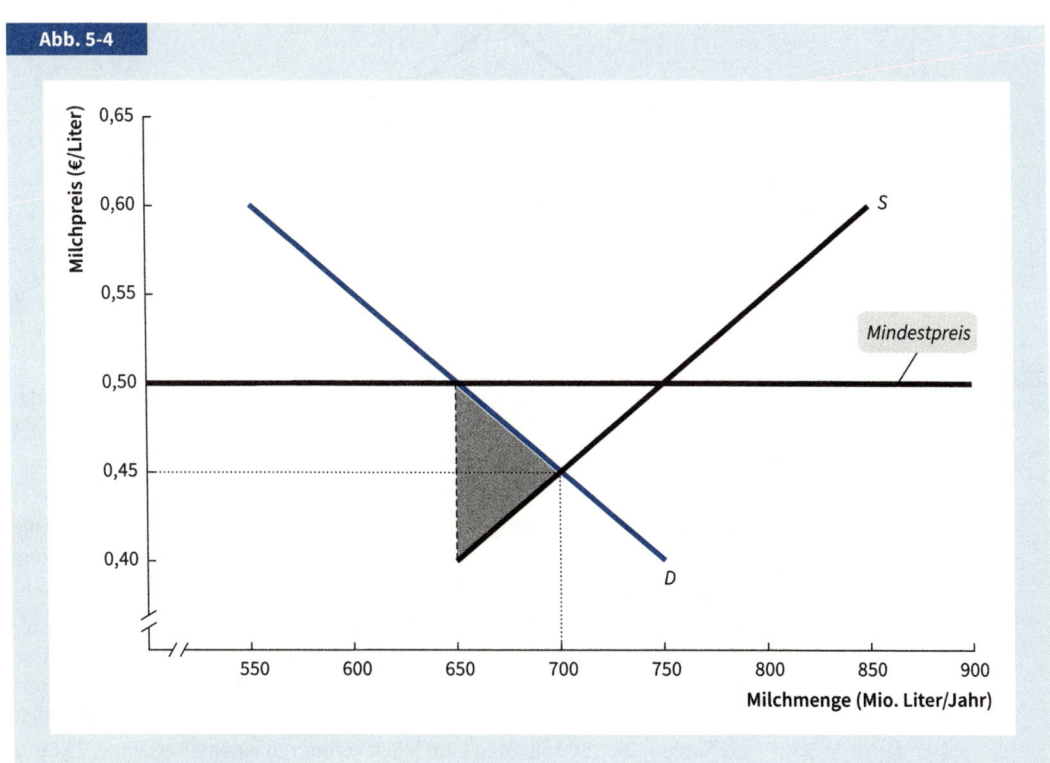

b. Ohne die Mindestpreisvorschrift würde sich das Gleichgewicht bei einem Preis von 0,45 Euro je Liter und einer Menge von 700 Millionen Litern einstellen. Der vorgeschriebene Mindestpreis beträgt 0,50 Euro je Liter. Es werden 750 Millionen Liter Milch angeboten, aber nur 650 Millionen Liter nachgefragt. Es entsteht ein Überschuss von 100 Millionen Litern pro Jahr.

Abb. 5-5

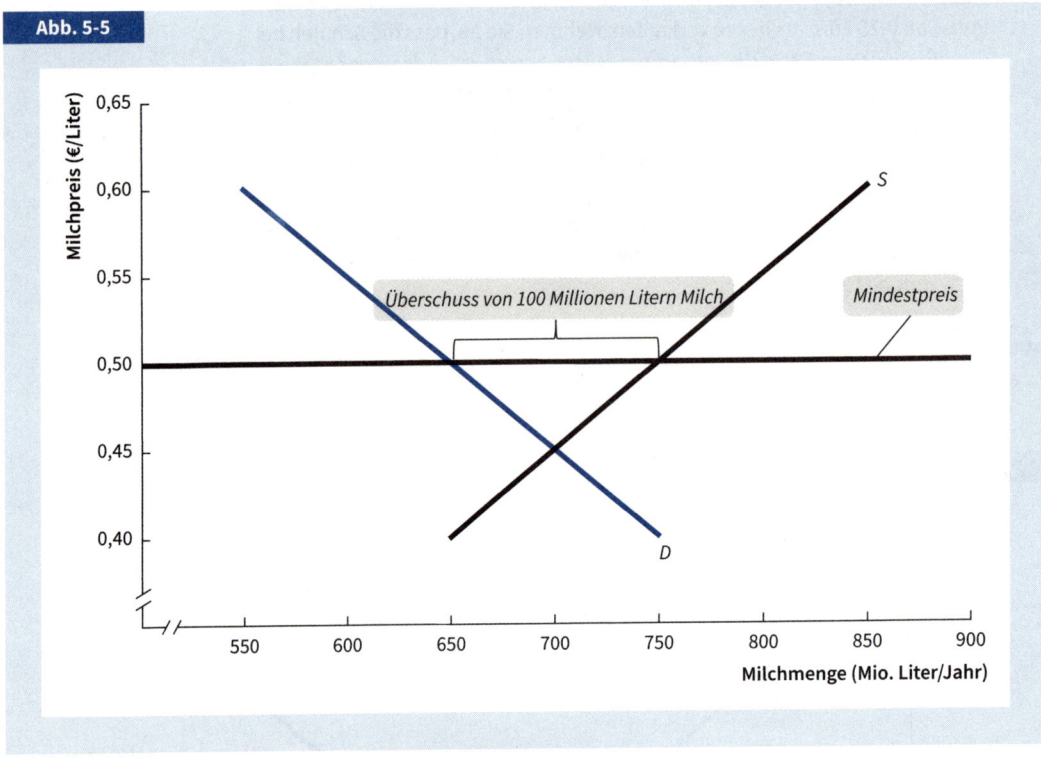

c. Um den Mindestpreis aufrechterhalten zu können (bspw. um Schwarzmarkt-verkäufe zu niedrigeren Preisen zu verhindern), muss die Europäische Union den Milchüberschuss aufkaufen. Bei einem Preis von 0,50 Euro je Liter muss die Europäische Union 50 Millionen Euro aufwenden.

d. Aufgrund der preisgünstigen Milchverkäufe an Schulen sinkt die Nachfrage bei jedem gegebenen Preis um 50 Millionen Liter pro Jahr (Linksverschiebung der Nachfragekurve). Ohne die Mindestpreisvorschrift würde sich das Gleich-gewicht bei einem Preis von 0,425 Euro je Liter und einer Menge von 675 Mil-lionen Litern einstellen. Aufgrund der Mindestpreisvorschrift gibt es nun ei-nen Überschuss von 150 Millionen Litern. Um den Mindestpreis aufrechter-halten zu können, muss die Europäische Union für 75 Millionen Euro Milch aufkaufen. Die 150 Millionen Liter Milch können zu einem Preis von 0,25 Euro je Liter an die Schulen verkauft werden. Dadurch nimmt die Europäische

Union 37,5 Millionen Euro ein. Die Kosten für das Milchprogramm sinken somit auf 37,5 Millionen Euro.

Abb. 5-6

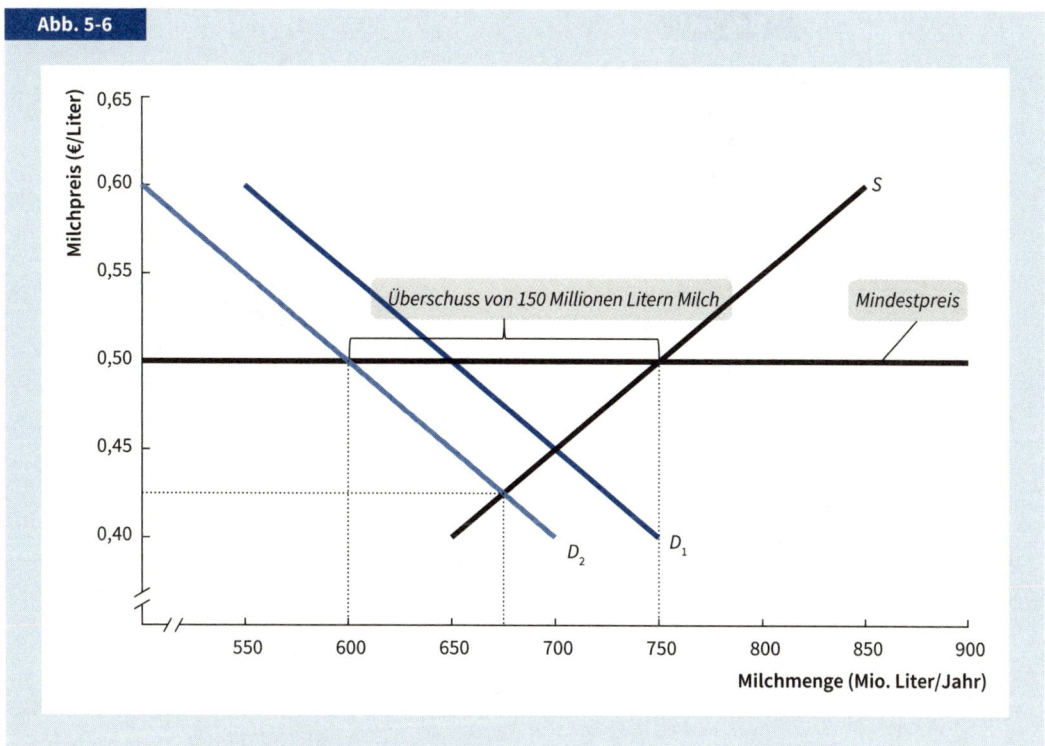

e. Es kommt zu einer ineffizienten Allokation von Verkäufen auf die Anbieter, weil einige von ihnen aufgrund des höheren Preises keine Milch produzieren würden, wenn der Preis das Gleichgewichtsniveau erreicht. Wenn es diese Milchproduzenten nicht gäbe, würden nur die effizientesten Milchproduzenten produzieren. Es werden Ressourcen verschwendet: Obwohl die Milch nicht auf Anhieb entsorgt wird, verwendet die Europäische Union viel Geld auf die Milchkäufe. Dieses Geld könnte für andere Zwecke effektiver eingesetzt werden: Statt Schulkindern extrem günstig Milch anzubieten, könnte beispielsweise die Qualität der Schulen erhöht werden.

Aufgabe 3

Das nachfolgende Diagramm zeigt Daten des US-Arbeitsministeriums, die für den Zeitraum 1975 bis 1985 den durchschnittlichen Preis eines Flugtickets in den Vereinigten Staaten zeigen. Die Preise sind inflationsbereinigt (unter Inflation versteht man ein Steigen aller Preise). Im Jahr 1978 wurde mit dem Deregulierungsgesetz *United States Airline Deregulation Act* die Mindestpreisvorschrift für Flugtickets aufgehoben und die Fluggesellschaften erhielten mehr Spielraum für das Angebot neuer Flugrouten.

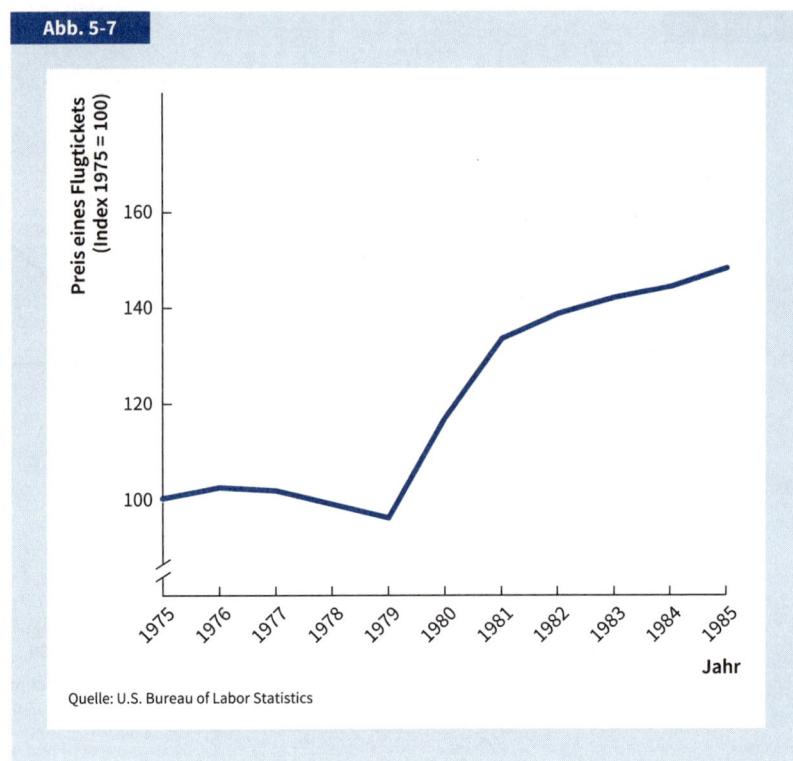

Abb. 5-7

Quelle: U.S. Bureau of Labor Statistics

a. Würden Sie nach Betrachtung der abgebildeten Ticketpreise sagen, dass die Mindestpreisvorschrift, die vor 1978 gültig war, bindend oder nicht bindend war? Das heißt: Denken Sie, dass der Mindestpreis unter oder über dem Gleichgewichtspreis lag? Zeichnen Sie ein Angebots-Nachfrage-Diagramm, das den vor 1978 geltenden Mindestpreis in Relation zum Gleichgewichtspreis darstellt.
b. Viele Ökonomen stimmen überein, dass der durchschnittliche Preis je Flugkilometer aufgrund des Deregulierungsgesetzes tatsächlich gefallen ist. Wie können Sie diese Auffassung mit dem in Einklang bringen, was Sie in der Abbildung sehen?

Lösung

a. Wenn eine bindende Mindestpreisvorschrift (Mindestpreis liegt oberhalb des Gleichgewichtspreises) aufgehoben wird, sollte man davon ausgehen, dass der Preis des betrachteten Gutes fällt. Die in der Abbildung dargestellten Daten legen nahe, dass der vor 1978 geltende Mindestpreis nicht bindend war (Mindestpreis liegt unterhalb des Gleichgewichtspreises), da der Preis eines

Flugtickets nach 1978 gestiegen ist. Um diesen Zusammenhang darzustellen, sollte der Mindestpreis in Ihrem Angebots-Nachfrage-Diagramm unterhalb des Gleichgewichtspreises liegen.

Abb. 5-8

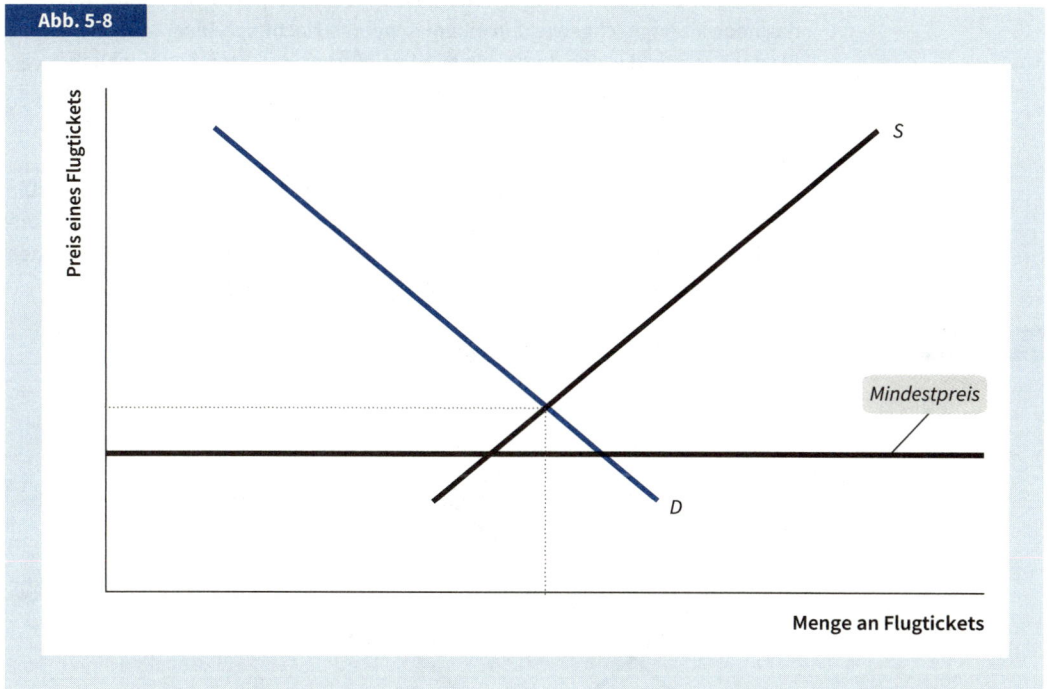

b. Viele der Faktoren, die den durchschnittlichen Preis eines Flugtickets, beeinflussen, haben sich im Jahr 1978 verändert; die Aufhebung der Mindestpreisvorschrift war lediglich eine Veränderung. Die Fluggesellschaften nutzten nun auch die Möglichkeit, Flüge auf längeren Strecken anzubieten. Das heißt, es stieg nicht nur der durchschnittliche Ticketpreis, sondern auch die durchschnittliche Distanz der Flüge – somit sank der durchschnittliche Preis je Flugkilometer. Viele Ökonomen behaupten deshalb, dass das Deregulierungsgesetz einen Rückgang der Flugpreise auslöste. Notabene: Wenn man die Auswirkungen einer Veränderung einschätzen möchte, muss man alle anderen Faktoren unverändert lassen (Ceteris-paribus-Klausel). In diesem Beispiel haben sich jedoch zur gleichen Zeit mehrere Dinge verändert.

Aufgabe 4

Viele Studierende versuchen, vor ihrem Universitätsabschluss einige Praktika zu absolvieren, um ihren Lebenslauf aufzubessern, Arbeitserfahrung in dem ausgewählten Bereich zu sammeln oder um auszuprobieren, ob ein mögliches Berufsbild zu ihnen passt. Gehen Sie zunächst davon aus, dass es einen Mindestlohn gibt, der jedoch nicht bindend ist (d. h., er liegt unterhalb des Gleichgewichtspreises).

Nehmen Sie nun an, dass aufgrund eines Abschwungs auf dem Markt die Aussicht auf eine Festanstellung im direkten Anschluss an ein Studium sinkt und deshalb nun auch Absolventen nach Praktikumsstellen suchen. Aufgrund dieser Bewegung wird der Mindestlohn im neuen Gleichgewicht bindend sein. Illustrieren Sie das neue Marktgleichgewicht in einem Angebots-Nachfrage-Diagramm. Markieren Sie das Dreieck, das den durch den Mindestlohn verursachten Nettowohlfahrtsverlust darstellt. Erläutern Sie unter Verwendung des Diagramms Ihre Ergebnisse.

Lösung
Aufgrund des ökonomischen Abschwungs steigt das Angebot an Praktikanten. Die Angebotskurve verschiebt sich nach rechts. Der neue Gleichgewichtslohn liegt unter dem Mindestlohn. In diesem Fall ist der Mindestlohn bindend, weshalb es einen Nettowohlfahrtsverlust in Höhe der Fläche des grauen Dreiecks gibt.

Abb. 5-9

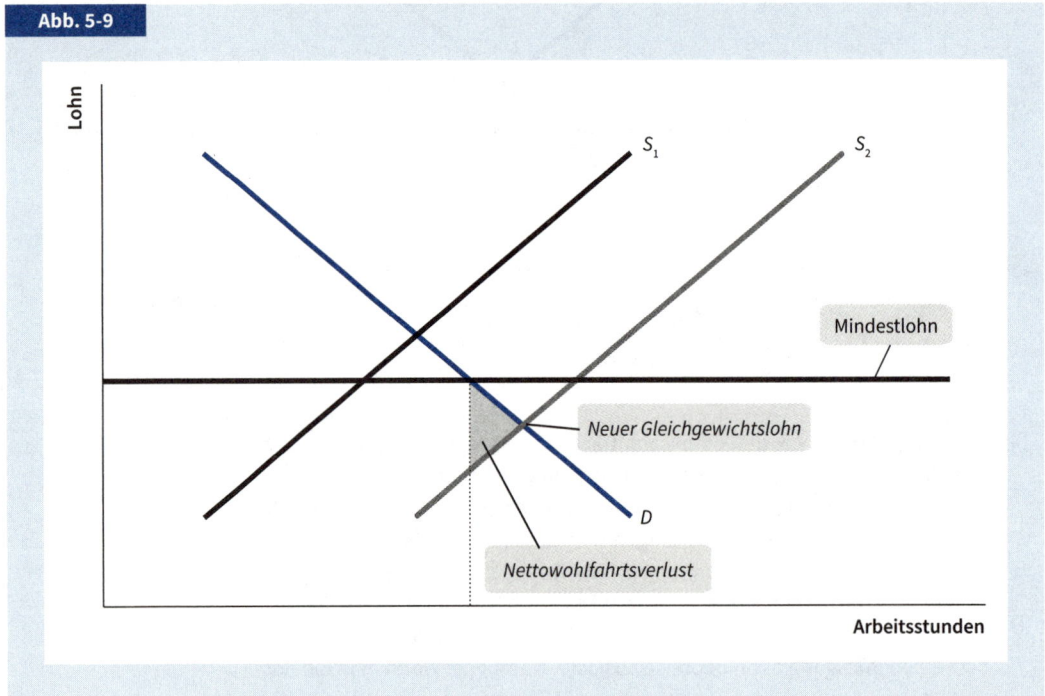

Aufgabe 5
Nehmen Sie an, es wurde beschlossen, die Mietpreisvorschrift (ein Höchstpreis) in New York aufzuheben und dass nun überall Marktmieten gelten. Nehmen Sie weiter an, dass alle Mietobjekte völlig identisch sind und daher zum selben Mietpreis angeboten werden. Um die Nöte der Mieter zu berücksichtigen, die nicht in der Lage sind, die Marktmiete zu bezahlen, erhalten alle Haushalte mit geringem Einkommen eine Transferzahlung in Höhe der Differenz zwischen der alten kontrollierten Miete und der neuen Marktmiete.

a. Erläutern Sie anhand eines Diagramms die Auswirkungen der Aufhebung der Mietpreisvorschrift auf den Markt für Mietwohnungen. Wie ändern sich Qualität und Quantität der angebotenen Mietwohnungen?

b. Zeichnen Sie ein zweites Diagramm, aus dem die zusätzlichen Wirkungen hervorgehen, die die Subventionierung der niedrigen Einkommen auf den Markt hat. Welche Wirkungen ergeben sich insbesondere auf die Marktmiete und die Menge der vermieteten Wohnungen im Vergleich zu Ihrer Antwort zu Teil a?

c. Sind die Mieter aufgrund dieser Politik besser oder schlechter gestellt? Sind die Vermieter besser oder schlechter gestellt? Und ist die Gesellschaft als Ganzes besser oder schlechter gestellt?

d. Wenn Sie die Frage aus Sicht eines Politikers betrachten, warum könnte es dann wahrscheinlicher sein, dass Städte eher Mietpreisvorschriften einführen als eine Politik der Unterstützung von Beziehern niedriger Einkommen zu verfolgen?

Lösung

a. Bei einer Mietpreisvorschrift P_H (unterhalb des Gleichgewichtspreises) wird die Menge Q_H (niedriger als die Gleichgewichtsmenge) gehandelt. Wenn die Mietpreisvorschrift aufgehoben wird, kehrt der Markt ins Gleichgewicht zurück, d. h. Preis und Menge steigen. Gleichzeitig kann man davon ausgehen, dass sich die Qualität der angebotenen Mietwohnungen, die zuvor wegen des Höchstpreises ineffizient niedrig war, verbessert. Wenn die Miete auf das Gleichgewichtsniveau zurückkehrt, haben die Vermieter wieder einen Anreiz, in die Qualität ihrer Wohnungen zu investieren, um potenzielle Mieter anzulocken.

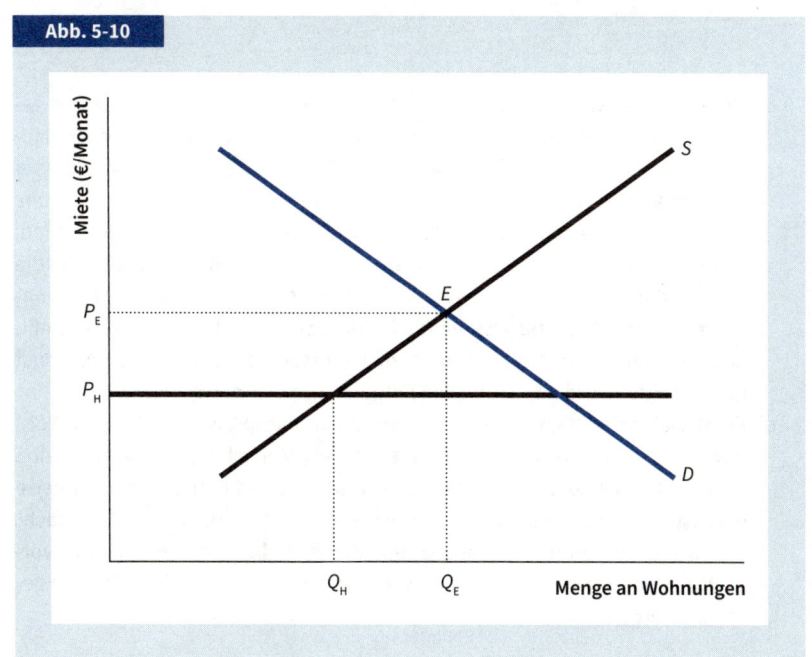

Abb. 5-10

b. Die Subventionierung niedriger Einkommen resultiert in einer Rechtsverschiebung der Nachfragekurve. Dadurch steigen die Gleichgewichtsmiete
   und der Gleichgewichtspreis.

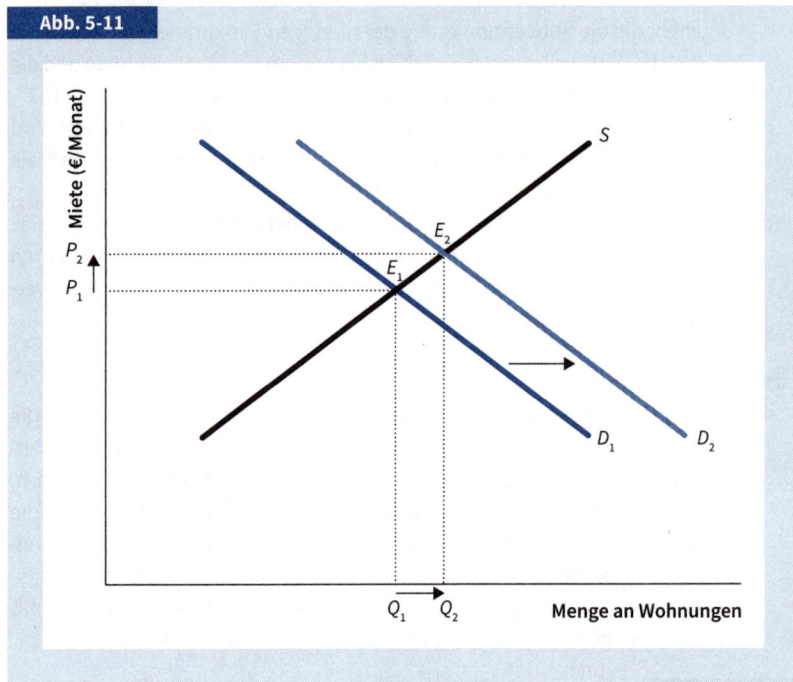

Abb. 5-11

c. Die Vermieter werden durch beide Politikmaßnahmen deutlich besser gestellt: Mehr Vermieter können Wohnungen vermieten und eine höhere Mo-
   natsmiete verlangen. Es ist nicht klar, ob die Mieter schlechter oder besser
   gestellt werden. Einige Mieter, die zuvor keine Wohnung erhalten konnten,
   können nun eine Wohnung mieten, müssen aber eine höhere Miete zahlen.
   Insbesondere die Mieter, die keine Einkommenssubvention erhalten und die
   bisher aufgrund der Mietpreisvorschrift günstige Wohnungen mieten konnten, sind nun schlechter gestellt. Die Gesellschaft als Ganze ist besser gestellt,
   weil der durch die Mietpreisvorschrift verursachte Nettowohlfahrtsverlust
   nun beseitigt wurde: Es gibt keine entgangenen Handelsgewinne.
d. Es ist wahrscheinlich, dass die Mieter, die in mietpreiskontrollierten Wohnungen wohnen, besser organisiert sind als Menschen, die derzeit keine
   Mietwohnung finden können. Organisierte Gruppen haben normalerweise
   einen größeren Einfluss auf die städtische Politik. Darüber hinaus verursacht
   die Subventionierung von Haushalten Kosten für die Städte, Höchstpreisvor-
   schriften dagegen nicht, weil die Kosten von Anbietern und Nachfragern getragen werden.

6 Elastizität

Aufgabe 1

Glauben Sie, dass die Preiselastizität der Nachfrage nach Ford-SUV zunehmen, abnehmen oder unverändert bleiben wird, wenn jeweils eines der folgenden Ereignisse eintritt? Erläutern Sie Ihre Antwort.

    a. Andere Automobilhersteller, wie z. B. General Motors, beschließen, SUV herzustellen und zu verkaufen.

    b. In anderen Ländern hergestellte SUV dürfen auf dem amerikanischen Markt nicht verkauft werden.

    c. Aufgrund von Werbekampagnen glauben die Amerikaner, dass SUV viel sicherer sind als normale Pkw.

    d. Die Zeitspanne, über die Sie die Elastizität betrachten, wird größer. Während dieser größeren Zeitspanne kommen neue Modelle auf den Markt, wie z. B. Kleinlastwagen mit Vierradantrieb.

Lösung

    a. Die Preiselastizität der Nachfrage nach Ford-SUV steigt, weil sich die Verfügbarkeit von Substituten erhöht.

    b. Die Preiselastizität der Nachfrage nach Ford SUV sinkt, weil sich die Verfügbarkeit von Substituten verringert.

    c. Die Preiselastizität der Nachfrage nach Ford SUV sinkt, weil es weniger Substitute gibt, die dieselbe Sicherheit aufweisen.

    d. Wenn sich die betrachtete Zeitspanne erhöht, steigt die Preiselastizität tendenziell an, weil sich die Verfügbarkeit von Substituten erhöht.

Aufgabe 2

Die beigefügte Tabelle zeigt einen Ausschnitt des Angebotsplans für PCs in Deutschland.

Tab. 6-1

Preis eines Computers	Menge der angebotenen Computer
1.100 €	12.000 Computer
900 €	8.000 Computer

a. Berechnen Sie unter Verwendung der Mittelwertmethode die Preiselastizität des Angebotes, wenn der Preis von 900 Euro auf 1.100 Euro steigt.

b. Nehmen Sie an, die Computerhersteller bieten aufgrund einer verbesserten Technologie bei jedem gegebenen Preis 1.000 Computer mehr an. Ist die Preiselastizität des Angebotes bei einer Erhöhung des Preises von 900 Euro auf 1.100 Euro nun größer, kleiner oder genauso groß wie in Teilaufgabe a?

c. Nehmen Sie an, ein längerer Betrachtungszeitraum würde implizieren, dass die bei jedem Preis angebotene Menge um 20 Prozent höher ist als in der Tabelle angegeben. Ist die Preiselastizität des Angebotes bei einer Erhöhung des Preises von 900 Euro auf 1.100 Euro nun größer, kleiner oder genauso hoch wie in Teilaufgabe a?

Lösung

a. Die prozentuale Änderung der Nachfragemenge beträgt 40 Prozent:

$$\frac{12.000 - 8.000}{(8.000 + 12.000)/2} \cdot 100 = \frac{4.000}{10.000} \cdot 100 = 40\,\%$$

Die prozentuale Änderung des Preises beträgt 20 Prozent:

$$\frac{1.100\,€ - 900\,€}{(900\,€ + 1.100\,€)/2} \cdot 100 = \frac{200\,€}{1.000\,€} \cdot 100 = 20\,\%$$

Die Preiselastizität des Angebots beträgt deshalb: 40 % / 20 % = 2

b. Die Preiselastizität ist nun kleiner, da die prozentuale Änderung der Nachfragemenge geringer ist (rund 36 Prozent), die prozentuale Änderung des Preises aber unverändert ist. Die neue Preiselastizität beträgt 36 % / 20 % = 1,8.

c. Die Preiselastizität ist genauso hoch wie in Teilaufgabe a.

Aufgabe 3

Die Tabelle zeigt die Kreuzpreiselastizitäten der Nachfrage nach verschiedenen Gütern. (Die prozentuale Preisänderung wird für das erste Gut des jeweiligen Paares und die prozentuale Mengenänderung für das zweite Gut des jeweiligen Paares angegeben.)

Tab. 6-2

Güterpaar	Kreuzpreiselastizität der Nachfrage
Coca-Cola und Pepsi Cola	+0,63
Spritfressende SUV und Benzin	−0,28
Butter und Margarine	+1,54

a. Erläutern Sie die Bedeutung des Vorzeichens für jede der Kreuzpreiselastizitäten. Welche Implikation hat das jeweilige Vorzeichen für die Beziehung zwischen den beiden betrachteten Gütern?
b. Verwenden Sie die Zahlenangaben in der Tabelle, um zu berechnen, wie sich ein Anstieg des Preises für Pepsi Cola um 5 Prozent auf das Nachfragevolumen für Coca-Cola auswirkt.
c. Verwenden Sie die Zahlenangaben in der Tabelle, um zu berechnen, wie sich ein 10-prozentiger Rückgang des Benzinpreises auf die Nachfragemenge für SUV auswirkt.

Lösung

a. Ist das Vorzeichen der Kreuzpreiselastizität positiv, so bedeutet ein Preisanstieg des einen Gutes eine erhöhte Nachfrage nach dem anderen Gut. Die Güter sind Substitute. Je größer die Elastizität ist, desto nähere Substitute sind die Güter. Ist das Vorzeichen hingegen negativ, so bedeutet dies, dass ein Preisanstieg eines Gutes zu einer verringerten Nachfrage nach dem anderen Gut führt. Die Güter sind Komplementärgüter. Je kleiner (absolut gesehen: größer) die Elastizität, desto stärker komplementär sind die Güter.
b. Eine Kreuzpreiselastizität von 0,63 bedeutet, dass eine Preissteigerung von Pepsi um 1 Prozent zu einer Nachfragesteigerung nach Coca-Cola um 0,63 Prozent führt. Steigt der Preis von Pepsi um 1 Prozent, steigt die Nachfrage nach Coca-Cola um 0,63 Prozent. Bei einer Preissteigerung von 5 Prozent, steigt die Nachfrage um 5 % × 0,63 = 3,15 %.
c. Eine Kreuzpreiselastizität von –0,28 bedeutet, dass ein Rückgang des Benzinpreises um 1 Prozent zu einem Anstieg der Nachfrage nach SUV um 0,28 Prozent führt. Bei einem Preisrückgang um 10 Prozent steigt die Nachfrage nach SUV also um 2,8 Prozent.

Aufgabe 4

Gehen Sie von einer linearen Nachfragekurve aus, auf der die Preisspannen gekennzeichnet sind, für die die Nachfrage elastisch bzw. unelastisch ist. In jedem der folgenden Szenarien verschiebt sich die Angebotskurve. Zeigen Sie, entlang welchen Teils der Nachfragekurve (des elastischen oder des unelastischen Teils) sich die Angebotskurve verschoben haben muss, damit jedes der beschriebenen Ereignisse hervorgerufen wird. Zeigen Sie für jeden der betrachteten Fälle im Diagramm den Mengeneffekt und den Preiseffekt.

a. Die in jüngerer Zeit unternommenen Anstrengungen der kolumbianischen Armee, den Strom von illegalen Drogen in die Vereinigten Staaten zu unterbinden, haben in Wirklichkeit den Drogenhändlern genutzt.
b. Eine neue Bestuhlung hat die Anzahl der Sitze in einem Fußballstadion erhöht und auch den Erlös aus dem Verkauf von Eintrittskarten.

Lösung

a. Der Versuch, den Strom von illegalen Drogen in die Vereinigten Staaten zu unterbinden, führt zu einer Verschiebung der Angebotskurve nach links. Der Preis steigt und die nachgefragte Menge sinkt. Wenn dies den Drogenhändlern nutzt, muss ihr Erlös gestiegen sein. D.h., die Verschiebung muss innerhalb des unelastischen Teils der Nachfragekurve stattgefunden haben: Der Preiseffekt (Fläche A) ist stärker als der Mengeneffekt (Fläche B) und der Erlös steigt aufgrund der Preissteigerung.

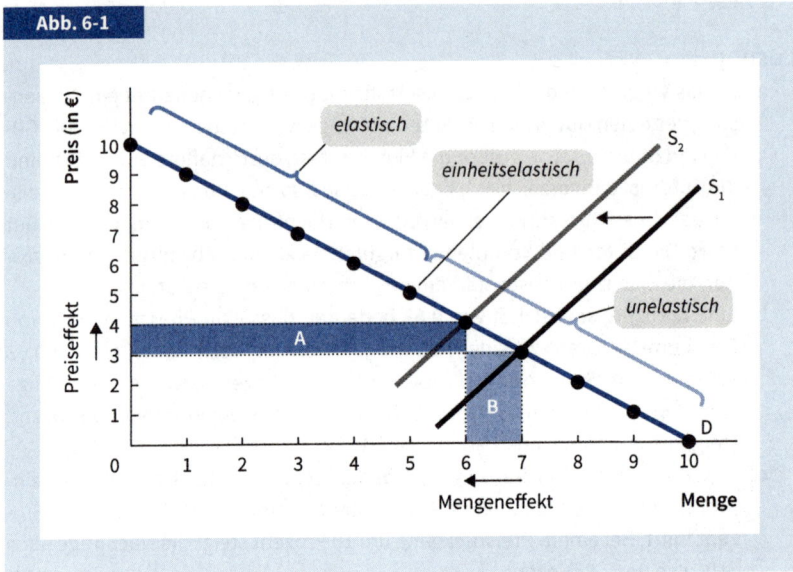

Abb. 6-1

b. Das Angebot nimmt bei jedem gegebenen Preis zu (Rechtsverschiebung der Angebotskurve). Der Preis sinkt und die nachgefragte Menge steigt. Der Mengeneffekt (Fläche B) ist stärker als der Preiseffekt (Fläche A) und der Erlös steigt; die Verschiebung findet also entlang des elastischen Teils der Nachfragekurve statt.

c.

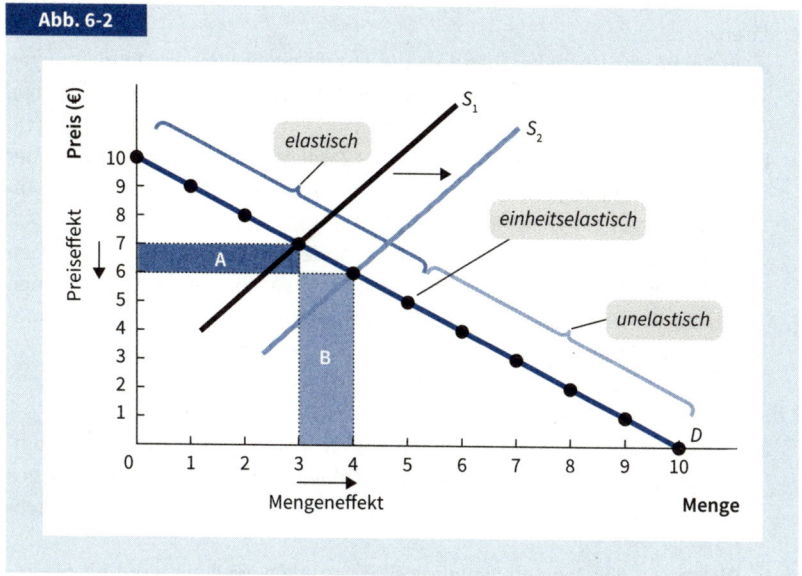

Abb. 6-2

Aufgabe 5

Eine kürzlich veröffentlichte Studie ermittelt für den New Beetle von VW die folgenden Elastizitäten:

Preiselastizität der Nachfrage = 2

Einkommenselastizität der Nachfrage = 1,5.

Das Angebot an New Beetles ist elastisch. Wenn Sie von diesen Informationen ausgehen, sind dann die folgenden Aussagen richtig oder falsch? Erläutern Sie Ihre Überlegungen.

a. Eine 10-prozentige Erhöhung des Preises für einen New Beetle wird zu einem Rückgang der nachgefragten Menge um 20 Prozent führen.

b. Eine Erhöhung der Verbrauchereinkommen wird zu einem Anstieg des Preises und einem Anstieg der Menge an verkauften New Beetles führen.

Lösung

a. Richtig. Eine Preiselastizität der Nachfrage von 2 bedeutet, dass ein Preisanstieg um 1 Prozent zu einem Rückgang der Nachfrage um 2 Prozent führt. Wenn der Preis um 10 Prozent steigt, sinkt die Nachfrage um 20 Prozent.

b. Richtig. Da die Einkommenselastizität der Nachfrage positiv ist (und es sich um ein normales Gut handelt), führt ein höheres Einkommen zu einer höheren Nachfrage. Die Nachfragekurve verschiebt sich nach rechts und der Preis und die angebotene Menge an Beetles steigen.

Aufgabe 6

Verwenden Sie das Elastizitätskonzept, um jede der folgenden Beobachtungen zu erklären.

a. In Zeiten der Hochkonjunktur ist die Anzahl neuer Wellness-Einrichtungen verhältnismäßig größer als die Anzahl anderer neuer Unternehmen, wie etwa Lebensmittelgeschäfte.

b. Das wichtigste Baumaterial in Mexiko ist Zement. Nachdem es mithilfe neuer Technologie gelingt, Zement billiger zu erzeugen, nimmt die Steigung der Angebotskurve der mexikanischen Zementhersteller ab.

c. Konsumenten in weniger entwickelten Ländern wie Guatemala geben einen verhältnismäßig größeren Teil ihres Einkommens für Geräte aus, mit denen sie häuslich produzieren können, beispielsweise Nähmaschinen, als Verbraucher in weiterentwickelten Ländern wie Frankreich.

Lösung

a. Bei Wellness-Einrichtungen handelt es sich um Luxusgüter, d. h. die Einkommenselastizität der Nachfrage ist hoch. Lebensmittel sind dagegen Güter des täglichen Bedarfs und haben eine niedrige Einkommenselastizität der Nachfrage.

b. Die Kosten der Zementerzeugung sind gesunken, weil ein Input für die Zementerzeugung leichter verfügbar ist (in größerem Umfang verfügbar). Da nun mehr Unternehmen Zement anbieten können, wird das Angebot preiselastischer.

c. Die Einkommenselastizität der Nachfrage nach Geräten für häusliche Produktion ist in Guatemala niedriger als in entwickelten Ländern. Die Einkommenselastizität der Nachfrage ist entweder unelastisch oder sie ist negativ, wenn es sich bei Nähmaschinen um ein inferiores Gut handelt.

Aufgabe 7

Es gibt eine Debatte darüber, ob in Städten mit hohem Drogenmissbrauch kostenlos sterile Nadeln ausgegeben werden sollten. Die Befürworter argumentieren, dass sich auf diese Weise das Auftreten von Krankheiten wie HIV/Aids verringern ließe, die sich oft dadurch verbreiten, dass Drogenabhängige die Nadeln teilen. Die Gegner glauben, dass die kostenlose Abgabe von Nadeln zu einer Erhöhung des Drogenkonsums führen wird, weil sich dessen Risiko verringert. Als Ökonom, der darum gebeten wird, die Maßnahme einzuschätzen, müssen Sie Folgendes wissen: (i) wie stark die Verbreitung von Krankheiten wie HIV/Aids auf den Preis von sterilen Nadeln reagiert und (ii) wie stark der Drogenkonsum auf den Preis steriler Nadeln reagiert. Gehen Sie davon aus, dass Sie beides wissen, und verwenden Sie die Konzepte der Preiselastizität der Nachfrage nach sterilen Nadeln und der Kreuzpreiselastizität zwischen Drogen und sterilen Nadeln, um die folgenden Fragen zu beantworten.

a. Unter welchen Bedingungen handelt es sich Ihrer Ansicht nach um eine nützliche Politikstrategie?

b. Unter welchen Bedingungen handelt es sich Ihrer Ansicht nach um eine schlechte Politikstrategie?

Lösung

a. Wenn sterile Nadeln kostenlos ausgegeben werden, sinkt der Preis von Nadeln auf null. Betrachten wir zunächst die Nachfrage nach Nadeln. Je höher die Preiselastizität der Nachfrage nach sterilen Nadeln, desto größer ist der Anstieg der Nachfrage nach sterilen Nadeln in Reaktion auf den Preisrückgang. (Das heißt nicht notwendigerweise, dass die Nachfrage nach Nadeln insgesamt und damit die Nachfrage nach Drogen zunehmen. Wir gehen stattdessen davon aus, dass die Nachfrage nach verschmutzten Nadeln abnimmt, diese also durch sterile Nadeln substituiert werden, und die Drogennachfrage in etwa unverändert bleibt.) Ein Anstieg der Nachfrage nach sterilen Nadeln verringert das Auftreten von Krankheiten wie HIV/AIDS. Schauen wir uns nun die Nachfrage nach Drogen an. Es gibt zwei mögliche Szenarien: Die Nachfrage nach Drogen bleibt in etwa unverändert, wenn die verschmutzten Nadeln durch sterile Nadeln substituiert werden. Die Politikmaßnahme wäre nützlich. Da Drogen und sterile Nadeln Komplemente sind, kann es aber auch sein, dass die Nachfrage nach Drogen steigt, wenn der Preis für sterile Nadeln fällt. Die Kreuzpreiselastizität der Nachfrage zwischen Drogen und sterilen Nadeln ist negativ. Je näher die Kreuzpreiselastizität der Nachfrage zwischen Drogen und sterilen Nadeln bei null liegt, desto weniger reagiert die Drogennachfrage auf Preisänderungen steriler Nadeln. Die Politikmaßnahme wäre also nützlich, wenn die Preiselastizität der Nachfrage nach sterilen Nadeln hoch (elastisch) ist und die Kreuzpreiselastizität der Nachfrage zwischen Drogen und sterilen Nadeln negativ und klein (nahe null, also nur schwach komplementär) ist.

b. Analog zur Argumentation aus Teilaufgabe a. wäre die Politikstrategie schlecht, wenn die Preiselastizität der Nachfrage nach sterilen Nadeln hoch (elastisch) ist und die Kreuzpreiselastizität der Nachfrage zwischen Drogen und sterilen Nadeln negativ und hoch (stark komplementär) ist.

Aufgabe 8

Die US-Regierung zieht in Erwägung, die Menge an von Firmen produziertem Kohlendioxid durch die Ausstellung einer begrenzten Anzahl handelbarer Emissionsberechtigungen zu reduzieren. In einem Bericht vom 25. April 2007 argumentiert das Congressional Budget Office (CBO), dass »die meisten Kosten, die durch die Einhaltung einer Deckelung des CO_2-Ausstoßes entstehen, von den Konsumenten getragen werden, die dauerhaft höhere Preise für Strom oder Gas zahlen müssten ... Ärmere Haushalte würden im Verhältnis zu ihrem Einkommen eine größere Last tragen als vermögendere Haushalte.« Welche Annahme bezüglich einer der Elastizitäten, die wir in diesem Kapitel kennengelernt haben, muss stimmen, damit ärmere Haushalte tatsächlich überproportional betroffen sind?

Lösung

Damit ärmere Haushalte überproportional von höheren Strom- und Gaspreisen betroffen sind, müssen diese Haushalte einen größeren Teil ihres Einkommens für Strom und Gas aufwenden als reichere Haushalte. Anders formuliert, wenn das Einkommen steigt, steigt die nachgefragte Menge nach Strom und Gas weniger als proportional. Das CBO muss deshalb davon ausgehen, dass die Einkommenselastizität der Nachfrage nach Strom und Gas positiv, aber kleiner als 1 ist, d. h. dass Strom und Gas einkommensunelastisch sind.

Aufgabe 9

Laut den Daten des US-Energieministeriums sind die Verkaufszahlen des kraftstoffeffizienten Toyota Prius Hybrid von 158.574 im Jahr 2008 auf 139.682 im Jahr 2009 gesunken. Im gleichen Zeitraum fiel laut der Energy Information Administration der durchschnittliche Preis für normales Benzin von 0,86 auf 0,62 Dollar je Liter. Berechnen Sie unter Verwendung der Mittelwertmethode die Kreuzpreiselastizität der Nachfrage zwischen Toyota Prii (die Pluralform von »Prius« lautet »Prii«) und Normalbenzin. Handelt es sich gemäß dem von Ihnen ermittelten Wert der Kreuzpreiselastizität bei den beiden Gütern und Komplemente oder um Substitute? Ist Ihre Antwort sinnvoll?

Lösung

Die prozentuale Veränderung des Preises beträgt:

$$\frac{0,62\,\$ - 0,86\,\$}{(0,62\,\$ + 0,86\,\$)/2} \cdot 100 = \frac{-0,24\,\$}{0,74\,\$} \cdot 100 = -32,4\,\% \ .$$

Die prozentuale Veränderung der Nachfrage beträgt:

$$\frac{139.682 - 158.574}{(139.682 + 158.574)/2} \cdot 100 = \frac{-18.892}{149.128} \cdot 100 = -12,7\,\% \ .$$

Die Kreuzpreiselastizität der Nachfrage beträgt somit: $\frac{-12,7\,\%}{-32,4\,\%} = 0,39.$

Die positive Kreuzpreiselastizität der Nachfrage zwischen Toyota Prii und Normalbenzin legt nahe, dass es sich bei den beiden Gütern um Substitute handelt. Diese Antwort macht einen stutzig, da es sich bei Autos und Benzin normalerweise um Komplementärgüter handelt, die Kreuzpreiselastizität müsste also negativ sind. Wichtig ist an dieser Stelle, dass der Toyota Prius kraftstoffeffizient und kein Spritfresser ist. Kraftstoffeffiziente Autos und Spritfresser sind Substitute. Wenn der Benzinpreis sinkt, steigt die Nachfrage nach Spritfressern und die Nachfrage nach kraftstoffeffizienten Autos wie dem Toyota Prius, die Substitute sind, sinkt. Daraus resultiert die positive Kreuzpreiselastizität der Nachfrage zwischen Toyota Prii und Normalbenzin.

7 Steuern

Aufgabe 1

Nehmen Sie an, dass in den Vereinigten Staaten eine Mengensteuer in Höhe von 6.000 Dollar pro Auto auf Luxuswagen erhoben wird. Die Abbildung zeigt die hypothetischen Angebots- und Nachfragekurven für Luxusautos.

Abb. 7-1

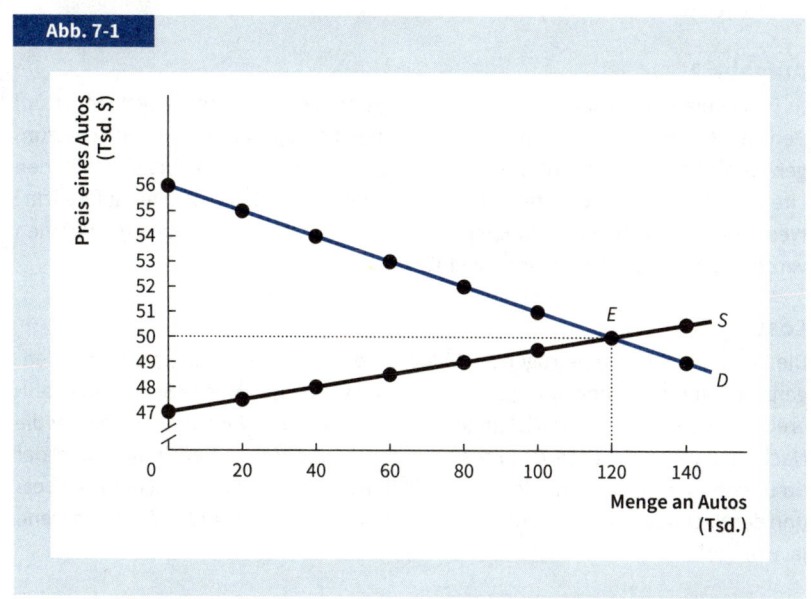

a. Wie hoch ist der von den Konsumenten bezahlte Preis unter Berücksichtigung der Steuer? Welchen Preis erhalten die Produzenten? Wie hoch sind die aus der Mengensteuer resultierenden Steuereinnahmen?

b. Wie hoch ist der von den Konsumenten zu zahlende Preis, wenn die Mengensteuer von 6.000 Dollar pro Auto auf 4.500 Dollar pro Auto gesenkt wird? Welchen Preis erhalten die Produzenten? Wie hoch sind nun die Steuereinnahmen?

c. Vergleichen Sie die Steuereinnahmen, die durch die unterschiedlichen Steuersätze in Teilaufgabe a bzw. b erzielt wurden. Was ist der Grund für die Veränderung der Steuereinnahmen, die aus der Senkung der Mengensteuer resultiert?

Lösung

a. Unter Berücksichtigung der Steuer beträgt der Konsumentenpreis 54.000 Dollar und der Produzentenpreis 48.000 Dollar. Die Steuereinnahmen betragen 240 Millionen Dollar.

b. Der Konsumentenpreis beträgt 53.000 Dollar und der Produzentenpreis beträgt 48.500. Die Steuereinnahmen betragen 270 Millionen Dollar.

c. Die Steuereinnahmen sind gestiegen, weil das Angebot an Luxuswagen und deren Nachfrage stark elastisch sind. Wenn der Konsumentenpreis sinkt, steigt die Nachfrage stark. Wenn der Produzentenpreis steigt, steigt das Angebot stark. Somit führt eine Steuersenkung zu einem solch starken Anstieg der Verkaufsmenge von Luxuswagen, dass die Reduzierung der Steuereinnahmen durch die Senkung der Mengensteuer pro Auto mehr als ausgeglichen wird.

Aufgabe 2

In Deutschland wird im Rahmen der Energiesteuer auch eine Mengensteuer auf Benzin erhoben. Die Benzinsteuer beträgt derzeit ca. 0,65 Euro pro Liter. Schätzungen zufolge betrug der deutsche Benzinverbrauch im Jahr 2014 circa 25 Milliarden Liter. Wie hoch waren die Steuereinnahmen aus dieser Mengensteuer auf Benzin? Wenn die Mengensteuer verdoppelt würde, würden sich auch die Steuereinnahmen verdoppeln? Warum bzw. warum nicht?

Lösung

Die Steuereinnahmen betrugen 16,25 Milliarden Euro. Eine Verdopplung der Mengensteuer führt zu einem Rückgang der ge- und verkauften Menge Benzin. Die Steuereinnahmen verdoppeln sich lediglich dann, wenn entweder das Angebot oder die Nachfrage völlig elastisch ist und sich die verkaufte Menge Benzin aufgrund der Steuererhöhung nicht verändert. Andernfalls ist es von der Elastizität des Angebots und der Nachfrage abhängig, ob die Steuereinnahmen überhaupt steigen und wenn ja, wie stark.

Aufgabe 3

In Deutschland gibt es eine Tabaksteuer, die derzeit 2,95 Euro pro Packung Zigaretten beträgt. Nehmen wir einmal an, dass die Tabaksteuer nur in einigen Bundesländern, beispielsweise in Bayern, erhoben wird und in anderen Bundesländern nicht, beispielsweise in Sachsen. Nehmen Sie an, dass der Preis ohne Steuern in beiden Bundesländern 2,00 Euro beträgt. Nehmen Sie weiterhin an, dass beim Schmuggeln einer Zigarettenpackung von Sachsen nach Bayern Kosten in Höhe von 2,50 Euro entstehen (inklusive der Kosten für Zeit, Benzin usw.). Nehmen Sie auch an, dass das Zigarettenangebot weder völlig elastisch noch völlig unelastisch ist.

a. Stellen Sie die Angebots- und Nachfragekurven für Zigaretten in Bayern grafisch so dar, dass eine Situation abgebildet wird, in der es sich aus ökonomischer Perspektive für einen Einwohner Bayerns lohnt, eine Zigarettenpackung von Sachsen nach Bayern zu schmuggeln. Erläutern Sie Ihre Abbildung.

b. Stellen Sie analog dazu eine Situation dar, in der es sich aus ökonomischer Perspektive für einen Einwohner Bayerns nicht lohnt, eine Packung Zigaretten von Sachsen nach Bayern zu schmuggeln. Erläutern Sie Ihre Abbildung.

c. Nehmen Sie an, dass die Nachfrage nach Zigaretten in Bayern völlig unelastisch ist und dass alle Raucher Bayerns ihre Zigaretten zu einem Preis von 2,50 Euro schmuggeln, also auch keine Steuern zahlen. Entstehen in dieser Situation Ineffizienzen? Wenn ja, wie hoch ist die Ineffizienz pro Packung? Nehmen Sie an, dass Zigarettenpackungen mit elektronischen Chips versehen werden. Dies macht es unmöglich, Zigaretten über Bundeslandgrenzen hinweg zu schmuggeln. Entstehen in dieser Situation Ineffizienzen? Wenn ja, wie hoch ist die Ineffizienz pro Packung?

Lösung

a. Im Diagramm ist die Zigarettennachfrage in Bayern relativ unelastisch. Der größte Teil der Mengensteuer wird von den Konsumenten getragen; sie zahlen einen Preis nach Steuern von 4,75 Euro. Da es 4,50 Euro kosten würde, eine Packung Zigaretten von Sachsen nach Bayern zu schmuggeln (2 Euro je Packung plus 2,50 Euro Schmuggelkosten ja Packung), stellt das Diagramm eine Situation dar, in der sich ein Bayer besser stellen würde, wenn er schmuggelt, statt die Zigaretten in Bayern zu kaufen. (Die hier verwendeten Zahlen stellen lediglich ein Beispiel dar, andere Lösungen können ebenfalls richtig sein.)

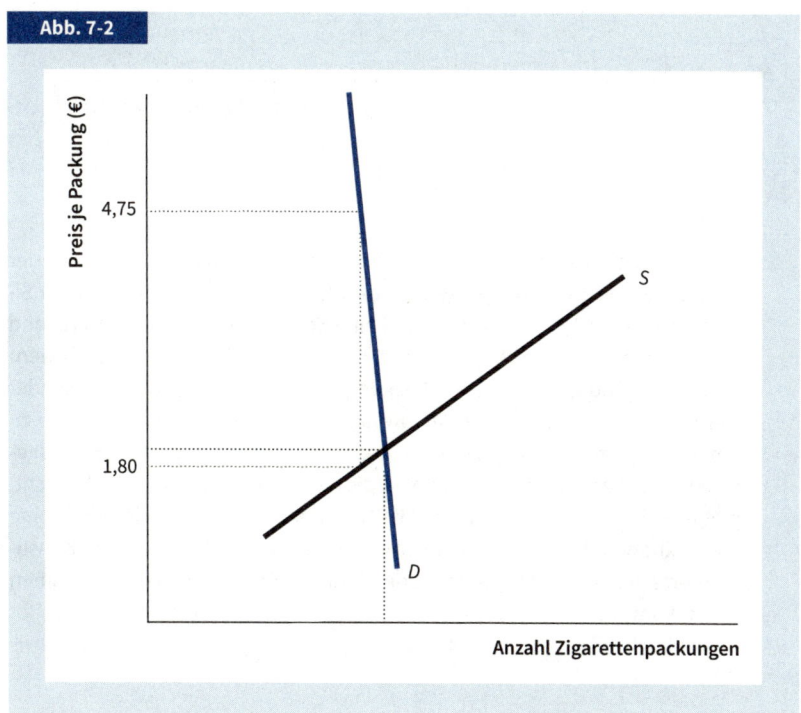

Abb. 7-2

b. In diesem Diagramm ist die Zigarettennachfrage in Bayern weniger unelastisch. Der Preis nach Steuern beträgt für die Konsumenten 4,20 Euro. In diesem Fall ist es ökonomisch nicht sinnvoll, zu schmuggeln.
(Die hier verwendeten Zahlen stellen lediglich ein Beispiel dar, andere Lösungen können ebenfalls richtig sein.)

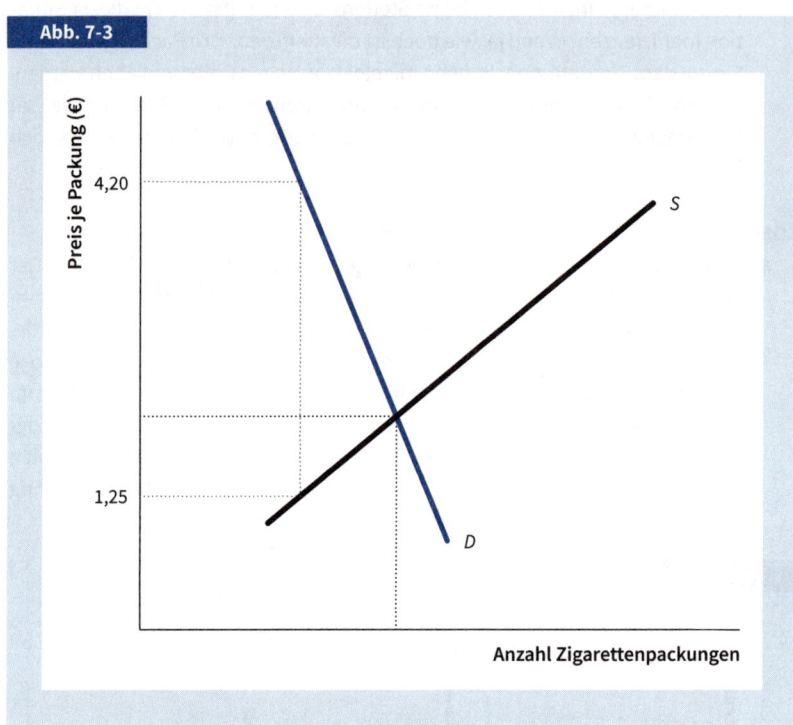

Abb. 7-3

c. Da die Nachfrage völlig unelastisch ist, wird nach und vor Erhebung der Steuer die gleiche Menge Zigaretten gekauft. Dennoch kommt es in dieser Situation zu einer Ineffizienz, obwohl keine Steuer gezahlt werden muss und keine Transaktionen verhindert werden: Es werden Ressourcen verschwendet, da für jede geschmuggelte Packung Zigaretten 2,50 Euro aufgewendet werden müssen. Statt das Geld für Ressourcen auszugeben um die Steuer zu umgehen, hätten die Konsumenten das Geld lieber für andere Dinge ausgegeben. Wenn es eine Technologie gibt, die das Schmuggeln unmöglich macht, gibt es keine Ineffizienz mehr, da die Nachfrage völlig unelastisch ist, keine Transaktionen durch die Steuer verhindert werden und der von den Konsumenten erlebte Wohlfahrtsverlust dem Staat in Form von Steuereinnahmen zugutekommt.

Aufgabe 4

In den folgenden Fällen geht es um Steuern. Erläutern Sie jeweils (i) ob die Steuerinzidenz die Verbraucher oder die Produzenten stärker trifft, (ii) warum die Steuereinnahmen kein guter Indikator für die wahren Kosten der Steuer sind und (iii) welche entgangenen Gelegenheiten bzw. Ineffizienzen entstehen.

a. Die Regierung erhebt eine Mengensteuer auf den Verkauf von Lehrbüchern. Vor der Steuererhebung wurden jedes Jahr 1 Million Lehrbücher zu einem Preis von 50 Euro pro Stück verkauft. Nach der Einführung der Steuer werden pro Jahr 600.000 Lehrbücher verkauft. Die Studierenden bezahlen 55 Euro pro Lehrbuch, von denen 30 Euro an die Verlage fließen.

b. Die Regierung führt eine Mengensteuer auf den Verkauf von Flugtickets ein. Vor der Erhebung der Steuer wurden jedes Jahr 3 Millionen Flugtickets zu einem Preis von 500 Euro verkauft. Nach Einführung der Steuer werden 1,5 Millionen Flugtickets jährlich verkauft. Die Fluggäste zahlen 550 Euro pro Ticket, von denen 450 Euro an die Fluggesellschaften fließen.

Lösung

a. Die Konsumenten zahlen nun 5 Euro pro Buch mehr und die Verlage nehmen 20 Euro pro Buch weniger ein. Die Produzenten tragen deshalb den größeren Teil der Steuerlast. Die Steuereinnahmen betragen 15 Millionen Euro. Sie sind kein guter Indikator für die wahren Kosten der Steuer, da die entgangenen Gelegenheiten außer Acht gelassen werden (es gibt 400.000 potenzielle Käufer, die in Abwesenheit der Steuer Bücher gekauft hätten, dies nun aber nicht mehr tun). Aufgrund dieser entgangenen Gelegenheiten entsteht ein Nettowohlfahrtsverlust, da sowohl die Konsumenten als auch die Produzenten an Wohlfahrt verlieren, die nicht der Regierung in Form von Steuern zugutekommt.

b. Die Fluggäste zahlen nun 50 Euro je Ticket mehr; die Fluggesellschaften erhalten 50 Euro weniger je Ticket. Die Steuerlast wird von Konsumenten und Produzenten gleichermaßen getragen. Die Steuereinnahmen betragen 150 Millionen Euro. Sie sind kein guter Indikator für die wahren Kosten, da sie die entgangenen Gelegenheiten (potenzielle Fluggäste) außer Acht lassen.

Aufgabe 5

Betrachtet wird der Markt für Pizzas in Unistadt, der in der Tabelle beschrieben wird. Der Stadtrat von Unistadt beschließt, auf Pizza eine Mengensteuer in Höhe von 4 Euro je Pizza zu erheben.

a. Wie hoch ist die Pizzamenge, die nach der Einführung der Steuer ge- bzw. verkauft wird? Wie hoch ist der Konsumentenpreis? Wie hoch ist der Produzentenpreis?

b. Berechnen Sie die Konsumenten- und Produzentenrente nach Einführung der Steuer. Um wie viel hat die Einführung der Steuer die Konsumentenrente verringert? Um wie viel hat sie die Produzentenrente verringert?

c. Wie hoch ist das Steueraufkommen, das Unistadt aus dieser Steuer erzielt?

d. Berechnen Sie den Nettowohlfahrtsverlust dieser Steuer.

| Tab. 7-1 |

Pizzapreis (€)	Nachgefragte Pizzamenge	Angebotene Pizzamenge
10	0	6
9	1	5
8	2	4
7	3	3
6	4	2
5	5	1
4	6	0
3	7	0
2	8	0
1	9	0

Lösung

a. Die Steuer treibt einen Keil zwischen den Konsumenten- und den Produzentenpreis. Der Konsumentenpreis beträgt nun 9 Euro. Der Produzentenpreis beträgt 5 Euro. Mit der Steuer wird nur eine Pizza ge- und verkauft.

b. Die Konsumentenrente beträgt 0, da der einzige Konsument genau den Preis zahlen muss, den er höchstens zu zahlen bereit ist. Im Vergleich zu der Situation ohne Steuer ist die Konsumentenrente um 3 Euro gesunken. Analog ist auch die Produzentenrente gleich 0, da die Kosten der Pizza dem Verkaufspreis entsprechen. Die Produzentenrente ist im Vergleich zur Situation vor Erhebung der Steuer um 3 Euro gesunken.

c. Die Steuereinnahmen betragen 4 Euro.

d. Der Nettowohlfahrtsverlust der Steuer beträgt 2 Euro: Die Gesamtwohlfahrt ist um 6 Euro gesunken, wovon jedoch 4 Euro der Stadt in Form von Steuergeldern zugutekommen.

Aufgabe 6

Nehmen Sie an, dass die Nachfrage nach Benzin unelastisch ist und das Benzinangebot vergleichsweise elastisch ist. Die Regierung führt eine Mengensteuer auf Benzin ein. Das Steueraufkommen wird verwendet, um die Erforschung umweltfreundlicher alternativer Treibstoffe zu finanzieren.

a. Wer trägt den größeren Teil der Zusatzlast (Nettowohlfahrtsverlust) dieser Steuer: Konsumenten oder Produzenten? Zeigen Sie in einem Diagramm, wer welchen Teil der Zusatzlast trägt.

b. Basiert die Steuer auf dem Äquivalenzprinzip oder auf dem Leistungsfähigkeitsprinzip? Erläutern Sie Ihre Ansicht.

Lösung

a. Die Abbildung zeigt eine unelastische (also relativ steile) Nachfragekurve für Benzin. In diesem Fall tragen vor allem die Konsumenten die Last der Steuer (der Wohlfahrtsverlust der Konsumenten entspricht der mit *A* bezeichneten Fläche. Die von den Produzenten getragene Steuerlast (Wohlfahrtsverlust) entspricht der mit *B* bezeichneten Fläche.

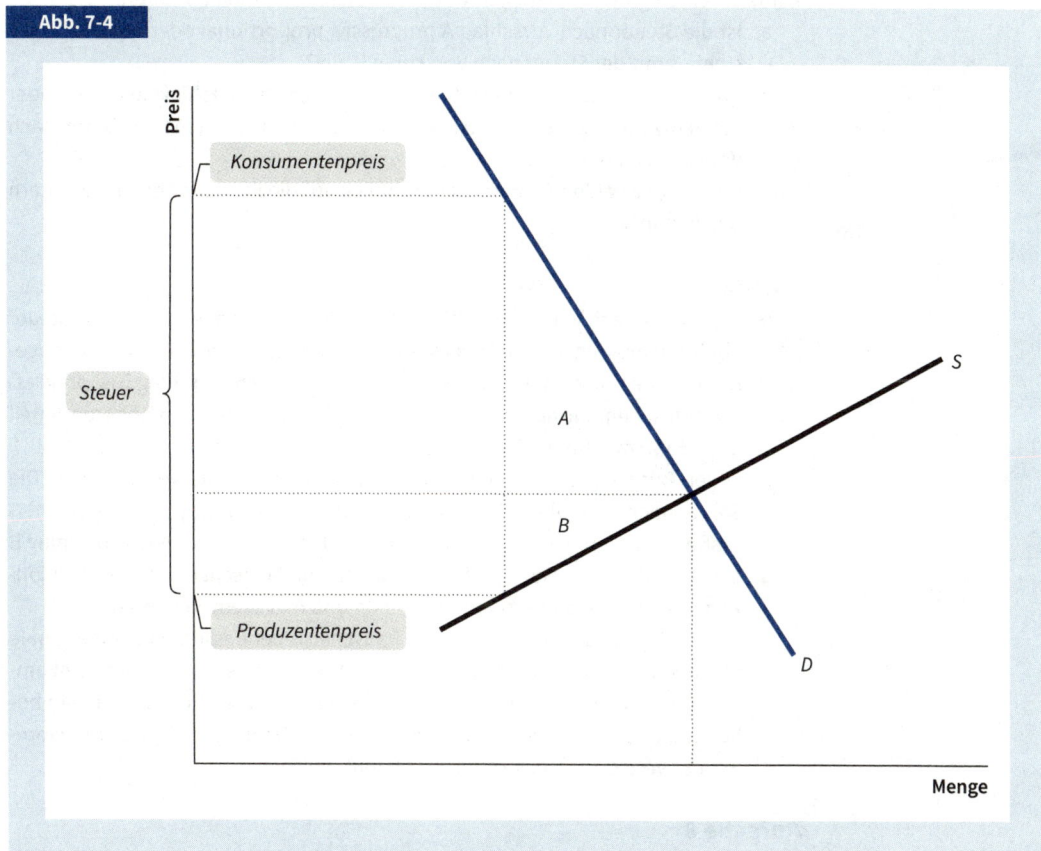

b. Konsumenten, die Autos mit hohem Spritverbrauch fahren, zahlen den Großteil der Steuer. Die Steuer basiert nicht auf dem Äquivalenzprinzip, da alle gleichermaßen von der Erforschung umweltfreundlicher alternativer Treibstoffe profitieren – und nicht nur diejenigen, die den Großteil der Steuer zahlen. Die Steuer basiert in gewisser Hinsicht auf dem Leistungsfähigkeitsprinzip, da Menschen mit höheren Einkommen größere Autos wie SUVs fahren, die mehr Sprit verbrauchen. Andererseits gibt es eine beträchtliche Anzahl von Menschen mit niedrigem Einkommen, die alte, kraftstoffineffiziente Autos fahren. In dieser Hinsicht basiert die Steuer nicht auf dem Leistungsfähigkeitsprinzip.

Aufgabe 7

Sie beraten die Regierung, wie man die Ausgaben für die Landesverteidigung finanzieren kann. Es liegen zwei Vorschläge für die Finanzierung der Verteidigungsausgaben vor. Bei beiden Vorschlägen basiert die Steuer auf dem Einkommen einer Person. Bei Vorschlag A zahlen alle Bürger genau die gleiche Pauschalsteuer, unabhängig von ihrem Einkommen. Bei Vorschlag B müssen Menschen mit höherem Einkommen einen größeren Anteil ihres Einkommens als Steuer abführen.

   a. Ist die Steuer nach Vorschlag A progressiv, proportional oder regressiv? Wie sieht es mit der Steuer nach Vorschlag B aus?

   b. Basiert die Steuer nach Vorschlag A auf dem Leistungsfähigkeitsprinzip oder auf dem Äquivalenzprinzip. Wie sieht es in dieser Hinsicht mit der Steuer nach Vorschlag B aus?

   c. Welche der beiden Steuern ist in Hinblick auf die Effizienz besser? Erläutern Sie Ihre Ansicht.

Lösung

   a. Die Steuer nach Vorschlag A ist regressiv. Da die Bürger eine Pauschalsteuer abführen müssen, zahlen Menschen mit höherem Einkommen einen geringeren Teil ihres Einkommens als Steuer. Die Steuer nach Vorschlag B ist progressiv. Menschen mit höherem Einkommen führen auch einen höheren Anteil ihres Einkommens als Steuer ab.

   b. Jeder Bürger profitiert gleichermaßen von der Landesverteidigung. Die Steuer nach Vorschlag A basiert auf dem Äquivalenzprinzip, da alle gleichermaßen profitieren und dafür das gleiche zahlen. Die Steuer nach Vorschlag B basiert auf dem Leistungsfähigkeitsprinzip, da Menschen mit höherem Einkommen höhere Steuern zahlen können und in diesem Fall müssen.

   c. In Hinblick auf die Effizienz ist eine Pauschalsteuer besser. Da der marginale Steuersatz einer Pauschalsteuer gleich null ist, wird der Anreiz, mehr Einkommen zu verdienen, nicht verzerrt. Die Steuer nach Vorschlag B hat einen höheren und steigenden marginalen Steuersatz. Da der Anreiz, mehr Einkommen zu verdienen, verzerrt wird, entsteht Ineffizienz.

Aufgabe 8

In Transsilvanien ist das Einkommensteuersystem recht einfach. Die ersten 39.999 Sylvers (die offizielle Währung von Transsilvanien), die in einem Jahr verdient werden, bleiben unbesteuert. Darüber hinausgehende Einkommensbeträge werden mit 25 Prozent besteuert. Außerdem muss jedes Individuum Sozialversicherungsabgaben leisten, die folgendermaßen berechnet werden: Vom gesamten Einkommen bis zu einem Betrag von 80.000 Sylvers ist eine zusätzliche Abgabe in Höhe von 20 Prozent zu entrichten. Oberhalb von 80.000 Sylvers gibt es keine Sozialversicherungsabgaben auf das Einkommen.

   a. Ermitteln Sie die Grenzsteuersätze (inklusive der Einkommensteuer und der Sozialversicherungsabgaben) für Transsilvanier mit den folgenden Einkommenshöhen: 20.000 Sylvers, 40.000 Sylvers und 80.000 Sylvers. (Hinweis: Berechnen Sie den Grenzsteuersatz als prozentualen Anteil des zusätzlichen Einkommens von 1 Sylver, der durch die Steuer weggenommen wird.)

b. Ist das transsilvanische Einkommensteuersystem progressiv, regressiv oder proportional? Ist das System der Sozialversicherungsabgaben progressiv, regressiv oder proportional?

c. Bei welcher Einkommensgruppe werden durch die Kombination des Einkommensteuersystems und des Systems der Sozialversicherungsabgaben die Anreize am stärksten verzerrt?

Lösung

a. Ein Transsilvanier, der 20.000 Sylver verdient, zahlt einen marginalen Steuersatz von 20 Prozent (keine Einkommensteuer, aber Sozialversicherungsabgaben). Bei einem Einkommen von 40.000 Sylvers gilt ein marginaler Steuersatz von 45 Prozent (Einkommensteuer und Sozialversicherungsabgaben). Bei einem Einkommen von 80.000 Sylvers gilt ein Steuersatz von 25 Prozent (Einkommensteuer, aber keine Sozialversicherungsabgaben).

b. Das Einkommensteuersystem ist progressiv, da der Anteil des Einkommens, der als Einkommensteuer abgeführt werden muss, mit steigendem Einkommen steigt. Das System der Sozialversicherungsabgaben ist eine Mischung aus proportional und regressiv. Bis zu einem Einkommen von 80.000 Sylver betragen die Abgaben immer 20 Prozent, danach betragen sie 0.

c. In diesem System werden die Anreize insbesondere für Menschen mit mittlerem Einkommen (zwischen 40.000 und 80.000 Sylver) verzerrt, da für sie der höchste marginale Steuersatz anfällt.

8 Internationaler Handel

Aufgabe 1

Sowohl Kanada als auch die Vereinigten Staaten produzieren Holz und Musik-CDs mit konstanten Opportunitätskosten. Die Vereinigten Staaten können 10 Tonnen Holz und keine CDs oder 1.000 CDs und kein Holz oder jede Kombination zwischen diesen beiden Grenzfällen produzieren. Kanada kann 8 Tonnen Holz und keine CDs oder 400 CDs und kein Holz oder jede Kombination zwischen diesen beiden Extremen produzieren.

a. Zeichnen Sie für die Vereinigten Staaten und für Kanada die Produktionsmöglichkeitenkurven in zwei verschiedene Diagramme. Tragen Sie dabei CDs an der waagerechten und Holz an der senkrechten Achse ab.

b. Wenn die Vereinigten Staaten in der Autarkiesituation 500 CDs konsumieren wollen, wie viel Holz können sie dann maximal verbrauchen? Bezeichnen Sie diese Kombination als Punkt *A* in Ihrem Diagramm. Falls Kanada eine Tonne Holz verbrauchen möchte, wie viele CDs können dann in der Autarkiesituation konsumiert werden? Bezeichnen Sie diese Kombination als Punkt *C* in Ihrem Diagramm.

c. Welches Land hat den absoluten Vorteil bei der Holzproduktion?

d. Welches Land hat den komparativen Vorteil bei der Holzproduktion?

Nehmen Sie an, dass sich jedes Land auf die Produktion des Gutes spezialisiert, in dem es über den komparativen Vorteil verfügt, und dass beide Länder miteinander Handel treiben.

e. Wie viele CDs produzieren die Vereinigten Staaten? Wie viel Holz produziert Kanada?

f. Ist es für die Vereinigten Staaten möglich, 500 CDs und 7 Tonnen Holz zu konsumieren? Bezeichnen Sie diese Kombination als Punkt *B* in Ihrem Diagramm. Ist es gleichzeitig für Kanada möglich, 500 CDs und 1 Tonne Holz zu konsumieren? Bezeichnen Sie diese Kombination als Punkt *D* in Ihrem Diagramm.

Lösung

a.

Abb. 8-1

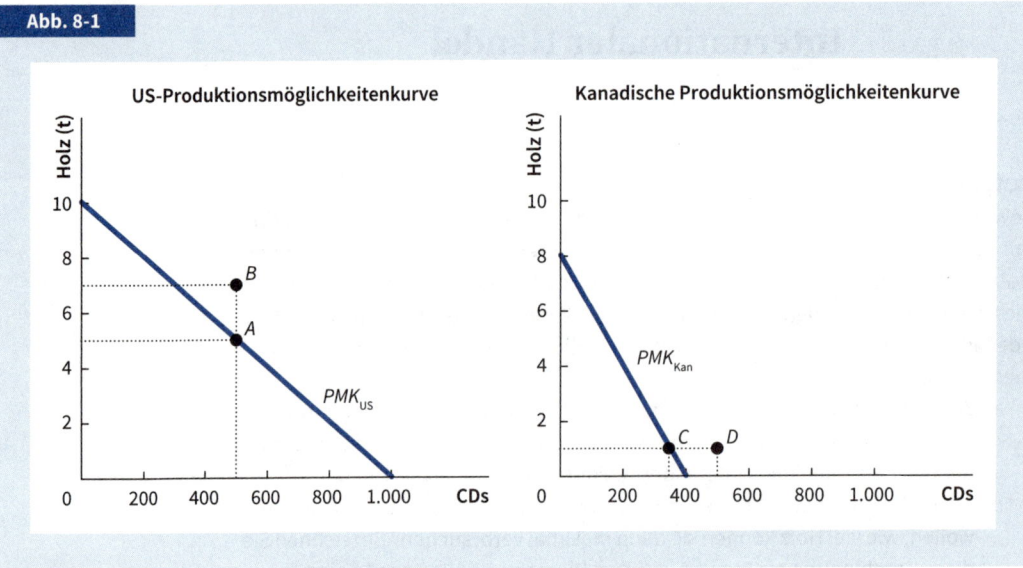

US-Produktionsmöglichkeitenkurve

Kanadische Produktionsmöglichkeitenkurve

b. Siehe Abbildung unter a.
   Wenn die Vereinigten Staaten 500 CDs konsumieren wollen, können sie in der Autarkiesituation maximal 5 Tonnen Holz verbrauchen. Wenn Kanada eine Tonne Holz verbrauchen möchte, kann es in der Autarkiesituation maximal 350 CDs konsumieren.

c. Die Vereinigten Staaten haben den absoluten Vorteil in der Holzproduktion (sie können 10 Tonnen Holz statt nur 8 Tonnen produzieren).

d. Kanada hat den komparativen Vorteil in der Holzproduktion (die Opportunitätskosten der Holzproduktion betragen in den Vereinigten Staaten 100 CDs, in Kanada nur 50 CDs).

e. Wenn die beiden Länder handeln, werden sich die Vereinigten Staaten auf die Produktion von CDs spezialisieren und 1.000 Stück produzieren. Kanada wird sich auf die Produktion von Holz spezialisieren und 8 Tonnen Holz produzieren.

f. Wenn die beiden Länder handeln, ist es möglich, dass die Vereinigten Staaten 500 CDs und 7 Tonnen Holz konsumieren (Punkt *B*). Kanada kann dann genau noch 500 CDs und 1 Tonne Holz konsumieren (Punkt *D*).

Aufgabe 2

Erläutern Sie für jede der folgenden Handelsbeziehungen die vermutliche Ursache für den komparativen Vorteil jedes Exportlandes.

a. Die Vereinigten Staaten exportieren Software nach Venezuela, und Venezuela exportiert Öl in die Vereinigten Staaten.
b. Die Vereinigten Staaten exportieren Flugzeuge nach China, und China exportiert Kleidung in die Vereinigten Staaten.
c. Die Vereinigten Staaten exportieren Weizen nach Kolumbien, und Kolumbien exportiert Kaffee in die Vereinigten Staaten.

Lösung

a. Die Vereinigten Staaten verfügen über überlegene Produktionstechniken bei Software (Unterschiede in der Technologie). Venezuela ist reich am Faktor Öl (Unterschiede in der Faktorausstattung).
b. Die Vereinigten Staaten haben einen technologischen Vorteil in der Produktion von Flugzeugen (Unterschiede in der Technologie). China ist reichlich mit dem Faktor Arbeit ausgestattet (Unterschiede in der Faktorausstattung).
c. Das Klima in den Vereinigten Staaten ist besser für den Weizenanbau geeignet, das Klima in Kolumbien hingegen besser für den Kaffeeanbau geeignet (Klimaunterschiede).

Aufgabe 3

Seit dem Jahr 2000 hat sich der Wert der Importe von Männer- und Jungenbekleidung aus China mehr als verdreifacht. Welche Vorhersagen trifft das Heckscher-Ohlin-Modell bezüglich des Lohns, den Arbeitskräfte in China erhalten?

Lösung

Vorweg: Laut dem Heckscher-Ohlin-Modell besitzt ein Land einen komparativen Vorteil für das Gut, bei dessen Produktion der Faktor intensiv genutzt wird, der reichlich vorhanden ist. Da China reichlich über den Faktor Arbeit verfügt, werden arbeitsintensive Güter exportiert (Bekleidung). Das Heckscher-Ohlin-Modell sagt weiterhin vorher, dass die Preise der Faktoren, die in einem Land reichlich vorhanden sind, steigen werden. Anders formuliert sagt das Modell vorher, dass der Arbeitslohn in China zwischen 2000 und 2013 gestiegen ist. (Ein Blick auf die Daten des Chinesischen Amtes für Statistik bestätigt das.)

Aufgabe 4

Bevor im Rahmen des Nordamerikanischen Freihandelsabkommens (NAFTA) die Importzölle Schritt für Schritt abgeschafft wurden, lag der Autarkiepreis für Tomaten in Mexiko unterhalb des Weltmarktpreises, während er in den Vereinigten Staaten darüber lag. Zeichnen Sie für jedes der beiden Länder ein Diagramm, welches die jeweiligen inländischen Angebots- und Nachfragekurven zeigt. Als Ergebnis des Freihandelsabkommens importieren die Vereinigten Staaten nun Tomaten aus Mexiko. Welche Wirkungen haben das Freihandelsabkommen und die daraus resultierenden Veränderungen auf die folgenden Gruppen?
a. Die mexikanischen und US-amerikanischen Tomatenkonsumenten. Illustrieren Sie die Wirkungen auf die Konsumentenrente in Ihrem Diagramm.

b. Die mexikanischen und US-amerikanischen Tomatenproduzenten. Illustrieren Sie die Wirkungen auf die Produzentenrente in Ihrem Diagramm.

c. Die mexikanischen und US-amerikanischen in der Tomatenproduktion Beschäftigten.

Lösung

a.

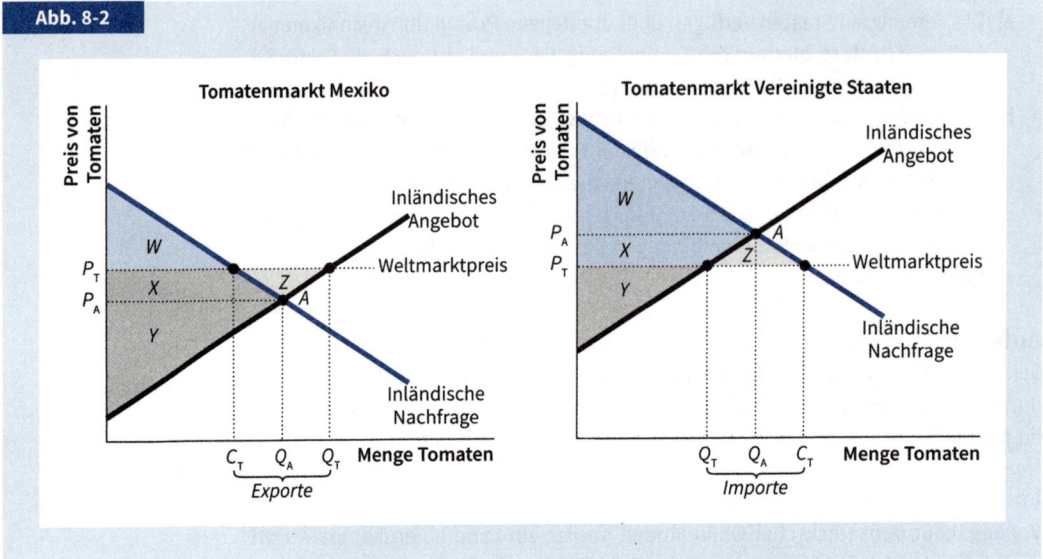

Abb. 8-2

Tomatenmarkt Mexiko — Tomatenmarkt Vereinigte Staaten

Mit dem Handel steigt der Tomatenpreis in Mexiko auf die Höhe des Weltmarktpreises. Die Konsumentenrente der mexikanischen Tomatenkonsumenten sinkt um die Fläche X und wird nun durch die Fläche W beschrieben. Die Konsumenten werden also schlechter gestellt.

Für die Tomatenkonsumenten in den Vereinigten Staaten sinkt der Preis. Ihre Konsumentenrente steigt und wird nun durch die Fläche $W + X + Z$ beschrieben (vor dem Handel: W). Sie werden also besser gestellt.

b. Die mexikanischen Tomatenproduzenten werden durch den Handel und den damit verbundenen Preisanstieg auf die Höhe des Weltmarktpreises besser gestellt. Die Produzentenrente, zuvor der Fläche Y entsprechend, wird nun durch die Fläche $Y + X + Z$ beschrieben.

Für die Produzenten der Vereinigten Staaten sinkt der Verkaufspreis. Ihre Produzentenrente entsprach vor dem Handel der Fläche $Y + X$. Nun wird sie durch die Fläche Y beschrieben. Sie werden folglich schlechter gestellt.

c. Durch den Import von Tomaten in den Vereinigten Staaten sinkt die inländische Produktion von Tomaten. Somit sinkt die Nachfrage dieser Branche nach Beschäftigten und ihre Löhne sinken. Genau das Gegenteil wird mit den Beschäftigten in Mexiko passieren.

Aufgabe 5

Mit der Öffnung der Vereinigten Staaten für den Handel gingen viele einfache Arbeitsplätze verloren, gleichzeitig entstanden aber auch neue, hoch qualifizierte Arbeitsplätze in Industrien, wie etwa der Software-Entwicklung. Erläutern Sie, ob sich die Vereinigten Staaten insgesamt durch den Handel besser gestellt haben.

Lösung

Die Vereinigten Staaten, eine Nation, welche in fast allen Wirtschaftsbereichen einen absoluten Vorteil hat, haben trotzdem komparative Nachteile gegenüber anderen Nationen. Wenn die Vereinigten Staaten autark wirtschaften würden, müssten auch einfache Güter wie Lebensmittel oder Kleidung im Inland hergestellt werden. Folglich blieben weniger Zeit und Arbeitskraft für die Herstellung komplexer Wirtschaftsgüter, wie bspw. die Raumfahrt oder Computer. Komparative Vorteile von anderen Nationen bedeuten, sie müssten bei der Produktion von bestimmten Gütern auf andere verzichten. Generell können die Vereinigten Staaten durch den Handel von allen Gütern mehr konsumieren als zuvor. Durch den Import von einfachen Gütern und den Export von komplexen stellen sich die Vereinigten Staaten darüber hinaus gesamtwirtschaftlich besser, da hoch qualifizierte Arbeitsplätze mehr zum Bruttoinlandsprodukt und zur Entwicklung der Wirtschaft beitragen. Dass einzelne Wirtschaftszweige darunter leiden können, ist eine Folge des Handels.

Aufgabe 6

Die Vereinigten Staaten schützen in hohem Maße ihre Landwirtschaft, indem sie auf Agrarimporte Zölle erheben und zum Teil auch Quoten erlassen. In Kapitel 8 des Lehrbuchs Krugman/Wells, Volkswirtschaftslehre, 2. Auflage, wurden drei Argumente zur Begründung von Handelsprotektionismus vorgestellt. Diskutieren Sie für jedes dieser Argumente, ob es eine nachvollziehbare Rechtfertigung für den Handelsprotektionismus der Vereinigten Staaten in Bezug auf Agrarprodukte darstellt.

Lösung

(1) Nationale Sicherheit
Agrarprodukte sind lebensnotwendig, ein Mindestmaß sollte noch in den Vereinigten Staaten hergestellt werden, sodass man in internationalen Konfliktsituationen nicht völlig abhängig von anderen Ländern ist. Fraglich ist, ob man sich für eine gewisse Zeit auch nur von den derzeit nur im Inland produzierten Lebensmitteln ernähren könnte und wie wahrscheinlich eine völlige Isolation von der Außenwelt bei einem Konflikt ist.

(2) Schaffung von Arbeitsplätzen
Zölle sichern Arbeitsplätze im Agrarbereich, und weniger Landwirte haben Existenznöte. Aber das schadet anderen Wirtschaftszweigen, die das importierte, mit Zoll belegte Gut als Vorleistung benötigen; die Anzahl der Arbeitsplätze in diesen Industrien ist kleiner als sonst möglich. Die in der Landwirtschaft Beschäftigten könnten bei einer Abschaffung der Zölle Arbeitsplätze in diesen, dann wachsenden Industrien finden. Zölle verhindern außerdem den Strukturwandel nicht. Landwirte können sich spezialisieren und vor allem ihren Nachkommen raten, einen anderen Beruf zu wählen.

(3) Erziehungszollargument

Ein Erziehungszoll hilft Entwicklungsländern bei deren Übergang zu Industriestaaten, indem er junge Industrien schützt und ihnen bei der Entwicklung hilft. Für Landwirtschaft in den Vereinigten Staaten trifft das Argument nicht zu.

Da keines der Argumente völlig überzeugend ist, ist es letztlich vermutlich die politische Macht der Agrarlobby, derentwegen Zölle auf Agrarimporte erhoben werden.

Aufgabe 7

Bei Verhandlungen im Rahmen der Welthandelsorganisation (WTO) spricht ein Land, das sich darauf verständigt, Handelsschranken (Zölle oder Quoten) zu senken, üblicherweise davon, dass es gegenüber anderen Ländern eine Konzession gemacht habe. Glauben Sie, dass diese Terminologie angemessen ist?

Lösung

Der Begriff »Konzession« impliziert, dass ein Land, wenn es seine Handelsschranken senkt, etwas zugunsten eines anderen Landes aufgibt. Die Terminologie ist insofern angemessen, als ein Zoll/eine Quote eines Landes A die Exportwirtschaft eines anderen Landes B schädigt (geringere Exporte, geringere Beschäftigung) und seine Aufhebung umgekehrt die Exportwirtschaft im Land B begünstigt. Allerdings stellen sich durch die Aufhebung des Zolls/der Quote auch die Konsumenten des Landes A besser, was durch den Begriff »Konzession« unterschlagen wird. Mehr internationaler Handel führt immer zu ökonomischen Gewinnen für alle Länder.

Aufgabe 8

Die Produzenten von Industrien, die im Importwettbewerb stehen, tragen häufig folgendes Argument vor: »Andere Länder verfügen bei der Produktion bestimmter Güter allein deswegen über einen Vorteil, weil sie in ihren Ländern niedrigere Löhne bezahlen. Tatsächlich ist aber die Produktivität unserer inländischen Mitarbeiter sehr viel höher als die der Ausländer. Im Importwettbewerb stehende Industrien müssten daher geschützt werden.« Handelt es sich um ein zutreffendes Argument? Erläutern Sie Ihre Antwort.

Lösung

Hier erfolgt eine Verwechslung von komparativem mit absolutem Vorteil. Selbst wenn die inländischen Arbeitnehmer in der Produktion aller Güter besser sind als die ausländischen (wenn dieses Land also in der Produktion eines jeden Gutes einen absoluten Vorteil hätte), bedeutet das nicht, dass dieses Land Handelsbeschränkungen einführen sollte. Für den internationalen Handel ist der *komparative* Vorteil von Bedeutung. Tatsächlich ist es so, dass andere Länder in der Produktion irgendeines Gutes einen komparativen Vorteil haben werden – und sich auf die Produktion dieses Gutes zu spezialisieren und dann miteinander in Handel zu treten, wird in beiden Ländern die Wohlfahrt erhöhen. Zu behaupten, dass andere Länder nur aufgrund niedrigerer Löhne einen Vorteil haben, ist der »Niedriglohn-Trugschluss«.

9 Die Entscheidungsfindung von Personen und Unternehmen

Aufgabe 1

Johanna betreibt ein Unternehmen, das sich mit der Entwicklung von Websites beschäftigt. Die Abschreibungen auf ihre Computerausrüstung betragen 5.000 Euro pro Jahr. Sie betreibt ihr Unternehmen in einem Zimmer ihres Hauses. Würde sie den Raum nicht als Büro verwenden, könnte sie ihn für 2.000 Euro pro Jahr vermieten. Johanna weiß, dass sie in ihren früheren Job bei einem großen Software-Unternehmen zurückkehren könnte, wenn sie nicht ihr eigenes Unternehmen betreiben würde. Ihr früherer Arbeitgeber wäre bereit, ihr ein Gehalt von 60.000 Euro pro Jahr zu bezahlen. Johanna hat keine weiteren Ausgaben.

a. Wie groß muss der Gesamterlös von Johannas Unternehmen sein, damit sie in den Augen ihres Buchhalters gerade die Gewinnschwelle erreicht? Anders formuliert: Welcher Erlös würde bei Johanna gerade zu einem buchhalterischen Gewinn in Höhe von null führen?

b. Welchen Erlös müsste Johanna erzielen, damit es sich für sie lohnt, selbstständig zu bleiben? Anders formuliert: Welcher Erlös würde gerade zu einem ökonomischen Gewinn in Höhe von null führen?

Lösung

a. Damit der buchhalterische Gewinn gerade null wäre, müsste Johanna einen Gesamterlös von 5.000 Euro erzielen.

b. Damit der ökonomische Gewinn gerade null wäre, müsste sie einen Gesamterlös von 67.000 Euro erzielen.

Aufgabe 2

Sie betreiben einen Fahrradladen. Jedes Jahr fallen bei Ihnen Erlöse in Höhe von 200.000 Euro aus dem Fahrradverkauf an. Der Einkauf der Fahrräder kostet Sie 100.000 Euro. Darüber hinaus müssen Sie für Elektrizität, Steuern und anderes jedes Jahr 20.000 Euro bezahlen. Wenn Sie nicht Ihren Fahrradladen betreiben würden, könnten Sie Buchhalter werden und in diesem Job ein Jahresgehalt von 40.000 Euro erzielen. Eine große Kette von Oberbekleidungsgeschäften möchte expandieren und bietet Ihnen an, Ihren Laden für 50.000 Euro pro Jahr zu mieten. Wie erklären Sie Ihren Freunden, dass es für Sie zu teuer ist, auch weiterhin Ihren Fahrradladen zu führen, obwohl Sie einen Gewinn erzielen?

Lösung

Buchhalterischer Gewinn:

200.000 € – 100.000 € – 20.000 € = 80.000 €

Ökonomischer Gewinn:
80.000 € – 40.000 € – 50.000 € = –10.000 €
Obwohl ein buchhalterischer Gewinn erzielt wird, ist es ökonomisch aufgrund der Opportunitätskosten zu teuer, den Fahrradladen weiter zu betreiben.

Aufgabe 3

Nehmen Sie an, dass die Mensa Ihrer Universität ein neues Verkaufskonzept entwickelt hat, das auf einer Einmalzahlung basiert. Konkret sei davon ausgegangen, dass Sie für das beginnende Studienjahr bereits 1.000 Euro bezahlt haben. Das erlaubt es Ihnen, jeden Tag in der Mensa Ihr Abendessen einzunehmen. Der Einmalbetrag wird bei Nichtnutzung des Angebotes nicht zurückgezahlt.

    a. Sie erhalten ein Angebot, stundenweise in einem Restaurant zu arbeiten. Neben Ihrem Gehalt dürfen Sie in dem Restaurant auch jeden Abend umsonst essen. Ihre Eltern sagen, dass Sie trotzdem in der Mensa zu Abend essen sollten, weil Sie bereits für die Mahlzeiten bezahlt haben. Haben Ihre Eltern Recht? Bitte erläutern Sie Ihre Antwort.

    b. Nehmen Sie nun an, dass das Jobangebot Ihnen nicht ermöglicht, umsonst zu essen, Sie erhalten aber einen großen Preisnachlass. Jedes Essen im Restaurant kostet Sie 2 Euro. Wenn Sie jeden Abend während des Semesters dort essen, müssen Sie insgesamt 200 Euro bezahlen. Ihr Zimmernachbar im Studierendenwohnheim sagt, dass Sie im Restaurant essen sollten, weil die Kosten geringer sind als die 1.000 Euro, die Sie für das Essensabonnement in der Mensa bezahlt haben. Hat Ihr Zimmernachbar Recht? Bitte erläutern Sie Ihre Antwort.

Lösung

    a. Ihre Eltern haben nicht Recht. Die 1.000 Euro für das Mensaessen sind bereits bezahlt und können nicht rückerstattet werden. Sie sind somit versunkene Kosten und nicht in die Entscheidungsfindung einzubeziehen. Daher sollte danach entschieden werden, welches Essen den größeren Nutzen stiftet, sprich besser schmeckt, und ob weitere Kosten anfallen, beispielsweise durch die Fahrt vom Restaurant zur Uni oder umgekehrt. Dann sollte abgewogen werden, wie viel der bessere Geschmack relativ zu den Fahrtkosten wert ist.

    b. Der Zimmernachbar liegt falsch, da die 1.000 Euro versunkene Kosten sind und nicht wieder ersetzt werden können. Für eine Entscheidung sind sie nicht mehr relevant. Von Bedeutung sind lediglich Kosten und Nutzen für das Restaurantessen im Vergleich zu Kosten und Nutzen für das Mensaessen. Die Kosten für Restaurantessen belaufen sich insgesamt auf 2 Euro pro Essen, die Kosten für das Mensaessen jedoch auf 0 Euro pro Essen. Folglich sollten Sie nur dann im Restaurant essen, wenn der Nutzen des Restaurantessens den Nutzen des Mensaessens um mehr als 2 Euro übersteigt.

Aufgabe 4

Anne, Bert und Karla mähen alle gegen Geld Rasen. Jeder von ihnen verwendet einen anderen Rasenmäher. Die zu dieser Aufgabe gehörende Tabelle zeigt die gesamten Kosten, die Anne, Bert und Karla für das Rasenmähen entstehen.

Tab. 9-1

Anzahl der gemähten Rasen-flächen	Annes Gesamt-kosten (€)	Berts Gesamt-kosten (€)	Karlas Gesamt-kosten (€)
0	0	0	0
1	20	10	2
2	35	20	7
3	45	30	17
4	50	40	32
5	52	50	52
6	53	60	82

Berechnen Sie die Grenzkosten von Anne, Bert und Karla. Wer von den drei Personen hat steigende Grenzkosten, wer hat sinkende Grenzkosten und wer hat konstante Grenzkosten?

Lösung

Tab. 9-2

Anzahl der gemähten Rasen-flächen	Annes Grenz-kosten (€)	Berts Grenz-kosten (€)	Karlas Grenz-kosten (€)
0	–	–	–
1	20	10	2
2	15	10	5
3	10	10	10
4	5	10	15
5	2	10	20
6	1	10	30

Anne hat sinkende Grenzkosten, Bert konstante Grenzkosten und Karla steigende Grenzkosten.

Aufgabe 5

Sie sind Manager eines Sportstudios und müssen entscheiden, wie viele Kunden pro Stunde Zutritt haben. Nehmen Sie an, dass jeder Kunde genau eine Stunde bleibt. Die Zulassung von Kunden verursacht Kosten, weil durch die Nutzung die Übungs-geräte verschleißen. Darüber hinaus ruft jeder zusätzliche Kunde einen höheren Verschleiß hervor als der vorhergehende. Ihr Sportstudio weist deswegen steigende Grenzkosten auf. Die Tabelle zeigt die Grenzkosten, die mit jeder Zahl von Kunden pro Stunde verbunden sind.

Tab. 9-3

Kunden pro Stunde	1	2	3	4	5	6	7
Grenzkosten (€)	14,00	14,50	15,00	15,50	16,00	16,50	17,00

a. Nehmen Sie an, dass jeder Kunde für eine Trainingsstunde 15,25 Euro bezahlt. Verwenden Sie das Prinzip der Marginalanalyse, um die optimale Zahl von Kunden herauszufinden, die pro Stunde Zutritt zum Sportstudio haben sollten.
b. Sie erhöhen den Preis für eine Trainingsstunde auf 16,25 Euro. Wie groß ist jetzt die optimale Zahl von Kunden pro Stunde?

Lösung

a. Die Grenzkosten des dritten Kunden betragen 15,00 Euro, die des vierten 15,50 Euro. Der Grenzvorteil eines zusätzlichen Kunden beläuft sich auf 15,25 Euro. Damit liegt die optimale Anzahl an Kunden bei drei.
b. Die Grenzkosten des fünften Kunden betragen 16,00 Euro, die des sechsten 16,50 Euro. Der Grenzvorteil eines zusätzlichen Kunden beläuft sich nun auf 16,25 Euro. Damit liegt die optimale Anzahl an Kunden nun bei fünf.

Aufgabe 6

Paula liefert mit ihrem eigenen Auto Pizza aus. Sie wird danach bezahlt, wie viele Pizzas sie ausfährt. Die Tabelle zeigt Gesamtvorteil und Gesamtkosten, die für Paula entstehen, wenn sie eine bestimmte Anzahl von Stunden arbeitet.

Tab. 9-4

Anzahl der Arbeitsstunden	Gesamtvorteil (€)	Gesamtkosten (€)
0	0	0
1	30	10
2	55	21
3	75	34
4	90	50
5	100	70

Verwenden Sie die Marginalanalyse, um zu ermitteln, wie viele Stunden Paula arbeiten sollte. Anders ausgedrückt: Wie groß ist die optimale Anzahl von Stunden, die Paula arbeiten sollte? Ermitteln Sie den Gesamtgewinn, den Paula bei einer Arbeitszeit von null Stunden, einer Stunde, zwei Stunden erzielen kann. Nehmen Sie nun an, dass sich Paula dafür entscheidet, eine Stunde zu arbeiten. Vergleichen Sie ihren Gesamtgewinn aus einer Stunde Arbeit mit ihrem Gesamtgewinn aus der optimalen Anzahl von Arbeitsstunden. Wie viel verliert sie, wenn sie lediglich eine Stunde arbeitet?

Lösung

Tab. 9-5

Anzahl der Arbeitsstunden	Gesamtvorteil (€)	Gesamtkosten (€)	Grenzvorteil (€)	Grenzkosten (€)	Gesamtgewinn (€)
0	0	0			0
			30	10	
1	30	10			20
			25	11	
2	55	21			34
			20	13	
3	75	34			41
			15	16	
4	90	50			40
			10	20	
5	100	70			30

Paula sollte drei Stunden arbeiten, da die vierte Stunde einen negativen Grenzvorteil erbringt. Arbeitet Paula nur eine Stunde statt drei Stunden, verliert sie 21 Euro.

Aufgabe 7

Nehmen Sie an, dass De Beers der einzige Anbieter von Diamanten ist. Wenn De Beers mehr Diamanten verkaufen will, muss er seine Preise senken, um die Konsumenten zur Ausdehnung ihrer Käufe anzureizen. Jeder zusätzlich produzierte Diamant kostet mehr als der vorhergehende, weil das Fördern der Diamanten schwieriger wird. In der Tabelle findet sich eine Auflistung des Gesamtvorteils und der Gesamtkosten von De Beers.

Tab. 9-6

Menge an Diamanten	Gesamtvorteil (€)	Gesamtkosten (€)
0	0	0
1	1.000	50
2	1.900	100
3	2.700	200
4	3.400	400
5	4.000	800
6	4.500	1.500
7	4.900	2.500
8	5.200	3.800

a. Stellen Sie die Kurven der Grenzkosten und des Grenzvorteils in einem Diagramm dar. Leiten Sie mithilfe dieses Diagramms grafisch die optimale Menge der Diamantenproduktion ab.

b. Berechnen Sie den Gesamtgewinn für De Beers aus der Produktion jeder gegebenen Diamantenmenge. Welche Menge führt bei De Beers zum höchsten Gesamtgewinn?

Lösung

a.

Abb. 9-1

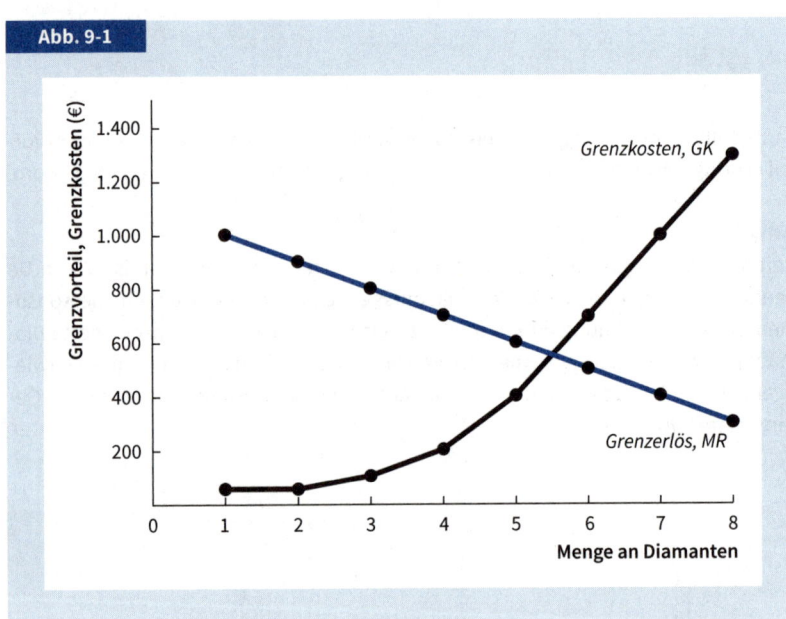

Die optimale Menge der Diamantenproduktion beträgt 5 Diamanten.

b.

Tab. 9-7

Menge an Diamanten	Gesamtvorteil (€)	Gesamtkosten (€)	Grenzvorteil (€)	Grenzkosten (€)	Gesamtgewinn (€)
0	0	0			0
			1.000	50	
1	1.000	50			950
			900	50	
2	1.900	100			850
			800	100	
3	2.700	200			700
			700	200	
4	3.400	400			500
			600	400	
5	4.000	800			200
			500	700	
6	4.500	1.500			−200
			400	1.000	
7	4.900	2.500			−600
			300	1.300	
8	5.200	3.800			−1.000

Eine Produktionsmenge von 5 Diamanten führt zum höchsten Gesamtgewinn.

Aufgabe 8

Bestimmen Sie für jeden der nachfolgenden Sachverhalte, ob es sich um rationales oder irrationales Verhalten handelt. Begründen Sie Ihre Entscheidung.

a. Katjas Freunde schenken ihr zum Geburtstag gerne Einkaufsgutscheine, die Katja in ihren Lieblingsgeschäften einlösen kann. Allerdings vergisst Katja oft, diese Gutscheine auch einzulösen. Mit Bargeld geht Katja dagegen sehr sorgfältig um.

b. Michael hat für viel Geld einen Gebrauchtwagen gekauft. Nachdem er feststellen musste, dass der Vergaser defekt ist, lässt er den Wagen für 500 Euro reparieren.

c. Hans plant im Januar einen Skiurlaub in den Alpen. Er muss allerdings auch bis Anfang Februar noch zwei Seminararbeiten einreichen. Anstatt die Seminararbeiten bereits in den Weihnachtsferien zu schreiben, nimmt er sein

Notebook mit in den Skiurlaub und will die Seminararbeiten abends im Hotel fertigstellen.

d. In Barbaras Backstube gibt es für die Backwaren keinen festen Preis. Die Kunden können den Preis bezahlen, den sie für angemessen halten. Ihre Gewinne überweist Barbara an wohltätige Organisationen. Nach nur wenigen Monaten hat sich die Backstube von Barbara zum Erfolg entwickelt.

Lösung

a. Katja zeigt ein irrationales Verhalten, das man als mentale Buchführung bezeichnet. Bei der mentalen Buchführung teilen die Menschen ihr Geld gedanklich auf verschiedene Konten auf und gehen in unterschiedlicher Weise mit den Euro auf diesen Konten um. Damit sind einige Euro mehr wert (in diesem Fall das Bargeld) als andere Euro (in Form der Einkaufsgutscheine).

b. Michael zeigt ein rationales Verhalten. Für die Entscheidung, seinen neuen Gebrauchtwagen reparieren zu lassen, spielt es keine Rolle, wie viel er für die Anschaffung bezahlt hat. Diese Kosten stellen für ihn versunkene Kosten dar. Für seine Entscheidung zur Reparatur ist nur von Bedeutung, ob er ein funktionierendes Auto für weniger als 500 Euro (seine Reparaturkosten) bekommen kann. Davon ist eher nicht auszugehen. Daher sollte er seinen Gebrauchtwagen reparieren lassen.

c. Hans zeigt ein irrationales Verhalten. Ein typischer Fehler bei ökonomischen Entscheidungen besteht darin, zu selbstsicher zu sein. Hans glaubt, er kann seine Seminararbeiten auch abends im Hotel schreiben, nachdem er den ganzen Tag auf der Skipiste verbracht hat. Das ist unrealistisch.

d. Die Kunden von Barbara zeigen ein rationales Verhalten. In manchen Fällen ist den Menschen Fairness genauso wichtig wie das ökonomische Ergebnis. Die Kunden von Barbara wollen sich möglichst fair ihr gegenüber verhalten (zumal Barbara die Gewinne auch noch für einen guten Zweck spendet) und sind daher bereit, deutlich mehr für die Backwaren zu bezahlen.

Aufgabe 9

In Dresden muss eine wichtige Brücke über die Elbe saniert werden. Damit die Bauarbeiten in einem Jahr beginnen können, muss die Stadt jetzt eine Entscheidung treffen. Die Stadt kann entweder die Brücke komplett für zwei Jahre sperren. Dabei fallen während der Bauzeit jedes Jahr 267,5 Millionen Euro an Kosten an. Die Stadt kann die Sanierungsarbeiten aber auch bei laufendem Straßenverkehr durchführen. Dann dauern die Arbeiten allerdings vier Jahre und es fallen in dieser Zeit Baukosten von 200 Millionen Euro pro Jahr an.

a. Wie soll sich die Stadt Dresden entscheiden, wenn der Zinssatz 10 Prozent beträgt?

b. Verändert sich die Entscheidung der Stadt, wenn der Zinssatz 80 Prozent beträgt?

Lösung

a. Die Stadt Dresden muss den Barwert der Kosten für die beiden Alternativen ermitteln und vergleichen.

Barwert Kosten Komplettsperrung:

Kosten = 267,5 Mio. €/$(1+0,1)$ + 267,5 Mio. €/$(1+0,1)^2$ = 243,18 Mio. € + 221,07 Mio. € = 464,25 Mio. €

Barwert Kosten ohne Sperrung:

Kosten = 200 Mio. €/$(1+0,1)$ + 200 Mio. €/$(1+0,1)^2$ + 200 Mio. €/$(1+0,1)^3$ + 200 Mio. €/$(1+0,1)^4$ = 181,82 Mio. € + 165,29 Mio. € + 150,26 Mio. € + 136,60 Mio. € = 633,97 Mio. €

Da der Barwert der Kosten bei einer Komplettsperrung deutlich geringer ist, sollte sich die Stadt Dresden für eine Komplettsperrung entscheiden.

b. Barwert Kosten Komplettsperrung:

Kosten = 267,5 Mio. €/$(1+0,8)$ + 267,5 Mio. €/$(1+0,8)^2$ = 148,61 Mio. € + 82,56 Mio. € = 231,17 Mio. €

Barwert Kosten ohne Sperrung:

Kosten = 200 Mio. €/$(1+0,8)$ + 200 Mio. €/$(1+0,8)^2$ + 200 Mio. €/$(1+0,8)^3$ + 200 Mio. €/$(1+0,8)^4$ = 111,11 Mio. € + 61,73 Mio. € + 34,29 Mio. € + 19,05 Mio. € = 226,18 Mio. €

Bei einem Zinssatz von 80 Prozent sollte die Stadt die Sanierungsarbeiten bei laufendem Straßenverkehr durchführen.

Aufgabe 10

Sie haben in der staatlichen Lotterie gewonnen. Es gibt zwei Möglichkeiten, wie Sie Ihren Gewinn erhalten können. Sie können entweder sofort 1 Million Euro in bar erhalten, oder Sie können 1,2 Millionen Euro erhalten, die wie folgt ausgezahlt werden: 300.000 Euro heute, 300.000 Euro in einem Jahr, 300.000 Euro in zwei Jahren und 300.000 Euro in drei Jahren. Der Zinssatz beträgt 20 Prozent. Auf welche Weise würden Sie sich gern Ihren Gewinn auszahlen lassen?

Lösung

Wenn ich mich dafür entscheide, den Betrag von 1,2 Millionen Euro über einen Zeitraum von drei Jahren zu erhalten, dann beläuft sich der Barwert dieser Zahlungen auf

300.000 € + 300.000 €/$(1+0,20)$ + 300.000 €/$(1+0,20)^2$ + 300.000 €/$(1+0,20)^3$ = 931.944 Euro

Da der Barwert dieser Zahlungen kleiner ist als die Summe bei Sofortauszahlung (1 Million Euro), würde ich mich für die Sofortauszahlung entscheiden.

10 Der rationale Verbraucher

Aufgabe 1

Greifen Sie auf das Prinzip des Grenznutzens zurück, um die folgende Beobachtung zu erklären: Zeitungsautomaten sind so konstruiert, dass man mehr als eine Zeitung herausnehmen kann, wenn man einmal bezahlt hat. Getränkeautomaten sind dagegen so konstruiert, dass sie nur eine Flasche auswerfen, wenn man bezahlt hat.

Lösung

Die zweite (und jede weitere) Zeitung weist einen Grenznutzen von null auf: Wenn man bereits eine Zeitung hat, stiftet eine weitere Zeitung keinen zusätzlichen Nutzen.

Getränke weisen einen zwar abnehmenden, aber dennoch positiven Grenznutzen auf. Wenn ein weiteres Getränk zusätzlich zum ersten kostenlos zur Verfügung steht, wird man versucht sein, dieses zusätzliche Getränk mitzunehmen.

Aufgabe 2

Bruno kann sein Einkommen für zwei verschiedene Güter ausgeben: MP3s von Beyoncé und Notizbücher für seine Vorlesungsmitschriften. Bestimmen Sie für jede der folgenden Situationen, ob er das jeweilige Konsumbündel bei dem gegebenen Einkommen und den gegebenen Preisen konsumieren kann und ob das Konsumbündel auf seiner Budgetgeraden liegt.

    a. MP3s kosten 2 Euro pro Stück und Notizbücher kosten 3 Euro pro Stück. Bruno verfügt über ein Einkommen von 60 Euro. Er zieht ein Konsumbündel aus 15 MP3s und 10 Notizbüchern in Betracht.

    b. MP3s kosten 2 Euro pro Stück und Notizbücher kosten 5 Euro pro Stück. Bruno verfügt über ein Einkommen von 110 Euro. Er zieht ein Konsumbündel aus 20 MP3s und 10 Notizbüchern in Betracht.

    c. MP3s kosten 3 Euro pro Stück und Notizbücher kosten 10 Euro pro Stück. Bruno verfügt über ein Einkommen von 50 Euro. Er zieht ein Konsumbündel aus 10 MP3s und 3 Notizbüchern in Betracht.

Lösung

    a. Das Konsumbündel aus 15 MP3s und 10 Notizbüchern kostet ihn: 2 € × 15 + 3 € × 10 = 60 €. Das entspricht genau seinem Einkommen. Damit liegt dieses Konsumbündel genau auf seiner Budgetgeraden. Er kann es sich leisten.

    b. Das Konsumbündel aus 20 MP3s und 10 Notizbüchern kostet ihn: 2 € × 20 + 5 € × 10 = 90 €. Das ist weniger als sein Einkommen von 110 Euro. Er kann sich dieses Konsumbündel leisten. Es liegt allerdings unterhalb seiner Budgetgeraden und kann daher kein optimales Konsumbündel sein.

c. Das Konsumbündel aus 10 MP3s und 3 Notizbüchern kostet ihn: 3 € × 10 + 10 € × 3 = 60 €. Das ist mehr als sein Einkommen von 50 Euro. Bruno kann sich das Konsumbündel nicht leisten. Es liegt oberhalb seiner Budgetgeraden.

Aufgabe 3

Bruno ist eng mit Bernie befreundet, der seine Vorliebe für Notizbücher und MP3s von Beyoncé teilt. Die Tabelle zeigt den Nutzen, den Bernie aus Notizbüchern und MP3s von Beyoncé zieht.

Tab. 10-1

Menge Notiz-bücher	Nutzen aus Notizbüchern (Utile)	Menge MP3s	Nutzen aus MP3s (Utile)
0	0	0	0
1	32	2	28
2	60	4	52
3	84	6	72
4	104	8	88
5	120	10	100

Der Preis eines Notizbuches beträgt 4 Euro, der Preis einer MP3 beträgt 2 Euro und Bernie kann ein Einkommen von 20 Euro ausgeben.

a. Welches Konsumbündel aus Notizbüchern und MP3s kann Bernie konsumieren, wenn er sein gesamtes Einkommen ausgibt? Zeichnen Sie Bernies Budgetgerade, wobei die MP3s an der waagerechten und die Notizbücher an der senkrechten Achse abgetragen werden.

b. Ermitteln Sie den Grenznutzen für jedes Notizbuch und für jede MP3. Berechnen Sie dann den Grenznutzen eines für Notizbücher ausgegebenen Euro und den Grenznutzen eines für MP3s ausgegebenen Euro.

c. Erstellen Sie analog zur Abbildung 10-4 (in Krugman/Wells, Volkswirtschaftslehre, 2. Auflage) eine Zeichnung, in der sowohl der Grenznutzen eines für Notizbücher ausgegebenen Euro in einem Diagramm als auch der Grenznutzen eines für MP3s ausgegebenen Euro dargestellt wird. Stellen Sie unter Verwendung dieser Zeichnung und der Regel des optimalen Konsums fest, welches der Bündel Bernie auf seiner Budgetgerade wählen wird.

Lösung

a.

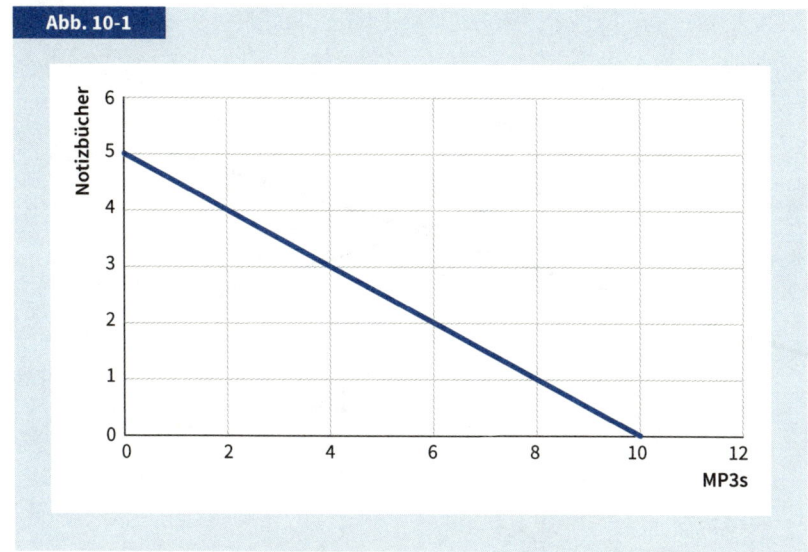

Abb. 10-1

Bernie kann sich die folgenden Konsumbündel leisten: (0 MP3s und 5 Notizbücher), (2 MP3s und 4 Notizbücher), (4 MP3s und 3 Notizbücher), (6 MP3s und 2 Notizbücher), (8 MP3s und 1 Notizbuch) und (10 MP3s und 0 Notizbücher).

b.

Tab. 10-2

Menge Notizbücher	Grenznutzen je Notizbuch (Utile)	Grenznutzen eines für Notizbücher ausgegebenen Euro	Menge MP3s	Grenznutzen einer MP3 (Utile)	Grenznutzen eines für MP3s ausgegebenen Euro
0			0		
	32	8		14	7
1			2		
	28	7		12	6
2			4		
	24	6		10	5
3			6		
	20	5		8	4
4			8		
	16	4		6	3
5			10		

c.

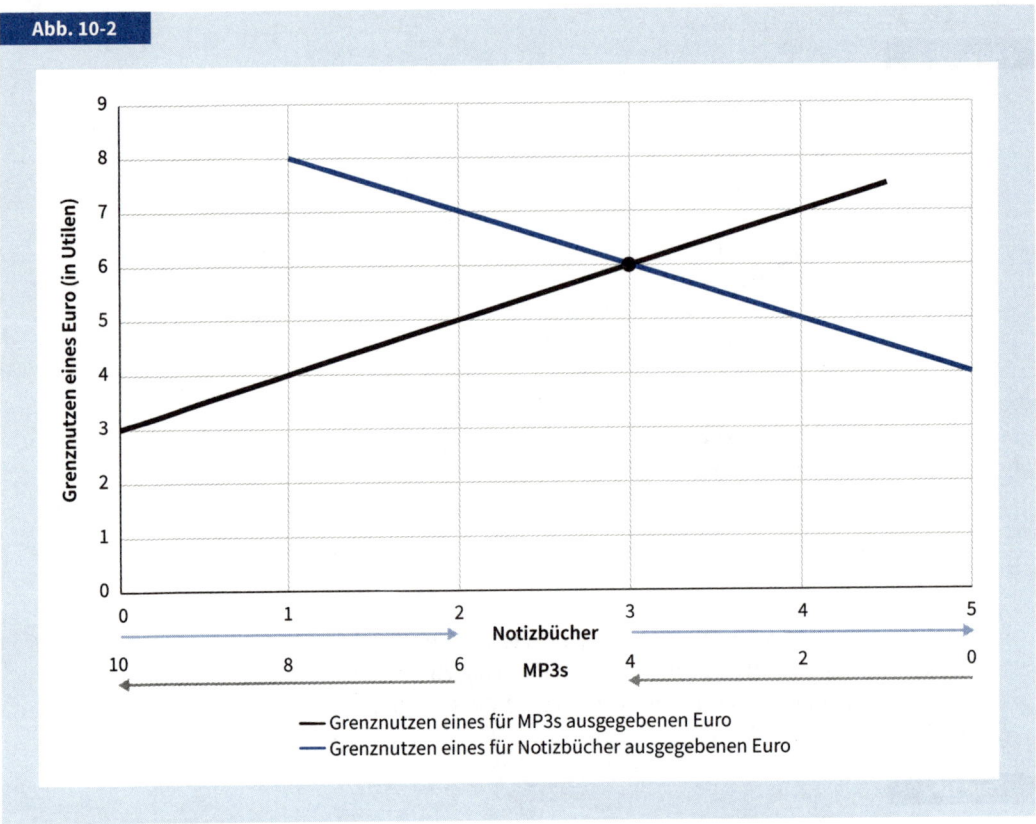

Abb. 10-2

Die Regel des optimalen Konsums lautet: Beim optimalen Konsumbündel ist der Grenznutzen je Euro für jedes Gut gleich groß.

Bei einer Menge von 3 Notizbüchern beträgt der Grenznutzen 6 Utile je Euro, der für ein Notizbuch ausgegeben wird. Bei einer Menge von 4 MP3s beträgt der Grenznutzen 6 Utile je Euro, der für MP3s ausgegeben wird. Bernie wird das Bündel aus 3 Notizbüchern und 4 MP3s wählen.

Damit schöpft er auch genau sein Budget von 20 Euro aus: 3 × 4 Euro + 4 × 2 Euro = 20 Euro.

Aufgabe 4

Stellen Sie für jede der folgenden Situationen fest, ob das Konsumbündel, über das Lotte nachdenkt, optimal ist oder nicht. Wenn es nicht optimal ist, wie könnte Lotte dann ihr Nutzenniveau erhöhen? (Bestimmen Sie also, für welches Gut sie mehr ausgeben sollte und für welches weniger.)

    a. Lotte kann 200 Euro für Turnschuhe und Pullover ausgeben. Ein Paar Turnschuhe kostet 50 Euro und ein Pullover kostet 20 Euro. Sie überlegt, ob sie 2

Paar Schuhe und 5 Pullover kaufen soll. Sie sagt ihrer Freundin, dass der zusätzliche Nutzen, den sie aus dem zweiten Paar Turnschuhe zieht, genauso groß ist wie der zusätzliche Nutzen, den sie aus dem fünften Pullover zieht.

b. Lotte kann 5 Euro für Kugelschreiber und Bleistifte ausgeben. Ein Kugelschreiber kostet 0,50 Euro und ein Bleistift 0,10 Euro. Sie überlegt, ob sie 6 Kugelschreiber und 20 Bleistifte kaufen soll. Der letzte Kugelschreiber würde ihren Gesamtnutzen fünfmal so stark erhöhen wie der letzte Bleistift.

c. Lotte kann in jeder Saison 50 Euro für Fußballspiele und Hockeyspiele ausgeben. Jede Eintrittskarte für ein Fußballspiel kostet 10 Euro und jede Eintrittskarte für ein Hockeyspiel kostet 5 Euro. Sie überlegt, ob sie 3 Eintrittskarten für Fußballspiele und 2 Eintrittskarten für Hockeyspiele kaufen soll. Der Grenznutzen, der ihr aus der dritten Eintrittskarte für Fußballspiele zufließt, ist doppelt so hoch wie der Grenznutzen der zweiten Karte für Hockeyspiele.

Lösung

a. Das Konsumbündel, bestehend aus 2 Paar Schuhen und 5 Pullover, ist nicht optimal. Es liegt zwar auf der Budgetgeraden von Lotte, aber der Grenznutzen eines Euro für ein Paar Turnschuhe und der Grenznutzen eines Euro für einen Pullover sind nicht gleich groß. Der Grenznutzen eines Euro für ein Paar Turnschuhe ist 2,5-mal kleiner als der Grenznutzen eines Euro für einen Pullover. Lotte sollte daher mehr für Pullover ausgeben (dann sinkt der Grenznutzen eines für Pullover ausgegebenen Euro) und weniger für Schuhe (dann steigt der Grenznutzen eines für Schuhe ausgegebenen Euro).

b. Das Konsumbündel 6 Kugelschreiber und 20 Bleistifte liegt auf der Budgetgeraden und ist auch optimal. Der Grenznutzen eines Euro, der für Kugelschreiber ausgegeben wird, ist genauso hoch wie der Grenznutzen eines Euro, der für Bleistifte ausgegeben wird.

c. Zwar ist der Grenznutzen eines Euro, der für Fußballkarten ausgegeben wird, genauso hoch wie der Grenznutzen eines Euro, der für Hockeykarten ausgegeben wird. Doch das Konsumbündel ist nicht optimal, da Lotte nicht ihr gesamtes Budget ausgibt. Sie sollte die übrigen 10 Euro entweder in 2 Hockeykarten oder in eine weitere Fußballkarte investieren, je nachdem, welche Möglichkeit ihr Nutzenniveau stärker erhöht.

Aufgabe 5

Anna ist Schauspielerin und beim Drehen eines neuen Films trifft sie einen Freund. Sie erzählt ihm, dass sie viel lieber Filme mag, als ins Sportstudio zu gehen. Präziser sagt sie, dass sie zweimal ins Sportstudio gehen müsste, um den Verlust auszugleichen, der ihr entstehen würde, wenn sie auf das Schauen eines Films im Kino verzichten müsste. Ihr Freund sagt ihr daraufhin, dass sie nicht genug Filme schaut. Hat er Recht?

Lösung

Annas Freund hat Recht. Der Grenznutzen eines Besuchs im Sportstudio ist im Optimalpunkt gleich dem Grenznutzen eines Kinobesuches. Das ist bei Anna aber nicht der Fall: Der Grenznutzen eines Sportstudiobesuches ist nur halb so hoch wie der eines Kinobesuches. Sie sollte öfter ins Kino gehen (dann sinkt der Grenznutzen eines Kinobesuches, während der Grenznutzen eines Besuches im Sportstudio steigt).

Aufgabe 6

Sven ist ein armer Studierender, der sich den ganzen Tag fast nur von billigen Frühstücksflocken ernährt. Als der Preis der Frühstücksflocken steigt, beschließt er, noch weniger andere Lebensmittel zu kaufen und noch mehr Frühstücksflocken zu essen, um satt zu werden. Frühstücksflocken sind damit für Sven ein Giffen-Gut. Beschreiben Sie den aus dem Preisanstieg von Frühstücksflocken resultierenden Substitutions- sowie den Einkommenseffekt in Worten. In welche Richtung wirkt jeder der Effekte? Warum? Welche Implikation ergibt sich für die Steigung von Svens Nachfragekurve für Frühstücksflocken?

Lösung

Ein Giffen-Gut ist ein inferiores Gut, bei dem der Einkommenseffekt den Substitutionseffekt dominiert. Der Substitutionseffekt entsteht hier durch den Preisanstieg bei Frühstücksflocken. Dieser Preisanstieg führt zu einem Rückgang der Nachfrage nach den relativ teurer gewordenen Frühstücksflocken und zu einem Anstieg der Nachfrage nach anderen, relativ billiger gewordenen Gütern (Nahrungsmitteln). Mit dem Preisanstieg geht aber auch noch ein Einkommenseffekt einher. Wenn Frühstücksflocken teurer werden, sinkt die Kaufkraft von Svens Einkommen. Dieser Einkommensrückgang führt bei inferioren Gütern für sich betrachtet zu einem Anstieg der Nachfrage.

Da bei Giffen-Gütern der Einkommenseffekt den Substitutionseffekt überwiegt, führt ein Anstieg des Preises für Frühstücksflocken zu einem Anstieg der nachgefragten Menge. Damit gilt das Gesetz der Nachfrage nicht und die Nachfragekurve verläuft aufwärts geneigt.

Aufgabe 7

Beschreiben Sie für jede der folgenden Situationen den Substitutionseffekt und (falls er relevant ist) den Einkommenseffekt. In welche Richtung wirken diese Effekte jeweils? Warum?

a. Eduard gibt einen großen Teil seines Einkommens für die Ausbildung seiner Kinder aus. Weil die Studiengebühren steigen, muss eines seiner Kinder das Studium abbrechen.

b. Hans gibt einen großen Teil seines Monatseinkommens für die Zinsen auf ein Darlehen aus, das er für den Bau seines Hauses aufgenommen hat. Der variable Zinssatz seines Kredits sinkt, wodurch sich seine Zinszahlungen verringern. Hans beschließt, sich ein größeres Haus zu leisten.

c. Paula glaubt, dass Haferbrei ein inferiores Gut ist. Doch als der Preis für Haferbrei steigt, beschließt sie, weniger davon zu kaufen.

Lösung

a. Der Substitutionseffekt führt zu einem Rückgang der Nachfrage nach Ausbildung, weil das Gut Ausbildung relativ teurer geworden ist. Der Einkommenseffekt beruht darauf, dass ein erheblicher Teil des Einkommens für die Ausbildung ausgegeben wird und dadurch die Kaufkraft sinkt. Bei der Ausbildung handelt es sich um ein normales Gut. Daher führt der Einkommenseffekt zu einem Rückgang der Nachfrage nach Ausbildung. Der Einkommenseffekt verstärkt den Substitutionseffekt.

b. Der Substitutionseffekt führt zu einem Anstieg der Nachfrage nach Häusern, da das Haus durch einen gesunkenen Zinssatz relativ billiger geworden ist. Der Einkommenseffekt beruht darauf, dass ein erheblicher Teil des Einkommens für das Darlehen ausgegeben wird und durch den sinkenden Zinssatz die Kaufkraft steigt. Bei dem Haus handelt es sich offensichtlich um ein normales Gut, da eine Preissenkung im Endeffekt zu einer steigenden Nachfrage führt. Daher verstärkt der Einkommenseffekt den Substitutionseffekt.

c. Der Substitutionseffekt führt zu einem Rückgang der Nachfrage nach Haferbrei, da Haferbrei relativ teurer geworden ist. Wenn Haferbrei ein inferiores Gut ist, dann wirkt der Einkommenseffekt dem Substitutionseffekt entgegen. Der Einkommenseffekt beruht darauf, dass der relativ teurer gewordene Haferbrei die Kaufkraft des Einkommens senkt. Bemerkbar macht sich die Kaufkraftsenkung aber nur, falls ein erheblicher Teil des Einkommens für Haferbrei ausgegeben wird. Das ist nicht der Fall. Damit dominiert der Substitutionseffekt den Einkommenseffekt und führt dazu, dass die Nachfrage nach Haferbrei zurückgeht.

Aufgabe 8

Essen im Restaurant und Wohnungsnutzung (gemessen durch die Anzahl der Räume) sind die einzigen beiden Güter, die Nadine kaufen kann. Sie verfügt über ein Einkommen von 1.000 Euro. Sie gibt bei ihrem Konsumbündel jeweils die Hälfte ihres Einkommens für Restaurantmahlzeiten und für Wohnungsnutzung aus. Dann steigt ihr Einkommen um 50 Prozent. Gleichzeitig steigt aber auch der Preis für Restaurantmahlzeiten um 100 Prozent. Nur der Preis für Wohnungsnutzung bleibt unverändert. Kann sich Nadine nach diesen Änderungen immer noch das gleiche Konsumbündel leisten?

Lösung

Wenn der Preis für Restaurantmahlzeiten um 100 Prozent steigt, dann muss Nadine dafür jetzt doppelt so viel ausgeben wie vorher. Wäre ihr Einkommen unverändert, dann wäre Nadine gezwungen, ihr gesamtes Einkommen für Restaurantmahlzeiten auszugeben, um das Konsumniveau von Restaurantmahlzeiten aufrechtzuerhalten. Ihr Einkommen ist jedoch auch gestiegen. Der Einkommensanstieg um 50 Prozent entspricht genau ihren Ausgaben für Wohnungsnutzung (die unverändert bleiben).

Damit kann sich Nadine trotz des gestiegenen Preises für Restaurantmahlzeiten das gleiche Konsumbündel leisten.

Aufgabe 9

Marias Grenznutzen aus einem Besuch beim Friseur beträgt 100 Utile pro Besuch. Ihr Grenznutzen aus einem neuen Paar Sneaker beträgt 300 Utile. Der Preis eines Besuchs beim Friseur beträgt 50 Euro. Sie gibt ihr gesamtes Einkommen aus und kauft das für sie optimale Konsumbündel. Wie hoch ist der Preis eines Paars Sneaker?

Lösung

Der Grenznutzen eines Euro, der für den Friseurbesuch ausgegeben wird, beträgt 2 Utile. Nach der Regel für den optimalen Konsum muss der Grenznutzen je Euro für den Friseurbesuch gleich dem Grenznutzen je Euro für Sneaker sein, wenn Maria ihren Nutzen maximiert. Damit beläuft sich der Preis für ein Paar Sneaker auf 150 Euro.

Aufgabe 10

Stefan hat herausgefunden, dass er mehr Geld für Orangensaft ausgibt, wenn der Preis für Orangensaft steigt. Lässt sich daraus schlussfolgern, dass Orangensaft für Stefan ein Giffen-Gut ist?

Lösung

Orangensaft ist für Stefan nicht notwendigerweise ein Giffen-Gut. Bei einem Giffen-Gut steigt die nachgefragte Menge, wenn sich der Preis des Gutes erhöht. Stefan hat jedoch nur festgestellt, dass er bei einem Preisanstieg für Orangensaft mehr Geld für Orangensaft ausgibt. Das bedeutet aber noch nicht, dass er auch mehr Orangensaft gekauft hat. Steigt beispielsweise der Preis für eine Flasche Orangensaft von 1 Euro auf 2 Euro und kauft Stefan statt 10 Flaschen Orangensaft nun nur noch 7 Flaschen Orangensaft, haben sich seine Ausgaben für Orangensaft von 10 Euro auf 14 Euro erhöht, obwohl die gekaufte Menge zurückgegangen ist. Ein Ausgabenanstieg für ein bestimmtes Gut infolge eines Preisanstiegs bedeutet also nicht notwendigerweise, dass es sich bei diesem Gut um ein Giffen-Gut handelt.

Anhang zu 10 Konsumentenpräferenzen und Konsumentscheidung

Aufgabe 1

Zeichnen Sie für jede der folgenden Situationen ein Diagramm, das Isabellas Indifferenzkurven enthält.

a. Isabella kann zwei Güter konsumieren: Skier und Skibindungen. Für jeden Ski möchte sie genau eine Bindung.

b. Isabella zieht ausschließlich aus ihrem Koffeinkonsum Nutzen. Sie kann »Blue Bull« oder Cola trinken. »Blue Bull« enthält doppelt so viel Koffein wie Cola.

c. Isabella zieht Nutzen aus dem Konsum von zwei Gütern: Freizeit und Einkommen. Beide Güter weisen abnehmende Grenznutzen auf.

d. Isabella zieht Nutzen aus dem Konsum von Limonade. Sie zieht aber keinen Nutzen aus dem Konsum von Wasser: Ob sie nun mehr Wasser hat oder weniger – ihr Nutzenniveau wird davon nicht berührt.

Lösung

a.

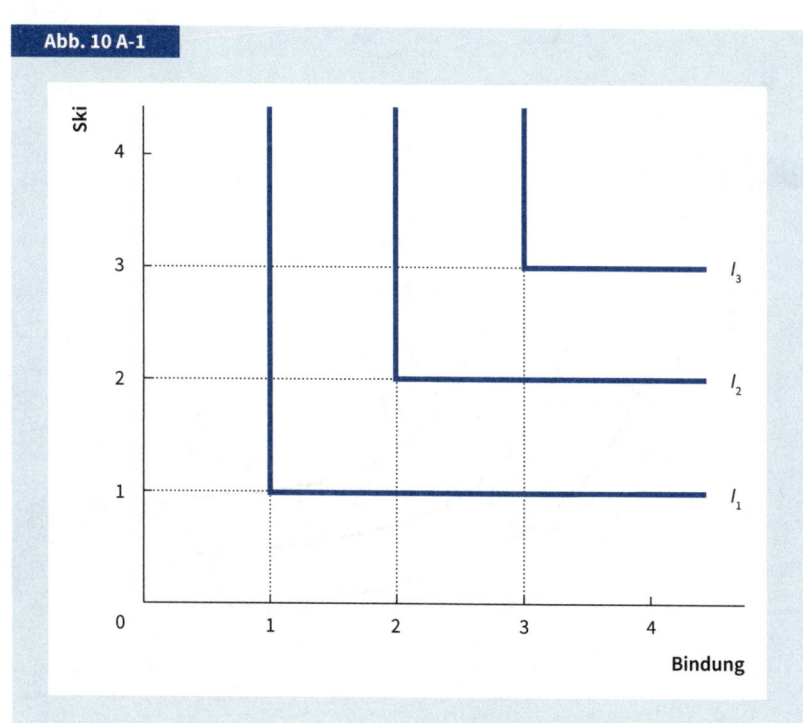

Abb. 10 A-1

b.

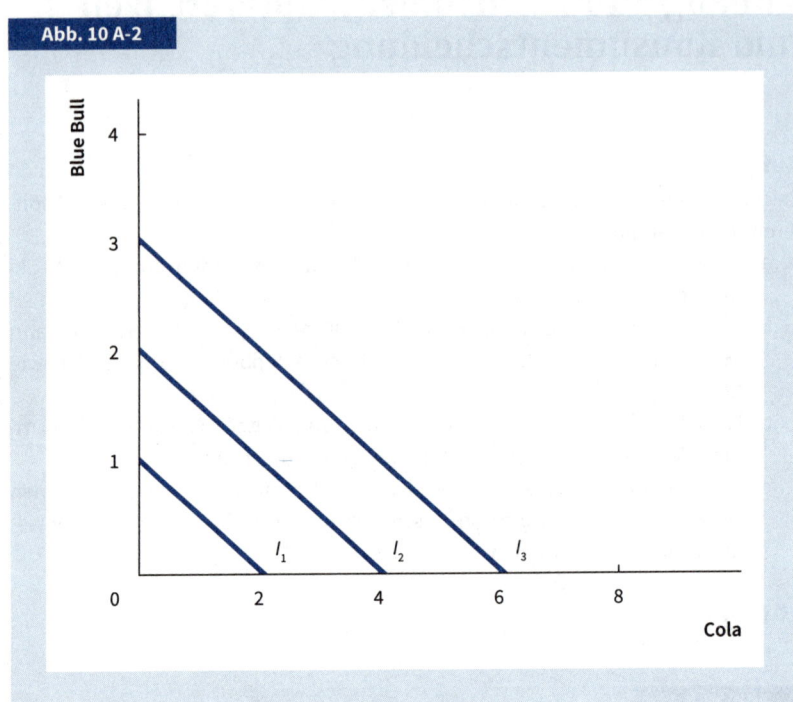

Abb. 10 A-2

c.

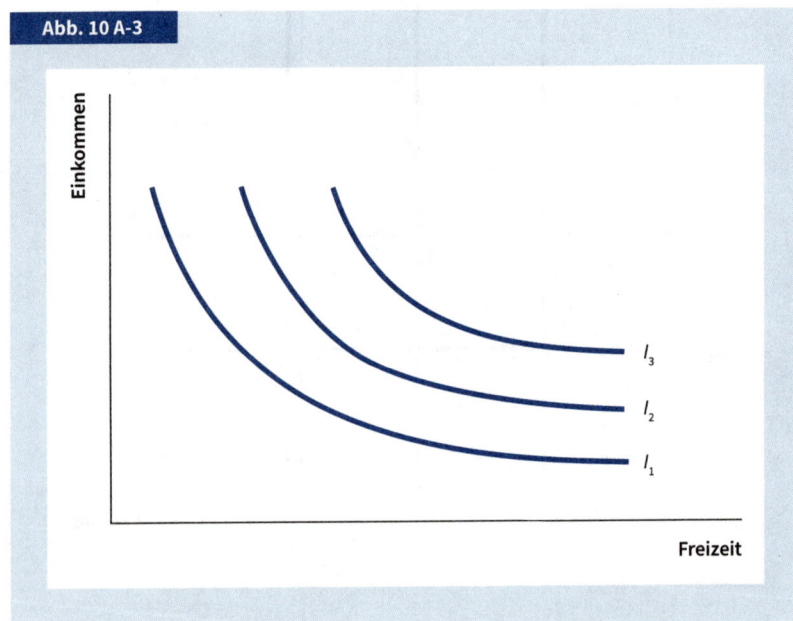

Abb. 10 A-3

d.

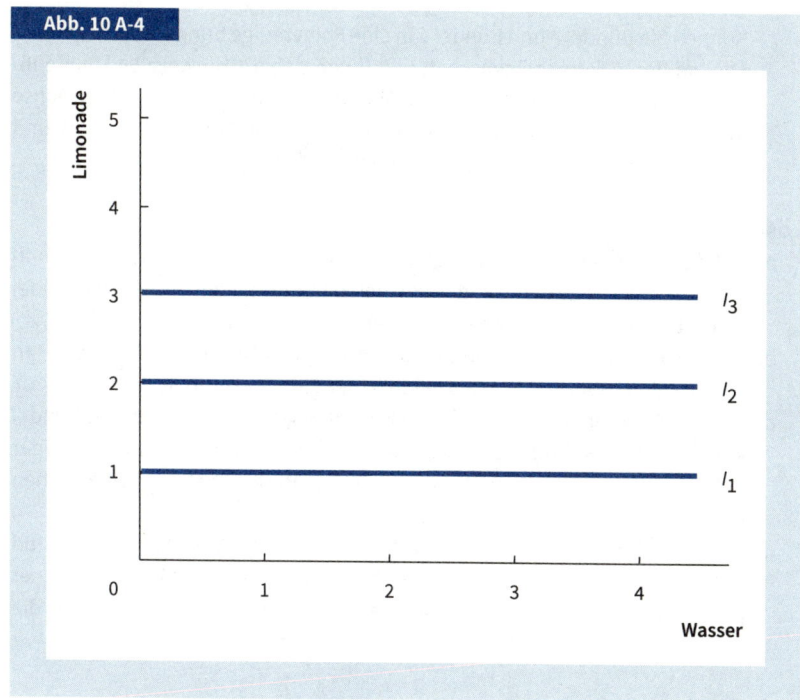

Abb. 10 A-4

Aufgabe 2

Beantworten Sie mithilfe der in Abbildung 10A-4 (in Krugman/Wells, Volkswirtschaftslehre, 2. Auflage) illustrierten vier Eigenschaften von Indifferenzkurven für gewöhnliche Güter die folgenden Fragen:

a. Können Sie die beiden folgenden Bündel in eine Reihenfolge bringen? Wenn ja, welche Indifferenzkurveneigenschaft hilft Ihnen dabei?
Bündel A: 2 Kinokarten und 3 Mahlzeiten in der Cafeteria, Bündel B: 4 Kinokarten und 8 Mahlzeiten in der Cafeteria

b. Können Sie die beiden folgenden Bündel in eine Reihenfolge bringen? Wenn ja, welche Indifferenzkurveneigenschaft hilft Ihnen dabei?
Bündel A: 2 Kinokarten und 3 Mahlzeiten in der Cafeteria, Bündel B: 4 Kinokarten und 3 Mahlzeiten in der Cafeteria

c. Können Sie die beiden folgenden Bündel in eine Reihenfolge bringen? Wenn ja, welche Indifferenzkurveneigenschaft hilft Ihnen dabei?
Bündel A: 12 Videos und 4 Tüten Kartoffelchips, Bündel B: 5 Videos und 10 Tüten Kartoffelchips

d. Nehmen Sie an, dass Sie zwischen folgenden Bündeln indifferent sind:
Bündel A: 10 Frühstücke und 4 Abendessen, Bündel B: 4 Frühstücke und 10 Abendessen

Vergleichen Sie nun Bündel *A* mit dem Bündel *C*: 7 Frühstücke und 7 Abendessen

Können Sie Bündel *A* und Bündel *C* in eine Reihenfolge bringen? Wenn ja, welche Indifferenzkurveneigenschaft hilft Ihnen dabei? (Hinweis: Es könnte Ihnen helfen, wenn Sie gedanklich die Abendessen an der waagerechten Achse und die Frühstücke an der senkrechten Achse darstellen. Bei Frühstück und Abendessen handelt es sich um gewöhnliche Güter.)

Lösung

a. Indifferenzkurven, die ursprungsferner liegen, sind mit höheren Nutzenniveaus verbunden. Bündel *B*, das von beiden Gütern mehr enthält als Bündel *A*, führt daher zu einem höheren Nutzen.

b. Bündel *B* führt zu einem höheren Nutzen als Bündel *A*, da es mehr Kinokarten und die gleiche Anzahl an Mahlzeiten in der Cafeteria enthält.

c. Die Bündel können nicht in eine Reihenfolge gebracht werden. Die Bündel können auf einer Indifferenzkurve liegen – dann sind sie gleichwertig – oder auf verschiedenen – dann ist unklar, welches Bündel welchem vorzuziehen ist.

d. Bündel *C* führt zu einem höheren Nutzen als Bündel *A*. Indifferenzkurven sind konvex, d. h. in Richtung Ursprung »gebaucht«. Daher liegt Bündel *C* auf einer Indifferenzkurve, die mit einem höheren Nutzenniveau verbunden ist als die Indifferenzkurve, auf der die Bündel *A* und *B* liegen.

Aufgabe 3

Karla verfügt über ein Einkommen von 50 Euro, das sie für zwei Güter ausgeben kann: für Blu-Rays und für Tassen heiße Schokolade. Beides sind für sie normale Güter. Jede Blu-Ray kostet 10 Euro, jede Tasse heiße Schokolade kostet 2 Euro. Entscheiden Sie für jede der im Folgenden beschriebenen Situationen, ob es sich um Karlas optimales Konsumbündel handelt. Falls nein, was sollte Karla tun, um ihr optimales Bündel zu erreichen?

a. Karla überlegt, ob sie 4 Blu-Rays und 5 Tassen heiße Schokolade kaufen sollte. Bei diesem Bündel ist ihre Grenzrate der Substitution von Blu-Rays durch heiße Schokolade gleich eins. Sie wäre also bereit, eine Tasse heiße Schokolade gegen eine Blu-Ray einzutauschen.

b. Karla überlegt, ob sie 2 Blu-Rays und 15 Tassen heiße Schokolade kaufen sollte. Karlas Grenznutzen der zweiten Blu-Ray beträgt 25, und ihr Grenznutzen der 15. Tasse heiße Schokolade beträgt 5.

c. Karla überlegt, ob sie 1 Blu-Ray und 10 Tassen heiße Schokolade kaufen sollte. Bei diesem Bündel ist ihre Grenzrate der Substitution von Blu-Rays durch heiße Schokolade gleich fünf. Sie wäre also bereit, 5 Tassen heiße Schokolade gegen 1 Blu-Ray einzutauschen.

Lösung

a. Das Konsumbündel ist möglich, aber nicht optimal, da die Grenzrate der Substitution zwischen Blu-Rays und heißer Schokolade (= 1) nicht der Steigung der Budgetgerade entspricht (= 5). Der Grenznutzen heißer Schokolade ist zu hoch, der von Blu-Rays zu niedrig. Karla sollte daher mehr heiße Schokolade und weniger Blu-Rays konsumieren.

b. Das Konsumbündel ist möglich und optimal. Der Anstieg der Budgetgeraden (= 5) entspricht der Grenzrate der Substitution (= 25/5 = 5).

c. Das Konsumbündel ist möglich, aber nicht optimal. Die Grenzrate der Substitution stimmt mit dem Anstieg der Budgetgeraden überein. Aber Karla gibt nicht ihr gesamtes Einkommen für den Konsum der beiden Güter aus. Sie sollte von beiden Gütern mehr konsumieren (mehr ist besser) und das Verhältnis der Grenznutzen (die Grenzrate der Substitution) beibehalten.

Aufgabe 4

Rainer besitzt 4 Basketball-Sammelkarten von Michael Jordan und 2 Basketball-Sammelkarten von LeBron James. Die Preise für diese Karten liegen auf dem Sammlermarkt bei 24 Euro für Michael Jordan und bei 12 Euro für LeBron James. Rainer wäre jedoch bereit, eine Jordan-Karte gegen eine James-Karte zu tauschen.

a. Wie groß ist Rainers Grenzrate der Substitution von Jordan-Karten durch James-Karten?

b. Kann Rainer Sammelkarten kaufen und verkaufen, um sich besser zu stellen? Wenn ja, wie ist das möglich?

c. Nehmen Sie an, dass Rainer mit den Sammelkarten gehandelt hat und jetzt nicht mehr handeln möchte. Wie groß ist nun seine Grenzrate der Substitution von Jordan-Karten durch James-Karten?

Lösung

a. Rainers Grenzrate der Substitution beträgt 1.

b. Rainer kann eine Jordan-Karte für 24 Euro verkaufen und vom Erlös zwei James-Karten für je 12 Euro kaufen. Sein Gesamtnutzen würde unverändert bleiben, wenn er für eine Jordan-Karte eine James-Karte im Austausch erhält. Da er aber zwei James-Karten für eine Jordan-Karte erhält, steigt sein Gesamtnutzen, er stellt sich besser.

c. Wenn Rainer nicht mehr handeln möchte, hat er sein optimales Konsumbündel erreicht. Für das optimale Konsumbündel gilt, dass die Grenzrate der Substitution (*GRS*) zwischen zwei Gütern dem relativen Preis der beiden Güter entspricht. Demzufolge hört Rainer dann auf zu handeln, wenn die Grenzrate der Substitution von Jordan-Karten durch James-Karten bei 2 liegt.

Aufgabe 5

Ralph und Laura unterhalten sich darüber, dass sie gern ins Sportstudio gehen und auch gern in ihrem Lieblingsrestaurant zum Essen gehen. Eine Stunde im Sportstudio kostet genauso viel wie ein Restaurantessen. Ralph sagt, dass er bei seinem gegenwärtigen Konsum von Sportstudiostunden und Restaurantessen ein zusätzliches Essen doppelt so hoch bewertet wie eine zusätzliche Stunde im Sportstudio. Laura studiert Volkswirtschaftslehre und erklärt ihm, dass er nicht sein optimales Konsumbündel gewählt hat.

   a. Hat Laura Recht? Warum oder warum nicht? Zeichnen Sie ein Diagramm, das Ralphs Budgetgerade und die Indifferenzkurve enthält, auf der er sich bei seiner gegenwärtigen Konsumentscheidung befindet.

   b. Wie sollte Ralph seinen Konsum ändern, damit dieser optimal ist? Illustrieren Sie die optimale Entscheidung in Ihrem Diagramm.

Lösung

   a.

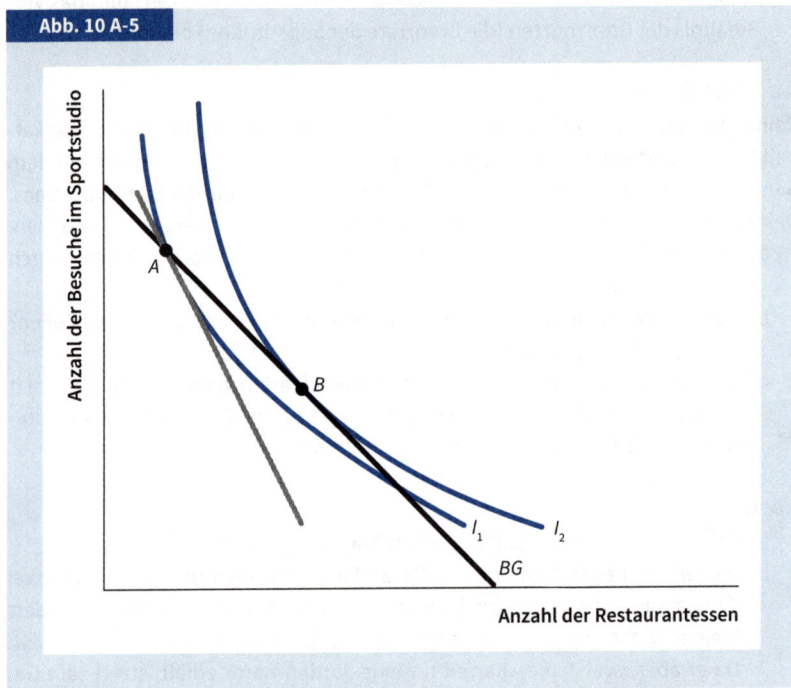

Abb. 10 A-5

Da eine Stunde im Sportstudio genauso viel kostet wie ein Restaurantessen, ist die Steigung der Budgetgeraden gleich eins. Beim gegenwärtigen Konsumbündel A ist Ralphs Grenzrate der Substitution zwischen Essen und Sportstudiobesuchen aber 2, sodass die Tangentialbedingung nicht erfüllt ist und Ralph nicht das optimale Konsumbündel gewählt hat. Laura hat also Recht.

   b. Ralph sollte mehr Restaurantessen und weniger Sportstudiobesuche konsumieren. Dadurch erreicht er das Konsumbündel B, das auf einer höheren Indifferenzkurve (I_2) liegt.

Aufgabe 6

Sabine kann zwischen Coke und Pepsi keinen Unterschied feststellen, beide schmecken für sie absolut gleich.

    a. Wie groß ist Sabines Grenzrate der Substitution von Pepsi durch Coke?

    b. Zeichnen Sie einige der Indifferenzkurven für Coke und Pepsi. Tragen Sie Coke an der waagerechten und Pepsi an der senkrechten Achse ab. Sabine kann pro Woche 6 Euro für Cola und Pepsi ausgeben. Coke kostet 1,50 Euro für ein Sechserpack, Pepsi 1,00 Euro. Zeichnen Sie in Ihr Diagramm die Budgetgerade für Coke und Pepsi ein. Wo liegt Sabines optimales Konsumbündel? Zeichnen Sie es in Ihr Diagramm ein.

    c. Welche Kombination von Coke und Pepsi würde Sabine kaufen, wenn der Preis für Coke und Pepsi gleich hoch wäre?

Lösung

    a. Die Grenzrate der Substitution ist konstant und beträgt eins.

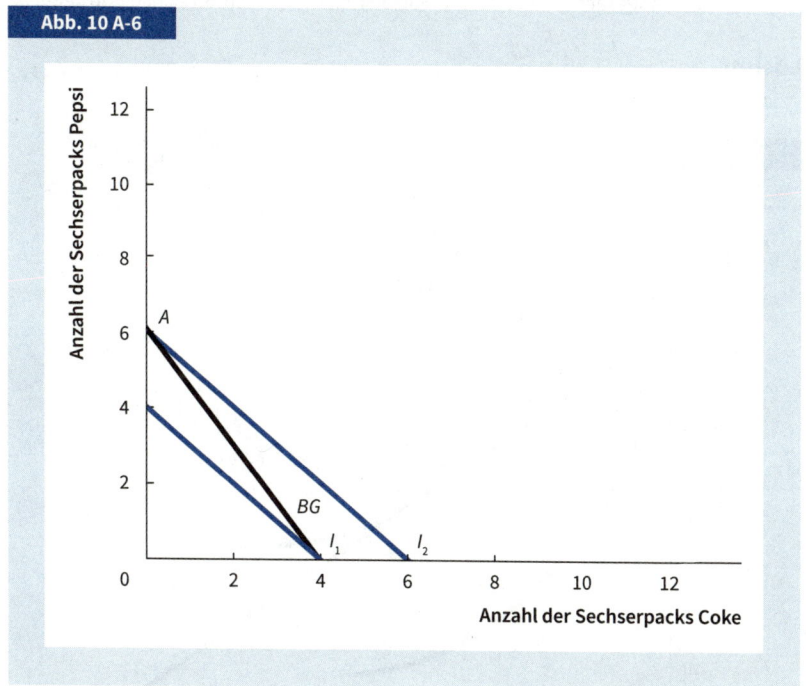

Abb. 10 A-6

    b. Das optimale Konsumbündel liegt im Punkt *A*. Da es Sabine für keinen Unterschied ausmacht, ob sie Pepsi oder Coke trinkt, wählt sie das Gut, von dem sie am meisten konsumieren kann (das also am billigsten ist).

c. Sabine würde jede Kombination von Coke und Pepsi kaufen, die auf ihrer Budgetgeraden liegt, da ihre Budgetgerade und ihre Indifferenzkurven die gleiche Steigung hätten. Man kann daher nicht genau sagen, welche spezifische Kombination sie wählen würde.

Aufgabe 7

Für Norma sind sowohl Nachos als auch Salsa normale Güter. Obwohl sie beides gerne zusammen isst, handelt es sich nicht um vollkommene Komplementärgüter. (Ihre Indifferenzkurven verlaufen konvex, nicht rechtwinklig.) Der Preis für Nachos steigt, während der Preis für Salsa unverändert bleibt.

a. Können Sie mit Sicherheit sagen, ob Norma jetzt mehr oder weniger Nachos konsumiert? Erläutern Sie Ihre Antwort anhand eines Diagramms, in dem Sie Nachos an der waagerechten und Salsa an der senkrechten Achse abtragen.

b. Können Sie mit Sicherheit sagen, ob sie weniger oder mehr Salsa konsumieren wird? Erläutern Sie Ihre Antwort anhand eines Diagramms, in dem Sie Nachos an der waagerechten Achse und Salsa an der senkrechten Achse abtragen.

Lösung

a.

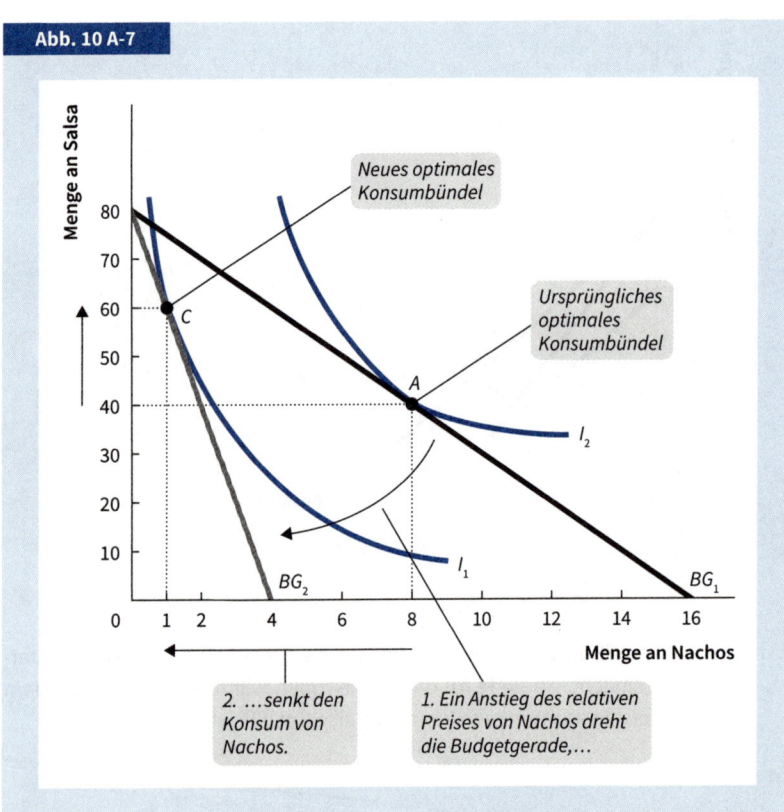

Abb. 10 A-7

Da der Preis von Nachos steigt und Nachos normale Güter sind, wird Norma weniger Nachos konsumieren.

b.

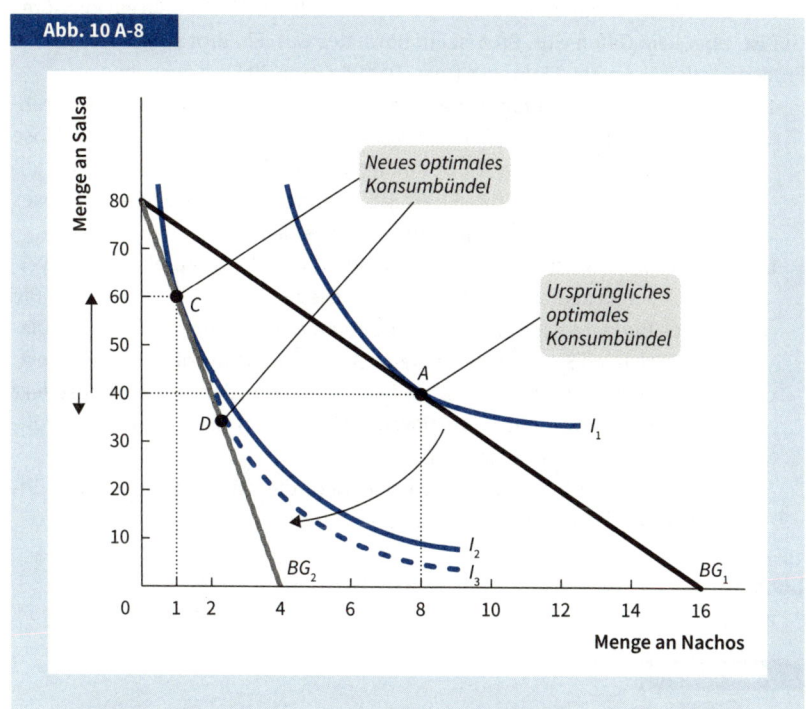

Abb. 10 A-8

Ob Norma mehr oder weniger Salsa konsumiert, kann nicht mit Sicherheit gesagt werden, da es vom Verlauf ihrer Indifferenzkurven abhängt. Wenn die Indifferenzkurve I_3 gültig ist (statt I_2), dann wird das neue optimale Konsumbündel D sein, in dem Norma weniger Salsa konsumiert als vorher. Ist die Indifferenzkurve I_2 gültig, dann wird das neue optimale Konsumbündel C sein, in dem Norma mehr Salsa konsumiert als vorher.

Aufgabe 8
Gerd gibt sein Einkommen für Benzin und Essen aus. Die Regierung erhöht die Mineralölsteuer, deshalb steigt der Benzinpreis. Gleichzeitig senkt die Regierung aber auch die Einkommensteuer, daher steigt das (Netto-)Einkommen von Gerd. Diese Einkommenserhöhung ist gerade so groß, dass er auf der gleichen Indifferenzkurve landet, auf der er sich befand, bevor der Benzinpreis stieg. Wird Gerd mehr, weniger oder genauso viel Benzin kaufen wie vor dem Auftreten der beschriebenen Änderungen?

Lösung
Gerd wird weniger Benzin kaufen als vor dem Auftreten der beschriebenen Änderungen, da der relative Preis von Benzin gestiegen ist.

Aufgabe 9

Pamela gibt ihr Geld für Brot und Frühstücksfleisch in Dosen aus. Ihre Indifferenz-
kurven genügen den vier Eigenschaften, die Indifferenzkurven von gewöhnlichen
Gütern aufweisen. Nehmen Sie an, dass Frühstücksfleisch für Pamela ein inferiores
Gut ist, aber kein Giffen-Gut. Brot ist ein normales Gut. Ein Brot kostet 2 Euro und
Frühstücksfleisch kostet 2 Euro pro Dose. Pamela kann 20 Euro ausgeben.

   a. Stellen Sie Pamelas Budgetgerade in einem Diagramm dar. Tragen Sie Früh-
      stücksfleisch an der waagerechten Achse und Brot an der senkrechten Achse
      ab. Nehmen Sie an, dass ihr optimales Konsumbündel aus 4 Dosen Früh-
      stücksfleisch und aus 6 Broten besteht. Zeichnen Sie in Ihr Diagramm dieses
      Bündel und die Indifferenzkurve ein, auf der es liegt.

   b. Der Preis des Frühstücksfleisches sinkt auf 1 Euro, der Brotpreis bleibt unver-
      ändert. Pamela kauft nun 7 Brote und 6 Dosen Frühstücksfleisch. Zeigen Sie
      ihre neue Budgetgerade und ihr neues optimales Konsumbündel in Ihrem Dia-
      gramm. Zeichnen Sie auch die Indifferenzkurve ein, auf der dieses Bündel liegt.

   c. Zeigen Sie in Ihrem Diagramm den Einkommens- und den Substitutionseffekt
      des Preisrückgangs von Frühstücksfleisch. Denken Sie daran, dass Früh-
      stücksfleisch für Pamela ein inferiores Gut ist.

   d. Können Sie eine Indifferenzkurve zeichnen, die zeigt, dass sowohl Früh-
      stücksfleisch als auch Brot inferiore Güter sind?

Lösung

   a. bis d.

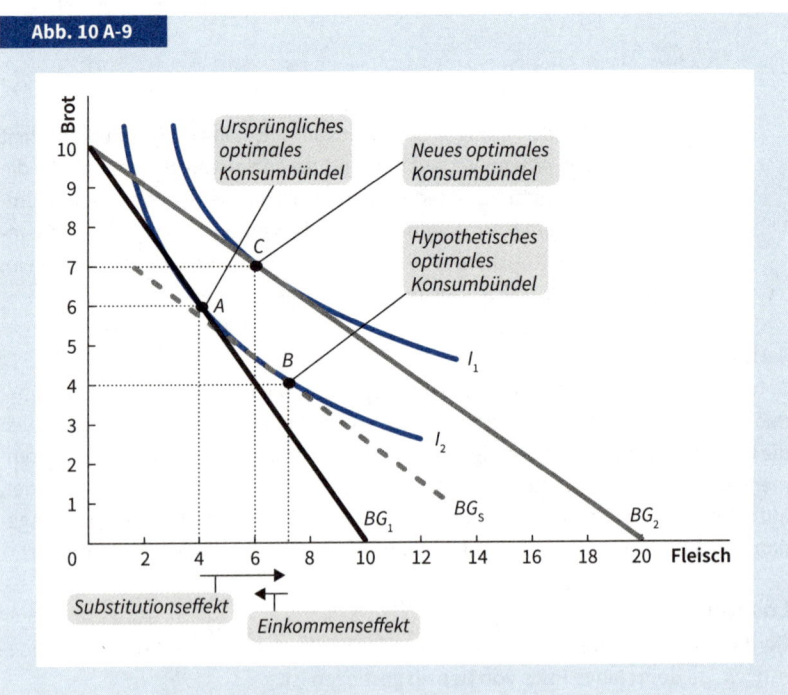

Abb. 10 A-9

Das optimale Bündel ist A und liegt auf I_1. Das neue optimale Bündel ist C und liegt auf I_2.

Der Substitutionseffekt führt dazu, dass sich die Budgetgerade dreht (BG_S). Dadurch konsumiert Pamela weniger Brot und mehr Frühstücksfleisch. Der Einkommenseffekt der Preissenkung führt zu einer Verschiebung der (gedrehten) Budgetgeraden nach außen zu BG_2. Damit kann Pamela eine höhere Indifferenzkurve erreichen (I_2). Da Frühstücksfleisch jedoch ein inferiores Gut ist, führt der Einkommenseffekt dazu, dass Pamela (im Vergleich zum Substitutionseffekt im Punkt B) weniger Frühstücksfleisch und mehr Brot konsumiert.

Es können nicht beide Güter inferiore Güter sein. Bei einem Einkommensanstieg würde dann die Nachfrage nach beiden Gütern zurückgehen und damit auch die Ausgaben. Durch den Einkommensanstieg steht jedoch mehr Geld zur Verfügung, dass im Optimum auch ausgegeben wird. Wenn also ein Gut nach einem Einkommensanstieg weniger nachgefragt wird, dann muss gleichzeitig mehr Geld für das andere Gut ausgegeben werden. Und damit muss das andere Gut zwingenderweise ein normales Gut sein.

Aufgabe 10

Für Karl sind Käsewürfel und Cracker vollkommene Komplementärgüter: Er möchte genau einen Käsewürfel mit jedem Cracker konsumieren. Er kann 2,40 Euro für Käsewürfel und Cracker ausgeben. Ein Käsewürfel kostet 20 Cent und ein Cracker kostet 10 Cent. Zeichnen Sie ein Diagramm, in dem Cracker an der waagerechten und Käsewürfel an der senkrechten Achse abgetragen werden, um die folgenden Fragen zu beantworten:

  a. Welches Bündel wird Karl konsumieren?
  b. Der Preis für Cracker steigt auf 20 Cent. Wie viele Käsewürfel und wie viele Cracker wird Karl konsumieren? Zeigen Sie in Ihrem Diagramm Einkommens- und Substitutionseffekt dieser Preisänderung.

Lösung

a. und b.

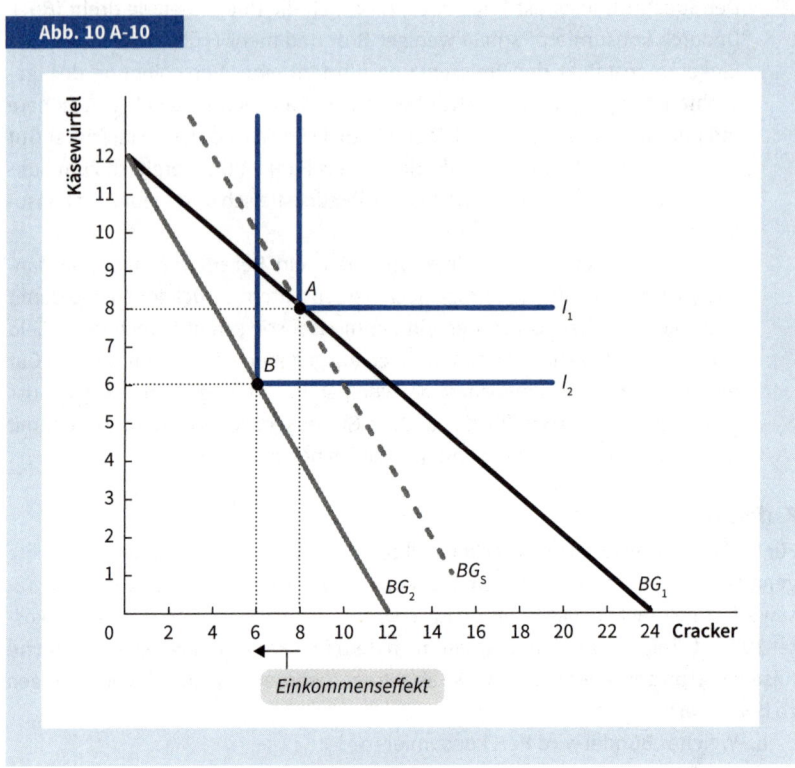

Abb. 10 A-10

Karl konsumiert zunächst das Konsumbündel *A*, bestehend aus 8 Käsewürfeln und 8 Crackern. Nach dem Preisanstieg von Crackern konsumiert Karl das Konsumbündel *B*, bestehend aus 6 Käsewürfeln und 6 Crackern.
Durch den Preisanstieg tritt lediglich ein Einkommenseffekt auf. Ein Substitutionseffekt tritt dagegen nicht auf, da vollkommene Komplementärgüter unabhängig von ihrem relativen Preis immer in einem ganz bestimmten Verhältnis konsumiert werden.

Aufgabe 11

Das japanische Ministerium für Innere Angelegenheiten und Kommunikation erhebt Daten zur Preisentwicklung bei Waren und Dienstleistungen sowie zur Entwicklung des durchschnittlichen Monatseinkommens japanischer Haushalte. Für die Jahre 2003 und 2005 ermittelte das Ministerium die folgenden Preise für Eier und Thunfisch sowie die folgenden Daten zum Monatseinkommen.

Tab. 10 A-1

Jahr	Preis für Eier (10er-Packung, in Yen)	Preis für Thunfisch (100 g-Dose, in Yen)	Durchschnittliches Monatseinkommen (Yen)
2003	187	392	524.810
2005	231	390	524.585

a. Welche Menge an Eiern und welche Menge an Thunfisch konnte sich ein japanischer Durchschnittshaushalt im Monat im Jahr 2003 und im Jahr 2005 leisten? Stellen Sie die Budgetgerade eines japanischen Durchschnittshaushalts im Jahr 2003 und im Jahr 2005 grafisch dar.

b. Ermitteln Sie den relativen Preis von Thunfisch in Eier-Einheiten für beide Jahre. Bestimmen Sie mithilfe des relativen Preises, wie sich der Konsum von Eiern und Thunfisch eines japanischen Durchschnittshaushalts zwischen 2003 und 2005 verändert hat.

Lösung

a. Im Jahr 2003 konnte sich ein japanischer Durchschnittshaushalt maximal 2.806 Packungen Eier (524.810 Yen/187 Yen pro Packung) oder 1.338 Dosen Thunfisch (524.810 Yen/392 Yen pro Dose) im Monat leisten.

Im Jahr 2005 konnte sich ein japanischer Durchschnittshaushalt maximal 2.270 Packungen Eier (524.585 Yen/231 Yen pro Packung) oder 1.345 Dosen Thunfisch (524.585 Yen/390 Yen pro Dose) im Monat leisten.

Die Budgetgeraden für die Jahre 2003 und 2005 sehen wie folgt aus.

Abb. 10 A-11

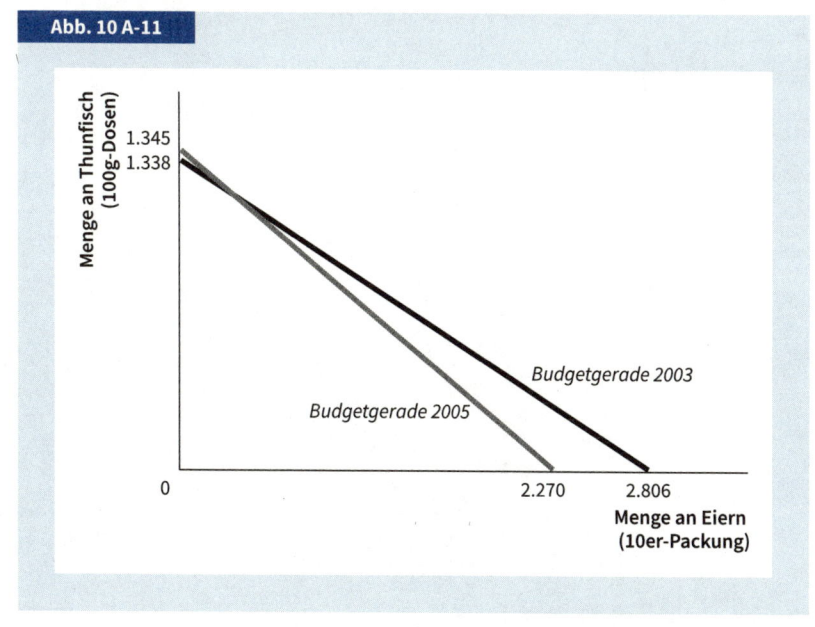

b. Im Jahr 2003 belief sich der relative Preis für Eier in Thunfisch-Einheiten auf 187 Yen/392 Yen = 0,48. Zwei Jahre später lag der relative Preis für Eier in Thunfisch-Einheiten bei 231 Yen/390 Yen = 0,59. Nach der Regel des relativen Preises gilt für das optimale Konsumbündel, dass die Grenzrate der Substitution zwischen zwei Gütern gleich dem relativen Preis ist. Da der relative Preis für Eier in Thunfisch-Einheiten zwischen 2003 und 2005 gestiegen ist, muss sich auch die Grenzrate der Substitution von Thunfisch durch Eier erhöhen. Die Konsumenten müssen dafür ihr Konsumbündel anpassen. Sie reduzieren den Konsum von Eiern (um den Grenznutzen aus dem Konsum von Eiern zu erhöhen) und erhöhen den Konsum von Thunfisch (um den Grenznutzen aus dem Konsum von Thunfisch zu senken).

11 Hinter der Angebotskurve: Inputs und Kosten

Frage 1

Martin betreibt eine Eisdiele, in der er Joghurteis verkauft. Martin gehören drei Maschinen zur Herstellung von gefrorenem Joghurt. Seine anderen Produktionsfaktoren sind Kühlschränke, eine Grundmischung an Joghurt, Becher und natürlich Arbeiter. Die folgende Tabelle zeigt seine tägliche Produktionsmenge, wenn er die Zahl der Arbeitskräfte (und gleichzeitig auch die anderen Inputs) variiert.

Tab. 11-1	
Arbeitsmenge (Arbeitskräfte)	**Menge an Joghurteis (Becher)**
0	0
1	110
2	200
3	270
4	300
5	320
6	330

a. Welche Produktionsfaktoren sind fix, welche Produktionsfaktoren variabel?

b. Zeichnen Sie die Gesamtproduktkurve. Wie hoch ist das Grenzprodukt des ersten Arbeiters, des zweiten Arbeiters und des dritten Arbeiters? Warum nimmt das Grenzprodukt mit zunehmender Anzahl von Arbeitern ab?

c. Martin zahlt jedem seiner Arbeiter 80 Euro pro Tag. Die Kosten seiner anderen variablen Produktionsfaktoren betragen 0,50 Euro je Becher Joghurteis. Seine Fixkosten betragen 100 Euro je Tag. Berechnen Sie die variablen Kosten und die Gesamtkosten für jedes Produktionsniveau in der Tabelle.

d. Zeichnen Sie die Kurve der variablen Kosten für Martins Unternehmen. Tragen Sie die Gesamtkostenkurve ein. Wie groß sind die Grenzkosten je Becher für die ersten 110 Becher Joghurteis? Für die nächsten 90 Becher? Berechnen Sie die Grenzkosten für alle übrigen Produktionsmengen.

e. Ermitteln Sie für die angegebenen Produktionsmengen die durchschnittlichen Fixkosten (AFC), die durchschnittlichen variablen Kosten (AVC) und die durchschnittlichen Gesamtkosten (ATC) je Becher Joghurteis. Tragen Sie die entsprechenden Kostenkurven (AFC, AVC und ATC) in ein Diagramm ein.

f. Warum nehmen die durchschnittlichen Fixkosten mit steigender Produktionsmenge ab? Warum nehmen die durchschnittlichen variablen Kosten mit steigender Produktionsmenge zu? Wie viele Becher Joghurteis werden produziert, wenn die durchschnittlichen Gesamtkosten minimal sind?

Lösung

a. Fixe Produktionsfaktoren sind Produktionsfaktoren, deren Einsatzmenge feststeht und nicht verändert werden kann. Bei Martin sind das die Maschinen zur Herstellung von Joghurteis, die Kühlschränke sowie der Laden, in dem er sein Joghurteis verkauft. Variable Produktionsfaktoren sind Produktionsfaktoren, deren Einsatzmenge das Unternehmen ändern kann. Bei Martin sind das die Grundmischung an Joghurt, die Becher sowie die Arbeitskräfte.

b.

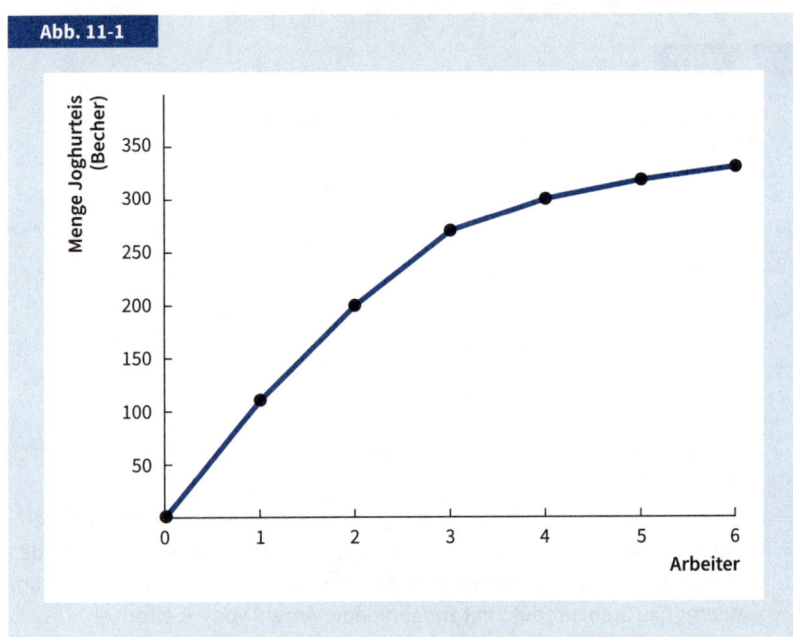

Abb. 11-1

Das Grenzprodukt des ersten Arbeiters beträgt 110 Becher Joghurteis, das Grenzprodukt des zweiten Arbeiters 90 Becher Joghurteis und das Grenzprodukt des dritten Arbeiters 70 Becher Joghurteis.

Abnehmende Grenzprodukte eines Produktionsfaktors treten auf, wenn bei Konstanz der Einsatzmenge aller anderen Produktionsfaktoren die Erhöhung der Einsatzmenge des betrachteten Faktors zu einer Abnahme des Grenzproduktes dieses Faktors führt. Das kann hier der Fall sein, weil immer mehr Zeit für die Koordination der Arbeiten benötigt wird, sich die Arbeiter bei der Nutzung der Maschinen gegenseitig behindern, sodass die fixen Produktionsfaktoren nicht mehr stärker genutzt werden können.

c.

Tab. 11-2

Arbeitsmenge (Arbeitskräfte)	Menge an Joghurteis (Becher)	Fixkosten (€)	variable Kosten (€)	Gesamtkosten (€)
0	0	100	0	100
1	110	100	135	235
2	200	100	260	360
3	270	100	375	475
4	300	100	470	570
5	320	100	560	660
6	330	100	645	745

d.

Abb. 11-2

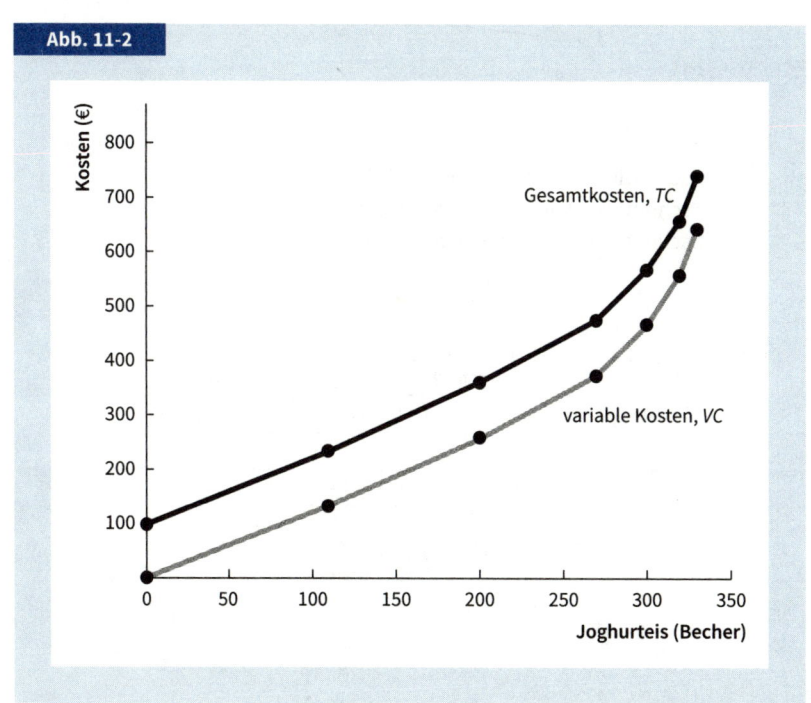

Tab. 11-3

Menge an Joghurteis (Becher)	Grenzkosten (€/Becher)
0	
	1,23
110	
	1,39
200	
	1,64
270	
	3,17
300	
	4,50
320	
	8,50
330	

e. Es gilt:
   Durchschnittliche Fixkosten: $AFC = FC/Q$
   Durchschnittliche Variable Kosten: $AVC = VC/Q$
   Durchschnittliche Gesamtkosten: $ATC = TC/Q$

Tab. 11-4

Menge an Joghurteis (Becher)	AFC (€/Becher)	AVC (€/Becher)	ATC (€/Becher)
110	0,91	1,23	2,14
200	0,50	1,30	1,80
270	0,37	1,39	1,76
300	0,33	1,57	1,90
320	0,31	1,75	2,06
330	0,30	1,95	2,26

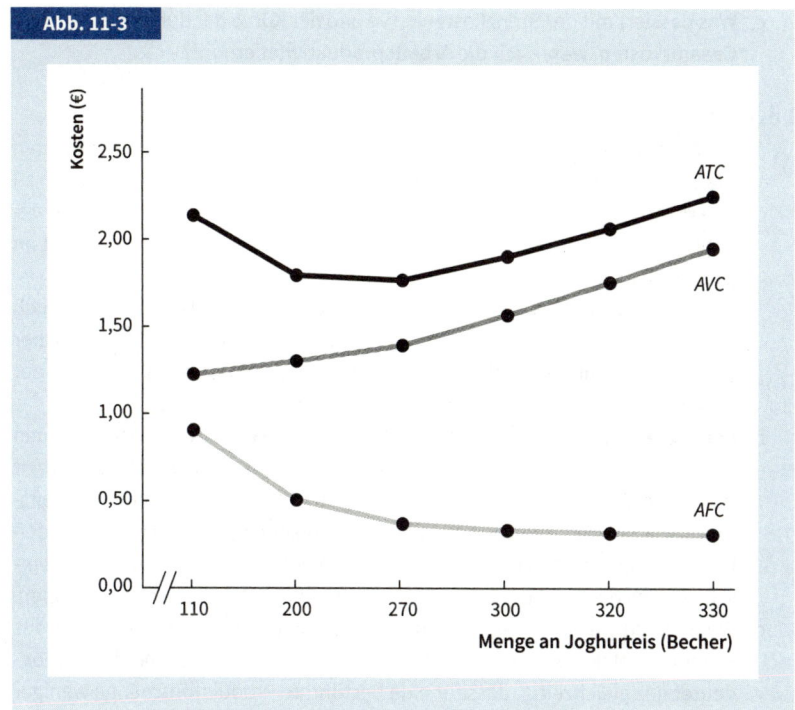

Abb. 11-3

f. Die durchschnittlichen Fixkosten AFC sinken mit steigender Produktions-
    menge wegen des Verteilungseffektes. Je größer die Produktionsmenge ist,
    desto mehr verteilen sich die Fixkosten auf die Outputeinheiten.
    Die durchschnittlichen variablen Kosten AVC nehmen mit steigender Produk-
    tionsmenge zu wegen des Effektes des sinkenden Grenzprodukts des variab-
    len Produktionsfaktors. Je größer die Produktionsmenge ist, desto größer ist
    die Menge des variablen Faktors, die erforderlich ist, um eine weitere Einheit
    Output zu produzieren.
    Wenn die durchschnittlichen Gesamtkosten minimal sind (1,76 Euro je Be-
    cher), werden 270 Becher Joghurteis produziert.

Frage 2

Die Lohnkosten machen in vielen Unternehmen einen Großteil der Produktionskosten aus.
  a. Welche Auswirkungen hat ein Anstieg der Lohnkosten auf die durchschnittli-
     chen Gesamtkosten und die Grenzkosten? Macht es dabei einen Unterschied,
     ob die Lohnkosten nur zu den variablen Kosten zählen oder sowohl Bestand-
     teil der variablen Kosten als auch Bestandteil der Fixkosten sind?
  b. Welche Auswirkungen hat eine Erhöhung der Arbeitsproduktivität auf die Ge-
     samtproduktkurve und Grenzproduktkurve des Produktionsfaktors Arbeit?

c. Was passiert mit der Grenzkostenkurve und der Kurve der durchschnittlichen Gesamtkosten, wenn sich die Arbeitsproduktivität erhöht?

Lösung

a. Ein Anstieg der Lohnkosten führt sowohl zu einem Anstieg der Grenzkosten (da die zusätzlichen Kosten für eine weitere Arbeitskraft steigen) als auch zu einem Anstieg der durchschnittlichen Gesamtkosten (durch die höheren Lohnkosten kostet es mehr, eine durchschnittliche oder typische Einheit an Output zu produzieren).

   Sind dabei die Lohnkosten sowohl Bestandteil der variablen Kosten als auch Bestandteil der Fixkosten, dann wirkt dieser Kostenanstieg in zweifacher Weise auf die durchschnittlichen Gesamtkosten: einmal über den Anstieg der Fixkosten und einmal über den Anstieg der variablen Kosten.

b. Bei einer Erhöhung der Arbeitsproduktivität hat die Gesamtproduktkurve einen steileren Verlauf, da mit einer bestimmten Menge des Produktionsfaktors Arbeit nun eine größere Produktionsmenge möglich ist. Da bei einer höheren Arbeitsproduktivität auch die zusätzliche Produktionsmenge steigt, die durch den Einsatz einer weiteren Einheit des Produktionsfaktors Arbeit erzielt wird, verschiebt sich die Grenzproduktkurve des Produktionsfaktors Arbeit nach oben.

c. Wenn durch die höhere Arbeitsproduktivität mit einer bestimmten Menge des Produktionsfaktors Arbeit eine größere Produktionsmenge möglich ist, bedeutet das gleichzeitig, dass für eine bestimmte Produktionsmenge weniger Einheiten des Produktionsfaktors Arbeit eingesetzt werden müssen. Damit verschieben sich die Grenzkostenkurve und die Kurve der durchschnittlichen Gesamtkosten nach unten.

Frage 3

Bewerten Sie jede der folgenden Aussagen. Ist eine Aussage wahr, erklären Sie warum. Ist sie falsch, nennen Sie den Fehler und versuchen Sie, ihn zu korrigieren.

a. Ein abnehmendes Grenzprodukt sagt uns, dass die Grenzkosten steigen müssen.

b. Eine Erhöhung der Fixkosten erhöht die Minimalkostenmenge.

c. Eine Erhöhung der Fixkosten erhöht die Grenzkosten.

d. Liegen die Grenzkosten oberhalb der durchschnittlichen Gesamtkosten, müssen die durchschnittlichen Gesamtkosten sinken.

Lösung

a. Die Aussage trifft zu. Mit steigendem Output nimmt das Grenzprodukt des variablen Produktionsfaktors ab. Dies impliziert, dass bei steigender Produktionsmenge für eine zusätzliche Einheit Output eine immer größere Menge des variablen Produktionsfaktors benötigt wird. Weil für jede Einheit des variablen Produktionsfaktors bezahlt werden muss, nehmen auch die Kosten jeder zusätzlichen Einheit Output zu.

b. Die Aussage trifft zu. Die Minimalkostenmenge ist die Produktionsmenge, bei der die Grenzkosten den durchschnittlichen Gesamtkosten entsprechen. Da die Fixkosten ein Bestandteil der Gesamtkosten sind, führen höhere Fixkosten zu höheren durchschnittlichen Gesamtkosten für jede Produktionsmenge. Da die Grenzkosten wiederum mit steigender Produktionsmenge zunehmen, erhöht sich die Minimalkostenmenge bei höheren durchschnittlichen Gesamtkosten.

c. Die Aussage ist falsch. Fixkosten fallen unabhängig von der produzierten Menge an, Grenzkosten messen die zusätzlichen Kosten für die Herstellung einer weiteren Einheit. Damit haben höhere Fixkosten keinen Einfluss auf die Grenzkosten.

d. Die Aussage ist falsch. Die durchschnittlichen Gesamtkosten *ATC* geben die Gesamtkosten pro Outputeinheit an, die Grenzkosten *MC* die zusätzlichen Gesamtkosten bei Produktion einer zusätzlichen Outputeinheit. Sind die Grenzkosten höher als die durchschnittlichen Gesamtkosten, bedeutet das, dass die Kosten der Produktion einer zusätzlichen Outputeinheit höher sind als die durchschnittlichen Kosten der Produktion der bisher produzierten Menge. Daher müssen die durchschnittlichen Gesamtkosten steigen.

Frage 4

In Ihrer Vorlesung »Einführung in die Volkswirtschaftslehre« gibt es insgesamt 10 Übungszettel. Wenn Sie alle Aufgaben eines Übungszettels richtig gelöst haben, können Sie 100 Punkte erreichen. Bis heute haben Sie schon 9 der 10 Übungszettel abgegeben. Ihr bisheriger Punktedurchschnitt beträgt 88. Welcher Punktebereich für den 10. Übungszettel wird Ihren Gesamtdurchschnitt anheben? Welcher Bereich wird Ihren Gesamtdurchschnitt verringern?

Lösung

Durchschnittspunkte nach Lösung von 9 Übungszetteln: 88 Punkte.

Bei 0–87 Punkten für den 10. Übungszettel: Verschlechterung des Gesamtdurchschnitts, weil die Punktzahl des letzten Zettels unter dem bisherigen Punktedurchschnitt liegt.

Bei 88 Punkten für den 10. Übungszettel: gleichbleibender Gesamtdurchschnitt, weil die Punktzahl des letzten Zettels dem bisherigen Punktedurchschnitt entspricht.

Bei 89–100 Punkten für den 10. Übungszettel: Verbesserung des Gesamtdurchschnitts, weil die Punktzahl des letzten Zettels über dem bisherigen Punktedurchschnitt liegt.

Frage 5

Don gehört ein kleines Unternehmen zum Transport von Beton. Seine Fixkosten bestehen aus den Schüttanlagen und seinen Betonmisch-Lkws. Seine variablen Kosten sind die Kosten für Sand, Zement und die übrigen Zutaten, die für die Produktion von Beton benötigt werden. Darüber hinaus gehören zu den variablen Kosten die Kosten für den Treibstoff und die Instandhaltung der Maschinen und Lkws sowie die Kosten seiner Arbeitskräfte. Er versucht zu entscheiden, wie viele Betonmisch-Fahrzeuge er kaufen sollte. Auf Grundlage seiner Schätzungen der Anzahl der

Bestellungen, die sein Unternehmen pro Woche bekommen wird, hat er die in der Tabelle aufgeführten Kosten ermittelt.

Tab. 11-5

Anzahl der Lkws	Fixkosten (€)	Variable Kosten (€)		
		bei 20 Bestellungen	bei 40 Bestellungen	bei 60 Bestellungen
2	6.000	2.000	5.000	12.000
3	7.000	1.800	3.800	10.800
4	8.000	1.200	3.600	8.400

a. Berechnen Sie für jedes Niveau der Fixkosten Dons Gesamtkosten, die für die Produktion von 20, 40 und 60 Bestellungen pro Woche entstehen.
b. Wie viele Lkws sollte Don kaufen, wenn er 20 Bestellungen pro Woche erhält? Wie hoch werden seine durchschnittlichen Gesamtkosten sein? Beantworten Sie diese Fragen auch für 40 und 60 Bestellungen je Woche.
c. Don hat 40 Bestellungen je Woche erwartet und drei Lkws gekauft. Nun verschlechtert sich jedoch kurzfristig sein Geschäft und es gehen nur 20 Bestellungen je Woche ein. Wie hoch sind Dons durchschnittliche Gesamtkosten je Auftrag bei kurzfristiger Betrachtung? Wie hoch werden seine durchschnittlichen Gesamtkosten je Auftrag bei kurzfristiger Betrachtung sein, wenn das Geschäft anzieht und er 60 Bestellungen pro Woche erhält?
d. Wie hoch werden Dons langfristige durchschnittliche Gesamtkosten bei 20 Bestellungen pro Woche sein? Erläutern Sie, warum bei einer Anzahl von drei Lkws seine kurzfristigen durchschnittlichen Gesamtkosten, die für die Abwicklung von 20 Aufträgen pro Woche entstehen, höher sind als seine langfristigen durchschnittlichen Gesamtkosten für die Abwicklung dieser 20 Aufträge pro Woche.
e. Skizzieren Sie Dons Kurve der langfristigen durchschnittlichen Gesamtkosten. Skizzieren Sie seine Kurve der kurzfristigen durchschnittlichen Gesamtkosten für den Fall, dass ihm drei Lkws gehören.

Lösung

a.

Tab. 11-6

Fixkosten (€)	Gesamtkosten (€)		
	bei 20 Bestellungen	bei 40 Bestellungen	bei 60 Bestellungen
6.000	8.000	11.000	18.000
7.000	8.800	10.800	17.800
8.000	9.200	11.600	16.400

b. Don sollte die Anzahl an Lkws bestellen, bei der die durchschnittlichen Gesamtkosten am geringsten sind. Bei 20 Bestellungen sind das 2 Lkws mit
durchschnittlichen Gesamtkosten von 400 Euro, bei 40 Bestellungen 3 Lkws
mit durchschnittlichen Gesamtkosten von 270 Euro und bei 60 Bestellungen
4 Lkws mit durchschnittlichen Gesamtkosten von 273 Euro.

Tab. 11-7

	bei 20 Bestellungen	bei 40 Bestellungen	bei 60 Bestellungen
empfohlene Anzahl Lkws	2	3	4
durchschnittliche Gesamtkosten (€)	400	270	273,33

c. Durchschnittliche Gesamtkosten bei 20 Bestellungen pro Woche: 8.800 €/20
= 440 €.
Durchschnittliche Gesamtkosten bei 60 Bestellungen pro Woche: 17.800 €/60
= 296,67 €.

d. Die langfristigen durchschnittlichen Gesamtkosten für 20 Bestellungen betragen 400 Euro.
Die langfristigen durchschnittlichen Gesamtkosten sind geringer als die kurzfristigen durchschnittlichen Gesamtkosten, weil Don langfristig einen Lkw
verkaufen und damit das Fixkostenniveau wählen kann, das die durchschnittlichen Gesamtkosten minimiert.

e.

Abb. 11-4

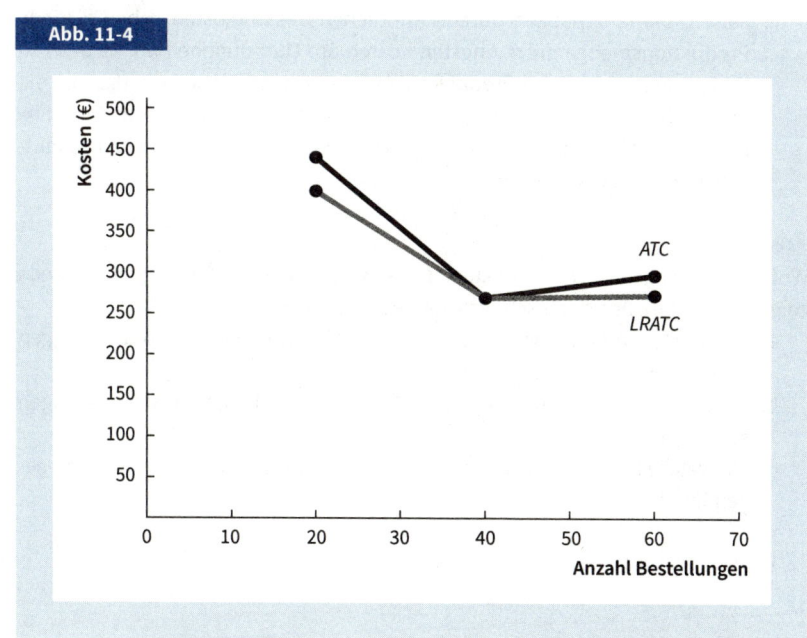

119

Frage 6

Richtig oder falsch? Erläutern Sie Ihre Überlegungen.

  a. Die kurzfristigen durchschnittlichen Gesamtkosten können niemals kleiner sein als die langfristigen durchschnittlichen Gesamtkosten.
  b. Die kurzfristigen durchschnittlichen variablen Kosten können niemals kleiner sein als die langfristigen durchschnittlichen Gesamtkosten.
  c. Bei langfristiger Betrachtung gilt, dass die Wahl eines höheren Niveaus der Fixkosten die Kurve der langfristigen durchschnittlichen Gesamtkosten nach oben verschiebt.

Lösung

  a. Richtig. Die langfristigen durchschnittlichen Gesamtkosten geben für jede Produktionsmenge die geringsten Kosten pro Outputeinheit an, da das Fixkostenniveau bei jeder Produktionsmenge so gewählt wurde, dass es die durchschnittlichen Gesamtkosten minimiert. Die kurzfristigen durchschnittlichen Gesamtkosten geben nur für eine bestimmte Produktionsmenge Q die geringsten Kosten pro Outputeinheit an, für alle anderen Produktionsmengen ist das Fixkostenniveau höher als jenes, das die durchschnittlichen Gesamtkosten minimiert. Daher berühren sich beide Kurven bei der Produktionsmenge Q, ansonsten liegt die ATC-Kurve über der Kurve der $LRATC$.
  b. Falsch. Es gilt lediglich, dass die kurzfristigen durchschnittlichen Gesamtkosten niemals kleiner sind als die langfristigen durchschnittlichen Gesamtkosten. Die kurzfristigen durchschnittlichen Gesamtkosten setzen sich aus den durchschnittlichen Fixkosten und den durchschnittlichen variablen Kosten zusammen. Daher können die kurzfristigen durchschnittlichen variablen Kosten durchaus kleiner sein als die langfristigen durchschnittlichen Gesamtkosten.
  c. Falsch. Die langfristigen durchschnittlichen Gesamtkosten geben für jede Produktionsmenge die geringsten Kosten pro Outputeinheit an, da das Fixkostenniveau bei jeder Produktionsmenge so gewählt wurde, dass es die durchschnittlichen Gesamtkosten minimiert. Daher können geänderte Fixkosten nicht zu einer Verschiebung der Kurve der langfristigen durchschnittlichen Gesamtkosten führen.

Frage 7

Wolfsburger Wagen (WW) ist ein kleiner Automobilhersteller. Die folgende Tabelle zeigt WWs langfristige durchschnittliche Gesamtkosten ($LRATC$).

  a. Für welche Produktionsmengen sieht sich WW zunehmenden Skalenerträgen gegenüber?
  b. Für welche Produktionsmengen sieht sich WW abnehmenden Skalenerträgen gegenüber?
  c. Für welche Produktionsmengen sieht sich WW konstanten Skalenerträgen gegenüber?

Tab. 11-8

Anzahl Autos	LRATC eines Autos (€)
1	30.000
2	20.000
3	15.000
4	12.000
5	12.000
6	12.000
7	14.000
8	18.000

Lösung

a. Zunehmende Skalenerträge: 1 bis 4 Autos, da bei diesen Produktionsmengen die langfristigen durchschnittlichen Gesamtkosten sinken.

b. Abnehmende Skalenerträge: 7 und 8 Autos, da bei diesen Produktionsmengen die langfristigen durchschnittlichen Gesamtkosten steigen.

c. Konstante Skalenerträge: 5 und 6 Autos, da bei diesen Produktionsmengen die langfristigen durchschnittlichen Gesamtkosten konstant bleiben.

Frage 8

Mario und Jens betreiben ein kleines Unternehmen, das Souvenir-Fußbälle herstellt. Ihre Fixkosten betragen 2.000 Euro je Monat. Sie können Arbeiter für einen Lohn von 1.000 Euro je Arbeiter und Monat einstellen. Ihre monatliche Produktionsfunktion für die Fußbälle ist durch die folgende Tabelle gegeben.

Tab. 11-9

Arbeitsmenge (Arbeiter)	Menge an Fußbällen
0	0
1	300
2	800
3	1.200
4	1.400
5	1.500

a. Berechnen Sie für jede Arbeitsmenge die durchschnittlichen variablen Kosten (AVC), die durchschnittlichen Fixkosten (AFC), die durchschnittlichen Gesamtkosten (ATC) und die Grenzkosten (MC).
b. Tragen Sie die Kostenkurven in ein Diagramm ein.
c. Bei welcher Produktionsmenge sind die durchschnittlichen Gesamtkosten von Mario und Jens minimal?

Lösung

a.

Tab. 11-10

Arbeitsmenge (Arbeiter)	Menge an Fußbällen	AVC (€)	AFC (€)	ATC (€)	MC (€)
0	0	–	–	–	
					3,33
1	300	3,33	6,67	10,00	
					2,00
2	800	2,50	2,50	5,00	
					2,50
3	1.200	2,50	1,67	4,17	
					5,00
4	1.400	2,86	1,43	4,29	
					10,00
5	1.500	3,33	1,33	4,67	

b.

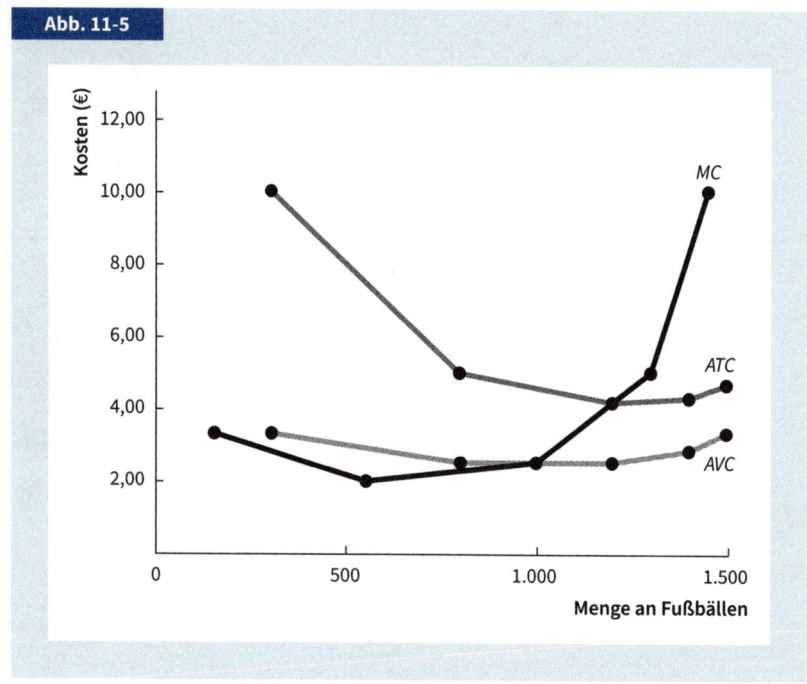

Abb. 11-5

c. Nach den Kostengrößen in der Tabelle beträgt das Minimum der durchschnittlichen Gesamtkosten 4,17 Euro für Mario und Jens bei 1.200 Fußbällen
pro Monat.

12 Vollständige Konkurrenz und die Angebotskurve

Frage 1

Geben Sie für jeden der folgenden Fälle an, ob es sich bei den betrachteten Unternehmen um preisnehmende Unternehmen handelt. Erläutern Sie Ihre Antworten.

    a. Ein italienisches Café in einer Universitätsstadt, in der es Dutzende ähnliche italienische Cafés gibt.

    b. Die Hersteller von Coca-Cola.

    c. Einer von vielen Apfelverkäufern auf einem Bauernmarkt.

Lösung

    a. Das Café ist ein preisnehmendes Unternehmen. Es kann als kleiner Anbieter eines standardisierten Produktes unter vielen anderen Anbietern mit seinen Aktionen den Marktpreis nicht beeinflussen und sieht sich einem starken Wettbewerb gegenüber.

    b. Coca-Cola ist kein preisnehmendes Unternehmen. Das Unternehmen gibt viel Geld aus, um sich mit seinem Produkt in der Wahrnehmung der Konsumenten von anderen Unternehmen zu unterscheiden. Dadurch hat das Unternehmen eine gewisse Marktmacht und kann mit seinem Handeln den Marktpreis beeinflussen.

    c. Ein einzelner Apfelverkäufer agiert als preisnehmendes Unternehmen, da er mit seinen Aktionen den Marktpreis nicht beeinflussen kann und sich auf dem Bauernmarkt einem starken Wettbewerb durch die anderen Apfelverkäufer für ein standardisiertes Produkt gegenübersieht.

Frage 2

Robert produziert Blu-Ray-Filme. Er benötigt dafür lediglich ein Gebäude und eine Maschine, die den Originalfilm auf Blu-Ray kopiert. Robert mietet ein Gebäude für 30.000 Euro je Monat und eine Maschine für 20.000 Euro je Monat. Dies sind seine Fixkosten. Seine variablen Kosten werden durch die nachfolgende Tabelle beschrieben.

Tab. 12-1	
Menge Blu-Rays	**Variable Kosten (€)**
0	0
1.000	5.000
2.000	8.000
3.000	9.000
4.000	14.000
5.000	20.000
6.000	33.000
7.000	49.000
8.000	72.000
9.000	99.000
10.000	150.000

a. Berechnen Sie Roberts durchschnittliche variable Kosten, seine durchschnittlichen Gesamtkosten und seine Grenzkosten für jede Produktionsmenge.

b. Es herrscht freier Markeintritt und -austritt: Jeder, der eintritt, sieht sich den gleichen Kosten gegenüber wie Robert. Nehmen Sie an, dass momentan der Preis einer Blu-Ray 23 Euro beträgt. Wie groß ist Roberts Gewinn? Handelt es sich dabei um ein langfristiges Gleichgewicht?

c. Wie hoch ist der Break-even-Preis von Robert? Wie hoch ist sein Stilllegungspreis?

d. Nehmen Sie an, der Preis einer Blu-Ray beträgt 2 Euro. Was sollte Robert kurzfristig tun?

e. Nehmen Sie nun an, der Preis einer Blu-Ray beträgt 7 Euro. Wie groß ist die gewinnmaximierende Menge an Blu-Rays, die Robert produzieren sollte? Wie hoch ist sein Gewinn? Wird er produzieren oder kurzfristig den Betrieb einstellen? Wird er langfristig im Markt bleiben oder ausscheiden?

f. Was passiert, wenn der Preis einer Blu-Ray 20 Euro beträgt? Wie groß ist jetzt die gewinnmaximierende Menge? Wie hoch ist jetzt der Gewinn von Robert? Wird er kurzfristig produzieren oder den Betrieb stilllegen? Wird er langfristig im Markt bleiben oder ausscheiden?

g. Zeichnen Sie Roberts individuelle Angebotskurve. Bei welchem Preisbereich wird Robert kurzfristig keine Blu-Ray produzieren?

Lösung

a.

Tab. 12-2

Menge Blu-Rays	Variable Kosten (€)	Fixkosten (€)	Gesamt- kosten (€)	Durch- schnittliche variable Kos- ten (€)	Durch- schnittliche Gesamt- kosten (€)	Grenzkosten (€)
0	0	50.000	50.000	–	–	
						5,00
1.000	5.000	50.000	55.000	5,00	55,00	
						3,00
2.000	8.000	50.000	58.000	4,00	29,00	
						1,00
3.000	9.000	50.000	59.000	3,00	19,67	
						5,00
4.000	14.000	50.000	64.000	3,50	16,00	
						6,00
5.000	20.000	50.000	70.000	4,00	14,00	
						13,00
6.000	33.000	50.000	83.000	5,50	13,83	
						16,00
7.000	49.000	50.000	99.000	7,00	14,14	
						23,00
8.000	72.000	50.000	122.000	9,00	15,25	
						27,00
9.000	99.000	50.000	149.000	11,00	16,56	
						51,00
10.000	150.000	50.000	200.000	15,00	20,00	

b. Nach der Regel für die optimale Produktionsmenge eines preisnehmenden Unternehmens produziert Robert die Menge, bei der der Marktpreis gleich den Grenzkosten der letzten produzierten Einheit ist. Das ist der Fall, wenn 8.000 Blu-Rays produziert werden.
Sein Gewinn ergibt sich aus der Differenz zwischen Gesamterlös und Gesamt-kosten:
23 Euro × 8.000 – 122.000 Euro = 62.000 Euro

Es handelt sich nicht um ein langfristiges Gleichgewicht, da neue Anbieter in den Markt eintreten werden, solange (ökonomische) Gewinne erzielt werden können. Langfristig wird der Preis in dem Punkt liegen, in dem der (ökonomische) Gewinn 0 beträgt.

c. Der Break-even-Preis ist der Preis, bei dem das Unternehmen gerade einen Gewinn von null erzielt. Das ist im langfristigen Gleichgewicht bei 13,83 Euro der Fall.

Der Stilllegungspreis wird durch die minimalen durchschnittlichen variablen Kosten definiert und beläuft sich auf 3,00 Euro.

d. Wenn der Preis einer Blu-Ray 2 Euro beträgt, sollte Robert den Betrieb kurzfristig stilllegen, da das Unternehmen nicht einmal seine variablen Kosten deckt.

e. Nach der Regel für die optimale Produktionsmenge eines preisnehmenden Unternehmens produziert Robert die Menge, bei der der Preis gleich den Grenzkosten der letzten produzierten Einheit ist. Damit sollte Robert bei einem Preis von 7 Euro 5.000 Blu-Rays produzieren.

Der Gesamtgewinn beträgt –35.000 Euro (Erlös 35.000 Euro minus Gesamtkosten 70.000 Euro). Da die variablen Kosten (20.000 Euro) durch den Erlös gedeckt sind, wird Robert kurzfristig produzieren. Da aber nur ein Teil der Fixkosten (50.000 Euro) gedeckt wird, sollte Robert langfristig aus dem Markt ausscheiden.

f. Nach der Regel für die optimale Produktionsmenge eines preisnehmenden Unternehmens sollte Robert bei einem Preis von 20 Euro 7.000 Blu-Rays produzieren.

Der Gesamtgewinn beträgt 41.000 Euro (Erlös 140.000 Euro minus Gesamtkosten 99.000 Euro).

Da die variablen Kosten (49.000 Euro) durch den Erlös gedeckt sind, wird Robert kurzfristig produzieren. Da auch noch die Fixkosten (50.000 Euro) durch den Erlös gedeckt sind, sollte Robert langfristig im Markt bleiben.

g.

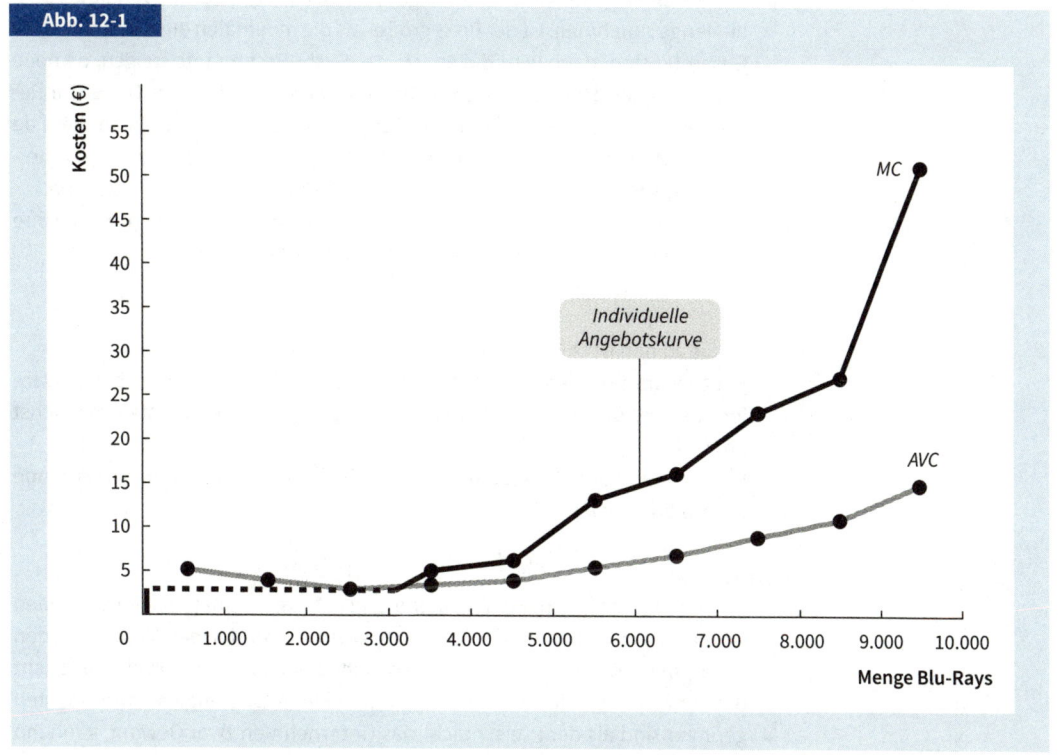

Abb. 12-1

Robert wird keine Blu-Rays produzieren, wenn der Preis einer Blu-Ray kleiner als 3,50 Euro ist (denn dann decken die Erlöse nicht einmal die variablen Kosten).

Frage 3

In einer Stadt eröffnet das erste Sushi-Restaurant. Anfänglich sind die Leute sehr zurückhaltend, da in der Stadt bis dahin vor allem große Fleischportionen vom Grill beliebt waren. Kurze Zeit später wird in einem Wochenmagazin in der Titelgeschichte ausführlich über eine wissenschaftliche Studie berichtet, in der die Konsumenten vor gegrilltem Fleisch gewarnt werden. Die Studie empfiehlt dagegen einen hohen Konsum von Fisch.

a. Wie wird sich der kurzfristige Gewinn des Sushi-Restaurants ändern? Was kann man über die Anzahl der Sushi-Restaurants bei langfristiger Betrachtung sagen? Wird das erste Sushi-Restaurant in der Lage sein, seinen kurzfristigen Gewinn auch langfristig zu halten? Erläutern Sie Ihre Antworten.

b. Die örtlichen Steak-Häuser leiden unter der Popularität von Sushi und beginnen, Verluste zu machen. Wie wird sich die Anzahl der Steak-Häuser langfristig entwickeln? Erläutern Sie Ihre Antwort.

Lösung

a. Der kurzfristige Gewinn wird steigen, da der Preis und die verkaufte Sushi-Menge zunehmen. Ist der Preis größer als die minimalen durchschnittlichen Gesamtkosten, dann wird die Anzahl der Sushi-Restaurants steigen, da neue Anbieter in den Markt eintreten, solange Gewinne möglich sind. Das Sushi-Restaurant wird dadurch seinen kurzfristigen Gewinn nicht halten können, da sich die Marktangebotskurve aufgrund einer zunehmenden Anzahl von Unternehmen nach rechts verschieben wird. Dadurch sinken Preis und Gewinn.

b. Langfristig wird die Zahl der Steak-Häuser sinken, da Unternehmen, die ihre Kosten nicht decken können, aus dem Markt ausscheiden.

Frage 4

Nehmen Sie zu den nachfolgenden Äußerungen Stellung.

a. Ein gewinnmaximierendes Unternehmen sollte die Produktionsmenge wählen, bei der die Differenz zwischen Marktpreis und Grenzkosten möglichst groß ist.

b. Eine Erhöhung der Fixkosten verringert die kurzfristig gewinnmaximierende Produktionsmenge.

Lösung

a. Die Aussage ist falsch. Ein preisnehmendes Unternehmen maximiert seinen Gewinn dann, wenn es die Menge produziert, bei der der Marktpreis den Grenzkosten der letzten produzierten Einheit entspricht. Der Preis entspricht dem Erlös pro produzierter und verkaufter Einheit. Solange die Grenzkosten geringer sind als der Preis, macht das Unternehmen zwar Gewinn, kann ihn aber erhöhen, wenn es die produzierte Menge erhöht.

b. Falsch. Die Fixkosten sind für die Bestimmung der kurzfristigen gewinnmaximierenden Produktionsmenge eines Unternehmens irrelevant. Nur variable Kosten spielen eine Rolle.

Frage 5

Ein Unternehmen bei vollständiger Konkurrenz weist folgende kurzfristige Kosten auf:

Tab. 12-3

Menge	Gesamtkosten TC (€)
0	5
1	10
2	13
3	18
4	25
5	34
6	45

Die Marktnachfrage für das Produkt des Unternehmens wird durch folgende Tabelle beschrieben:

Tab. 12-4

Preis (€)	Nachgefragte Menge
12	300
10	500
8	800
6	1.200
4	1.800

a. Berechnen Sie die Grenzkosten des Unternehmens und für alle angegebenen Produktionsmengen die durchschnittlichen variablen Kosten sowie die durchschnittlichen Gesamtkosten.
b. In der Branche gibt es 100 Unternehmen, die alle die gleichen Kosten aufweisen. Zeichnen Sie die kurzfristige Marktangebotskurve. Tragen Sie im gleichen Diagramm die Marktnachfragekurve ein.
c. Wie groß ist der Marktpreis und wie hoch ist der Gewinn, den jedes Unternehmen erzielt?

Lösung

a.

Tab. 12-5

Menge	Gesamt-kosten (€)	Fixkosten (€)	Variable Kosten (€)	Durchschnittli-che variable Kosten (€)	Durchschnitt-liche Gesamt-kosten (€)	Grenz-kosten (€)
0	5	5	0	–	–	
						5,00
1	10	5	5	5,00	10,00	
						3,00
2	13	5	8	4,00	6,50	
						5,00
3	18	5	13	4,33	6,00	
						7,00
4	25	5	20	5,00	6,25	
						9,00
5	34	5	29	5,80	6,80	
						11,00
6	45	5	40	6,67	7,50	

b.

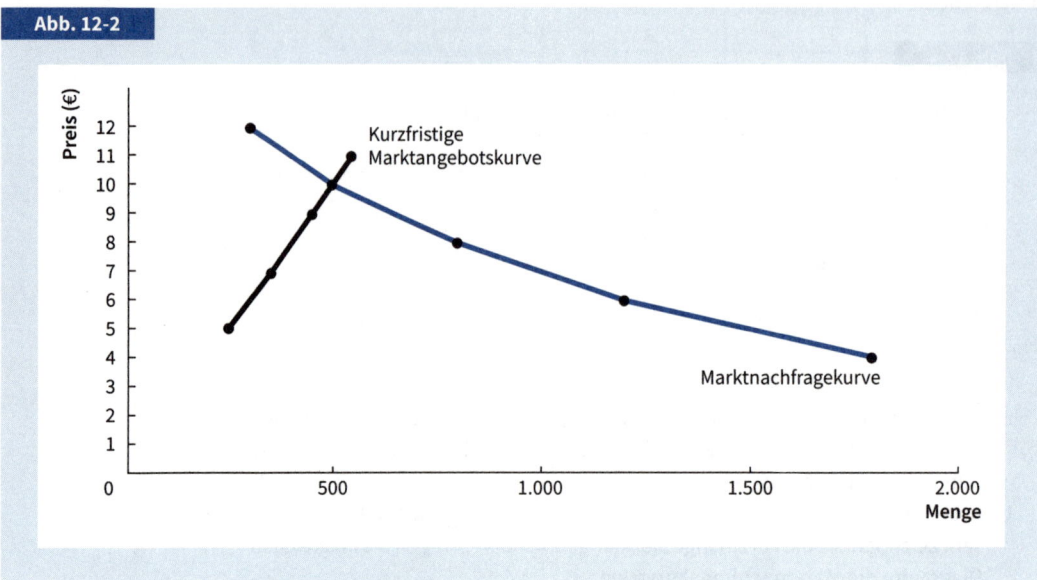

Abb. 12-2

c. Der Marktpreis beläuft sich auf 10 Euro, der Gewinn eines Unternehmens beträgt 16 Euro (Erlös – Kosten: 5 × 10 Euro – 34 Euro).

Frage 6

Der Weizenmarkt ist einer der wenigen Märkte, auf denen tatsächlich vollständige Konkurrenz herrscht.

a. Im Jahr 2013 betrugen die durchschnittlichen variablen Kosten für den Weizenanbau in den Vereinigten Staaten nach einer Studie des US-Landwirtschaftsministeriums 127 Dollar pro Acre. Der Ernteertrag wiederum betrug 44 Bushel Weizen pro Acre. Ermitteln Sie die variablen Kosten pro Bushel Weizen für den Weizenanbau in den Vereinigten Staaten.

b. Der durchschnittliche Weizenpreis betrug im Jahr 2013 7,58 Dollar pro Bushel Weizen. Hat dieser Preis dazu geführt, dass die Landwirte, die Weizen anbauen, kurzfristig den Betrieb eingestellt haben?

c. Bei einem Ertrag von 44 Bushel pro Acre betrugen die durchschnittlichen Gesamtkosten für den Weizenanbau 4,80 Dollar pro Bushel. Im Zeitraum 2010–2013 hat sich die Anbaufläche von Weizen in den Vereinigten Staaten um mehr als 25 Prozent erhöht. Können Sie diese Entwicklung erklären?

d. Welche Entwicklung erwarten Sie für die US-Weizenproduktion in den Jahren nach 2013?

Lösung

a. Die variablen Kosten betrugen 2,89 Dollar pro Bushel Weizen (127 Dollar pro Acre/44 Bushel Weizen pro Acre).

b. Dieser Preis hat nicht dazu geführt, dass die Landwirte, die Weizen anbauen, kurzfristig den Betrieb eingestellt haben. Dafür gab es auch keinen Grund, denn der Preis von 7,58 Dollar lag deutlich über den durchschnittlichen variablen Kosten von 2,89 Dollar. Damit konnte der Landwirt (im Durchschnitt) problemlos seine variablen Kosten decken.

c. Die deutliche Vergrößerung der Anbaufläche für Weizen im Zeitraum 2010–2013 lässt vermuten, dass die durchschnittlichen Gesamtkosten nicht nur im Jahr 2013 unterhalb des Marktpreises lagen. Sind die durchschnittlichen Gesamtkosten kleiner als der Marktpreis, machen die Landwirte mit dem Weizenanbau einen (ökonomischen) Gewinn. Der Gewinn führt dazu, dass neue Landwirte in den Markt eintreten, wodurch sich die Anbaufläche für Weizen vergrößert.

d. Da die durchschnittlichen Gesamtkosten im Jahr 2013 unterhalb des Marktpreises lagen, wird es in den Folgejahren zu (weiteren) Markteintritten kommen. Die Anbaufläche für Weizen und die Weizenproduktion werden sich weiter vergrößern. Diese Entwicklung wird so lange anhalten, bis die steigende Weizenproduktion zu einem Rückgang des Marktpreises auf das Niveau der durchschnittlichen Gesamtkosten führt. Dann liegt der (ökonomische) Gewinn für den Weizenanbau bei null und es gibt keinen Anreiz mehr für neue Marktteilnehmer, in den Markt einzusteigen.

Frage 7

Die folgende Tabelle zeigt die Preise für die chemische Reinigung und das Bügeln eines Herrenhemdes bei verschiedenen Anbietern im US-Bundesstaat Kalifornien.

Tab. 12-6

Reinigung	Stadt	Preis ($)
A-1 Cleaners	Santa Barbara	1,50
Regal Cleaners	Santa Barbara	1,95
St. Paul Cleaners	Santa Barbara	1,95
Zip Kleen Dry Cleaners	Santa Barbara	1,95
Effie the Tailor	Santa Barbara	2,00
Magnolia Too	Goleta	2,00
Master Cleaners	Santa Barbara	2,00
Santa Barbara Cleaners	Goleta	2,00
Sunny Cleaners	Santa Barbara	2,00
Casitas Cleaners	Carpinteria	2,10
Rockwell Cleaners	Carpinteria	2,10
Norvelle Bass Cleaners	Santa Barbara	2,15
Ablitt's Fine Cleaners	Santa Barbara	2,25
California Cleaners	Goleta	2,25
Justo the Tailor	Santa Barbara	2,25
Pressed 4 Time	Goleta	2,50
King's Cleaners	Goleta	2,50

a. Wie groß ist der durchschnittliche Preis für die chemische Reinigung und das Bügeln eines Herrenhemdes in Goleta und in Santa Barbara?

b. Stellen Sie typische Grenzkostenkurve und die Gesamtkostenkurve für das Unternehmen California Cleaners in Goleta grafisch dar. Nehmen Sie dabei an, dass das Unternehmen bei vollständiger Konkurrenz agiert, aber kurzfristig Gewinn macht. Zeigen Sie das kurzfristige Gleichgewicht und den Gewinn des Unternehmens.

c. Nehmen Sie an, der kurzfristige Gleichgewichtspreis beträgt in Goleta 2,25 Dollar. Stellen Sie die Marktnachfragekurve und die Marktangebotskurve in einem Diagramm dar. Zeigen Sie den Gleichgewichtspunkt. Angelockt durch die Gewinne in Goleta tritt ein neues Unternehmen, Diamond Cleaners, in den Markt ein. Veranschaulichen Sie die Auswirkungen des Markteintritts mithilfe Ihres Diagramms.

d. Durch den Markteintritt des Unternehmens Diamond Cleaners sinkt der Marktpreis auf ein Niveau, das dem Break-even-Preis des Unternehmens California Cleaners entspricht. Welche Auswirkungen hat der gesunkene Marktpreis damit auf den Gewinn von California Cleaners?

e. Welche Schlussfolgerungen bezüglich der Produktionskosten in Santa Barbara und Goleta können sie ziehen, wenn sie unterstellen, dass in der Branche der chemischen Reinigung vollständige Konkurrenz herrscht?

Lösung

a. Der durchschnittliche Preis für die chemische Reinigung und das Bügeln eines Herrenhemdes beträgt in Goleta 2,25 Dollar und in Santa Barbara 2,00 Dollar.

b. Die Grenzkostenkurve MC schneidet die Kurve der durchschnittlichen Gesamtkosten ATC in ihrem Minimum. Da das Unternehmen California Cleaners Gewinn macht, muss der Marktpreis im Gleichgewicht E_1 von 2,25 Dollar über dem Minimum der durchschnittlichen Gesamtkosten liegen. Das Unternehmen California Cleaners produziert die Menge Q_1 und erzielt einen Gewinn in Höhe der grauen Fläche.

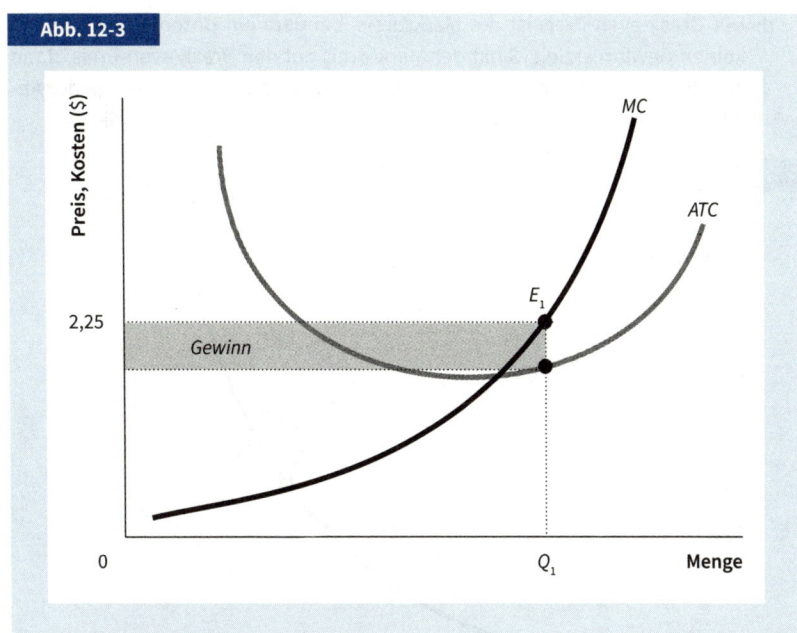

Abb. 12-3

c. Die Marktangebotskurve S_1 und die Marktnachfragekurve D schneiden sich im Punkt E_1^{MKT} des kurzfristigen Gleichgewichts. Durch den Markteintritt eines neuen Unternehmens Diamond Cleaners kommt es zu einer Ausweitung des Angebotes. Die Marktangebotskurve verschiebt sich zu S_2, da nun bei jedem Preis mehr Mengen angeboten werden. Im neuen Gleichgewicht E_2^{MKT} ist der Marktpreis gesunken.

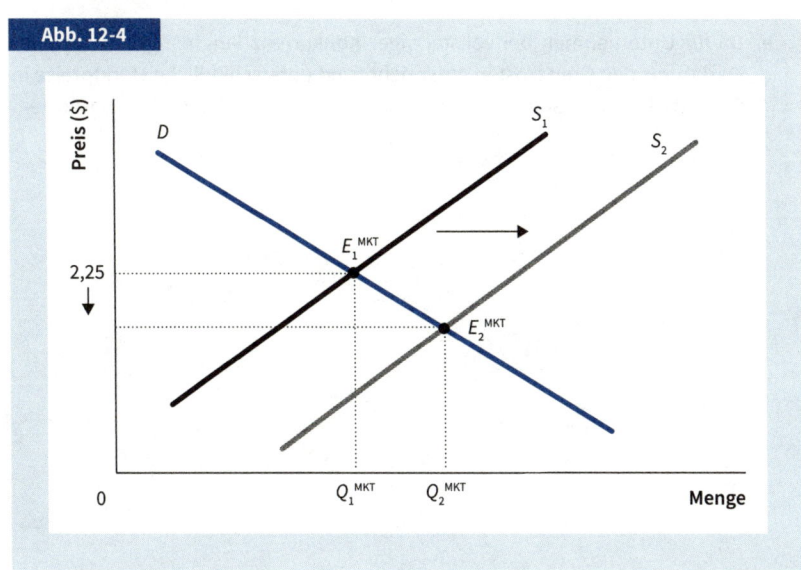

Abb. 12-4

d. Der Break-even-Preis ist der Marktpreis, bei dem ein Unternehmen gerade keinen Gewinn erzielt. Sinkt der Marktpreis auf den Break-even-Preis, dann erzielt das Unternehmen California Cleaners keinen Gewinn mehr. In der Abbildung zeigt sich das durch die Bewegung vom Punkt E_1 zum Punkt E_2.

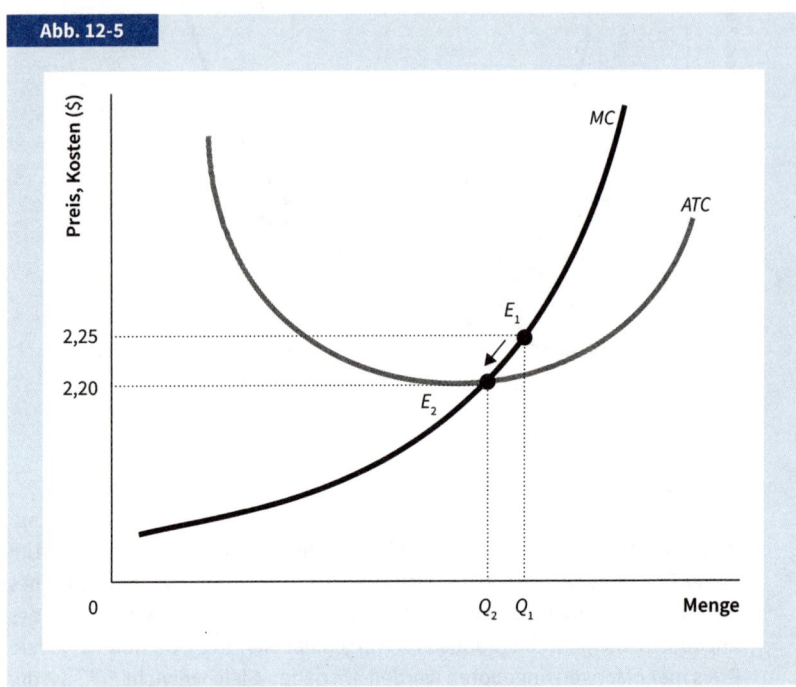

Abb. 12-5

e. Da für Unternehmen bei vollständiger Konkurrenz langfristig gilt, dass der Marktpreis den Grenzkosten entspricht, sind unterschiedliche Marktpreise in Santa Barbara und Goleta ein Zeichen für unterschiedliche Produktionskosten.

13 Monopol

Frage 1

Jedes der folgenden Unternehmen verfügt über Marktmacht. Erläutern Sie die Ursachen für die Marktmacht.

   a. Merck, der Produzent des patentierten Medikaments Zetia zur Senkung des Cholesterinspiegels.

   b. Kommunale Wasserwerke Leipzig, ein regionales Wasserversorgungsunternehmen.

   c. Chiquita, ein Anbieter von Bananen und Eigentümer der meisten Bananenplantagen.

Lösung

   a. Bei einem Medikament mit Patent wird einem Unternehmen das Recht zugesprochen, als einziges Unternehmen dieses Medikament herstellen zu dürfen. Ein Medikament mit Patent ist ein Beispiel für ein Monopol, das durch staatliche Regulierungen geschützt wird.

   b. Die Kommunalen Wasserwerke Leipzig haben als Wasserversorgungsunternehmen ein natürliches Monopol, da dem Unternehmen die Wasserleitungen zur Versorgung der Kunden gehören. Das Unternehmen ist das einzige Wasserversorgungsunternehmen in der Region, da mögliche Wettbewerber durch die hohen Fixkosten (Leitungsbau) vor einem Markteintritt zurückschrecken. Damit haben die Kunden der Wasserwerke keine Ausweichmöglichkeiten, sodass durch eine Preiserhöhung der Gewinn erhöht werden kann, ohne dass viele Kunden abspringen.

   c. Als Eigentümer der meisten Bananenplantagen dominiert Chiquita andere Bananenanbieter. Durch die Kontrolle über eine knappe Ressource (Bananenpflanzen) verfügt Chiquita über Marktmacht und kann den Preis für Bananen beeinflussen.

Frage 2

Megalopolis verfügt über ein U-Bahn-System, bei dem eine Einzelfahrt 1,50 Euro kostet. Es gibt öffentlichen Druck auf den Bürgermeister, den Fahrpreis um ein Drittel auf einen Euro zu senken. Der Bürgermeister glaubt, dass dies für Megalopolis den Verlust von einem Drittel der Einnahmen aus dem Verkauf von U-Bahn-Tickets bedeutet. Der ökonomische Berater des Bürgermeisters weist ihn darauf hin, dass er lediglich den Preiseffekt berücksichtigt, aber den Mengeneffekt ignoriert. Erläutern Sie, warum die Schätzung des Bürgermeisters von einem Rückgang der Einnahmen um ein Drittel wahrscheinlich die wahre Entwicklung überzeichnet. Illustrieren Sie Ihre Überlegungen anhand eines Diagramms.

Lösung

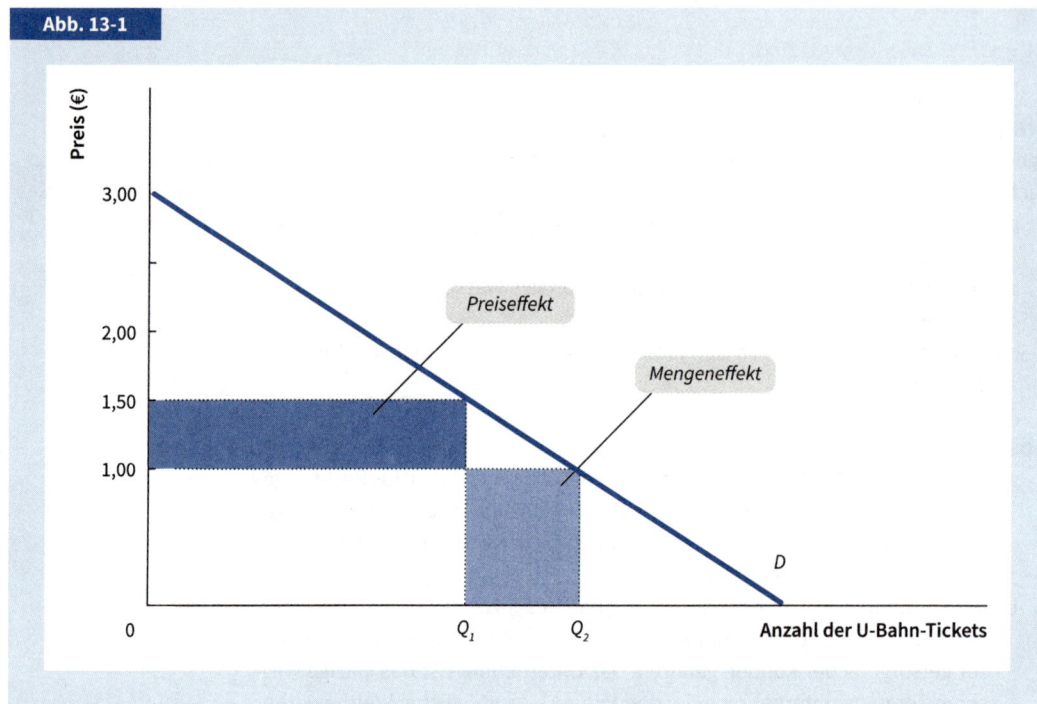

Abb. 13-1

Der Bürgermeister sieht nur den Preiseffekt. Der Preis für alle verkauften U-Bahn-Tickets wird gesenkt, dadurch verringern sich die Einnahmen um die Fläche des Rechtecks oben links. Der Bürgermeister darf aber nicht den Mengeneffekt vergessen, denn bei einer Preissenkung werden mehr U-Bahn-Tickets verkauft (Anstieg von Q_1 auf Q_2), wodurch die Einnahmen steigen. Der Mengeneffekt wirkt dem Preiseffekt entgegen, sodass eine alleinige Betrachtung des Preiseffektes den Einnahmenrückgang überschätzt.

Frage 3

Bob, Bill, Ben und Brad Baxter haben gerade einen Dokumentarfilm über ihr Basketballteam gedreht. Sie denken darüber nach, ob sie den Film zum Herunterladen ins Internet stellen sollen. Falls sie es tun, können sie als Einheitspreis-Monopolist agieren. Jedes Mal, wenn der Film heruntergeladen wird, belastet sie ihr Internet-Service-Provider mit einer Gebühr von 4 Euro. Die Brüder diskutieren untereinander, welchen Preis sie von den Kunden je Download verlangen sollten. Die Tabelle zeigt den Nachfrageplan für ihren Film.

Tab. 13-1

Download-Preis (€)	Nachgefragte Downloads
10	0
8	1
6	3
4	6
2	10
0	15

a. Berechnen Sie den Gesamterlös und den Grenzerlös je Download.
b. Bob ist stolz auf den Film und möchte, dass ihn so viele Menschen wie möglich herunterladen. Welchen Preis würde er wählen? Wie viele Downloads würden verkauft werden?
c. Bill möchte einen möglichst hohen Erlös erzielen. Welchen Preis würde er wählen? Wie viele Downloads würden verkauft werden?
d. Ben möchte den Gewinn maximieren. Welchen Preis würde er wählen? Wie viele Downloads würden verkauft werden?
e. Brad möchte den effizienten Preis verlangen. Welchen Preis würde er wählen? Wie viele Downloads würden verkauft werden?

Lösung

a.

Tab. 13-2

Download-Preis (€)	Nachgefragte Downloads	Gesamterlös (€)	Grenzerlös (€)
10	0	0	
			8
8	1	8	
			5
6	3	18	
			2
4	6	24	
			−1
2	10	20	
			−4
0	15	0	

b. Er würde den Film kostenlos zur Verfügung stellen, 15 Downloads würden erfolgen.

c. Er würde 6 Downloads zum Preis von 4 Euro verkaufen. Das ergibt einen maximalen Erlös von 24 Euro.

d. Er würde 3 Downloads zum Preis von 6 Euro verkaufen. Bei jedem weiteren Download liegt der Grenzerlös unter den Grenzkosten.

e. Markteffizienz ist dann gegeben, wenn der Preis den Grenzkosten entspricht. Demzufolge würde Brad einen Preis von 4 Euro verlangen und es kommt zu 6 Downloads.

Frage 4

Nehmen Sie an, dass De Beers ein Einheitspreis-Monopolist im Markt für Diamanten ist. De Beers hat fünf potenzielle Kundinnen: Rachel, Jackie, Joan, Mia und Sophia. Jede von ihnen wird höchstens einen Diamanten kaufen und auch nur dann, wenn der Preis gleich oder kleiner der Zahlungsbereitschaft ist. Rachel hat eine Zahlungsbereitschaft von 400 Euro, Jackie von 300 Euro, Joan von 200 Euro, Mia von 100 Euro und Sophia von 0 Euro. Die Grenzkosten für De Beers liegen bei 100 Euro je Diamant. Der Nachfrageplan für Diamanten ist in der folgenden Tabelle zusammengefasst.

Tab. 13-3

Diamantenpreis (€)	Nachgefragte Diamantenmenge
500	0
400	1
300	2
200	3
100	4
0	5

a. Ermitteln Sie den Gesamterlös und den Grenzerlös von De Beers. Verwenden Sie Ihr Ergebnis, um die Nachfragekurve und die Grenzerlöskurve zu zeichnen. Tragen Sie in das Diagramm auch die Grenzkostenkurve ein. Erläutern Sie, warum sich De Beers einer abwärts geneigten Nachfragekurve gegenübersieht. Warum ist der Grenzerlös aus dem Verkauf eines zusätzlichen Diamanten geringer als der Preis des Diamanten?

b. Nehmen Sie an, dass De Beers momentan 200 Euro für seine Diamanten verlangt. Würde der Preis auf 100 Euro gesenkt, wie groß wäre dann der Preiseffekt? Wie groß wäre der Mengeneffekt?

c. Bestimmen Sie mithilfe des Diagramms, bei welcher Menge De Beers den Gewinn maximiert. Welchen Preis wird De Beers verlangen?

d. Wie groß ist die individuelle Konsumentenrente für jeden Käufer, falls De Beers den Monopolpreis verlangt? Ermitteln Sie die gesamte Konsumentenrente durch Addition der einzelnen Konsumentenrenten. Wie groß ist die Produzentenrente?

e. Nehmen wir an, De Beers ist zu vollständiger Preisdifferenzierung in der Lage. Welchen Kundinnen wird De Beers bei vollständiger Preisdifferenzierung Diamanten zu welchen Preisen verkaufen?

f. Wie groß ist bei vollständiger Preisdifferenzierung die jeweilige individuelle Konsumentenrente? Wie groß ist die gesamte Konsumentenrente? Berechnen Sie die Produzentenrente durch das Aufsummieren der Produzentenrenten, die sich aus jedem Verkauf ergeben.

g. Nun treten russische und asiatische Produzenten neu in den Markt ein und sorgen für vollständige Konkurrenz. Wie hoch ist der Preis bei vollständiger Konkurrenz? Welche Menge wird jetzt verkauft? Wie groß ist die Konsumentenrente, der sich jeder Käufer gegenübersieht? Wie groß ist die gesamte Konsumentenrente? Wie groß ist die Produzentenrente? Wie hoch ist der Nettowohlfahrtsverlust, der sich aus dem Monopol ergibt?

Lösung

a.

Tab. 13-4

Diamantenpreis (€)	Nachgefragte Diamantenmenge	Gesamterlös (€)	Grenzerlös (€)
500	0	0	
			400
400	1	400	
			200
300	2	600	
			0
200	3	600	
			−200
100	4	400	
			−400
0	5	0	

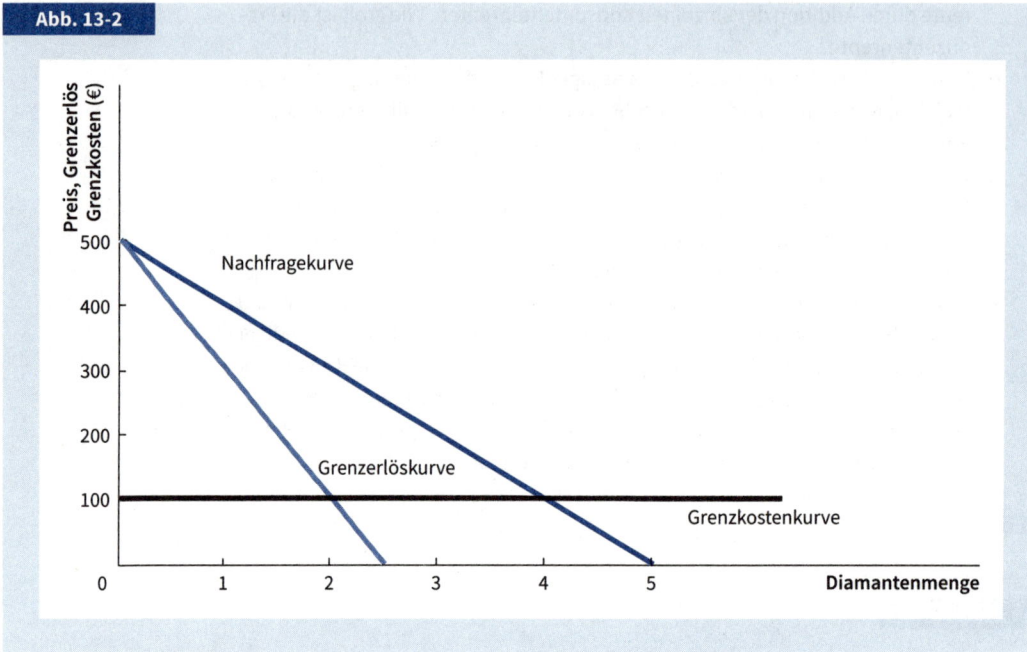

Abb. 13-2

De Beers ist als Monopolist der einzige Anbieter von Diamanten. Seine Nachfragekurve ist mit der Marktnachfragekurve identisch, die immer abwärts verläuft. Eine Steigerung der Produktion durch einen Monopolisten hat zwei entgegengesetzte Wirkungen auf den Erlös: einen Mengeneffekt und einen Preiseffekt. Wird eine weitere Einheit verkauft, erhöht sich der Gesamterlös um den Preis, zu dem diese Einheit abgesetzt wird. Um diese letzte Einheit verkaufen zu können, muss der Monopolist allerdings den Marktpreis für alle verkauften Einheiten senken. Dies verringert den Gesamterlös. Der Preiseffekt impliziert, dass die Grenzerlöskurve unterhalb der Nachfragekurve liegt, sodass der Grenzerlös eines Monopolisten aus dem Verkauf einer zusätzlichen Einheit stets geringer ist als der Preis, den er für diese Einheit erhält.

b. Der Preiseffekt beträgt –300 Euro und der Mengeneffekt 100 Euro.

c. Die gewinnmaximierende Menge beträgt zwei Diamanten. Dafür verlangt De Beers einen Preis von 300 Euro.

d. Bei einem Preis von 300 Euro gibt es folgende individuelle Konsumentenrenten: Rachel 100 Euro, Jackie 0 Euro, Joan 0 Euro, Mia 0 Euro und Sophia 0 Euro. Damit beläuft sich die gesamte Konsumentenrente auf 100 Euro. Die Produzentenrente beträgt 400 Euro [2 × (300 Euro – 100 Euro)].

e. Ist De Beers zu einer vollständigen Preisdifferenzierung in der Lage, dann verkauft er die Diamanten jeder Kundin entsprechend ihrer Zahlungsbereitschaft (solange Preis ≥ Grenzkosten). Dann bezahlt Rachel 400 Euro, Jackie 300 Euro, Joan 200 Euro und Mia 100 Euro.

f. Bei vollständiger Preisdifferenzierung sind die individuellen Konsumentenrenten gleich null, da jede Kundin einen Preis in Höhe ihrer Zahlungsbereitschaft entrichten muss. Die Produzentenrente beträgt 600 Euro: 300 Euro für
den Verkauf an Rachel, 200 Euro für den Verkauf an Jackie, 100 Euro für den
Verkauf an Joan und 0 Euro für den Verkauf an Mia.

g. Bei vollständiger Konkurrenz gilt die Regel Preis = Grenzkosten. Zu einem
Preis von 100 Euro werden 4 Diamanten verkauft. Es kommt zu folgenden Be-
trägen für die Konsumentenrente: Rachel 300 Euro, Jackie 200 Euro, Joan 100
Euro, Mia und Sophia 0 Euro. Die gesamte Konsumentenrente beträgt 600
Euro, die Produzentenrente dagegen 0 Euro. Der Nettowohlfahrtsverlust im
Monopol beläuft sich auf 100 Euro, da die Gesamtrente im Monopol bei 500
Euro liegt, während sich bei vollständiger Konkurrenz eine Gesamtrente von
600 Euro ergibt.

Frage 5

Das folgende Diagramm illustriert das natürliche Monopol eines Energieversor-
gungsunternehmens. Das Diagramm zeigt die Nachfragekurve D nach Kilowattstunden (kWh) Elektrizität, die Grenzerlöskurve (MR) des Unternehmens, die Grenzkostenkurve (MC) sowie die Kurve der durchschnittlichen Gesamtkosten (ATC). Die Regierung möchte das Monopol durch Einführung einer Preisobergrenze regulieren.

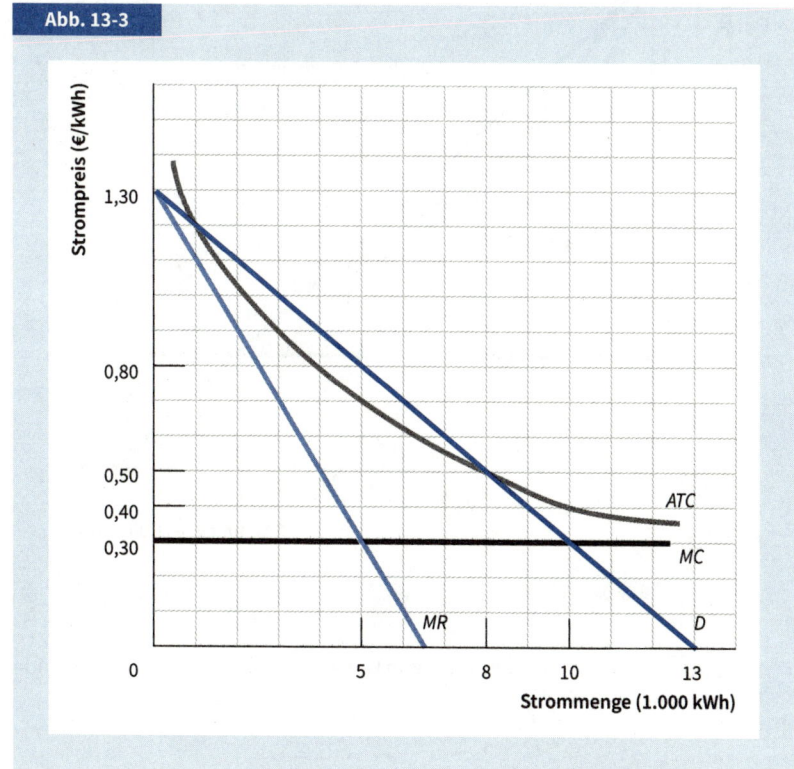

Abb. 13-3

a. Welchen Preis wird das Unternehmen verlangen, wenn es nicht reguliert wird? Illustrieren Sie die dadurch hervorgerufene Ineffizienz durch Schattieren des Nettowohlfahrtsverlustes, der durch das Monopol verursacht wird.

b. Falls die Regierung eine Preisobergrenze in Höhe der Grenzkosten von 0,30 Euro einführt, wird das Monopolunternehmen dann Gewinne erzielen oder Verluste machen? Schraffieren Sie die Fläche, die den Gewinn (oder den Verlust) des Monopolisten wiedergibt. Falls die Regierung diese Höchstpreisvorschrift einführt, wird dann das Unternehmen langfristig produzieren?

c. Falls die Regierung eine Höchstpreisvorschrift in Höhe von 0,50 Euro einführt, wird das Unternehmen dann Gewinne erzielen oder Verluste machen?

Lösung

a.

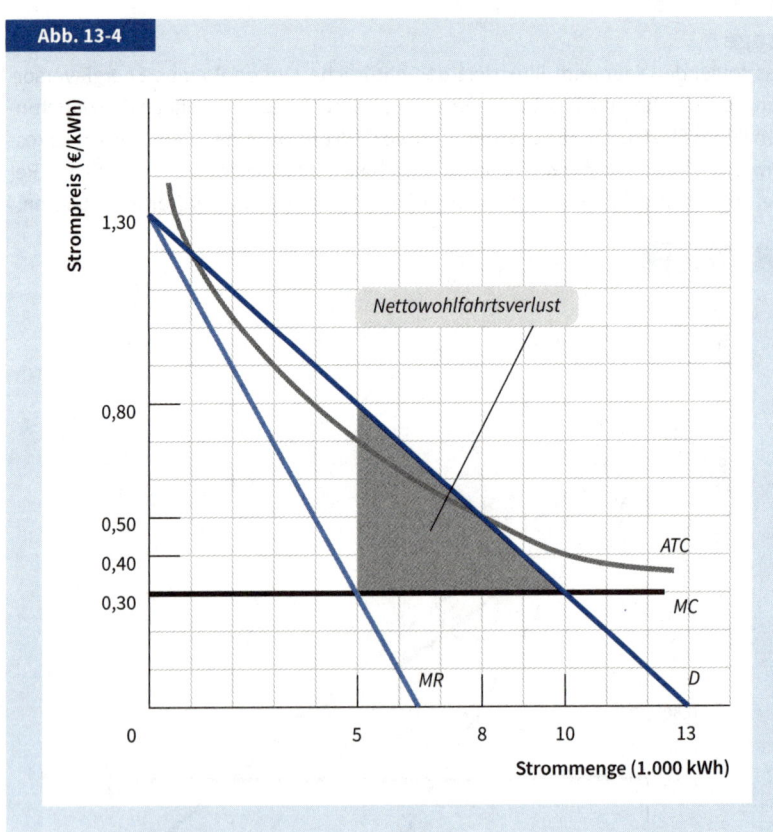

Abb. 13-4

Strompreis (€/kWh)

Nettowohlfahrtsverlust

ATC

MC

MR

D

Strommenge (1.000 kWh)

Das Unternehmen wird einen Preis in Höhe von 0,80 Euro pro Kilowattstunde verlangen.

b.

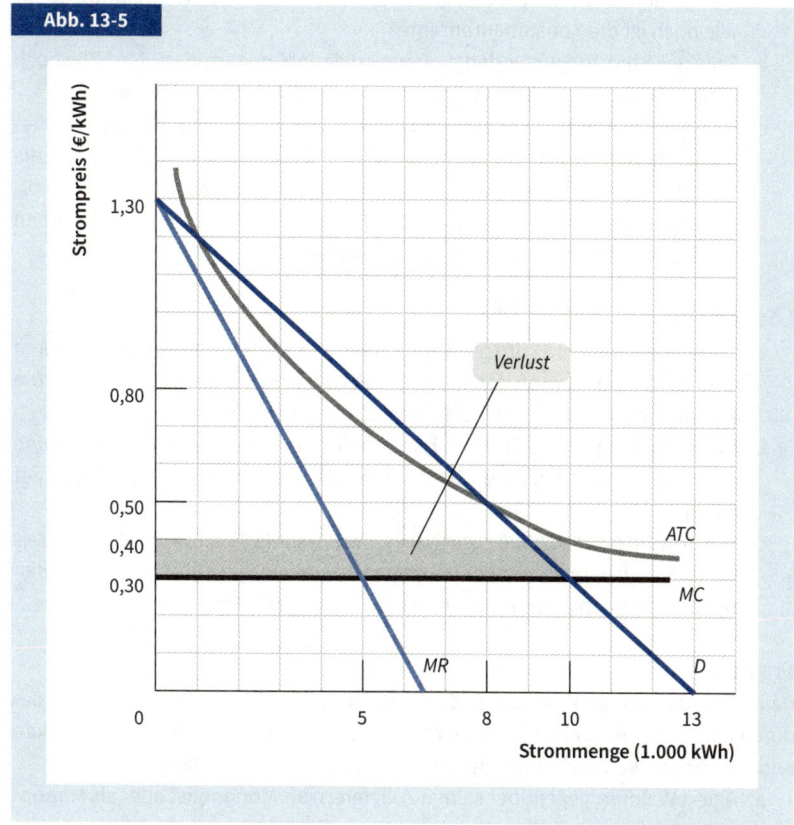

Abb. 13-5

Bei einer Preisobergrenze von 0,30 Euro macht der Monopolist Verlust in Höhe von 0,10 Euro pro Einheit, da seine durchschnittlichen Gesamtkosten 0,40 Euro betragen. Das Unternehmen wird langfristig nicht produzieren, sondern aus dem Markt ausscheiden.

c. Das Unternehmen macht weder Gewinn noch Verlust, da der Preis den durchschnittlichen Gesamtkosten entspricht.

Frage 6

Das Kino in Unistadt hat zwei Arten von Kunden: Studierende und Professoren. Es gibt in Unistadt 900 Studierende und 100 Professoren. Jeder Studierende hat eine Zahlungsbereitschaft für eine Kinokarte in Höhe von 5 Euro. Die Zahlungsbereitschaft eines Professors für eine Eintrittskarte beträgt 10 Euro. Jeder potenzielle Kunde ist bereit, maximal eine Eintrittskarte zu kaufen. Die Grenzkosten des Kinos sind konstant und betragen 3 Euro je Eintrittskarte. Es gibt keine Fixkosten.

a. Nehmen Sie an, dass das Kino nicht zur Preisdifferenzierung in der Lage ist und daher von den Studierenden und Professoren den gleichen Eintrittspreis verlangen muss. Falls das Kino einen Eintritt in Höhe von 5 Euro erhebt, wer wird dann Eintrittskarten kaufen? Wie groß ist der Gewinn des Filmtheaters? Wie hoch ist die Konsumentenrente?

b. Falls das Kino 10 Euro verlangt, wer wird dann Kinokarten kaufen? Wie hoch wird der Gewinn des Kinos sein? Wie hoch ist die Konsumentenrente?

c. Nehmen Sie nun an, dass das Kino zur Preisdifferenzierung zwischen Studierenden und Professoren in der Lage ist, indem es von den Studierenden die Vorlage ihres Studierendenausweises verlangt. Wenn das Kino von den Studierenden 5 Euro verlangt und von den Professoren 10 Euro, wie groß ist dann der Gewinn? Wie hoch ist die Konsumentenrente?

Lösung

a. Bei einem Preis von 5 Euro pro Karte kaufen alle Studierenden und Professoren eine Karte. Der Gewinn des Kinos beträgt 2.000 Euro: (5 € – 3 €) × 1.000. Die Konsumentenrente beträgt 500 Euro: (10 € – 5 €) × 100.

b. Bei einem Preis von 10 Euro pro Karte kaufen nur die Professoren. Der Gewinn des Kinos beträgt 700 Euro: (10 € – 3 €) × 100. Die Konsumentenrente beträgt 0 Euro.

c. Der Gewinn beträgt 2.500 Euro: (10 € – 3 €) × 100 + (5 € – 3 €) × 900. Da der Preis der Zahlungsbereitschaft der jeweiligen Kundengruppe (Professoren, Studierende) entspricht, beträgt die Konsumentenrente 0 Euro.

Frage 7

Das US-Unternehmen Walmart ist der weltweit größte Einzelhändler und hat dadurch eine entsprechende Marktmacht, um die Preise seiner Zulieferer zu drücken und gleichzeitig von seinen Kunden einen höheren Preis zu verlangen.

a. Agiert Walmart gegenüber seinen Zulieferern als Monopolist oder als Monopsonist? Erläutern Sie Ihre Antwort.

b. Wie beeinflusst Walmart die Konsumentenrente seiner Kunden und die Produzentenrente seiner Zulieferer?

c. Welche Auswirkungen auf die Qualität der von den Zulieferern produzierten Güter sind im Zeitablauf zu erwarten?

Lösung

a. Walmart agiert gegenüber seinen Zulieferern als Monopsonist, da das Unternehmen als einziger, dominierender Nachfrager gegenüber den Zulieferern auftritt.

b. Walmart agiert gegenüber seinen Zulieferern als Monopsonist und gegenüber seinen Kunden als Monopolist. Damit beschneidet Walmart die Produzentenrente seiner Zulieferer und die Konsumentenrente seiner Kunden.

c. Auf den Preisdruck, den Walmart durch seine marktbeherrschende Stellung auf die Zulieferer ausübt, versuchen die Zulieferer mit Kostensenkungen zu reagieren, um ihre Rentabilität zu sichern. Einsparungen können die Zulieferer dadurch erreichen, dass sie die Qualität ihrer Produkte absenken. Damit ist zu erwarten, dass die Qualität der von den Zulieferern produzierten Güter im Zeitablauf sinkt.

Frage 8

Download Records beschließt, ein Album der Gruppe »Tulpenholz« zu veröffentlichen. Die Produktion des Albums verursacht keine Fixkosten, aber es entstehen Kosten in Höhe von 6 Euro je Album für das Herunterladen und die Tantiemen für »Tulpenholz«. Download Records kann sich als Einheitspreis-Monopolist verhalten. Die Marketingabteilung des Unternehmens findet heraus, dass sich die Nachfrage nach dem Album durch den folgenden Nachfrageplan beschreiben lässt.

Tab. 13-5

Preis eines Albums (€)	Nachgefragte Menge an Alben
22	0
20	1.000
18	2.000
16	3.000
14	4.000
12	5.000
10	6.000
8	7.000

a. Ermitteln Sie den Gesamterlös und den Grenzerlös.
b. Die Grenzkosten der Produktion sind konstant und betragen 6 Euro je Album. Welches Outputniveau sollte Download Records wählen, um den Gewinn zu maximieren? Welcher Preis würde dann verlangt?
c. »Tulpenholz« gelingt es, mit Download Records einen neuen Vertrag auszuhandeln. Nun sind Tantiemen in Höhe von 14 Euro je Album zu bezahlen. Die Grenzkosten sind entsprechend nunmehr bei 14 Euro konstant. Welches Produktionsniveau sollte Download Records nun wählen, um den Gewinn zu maximieren? Welcher Preis sollte pro Album verlangt werden?

Lösung

a.

Tab. 13-6			
Preis eines Albums (€)	**Nachgefragte Menge an Alben**	**Gesamterlös (€)**	**Grenzerlös (€)**
22	0	0	
			20
20	1.000	20.000	
			16
18	2.000	36.000	
			12
16	3.000	48.000	
			8
14	4.000	56.000	
			4
12	5.000	60.000	
			0
10	6.000	60.000	
			–4
8	7.000	56.000	

b. Bei Grenzkosten von 6 Euro beträgt das Gewinnmaximum 4.000 Alben zu einem Preis von 14 Euro.
c. Bei Grenzkosten von 14 Euro beträgt das Gewinnmaximum 2.000 Alben zu einem Preis von 18 Euro.

14 Oligopole

Aufgabe 1

Die folgende Tabelle zeigt die Marktanteile einzelner Unternehmen auf dem US-amerikanischen Markt für Frühstücksflocken.

Tab. 14-1

Unternehmen	Marktanteil (%)
Kellogg	28
General Mills	28
Pepsi Co (Quaker Oats)	14
Kraft	13
Eigenmarken	11
Andere	6

Berechnen Sie den Herfindahl-Hirschman-Index (HHI) für den Markt für Frühstücksflocken in den Vereinigten Staaten. Um welche Marktform handelt es sich Ihrer Meinung nach bei diesem Markt?

Lösung

Der Herfindahl-Hirschman-Index (HHI) für einen bestimmten Markt ergibt sich aus der Summe der quadrierten Marktanteile der einzelnen Unternehmen in diesem Markt.

HHI (Frühstücksflocken) = $28^2 + 28^2 + 14^2 + 13^2 + 11^2 + 6^2 = 2090$

Da der Wert zwischen 1.500 und 2.500 liegt, handelt es sich um einen Markt mit begrenztem Wettbewerb.

Aufgabe 2

Die beigefügte Tabelle zeigt den Nachfrageplan für Vitamin D. Nehmen Sie an, dass die Grenzkosten der Vitamin-D-Produktion gleich null sind.

Tab. 14-2

Preis von Vitamin D (€/Tonne)	Nachfragemenge für Vitamin D (Tonnen)
8	0
7	10
6	20
5	30
4	40
3	50
2	60
1	70

a. Nehmen Sie an, dass BASF der einzige Vitamin-D-Produzent ist und sich als Monopolist verhält. Gegenwärtig werden 40 Tonnen Vitamin D zu einem Preis von 4 Euro je Tonne produziert. Wie sähe der Preiseffekt aus, wenn BASF 10 Tonnen mehr produzieren würde? Wie sähe der Mengeneffekt aus? Hätte BASF also einen Anreiz, diese 10 zusätzlichen Tonnen zu produzieren?

b. Nehmen Sie nun an, dass Roche in den Markt eintritt, indem das Unternehmen ebenfalls Vitamin D produziert. Der Markt ist nun ein Duopol. BASF und Roche einigen sich darauf, insgesamt 40 Tonnen Vitamin D zu produzieren, wobei auf jeden Produzenten 20 Tonnen entfallen. BASF kann für eine Abweichung von dieser Vereinbarung mit Roche nicht bestraft werden. Wie sieht der Preiseffekt für BASF aus, falls BASF von der Vereinbarung abweicht und 10 Tonnen zusätzlich produziert? Wie sieht der Mengeneffekt für BASF aus? Hat BASF einen Anreiz, die Produktion um 10 Tonnen auszudehnen?

Lösung

a. Preiseffekt: $40 \times (3\,€ - 4\,€) = -40\,€$
   Mengeneffekt: $10 \times 3\,€ = 30\,€$
   BASF hätte keinen Anreiz, die 10 Tonnen zusätzlich zu produzieren, da die Grenzkosten (0 Euro) größer wären als der Grenzerlös (–10 Euro).

b. Preiseffekt: $20 \times (3\,€ - 4\,€) = -20\,€$
   Mengeneffekt: $10 \times 3\,€ = 30\,€$
   Im Gegensatz zu Teilaufgabe a besteht nun ein Anreiz für BASF, die zusätzlichen 10 Tonnen zu produzieren, da der Mengeneffekt bei der geringeren Ausgangsmenge von 20 Tonnen den Preiseffekt überwiegt. Das führt dazu, dass die Grenzkosten (0 Euro) geringer sind als der Grenzerlös (10 Euro).

Aufgabe 3

Der Markt für Olivenöl in New York wird von zwei Familien kontrolliert, den Sopranos und den Contraltos. Beide Familien würden ohne Skrupel jede andere Familie umbringen, die versuchen würde, in den New Yorker Olivenölmarkt einzutreten. Die Grenzkosten der Olivenölproduktion sind konstant und betragen 40 Dollar pro Gallone. Es gibt keine Fixkosten. Die beigefügte Tabelle zeigt den Marktnachfrageplan für Olivenöl.

Tab. 14-3

Preis des Olivenöls ($/Gallone)	Nachfragemenge für Olivenöl (Gallonen)
100	1.000
90	1.500
80	2.000
70	2.500
60	3.000
50	3.500
40	4.000
30	4.500
20	5.000
10	5.500

a. Nehmen Sie an, dass die Sopranos und die Contraltos ein Kartell bilden. Berechnen Sie den Gesamterlös des Kartells und den Grenzerlös jeder zusätzlichen Gallone für jede Mengenangabe in der Tabelle. Wie viele Gallonen Olivenöl würde das Kartell insgesamt verkaufen? Zu welchem Preis? Die beiden Familien teilen sich den Markt gleichmäßig auf (jede Familie produziert also den halben Output des Kartells). Wie groß ist der Gewinn, den jede Familie erzielt?

b. Onkel Junior, das Oberhaupt der Soprano-Familie, bricht die Vereinbarung und verkauft 500 Gallonen Olivenöl mehr, als es die Kartellvereinbarung vorsieht. Wie beeinflusst dies den Olivenölpreis und die Gewinne, die von jeder Familie erzielt werden, falls die Contraltos sich weiterhin an die Vereinbarung halten?

c. Antonio Contralto, das Oberhaupt der Contralto-Familie, beschließt, Onkel Junior durch eine Erhöhung der eigenen Verkäufe um ebenfalls 500 Gallonen zu bestrafen. Wie hoch sind jetzt die Gewinne, die beide Familien jeweils erzielen?

Lösung

a. Das Kartell würde 2.000 Gallonen Olivenöl zu einem Preis von 80 Dollar je Gallone verkaufen.

Tab. 14-4

Preis des Olivenöls ($/Gallone)	Nachfragemenge für Olivenöl (Gallonen)	Gesamterlös ($)	Grenzerlös ($)
100	1.000	100.000	
			70
90	1.500	135.000	
			50
80	2.000	160.000	
			30
70	2.500	175.000	
			10
60	3.000	180.000	
			−10
50	3.500	175.000	
			−30
40	4.000	160.000	
			−50
30	4.500	135.000	
			−70
20	5.000	100.000	
			−90
10	5.500	55.000	

Jede Familie würde 40.000 Dollar Gewinn erzielen: (160.000 $ − 40 $ × 2.000) × 1/2.

b. Neue Gesamtmenge: 2.500 Gallonen; Preis: 70 Dollar
Die Soprano-Familie verkauft jetzt 1.500 Gallonen zu einem Preis von 70 Dollar. Ihr Erlös beträgt 105.000 Dollar. Abzüglich Kosten von 60.000 Dollar macht dies einen Gewinn von 45.000 Dollar.
Die Familie Contralto hingegen verkauft weiterhin 1.000 Gallonen, erzielt aber nur einen Preis von 70 Dollar. Das ergibt einen Erlös von 70.000 Dollar. Abzüglich Kosten von 40.000 Dollar macht dies einen Gewinn von 30.000 Dollar.

c. Neue Gesamtmenge: 3.000 Gallonen; Preis: 60 Dollar
Kartellerlös: 180.000 Dollar
Kosten: 40 $ × 3.000 = 120.000 $
Gewinn pro Familie: 60.000 $ × 1/2 = 30.000 $

Aufgabe 4

Um die Fischbestände des Nordatlantiks zu schützen, wird beschlossen, dass in diesen Gewässern nur zwei Fischereiflotten Fischfang betreiben dürfen, eine aus den Vereinigten Staaten und eine aus der Europäischen Union. Das entsprechende Abkommen bricht jedoch zusammen, sodass beide Flotten sich nunmehr nichtkooperativ verhalten. Nehmen Sie weiter an, dass sowohl die USA als auch die EU jeweils entweder eine oder zwei Flotten zum Fang ausschicken können. Je mehr Flotten im Nordatlantik unterwegs sind, desto mehr Fisch kann insgesamt gefangen werden, mit steigender Flottenzahl geht jedoch der Fang für jede einzelne Flotte zurück. Die Matrix zeigt den Gewinn (in Euro) pro Woche, den beide Seiten erzielen können.

Abb. 14-1

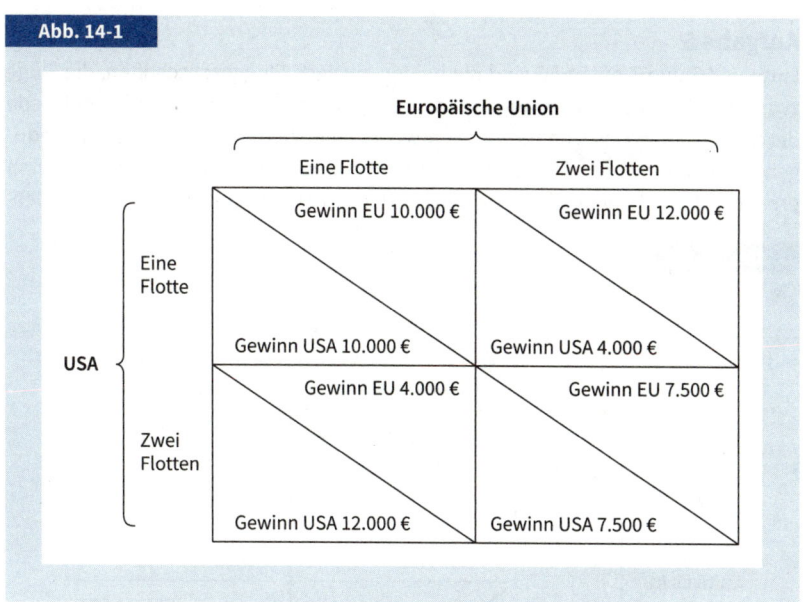

a. Wie sieht das nichtkooperative Nash-Gleichgewicht aus? Wird jede Seite eine oder zwei Flotten aussenden?

b. Nehmen Sie an, dass die Fischbestände erschöpft sind. Beide Regionen einigen sich aus Sorge um die Zukunft auf eine »Tit for Tat«-Vereinbarung, nach der jede Seite nur eine Flotte aussenden wird, solange die andere Seite dasselbe tut. Bricht eine der Seiten die Vereinbarung und schickt eine zweite Flotte aus, dann wird die andere Seite ebenfalls zwei Flotten aussenden und dieses Verhalten so lange beibehalten, bis der Konkurrent nur noch eine Flotte aussendet. Wie hoch werden die Gewinne sein, die beide pro Woche erzielen, wenn beide der beschriebenen »Tit for Tat«-Strategie folgen?

Lösung

a. Da sich beide Seiten immer besser stellen, wenn sie zwei Flotten aussenden, befindet sich das nichtkooperative Nash-Gleichgewicht im unteren rechten Viereck. Beide Seiten werden zwei Flotten aussenden, sie erzielen jeweils einen Gewinn von 7.500 Euro.

b. Wenn beide die »Tit for Tat«-Strategie wählen, werden beide Seiten zunächst eine Flotte aussenden. Da in der Folge jede Seite genau das macht, was die andere Seite in der Vorwoche praktiziert hat, wird von beiden immer wieder nur eine Flotte ausgesendet. Die wöchentlichen Gewinne betragen demzufolge 10.000 Euro.

Aufgabe 5

Luftikus AG und Tiefflug AG sind die beiden einzigen Fluggesellschaften, die Flüge zwischen Altdorf und Neustadt anbieten. Sie operieren also in einem Duopol. Jede der beiden Fluggesellschaften kann entweder einen hohen Preis oder einen niedrigen Preis für ein Flugticket verlangen. Die Matrix zeigt ihre Auszahlungen (Gewinn pro Sitz in Euro) für jede Wahlmöglichkeit, die die beiden Fluggesellschaften haben.

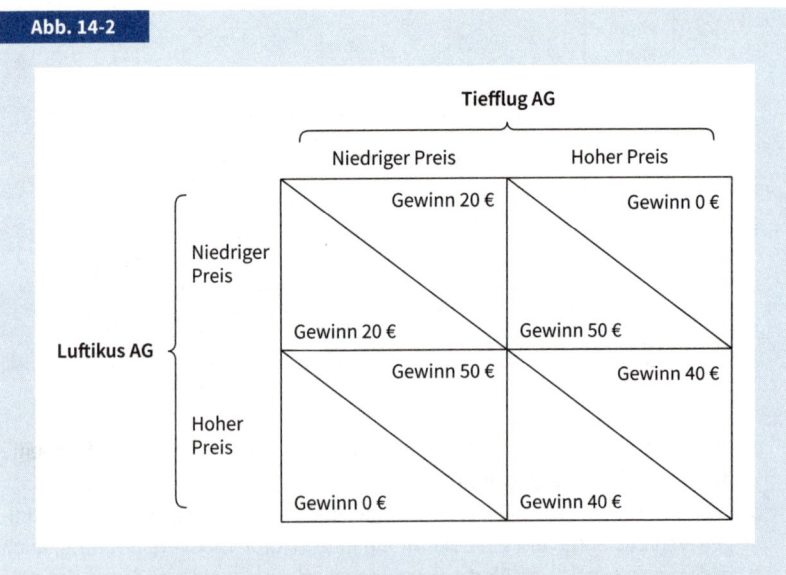

Abb. 14-2

a. Nehmen Sie an, dass die beiden Fluggesellschaften ein einmaliges Spiel spielen. Wie sieht das nichtkooperative Nash-Gleichgewicht in diesem Spiel ohne Wiederholung aus?

b. Nehmen Sie nun an, dass die beiden Fluggesellschaften zweimal spielen können. Nehmen Sie weiter an, dass jede Fluggesellschaft eine von zwei Strategien spielen kann: Sie kann entweder »Verlange immer wieder den niedrigen Preis« oder »Tit for Tat« spielen. (Bei »Tit for Tat« wird in der ersten Runde der hohe Preis verlangt. In der zweiten Runde wird dann genau die Aktion gewählt, die die andere Fluglinie in der vorhergehenden Periode gewählt hat.) Welche Auszahlungen erreicht die Luftikus AG bei den folgenden vier Möglichkeiten:

i) Die Luftikus AG spielt »Verlange immer den niedrigen Preis«, wenn die Tiefflug AG ebenfalls »Verlange immer den niedrigen Preis« spielt.

ii) Die Luftikus AG spielt »Verlange immer den niedrigen Preis«, wenn die Tiefflug AG »Tit for Tat« spielt.

iii) Die Luftikus AG spielt »Tit for Tat«, wenn die Tiefflug AG »Verlange immer den niedrigen Preis« spielt.

iv) Die Luftikus AG spielt »Tit for Tat«, wenn die Tiefflug AG ebenfalls »Tit for Tat« spielt.

Lösung

a. Das nichtkooperative Nash-Gleichgewicht befindet sich oben links. Beide Unternehmen werden bei einem einmaligen Spiel den niedrigen Preis für ihre Flugtickets verlangen.

b. i) 2 × 20 € = 40 €

ii) 50 € (1. Runde) + 20 € (2. Runde) = 70 €

iii) 0 € (1. Runde) + 20 € (2. Runde) = 20 €

iv) 2 × 40 € = 80 €

Aufgabe 6

Nehmen Sie an, dass Coke und Pepsi die beiden einzigen Produzenten von Cola-Getränken sind. Sie operieren also in einem Duopol. Beide Unternehmen haben Grenzkosten in Höhe von null und Fixkosten von 100.000 Dollar.

a. Nehmen Sie zunächst an, dass die Nachfrager Coke und Pepsi als vollkommene Substitute ansehen. Gegenwärtig werden beide für 0,20 Dollar je Dose verkauft. Zu diesem Preis kann jedes der beiden Unternehmen 4 Millionen Dosen pro Tag verkaufen. Wie groß ist der Gewinn von Pepsi? Wie würde es sich auf diesen Gewinn auswirken, wenn Pepsi seinen Preis auf 0,30 Dollar pro Dose anhebt?

b. Nehmen Sie nun an, dass jedes der Unternehmen Werbeanstrengungen unternimmt, um sein Produkt von dem der anderen Gesellschaft zu differenzieren. Als Ergebnis der Werbemaßnahmen stellt Pepsi fest, dass es entsprechend der Tabelle mehr oder weniger seines Produktes verkaufen kann, wenn es den Preis erhöht oder senkt.

Tab. 14-5

Pepsi-Preis ($/Dose)	Nachfrage nach Pepsi (Mio. Dosen)
0,10	5
0,20	4
0,30	3
0,40	2
0,50	1

Wie würde es sich auf den Gewinn auswirken, wenn Pepsi nun seinen Preis auf 0,30 Dollar pro Dose anheben würde?

c. Wie hoch ist der maximale Betrag, den Pepsi für Werbung ausgeben würde?

Lösung

a. Gewinn von Pepsi: Erlös – Fixkosten = 4.000.000 × 0,20 $ – 100.000 $ = 700.000 $
Erhöht Pepsi den Preis je Dose auf 0,30 Dollar, dann wäre der Gewinn von Pepsi null, weil Pepsi die gesamte Nachfrage an Coke verliert.

b. Gewinn von Pepsi: 3.000.000 × 0,30 $ – 100.000 $ = 800.000 $

c. Der Gewinnanstieg, den Pepsi durch Werbung erreichen kann, beträgt 100.000 Dollar. Demzufolge würde Pepsi maximal 100.000 Dollar für Werbung ausgeben.

Aufgabe 7

Philip Morris und R. J. Reynolds geben jedes Jahr große Summen für die Bewerbung ihrer Tabakprodukte aus, um sich wechselseitig Kunden wegzunehmen. Nehmen Sie an, dass Philip Morris und R. J. Reynolds jedes Jahr zu entscheiden haben, ob sie Geld für Werbung ausgeben wollen oder nicht. Falls keines der beiden Unternehmen Werbung betreibt, werden sie jeweils einen Gewinn von 2 Millionen Dollar erzielen. Falls beide Werbung betreiben, werden beide Unternehmen jeweils einen Gewinn von 1,5 Millionen Dollar erreichen. Tätigt das eine Unternehmen Werbeausgaben, das andere aber nicht, dann erzielt das Unternehmen mit den Werbeausgaben einen Gewinn von 2,8 Millionen Dollar, während das andere Unternehmen einen Gewinn von 1 Million Dollar erreicht.

a. Stellen Sie eine Auszahlungsmatrix auf, die das beschriebene Problem wiedergibt.

b. Nehmen Sie an, Philip Morris und R. J. Reynolds könnten einen einklagbaren Vertrag über ihr Verhalten vereinbaren. Wie sieht die kooperative Lösung des Spiels aus?

c. Wo liegt das Nash-Gleichgewicht, falls es keinen einklagbaren Vertrag gibt? Erläutern Sie, warum es sich dabei um das wahrscheinliche Ergebnis handelt.

Lösung

a.

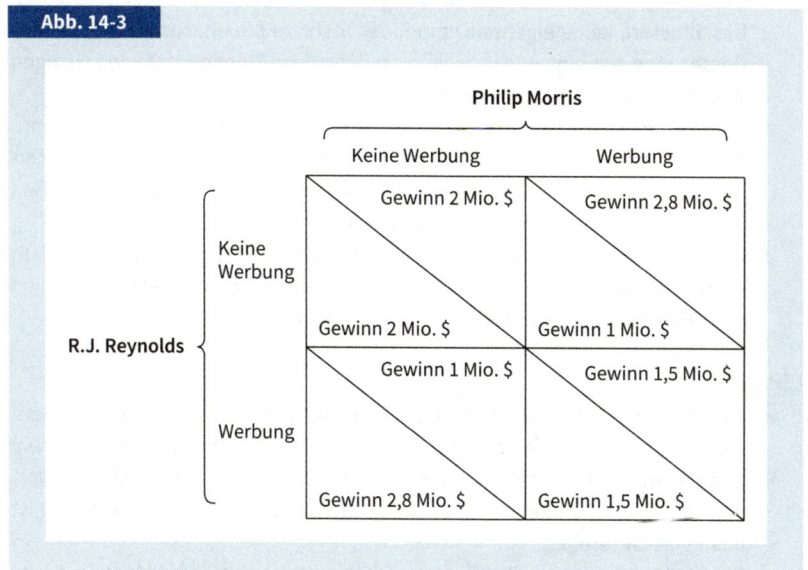

Abb. 14-3

b. Beide ergreifen keine Werbemaßnahmen und erzielen demzufolge jeweils einen Gewinn von 2 Millionen Dollar.

c. Das Nash-Gleichgewicht befindet sich in dem Punkt, in dem beide Werbung betreiben. Beide Unternehmen haben den Anreiz, ihren Gewinn zu steigern, indem sie Werbemaßnahmen ergreifen. Betreibt beispielsweise Philip Morris keine Werbung, kann R.J. Reynolds durch Werbung seinen Gewinn von 2,0 auf 2,8 Millionen Dollar erhöhen. Wirbt Philip Morris, kann Reynolds durch Werbung seinen Gewinn von 1 auf 1,5 Millionen Dollar erhöhen. Das Gleiche gilt für Philip Morris. Daher kommt es zu einem Gleichgewicht, in dem beide Werbemaßnahmen ergreifen. Ein bindender Vertrag, keine Werbemaßnahmen zu ergreifen, kommt nicht zustande. Ebenso kann kein Unternehmen das andere für ein bestimmtes Verhalten »bestrafen«.

Aufgabe 8

Nehmen Sie an, Sie arbeiten für die Regulierungsbehörde. In jedem der folgenden Fälle haben Sie zu entscheiden, ob das Verhalten der Unternehmen eine Untersuchung im Hinblick auf illegale Verhaltensweisen rechtfertigt oder ob es sich lediglich um eine unerwünschte, aber nicht verbotene stillschweigende Zusammenarbeit handelt. Erläutern Sie Ihre Überlegungen.

a. Drei Banken dominieren den Bankensektor eines bestimmten Staates. Vor kurzem erhöhten sich ihre Gewinne, als sie neue Gebühren für bestimmte Transaktionen der Kunden eingeführt haben. Alle drei Banken führen in erheblichem Umfang Werbemaßnahmen durch. An vielen Orten werden neue Zweigstellen errichtet.

b. Die beiden Ölgesellschaften, die den größten Teil des Öls produzieren, haben beschlossen, keine eigenen Ölpipelines mehr zu bauen, sondern sich stattdessen eine gemeinsame Pipeline zu teilen. Diese Pipeline stellt den einzigen Weg dar, Ölprodukte zum Markt zu bringen.

c. Die beiden großen Gesellschaften, die den Markt für Kräuterpräparate dominieren, haben jeweils ein Tochterunternehmen gegründet. Die Tochterunternehmen verkaufen das gleiche Produkt wie die Muttergesellschaft in großen Mengen, aber unter einem generischen Namen.

d. Die beiden größten Kreditkartengesellschaften verlangen von allen Banken und Einzelhändlern, die diese Kreditkarten akzeptieren, die Verwendung von Kreditkarten anderer Anbieter zu beschränken.

Lösung

a. Es scheint sich um eine normale Entwicklung zu handeln, da alle Unternehmen erhebliche Werbemaßnahmen ergreifen, um Kunden zu gewinnen. Die Einführung der Gebühren kann von einem Unternehmen angekündigt worden sein und die anderen haben dann nachgezogen. Eine Untersuchung ist nicht gerechtfertigt.

b. Es könnte sich um eine illegale Unternehmenskooperation handeln. Da beide Unternehmen die gleiche Pipeline benutzen, wissen sie, welche Menge das jeweils andere Unternehmen produziert. Das erleichtert ein Monopolverhalten. Aus diesem ist eine Untersuchung gerechtfertigt.

c. Eine Untersuchung ist nicht gerechtfertigt. Die beiden Unternehmen konkurrieren nur über ihre Tochterunternehmen.

d. In diesem Fall ist eine Untersuchung gerechtfertigt, da die beiden Unternehmen gemeinsam agieren, um Konkurrenten auszuschalten.

15 Monopolistische Konkurrenz

Aufgabe 1

Entscheiden Sie mithilfe der drei in diesem Kapitel diskutierten Bedingungen für die monopolistische Konkurrenz, welche der folgenden Unternehmen bei monopolistischer Konkurrenz agieren. Falls es keine monopolistische Konkurrenz ist, handelt es sich dann um ein Monopol, ein Oligopol oder um vollständige Konkurrenz?

   a. Eine Band aus der Nachbarschaft, die auf Hochzeiten oder bei Partys spielt.
   b. Mars, ein Produzent von Schokoriegeln.
   c. Ihre örtliche Reinigung.
   d. Ein Landwirt, der Weizen produziert.

Lösung

   a. Unternehmen bei monopolistischer Konkurrenz: eine große Anzahl von im Wettbewerb miteinander stehende Unternehmen (es gibt viele derartige Bands), ein differenziertes Produkt (jede Band spielt ihre eigene Musik mit ihrem eigenen Stil) sowie langfristig freier Markteintritt und Marktaustritt (es können jederzeit neue Bands gegründet werden).
   b. Oligopol: eine kleine Anzahl von im Wettbewerb miteinander stehenden Unternehmen (es gibt nur wenige Anbieter von Schokoriegeln), die ein gleiches/ähnliches Produkt anbieten. Langfristig freier Markteintritt und Marktaustritt gegeben.
   c. Monopol (regional begrenzt): keine weiteren Unternehmen vor Ort, die in Konkurrenz zur örtlichen Reinigung treten; kein differenziertes Produkt sowie langfristig freier Markteintritt und Marktaustritt.
   d. vollständige Konkurrenz: eine große Anzahl von im Wettbewerb miteinander stehenden Produzenten, kein Anbieter verfügt über Marktmacht, standardisiertes Produkt sowie freier Markteintritt und Marktaustritt.

Aufgabe 2

Sie denken darüber nach, ob Sie einen Café-Shop eröffnen sollen. Die Marktstruktur für Café-Shops lässt sich als monopolistische Konkurrenz beschreiben. In Ihrer Stadt gibt es bereits drei Starbucks und zwei andere Café-Shops, die Starbucks sehr ähneln. Damit Sie über ein gewisses Maß an Marktmacht verfügen, würden Sie Ihren Café-Shop gerne differenzieren. Erläutern Sie, wie Sie entscheiden würden, ob Sie mit Ihrem Geschäft Starbucks kopieren sollten oder ob Sie Ihren Kaffee auf völlig verschiedene Weise verkaufen sollten, indem Sie die drei verschiedenen Wege berücksichtigen, auf denen Produkte differenziert werden können.

Lösung

Bei monopolistischer Konkurrenz ist Produktdifferenzierung die einzige Möglichkeit, um Marktmacht zu erhalten. Daher ist es nicht sinnvoll, einfach Starbucks zu kopieren. Für die Produktdifferenzierung gibt es drei Möglichkeiten: (1) Differenzierung durch Stil oder Typ (z. B. Kaffee für Gesundheitsbewusste oder für Senioren), (2) Räumliche Differenzierung (das neue Café dort ansiedeln, wo die anderen noch nicht vertreten sind, z. B. an einem beliebten Ausflugsort), (3) Qualitätsdifferenzierung (das Angebot sollte mehrere Preis- und Qualitätssegmente abbilden, sodass viele Kunden angesprochen werden: normaler Kaffee zu einem geringen Preis, besondere Aromen, Kaffee mit Beigaben usw. gegen Aufpreis).

Aufgabe 3

Das örtliche Tankstellennetz lässt sich mit monopolistischer Konkurrenz charakterisieren. Nehmen Sie an, dass gegenwärtig jede Tankstelle mit Verlust arbeitet. Zeichnen Sie ein Diagramm für eine typische Tankstelle, das diese kurzfristige Situation zeigt. Zeigen Sie dann in einem weiteren Diagramm, was mit der typischen Tankstelle langfristig geschieht. Erläutern Sie Ihre Überlegungen.

Lösung

Kurzfristige Situation

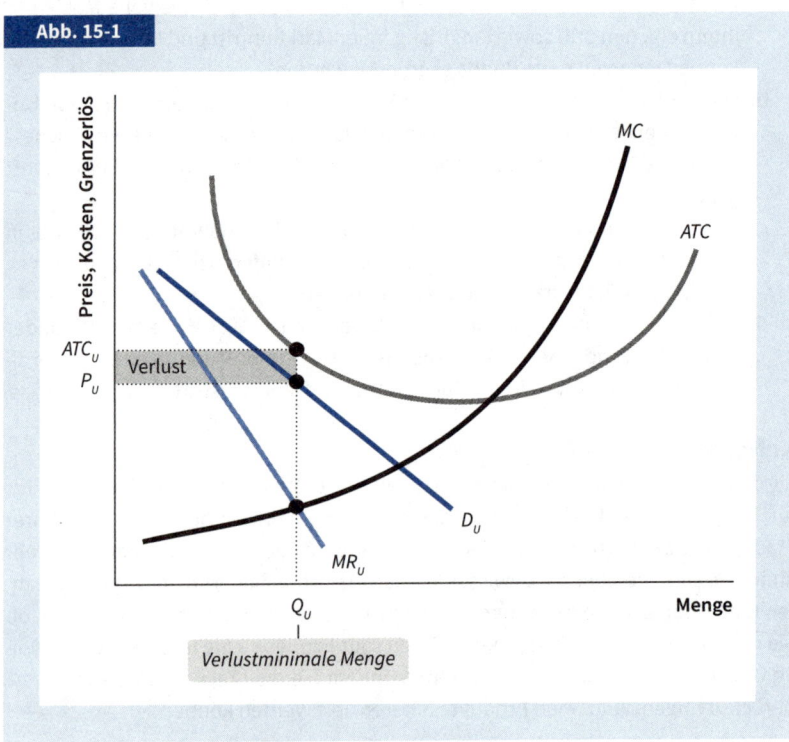

Abb. 15-1

Langfristige Situation

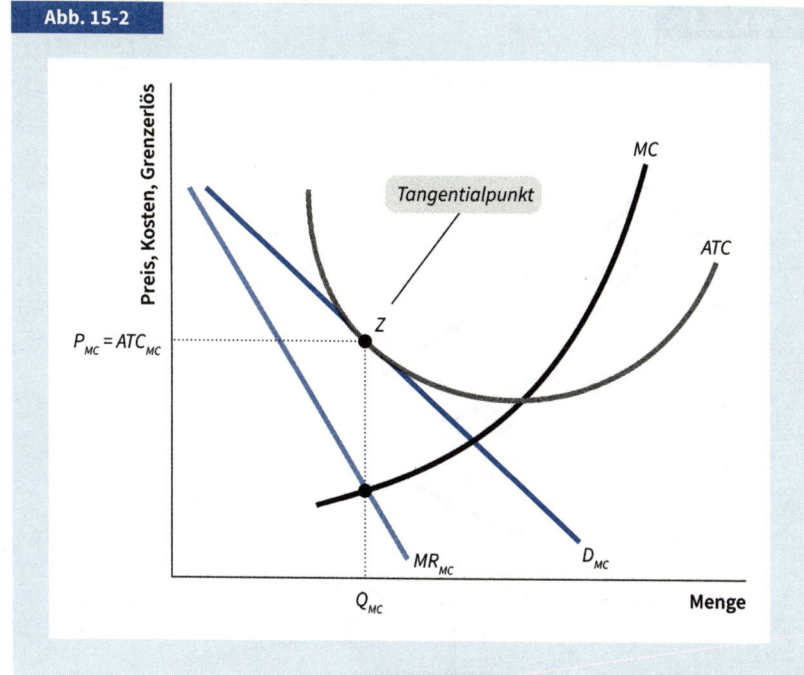

Abb. 15-2

Da es sich um Unternehmen handelt, die mit Verlust arbeiten, kommt es zu Marktaustritten, wodurch sich für die typische Tankstelle die Grenzerlöskurve und die Nachfragekurve nach rechts verschieben, bis die Nachfragekurve die durchschnittliche Gesamtkostenkurve tangiert (Punkt Z) und sich ein langfristiges Gleichgewicht ohne Verluste (mit Nullgewinn) einstellt.

Aufgabe 4

»Blühende Blumen« ist ein Blumengeschäft in monopolistischer Konkurrenz. Der Laden läuft gut und produziert die Menge, die seine durchschnittlichen Gesamtkosten minimiert und einen Gewinn abwirft. Der Besitzer erzählt gern allen Leuten, dass seine Grenzkosten beim gegenwärtigen Produktionsniveau über dem Grenzerlös liegen. Illustrieren Sie die gegenwärtige Situation von »Blühende Blumen« in einem Diagramm. Könnte »Blühende Blumen« kurzfristig seinen Gewinn erhöhen? Könnte »Blühende Blumen« langfristig seinen Gewinn erhöhen?

Lösung

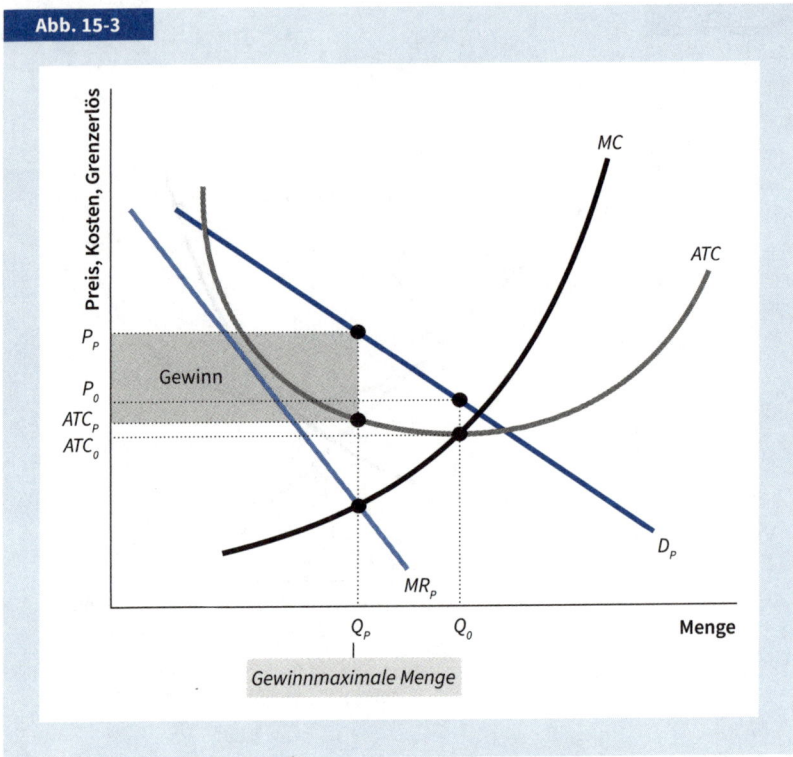

Abb. 15-3

Gewinnmaximale Menge

In der gegenwärtigen Situation produziert das Unternehmen die Menge Q_0 zu einem Preis von P_0 mit den durchschnittlichen Gesamtkosten ATC_0. Das Unternehmen erzielt einen Gewinn von $Q_0 \times (P_0 - ATC_0)$.

»Blühende Blumen« kann kurzfristig seinen Gewinn erhöhen. Da die Grenzkosten größer sind als der Grenzerlös, wird eine Reduzierung der angebotenen Menge die Grenzkosten senken (Bewegung entlang der Grenzkostenkurve nach links unten) und den Grenzerlös erhöhen (Bewegung entlang der Grenzerlöskurve nach links oben) bis zum kurzfristigen Gewinnmaximum, in dem Grenzerlös = Grenzkosten gilt.

»Blühende Blumen« kann langfristig seinen Gewinn nicht erhöhen. Da das Unternehmen kurzfristig Gewinn erwirtschaftet, kommt es zu Markteintritten. Das verschiebt die Nachfragekurve und die Grenzerlöskurve des Blumengeschäftes nach links, bis sich langfristig ein Nullgewinn-Gleichgewicht einstellt.

Aufgabe 5

»Langfristig gibt es keinen Unterschied zwischen monopolistischer Konkurrenz und vollständiger Konkurrenz.« Stimmen Sie dieser Aussage zu? Erläutern Sie Ihre Antwort.

Lösung

Diese Aussage trifft nicht zu. Im langfristigen Gleichgewicht gilt bei monopolistischer Konkurrenz Preis > Grenzkosten der Produktion, bei vollständiger Konkurrenz dagegen Preis = Grenzkosten der Produktion. Daher ist bei monopolistischer Konkurrenz der Preis, der von den Konsumenten verlangt wird, höher als bei vollständiger Konkurrenz.

Außerdem wird bei vollständiger Konkurrenz zu minimalen durchschnittlichen Gesamtkosten produziert. Bei monopolistischer Konkurrenz sind dagegen die durchschnittlichen Gesamtkosten höher als die minimalen durchschnittlichen Gesamtkosten.

Bei vollständiger Konkurrenz ist das Marktergebnis effizient. Bei monopolistischer Konkurrenz ist dagegen der Preis höher als die Grenzkosten, was einige wechselseitig vorteilhafte Transaktionen verhindert. Gleichzeitig profitieren die Konsumenten von der größeren Vielfalt der angebotenen Produkte. Daher kann nicht eindeutig beantwortet werden, inwieweit die monopolitische Konkurrenz ineffizient ist.

Lediglich mit Blick auf den langfristigen Gewinn eines typischen Unternehmens gibt es keinen Unterschied zwischen monopolistischer Konkurrenz und vollständiger Konkurrenz. Der langfristige Gewinn eines typischen Unternehmens ist in beiden Fällen null.

Aufgabe 6

Entscheiden Sie für jede der folgenden Situationen, ob Werbung unmittelbare Informationen über das Produkt transportiert oder einfach nur ein indirektes Signal für seine Qualität ist. Erläutern Sie Ihre Überlegungen.

    a. Der ehemalige Tennis-Champion Boris Becker fährt in einem Fernsehwerbespot einen Mercedes und behauptet, dass er diesen jedem anderen Auto gegenüber vorzieht.

    b. In einer Zeitungsanzeige eines Gebrauchtwagenhändlers steht »Zu verkaufen: VW Golf, Baujahr 1999, 240.000 Kilometer, neues Getriebe.«

    c. McDonald's gibt Millionen Euro für eine Werbekampagne aus, die den Slogan »Ich liebe es«® in den Mittelpunkt stellt.

    d. Subway bewirbt eines seiner Sandwiches mit der Behauptung, dass dieses nur 6 Gramm Fett und weniger als 300 Kalorien enthält.

Lösung

a. Indirektes Signal: Die Werbung enthält keinerlei Informationen über das Produkt. Die Tatsache jedoch, dass Mercedes bereit und in der Lage ist, diese Person unter Vertrag zu nehmen, zeigt, dass das Unternehmen hinter seinem Produkt steht.

b. Informationen über das Produkt: Die Anzeige enthält konkrete Informationen über das Produkt (Baujahr, Fahrleistung, Zustand des Fahrzeugs).

c. Indirektes Signal: Die Werbung enthält keinerlei Informationen über das Produkt. Allerdings gibt McDonald's Millionen Euro für diese Werbekampagne aus. Das zeigt, dass das Unternehmen hinter seinem Produkt steht.

d. Informationen über das Produkt: Die Werbung enthält konkrete Informationen über das Produkt (Fettgehalt, Kalorienanzahl).

Aufgabe 7

Die Tabelle zeigt den Herfindahl-Hirschman-Index(HHI) für die zehn größten Unternehmen in verschiedenen Märkten.

Tab. 15-1

Branche	HHI	Werbeausgaben (Mio. $)
Restaurants	179	1.784
Frühstücksflocken	2.098	732
Filmstudios	918	3.324
Waschmittel	2.068	132

a. Welcher Marktform sind die verschiedenen Märkte zuzurechnen: monopolistischer Konkurrenz oder Oligopol?

b. Welche Marktform hat höhere Werbeausgaben und warum?

Lösung

a. Um einen zuverlässigen Einblick in die Marktform einer Branche zu gewinnen, greifen Ökonomen auf den Herfindahl-Hirschman-Index (HHI) zurück. Der HHI für eine bestimmte Branche ergibt sich aus der Summe der quadrierten Marktanteile der einzelnen Unternehmen in der Branche. Durch die Quadrierung der Marktanteile der einzelnen Unternehmen fallen Unternehmen mit einem großen Marktanteil beim HHI stärker ins Gewicht, sodass der Index das Ausmaß der Konzentration innerhalb einer Branche besser wiedergeben kann. Damit ist der Wert für den HHI für die Branchen, die von einer kleinen Anzahl an Unternehmen dominiert werden, deutlich größer als für die Branchen, in denen es mehrere gleich große Anbieter gibt. Mit Blick auf den HHI sind die Restaurantbranche und die Filmstudiobranche der monopolistischen Konkurrenz zuzurechnen, die Frühstücksflockenbranche und die Waschmittelbranche zählen dagegen zum Oligopol.

b. Produktdifferenzierung spielt sowohl im Oligopol als auch bei monopolistischer Konkurrenz eine Rolle. Allerdings hat die Produktdifferenzierung in Branchen, die durch monopolistische Konkurrenz gekennzeichnet sind, eine weitaus größere Bedeutung. Bei monopolistischer Konkurrenz gibt es viele Anbieter, sodass eine stillschweigende Zusammenarbeit so gut wie unmöglich ist. Damit stellt Produktdifferenzierung den einzigen Weg dar, auf dem monopolistisch konkurrierende Unternehmen ein gewisses Maß an Marktmacht erzielen können und dadurch einen gewissen Preissetzungsspielraum erlangen. Aus diesem Grund sind die Ausgaben für Werbung in der Regel bei monopolistischer Konkurrenz deutlich größer als in Oligopolmärkten.

Aufgabe 8

»Sowohl im Monopol als auch bei monopolistischer Konkurrenz lassen sich kurzfristig und langfristig Gewinne erzielen.« Stimmen Sie dieser Aussage zu? Erläutern Sie Ihre Antwort.

Lösung

Diese Aussage trifft nicht zu. Ein Monopol erzielt kurzfristig und langfristig einen Gewinn. Ein Unternehmen bei monopolistischer Konkurrenz kann kurzfristig einen Gewinn erzielen, wenn (mit Blick auf die Situation im langfristigen Gleichgewicht) zu wenig Anbieter im Markt sind. Langfristig ist dagegen die Möglichkeit zur Gewinnerzielung bei monopolistischer Konkurrenz nicht mehr gegeben. Im langfristigen Gleichgewicht machen Unternehmen bei monopolistischer Konkurrenz einen Gewinn von null, da Markteintritte von neuen Anbietern dazu führen, dass die kurzfristigen Gewinne verschwinden.

16 Externalitäten

Aufgabe 1

Welche Art von Externalität (positiv oder negativ) wird in jedem der folgenden Beispiele beschrieben? Ist der gesellschaftliche Grenznutzen der Aktivität größer oder gleich dem Grenznutzen des Einzelnen? Sind die gesellschaftlichen Grenzkosten der Aktivität größer oder gleich den Grenzkosten des Einzelnen? Ist das Niveau der Aktivität folglich ohne staatliche Intervention zu gering oder zu hoch im Vergleich zur gesellschaftlich optimalen Situation?

a. Frau Gärtner pflanzt in ihrem Vorgarten viele bunte Blumen.
b. Ihr Nachbar macht regelmäßig Lagerfeuer in seinem Garten. Der Funkenflug reicht bis zu Ihrem Haus.
c. Maja, die in der Nähe eines Obsterzeugers wohnt, entschließt sich, Bienen zu halten, um Honig zu produzieren.
d. Justin kauft sich einen großen Geländewagen, der jede Menge Sprit verbraucht.

Lösung

a. Es handelt sich um eine positive Externalität. Da sich auch andere Menschen an den Blumen im Vorgarten erfreuen, ist der gesellschaftliche Grenznutzen der Aktivität größer als Grenznutzen, den Frau Gärtner aus den Blumen zieht. Ohne staatlichen Eingriff wird Frau Gärtner zu wenig Blumen pflanzen im Vergleich zur gesellschaftlich optimalen Situation.

b. Es handelt sich um eine negative Externalität. Durch die regelmäßigen Lagerfeuer erhöht sich die Brandgefahr für mein Haus und die anderen Häuser in der Umgebung. Damit sind die gesellschaftlichen Grenzkosten der Aktivität höher als die Grenzkosten meines Nachbarn. Da mein Nachbar die externen Kosten nicht berücksichtigt, wird es ohne einen staatlichen Eingriff zu viele Lagerfeuer geben im Vergleich zur gesellschaftlich optimalen Situation.

c. Es handelt sich um eine positive Externalität. Die Bienen befruchten die Blüten der Obstbäume und erhöhen damit den Ernteertrag. Damit ist der gesellschaftliche Grenznutzen der Bienen höher als Grenznutzen für Maja. Da Maja diesen externen Nutzen nicht berücksichtigt, wird es ohne einen staatlichen Eingriff zu wenig Bienen geben im Vergleich zur gesellschaftlich optimalen Situation.

d. Es handelt sich um eine negative Externalität. Große Geländewagen haben einen hohen Benzinverbrauch, der zu großen Abgasmengen führt. Diese Abgasmengen verursachen externe Kosten für andere. Damit sind die gesellschaftlichen Grenzkosten höher als die Grenzkosten für Justin. Ohne staatliche Eingriffe werden zu viele Menschen einen Geländewagen fahren, sodass im Vergleich zur gesellschaftlich optimalen Situation zu viele Geländewagen auf den Straßen fahren.

Aufgabe 2

Viele Milcherzeuger im Allgäu führen neue Technologien ein, die es ihnen ermöglichen, ihren eigenen elektrischen Strom aus Methangas zu erzeugen, das sie aus Gülle gewinnen. (Eine Kuh kann auf diese Weise bis zu zwei Kilowattstunden Strom pro Tag produzieren.) Mit dieser Technik lässt sich die Menge des freigesetzten Methangases verringern. Die Milcherzeuger verringern damit nicht nur ihre eigenen Stromrechnungen, sondern haben auch die Möglichkeit, den erzeugten Strom zu verkaufen.

    a. Erläutern Sie, warum sich die Möglichkeit, Geld durch die Verstromung von Methangas zu verdienen, mit einer Pigou-Steuer auf Methangasemissionen vergleichen lässt und die Milcherzeuger dazu veranlassen kann, die effiziente Menge an Methangas zu emittieren.

    b. Nehmen Sie an, einige Milcherzeuger hätten geringere Kosten bei der Verstromung von Methangas als andere. Erläutern Sie, auf welche Weise die Möglichkeit zur Verstromung von Methangas zu einer effizienten Allokation der Emissionsminderung zwischen den Milcherzeugern führt.

Lösung

    a. Ohne die neue Technologie würden die Milcherzeuger die Methangasemissionen so lange erhöhen, bis der gesellschaftliche Grenznutzen der Methangasemissionen gleich null ist. Durch die neue Technologie entstehen den Milcherzeugern bei der Emission von Methangas Opportunitätskosten. Schließlich könnten sie aus dem Methangas auch Strom erzeugen. Der finanzielle Vorteil, auf den die Milcherzeuger verzichten, wenn sie weiterhin Methangas emittieren, wirkt wie eine Pigou-Steuer. Entspricht der finanzielle Vorteil genau den gesellschaftlichen Grenzkosten der Methangasemissionen, dann wird die neue Technologie dazu führen, dass die Milcherzeuger die gesellschaftlich optimale Menge an Methangas emittieren.

    b. Milcherzeuger, die geringere Verstromungskosten haben, profitieren stärker von einer Verstromung von Methangas als Milcherzeuger, die höhere Verstromungskosten haben. Damit werden Milcherzeuger mit geringeren Verstromungskosten mehr Methangas zur Stromerzeugung nutzen als Milcherzeuger mit höheren Verstromungskosten. Auf diese Weise wird die Emissionsreduktion effizient unter den Milcherzeugern aufgeteilt.

Aufgabe 3

Ein Bericht der US-amerikanischen Statistikbehörde besagt, »dass das durchschnittliche Lebenszeiteinkommen eines vollbeschäftigten Arbeitnehmers mit einfachem Highschool-Abschluss ungefähr 1,2 Millionen Dollar beträgt, während Arbeitnehmer mit Universitätsabschluss 2,1 Millionen Dollar erhalten«. Dies weist darauf hin, dass es für einen Absolventen mit erheblichem Nutzen verbunden ist, in die eigene Ausbildung zu investieren. Die Studiengebühren an den meisten staatlichen Universitäten decken aber nur ungefähr zwei Drittel bis drei Viertel der tatsächlichen Kosten ab, sodass der Staat die Universitätsausbildung mit einer Pigou-Subvention unterstützt. Falls diese Pigou-Subvention angemessen ist, ist dann die mit der Universitätsausbildung verbundene Externalität eine positive oder eine negative Externalität? Was folgt daraus in Hinblick auf die Unterschiede zwischen Kosten und Nutzen für die Studierenden im Vergleich zu den gesellschaftlichen Kosten und Nutzen? Welche Gründe könnten für diese Unterschiede maßgeblich sein?

Lösung

Wenn die Pigou-Subvention angemessen ist, dann handelt sich um eine positive Externalität. Das bedeutet, dass der gesellschaftliche Grenznutzen der Ausbildung größer ist als der Grenznutzen der Ausbildung für den einzelnen Studierenden. Durch die Ausbildung entsteht Humankapital, das nicht nur dem Einzelnen zugutekommt, sondern der Gesellschaft insgesamt.

Eine bessere Ausbildung bringt demnach gesellschaftliche Vorteile. Wenn beispielsweise ein größerer Teil der Bevölkerung Fremdsprachen lernt, wird es für Ausländer attraktiver, das Land zu besuchen und die Nachfrage nach Tourismusdienstleistungen steigt an. Gleichzeitig investieren ausländische Unternehmen mehr und schaffen neue Arbeitsplätze. Eine Universitätsausbildung könnte Menschen auch befähigen, anspruchsvollere Ehrenämter zu übernehmen und auf diese Weise eine positive gesellschaftliche Externalität zu erzeugen.

Aufgabe 4

Die Stadt Falls Church im US-Bundesstaat Virginia subventioniert das Anpflanzen von Bäumen in privaten Vorgärten, solange die Bäume nicht weiter als 5 Meter von der Straße entfernt sind.

a. Warum hat sich die Stadt zu diesem Schritt entschlossen?
b. Zeichnen Sie ein Diagramm (analog zu Abbildung 16-4 in Krugman/Wells, Volkswirtschaftslehre, 2. Auflage), das den gesellschaftlichen Grenznutzen, die gesellschaftlichen Grenzkosten und die optimale Pigou-Subvention für die Pflanzung der Bäume zeigt.

Lösung

a. Mit den Bäumen in Straßennähe geht ein externer Nutzen einher. Die Bäume spenden Schatten, sodass es auf den Straßen und Fußwegen kühler ist. Damit machen Spazierengehen und Fahrradfahren im Sommer mehr Spaß. Gleichzeitig verschönern die Bäume das Straßenbild und erhöhen den Wert der Immobilien. Außerdem bieten die Bäume Lebensraum für kleine Tiere und sichern damit die Artenvielfalt. Ohne die Subvention würden im Marktgleichgewicht weniger Bäume gepflanzt, als es aus Sicht der Gesellschaft wünschenswert wäre. Durch die Pigou-Subvention pflanzen die Hausbesitzer die gesellschaftlich optimale Menge an Bäumen.
b. Das Diagramm zeigt den gesellschaftlichen Grenznutzen (MSB) und die gesellschaftlichen Grenzkosten (MSC) für die Pflanzung der Bäume. Durch die Pi-

gou-Subvention steigt die Menge an gepflanzten Bäumen vom Marktergebnis Q_{MKT} zum gesellschaftlichen Optimum Q_{OPT}.

Abb. 16-1

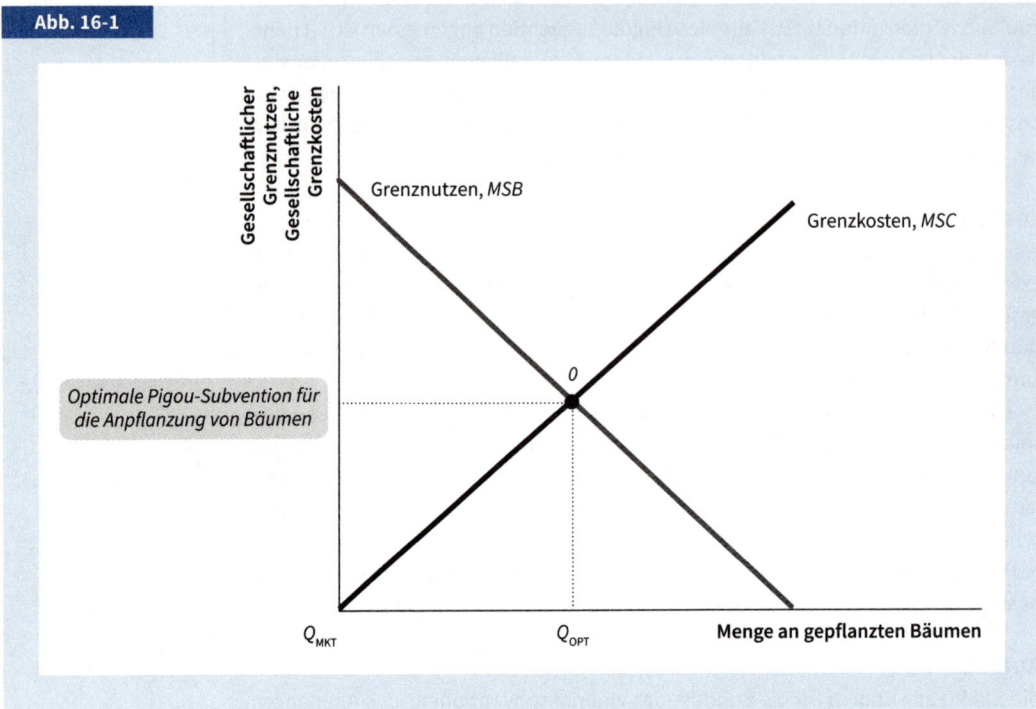

Aufgabe 5

Der Heringsfang war in der Vergangenheit so intensiv, dass der Hering vom Aussterben bedroht ist. Nach mehreren Jahren eines strikten Fangverbotes beabsichtigt die Regierung nunmehr, handelbare Zertifikate einzuführen, die den jeweiligen Inhaber dazu berechtigen, eine bestimmte Menge zu fangen. Erläutern Sie, inwiefern der Fischfang mit einer negativen Externalität verbunden ist und wie das Zertifikatesystem die Ineffizienz überwinden kann, die durch diese Externalität hervorgerufen wird.

Lösung

Der Heringsfang verursacht externe Grenzkosten. Durch den Fang wird der Fischbestand reduziert, nicht nur für den einzelnen Fischer, sondern auch für alle anderen Fischer. Dafür muss der einzelne Fischer nichts zahlen, weil der Heringsbestand niemandem gehört. Zudem können sich die Fische möglicherweise nicht ausreichend vermehren, um ihren Bestand zu erhalten, dies trifft wiederum alle Fischer. Die gesellschaftlichen Grenzkosten des Heringsfangs sind also höher als die Grenzkosten für den einzelnen Fischer. Dadurch fällt die gefangene Heringsmenge größer aus als die gesellschaftlich optimale Menge.

Das Zertifikatesystem sorgt dafür, dass nur diejenigen Fische fangen, die dazu aufgrund eines Zertifikats berechtigt sind. Wenn die Zertifikate den Heringsfang in einem Umfang erlauben, der dem gesellschaftlich optimalen Umfang nahekommt oder sogar genau trifft, dann wird das Zertifikatesystem dafür sorgen, dass die gesellschaftlich optimale Heringsmenge gefangen wird. Da die Zertifikate unter den Fischern handelbar sind, wird gleichzeitig erreicht, dass die Fischer mit den geringsten Fangkosten die Heringe fangen.

Aufgabe 6

In Schulstadt gibt es zwei chemische Reinigungen: »Fleck-Weg« und »Super-Rein«. Beide Unternehmen tragen erheblich zur Luftverschmutzung bei. Zusammen verursachen sie gegenwärtig 350 Einheiten Luftverschmutzung, welche die Stadt auf 200 Einheiten reduzieren möchte. Die Tabelle zeigt das gegenwärtige Verschmutzungsniveau, das von jedem Unternehmen hervorgerufen wird, und die jeweiligen Grenzkosten der Emissionsminderung. Die Grenzkosten sind konstant.

Tab. 16-1

Unternehmen	Ursprüngliches Verschmutzungsniveau (Einheiten)	Grenzkosten der Emissionsvermeidung (€/Einheit)
Fleck-Weg	230	5
Super-Rein	120	2

a. Nehmen Sie an, dass in Schulstadt Auflagen erlassen werden, welche die Emissionen jedes Unternehmens auf 100 Verschmutzungseinheiten begrenzen. Wie hoch sind die Gesamtkosten für beide Unternehmen, wenn jedes Unternehmen seine Emissionen auf 100 Einheiten reduzieren muss?

b. Nehmen Sie stattdessen an, Schulstadt würde 100 Verschmutzungszertifikate an jedes Unternehmen ausgeben. Jedes Zertifikat berechtigt den Inhaber, eine Verschmutzungseinheit zu emittieren. Die Zertifikate sind handelbar. Wie viel ist jedes Verschmutzungszertifikat der Firma Fleck-Weg wert? Wie viel ist jedes Verschmutzungszertifikat der Firma Super-Rein wert? (Anders ausgedrückt: Wie viel würde jedes der beiden Unternehmen maximal für ein zusätzliches Zertifikat bezahlen?)

c. Wer wird Zertifikate verkaufen, wer wird sie kaufen? Wie viele Zertifikate werden gehandelt?

d. Wie hoch sind die Gesamtkosten für beide Unternehmen, falls die Luftverschmutzung mit dem Zertifikatesystem gesteuert wird?

Lösung

a. Jedes Unternehmen muss seine Verschmutzung auf 100 Einheiten reduzieren.
   Die Kosten für Fleck-Weg belaufen sich auf 130 × 5 € = 650 €
   Die Kosten für Super-Rein betragen 20 × 2 € = 40 €.

Die Gesamtkosten für beide Unternehmen betragen damit 690 Euro.

b. Der Firma Fleck-Weg ist jedes Verschmutzungszertifikat 5 Euro wert (da ein Zertifikat der Firma 5 Euro an Kosten für die Emissionsvermeidung spart). Der Firma Super-Rein ist jedes Verschmutzungszertifikat 2 Euro wert.

c. Jedes Zertifikat ist der Firma Fleck-Weg mehr wert als der Firma Super-Rein. Damit wird Fleck-Weg Zertifikate kaufen, Super-Rein wird sie verkaufen. Es werden alle 100 Zertifikate von Super-Rein an Fleck-Weg verkauft, zu einem Preis, der zwischen 2 Euro und 5 Euro liegt.

d. Die Firma Super-Rein wird ihre Emissionen auf null absenken. Das kostet die Firma 120 × 2 € = 240 €. Die Firma Fleck-Weg hat 200 Verschmutzungszertifikate und muss daher nur noch 30 Einheiten an Verschmutzung reduzieren. Das kostet Fleck-Weg 30 × 5 € = 150 €. Die Gesamtkosten für beide Unternehmen betragen 390 Euro (die Kosten für den Kauf der Verschmutzungszertifikate entsprechen den Einnahmen aus dem Verkauf der Verschmutzungszertifikate und addieren sich damit zu null).

Aufgabe 7

OnlineAuktion und OnlineMarktplatz sind zwei konkurrierende Internetauktionsplattformen, auf denen Käufer und Verkäufer Waren nachfragen und anbieten. Beide Auktionsplattformen finanzieren sich dadurch, dass sie Gebühren für das Einstellen von Verkaufsangeboten verlangen. OnlineAuktion entschließt sich dazu, die Gebühren für Verkäufer zu streichen, die zum ersten Mal etwas auf dieser Plattform verkaufen wollen.

a. Warum ist dieser Schritt Ihrer Meinung nach eine gute Strategie im Wettbewerb gegen den Konkurrenten OnlineMarktplatz?

b. OnlineMarktplatz beschwert sich bei der Regulierungsbehörde darüber, dass die Maßnahme von OnlineAuktion wettbewerbsbeschränkend sei und zu einer Monopolisierung der Branche führt. Hat OnlineMarktplatz Recht? Wie sollte die Regulierungsbehörde reagieren?

c. OnlineAuktion nimmt seine Gebührenbefreiung zurück. Weil die Plattform aber einen besseren Service für seine Nutzer bietet, wechseln Käufer und Verkäufer immer häufiger von OnlineMarktplatz zu OnlineAuktion. Am Ende muss die Plattform OnlineMarktplatz schließen und OnlineAuktion wird zum Monopolisten. Sollte die Regulierungsbehörde OnlineAuktion in zwei Unternehmen aufteilen? Erläutern Sie Ihre Antwort.

d. OnlineAuktion ist nun Monopolist bei Internetauktionsplattformen. Dem Unternehmen gehört außerdem noch ein Internetbezahldienst mit Namen BezahlSofort. Dieser Bezahldienst konkurriert wiederum mit einem anderen Bezahldienst, dem Unternehmen BezahlGleich. OnlineAuktion legt nun fest, dass alle Transaktionen auf seiner Plattform über den Bezahldienst BezahlSofort zu erfolgen haben. Sollte die Regulierungsbehörde hier eingreifen? Erläutern Sie Ihre Antwort.

Lösung

a. Internetauktionsplattformen sind durch Netzwerkexternalitäten gekennzeichnet. Je mehr Verkäufer ihre Produkte auf einer Plattform anbieten, desto mehr Käufer werden die Plattform besuchen. Und je mehr Käufer auf einer Plattform sind, desto mehr Verkäufer werden auf dieser Plattform ihre Produkte anbieten. Es ist daher ein richtiger Schritt von OnlineAuktion, Verkäufern, die die Plattform zum ersten Mal nutzen, die Gebühren zu erlassen. Dadurch werden neue Verkäufer zu OnlineAuktion und nicht zu OnlineMarktplatz gelockt, die wiederum (neue) Käufer nach sich ziehen.

b. OnlineMarktplatz hat Recht. Aufgrund der Netzwerkexternalität ist die Vorgehensweise von OnlineAuktion wettbewerbsbeschränkend und kann dazu führen, dass OnlineMarktplatz aus dem Markt gedrängt wird. Die Regulierungsbehörde sollte daher zum Schutz des Wettbewerbs eingreifen und die Maßnahme von OnlineAuktion untersagen.

c. In diesem Fall sollte die Regulierungsbehörde nicht eingreifen. Aufgrund der Netzwerkexternalitäten hat sich in der Branche der Internetauktionsplattformen ein natürliches Monopol gebildet: Käufer und Verkäufer werden durch eine große Plattform besser bedient als durch zwei kleinere Plattformen. OnlineAuktion sind keine illegalen Verhaltensweisen vorzuwerfen. Das Unternehmen ist dadurch zum Monopolisten geworden, dass es einen besseren Service angeboten hat als andere und nicht durch wettbewerbsbeschränkendes Verhalten.

d. Hier sollte die Regulierungsbehörde eingreifen. OnlineAuktion nutzt seine Position als Monopolist in einer Branche aus, um in einer anderen Branche (Internetbezahldienste) durch eine faktische Wettbewerbsbeschränkung ein weiteres Monopol zu schaffen. Die Regulierungsbehörde sollte das Vorgehen von OnlineAuktion untersagen.

17 Öffentliche Güter und Allmendegüter

Aufgabe 1

Der Staat stellt eine ganze Reihe von öffentlichen Gütern bereit. Bestimmen Sie für jedes im Folgenden aufgelistete Gut, ob Rivalität oder Nichtrivalität im Konsum besteht und ob Ausschließbarkeit oder Nicht-Ausschließbarkeit gilt. Um welche Art von Gut handelt es sich? Wäre die bereitgestellte Menge ohne Staatseingriff effizient, zu niedrig oder zu groß?

- a. Straßenschilder
- b. Fahren mit der Deutschen Bahn
- c. Bundesemissionsschutzgesetz zur Begrenzung der Umweltbelastung
- d. Eine mautfreie Autobahn

Lösung

- a. Für Straßenschilder gilt Nichtrivalität im Konsum (wenn ich ein Straßenschild nutze, dann schränkt das andere in der Nutzung nicht ein) und Nicht-Ausschließbarkeit (niemand kann einen anderen von der Nutzung eines Straßenschildes ausschließen). Damit sind Straßenschilder öffentliche Güter. Aufgrund des Trittbrettfahrer-Problems wird ohne Staatseingriff eine zu geringe Menge bereitgestellt.
- b. Für das Fahren mit der Deutschen Bahn gilt Rivalität im Konsum (wenn ich einen Sitzplatz habe, dann kann dort keine andere Person sitzen) und Ausschließbarkeit (ohne gültige Fahrkarte darf ich nicht mitfahren). Obwohl das Fahren mit der Deutschen Bahn ein privates Gut ist, geht damit ein positiver externer Effekt einher (weniger Staus auf Straßen, weniger Abgase). Damit wird ohne Staatseingriff eine zu geringe Menge dieses Gutes bereitgestellt.
- c. Für die Vorschriften zur Begrenzung der Umweltbelastung gilt Nichtrivalität im Konsum (mein Nutzen aus den Vorschriften wird nicht durch den Nutzen anderer begrenzt) und Nicht-Ausschließbarkeit (niemand kann von sauberer Luft und sauberem Wasser ausgeschlossen werden). Damit sind die Vorschriften ein öffentliches Gut. Aufgrund des Trittbrettfahrer-Problems wird aber ohne Staatseingriff eine zu geringe Menge bereitgestellt.
- d. Für eine mautfreie Autobahn gilt Rivalität im Konsum (wenn ich die Autobahn benutze, steigt die Verkehrsdichte und damit senke ich den Nutzen anderer) und Nicht-Ausschließbarkeit (jeder kann die Autobahn benutzen). Damit ist die Autobahn ein Allmendegut. Aufgrund der Nicht-Ausschließbarkeit existiert ein Trittbrettfahrer-Problem, sodass ohne Staatseingriff eine zu geringe Menge bereitgestellt wird.

Aufgabe 2

Ein Ökonom gibt einem Museumsdirektor den folgenden Ratschlag: »Sie sollten ›Spitzenpreise‹ einführen: In den Zeiten, in denen das Museum nur von wenigen Menschen besucht wird, sollten Sie freien Eintritt gewähren. Und zu den Zeiten, in denen das Museum stark besucht ist, sollten Sie hohe Eintrittspreise verlangen.«

a. Wenn im Museum wenig los ist, gilt dann für seine Nutzung Rivalität oder Nichtrivalität im Konsum? Gilt Ausschließbarkeit oder Nicht-Ausschließbarkeit? Um welche Art von Gut handelt es sich bei dem Museum zu diesen Zeiten? Wie hoch ist der effiziente Preis, den man von Besuchern während dieser Zeiten verlangen sollte? Begründen Sie Ihre Antworten.

b. Wenn im Museum viel los ist, liegt dann Rivalität oder Nichtrivalität im Konsum vor? Besteht Ausschließbarkeit oder Nicht-Ausschließbarkeit? Um welche Art von Gut handelt es sich bei der Nutzung des Museums zu diesen Zeiten? Wo läge zu diesen Zeiten der effiziente Preis, den man von den Besuchern verlangen sollte? Begründen Sie Ihre Antwort.

Lösung

a. Wenn im Museum wenig los ist, sind auch nur wenige Besucher im Museum. Niemand behindert den anderen bei der Nutzung des Museums, und es gilt Nichtrivalität im Konsum. Gleichzeitig gilt aber die Ausschließbarkeit vom Konsum, da jeder Besucher eine Eintrittskarte erwerben muss. Wenn wenig los ist, handelt es sich beim Museumsbesuch also um ein Klubgut. Da die Grenzkosten eines weiteren Besuchers gleich null sind (das Licht ist schon vorher eingeschaltet, Klimaanlage/Heizung auch, das Personal ist ebenfalls bereits da), beträgt der effiziente Eintrittspreis null.

b. Ist im Museum viel los, sind Massen an Besuchern im Museum. Jeder zusätzliche Besucher behindert den anderen bei der Nutzung des Museums, und es gilt Rivalität im Konsum. Es besteht aber Ausschließbarkeit vom Konsum, da jeder Besucher eine Eintrittskarte erwerben muss. Wenn viel los ist, handelt es sich beim Museumsbesuch um ein privates Gut. Da mit einem zusätzlichen Besucher nun Grenzkosten einhergehen (die zusätzlichen Kosten durch die weitere Überfüllung), entspricht der effiziente Eintrittspreis den externen Grenzkosten bei der optimalen Besuchermenge.

Aufgabe 3

Die Tabelle zeigt Tanjas und Antons individuellen Grenznutzen aus unterschiedlichen Häufigkeiten der Straßenreinigung pro Monat. Nehmen Sie an, dass die Grenzkosten der Straßenreinigung konstant 9 Euro betragen.

Tab. 17-1

Straßenreinigungen pro Monat	Tanjas Grenznutzen (€)	Antons Grenznutzen (€)
0		
	10	8
1		
	6	4
2		
	2	1
3		

a. Wenn Tanja für die Straßenreinigung allein aufkommen müsste, welche Anzahl von Straßenreinigungen würde es dann geben?

b. Berechnen Sie den gesellschaftlichen Grenznutzen der Straßenreinigung. Wie groß ist die optimale Anzahl der Straßenreinigungen?

c. Gehen Sie von der optimalen Anzahl von Straßenreinigungen aus. Die letzte Straßenreinigung kostet 9 Euro. Wäre Tanja bereit, allein für diese letzte Reinigung zu bezahlen? Wäre Anton bereit, allein für diese letzte Reinigung zu bezahlen?

Lösung

a. Wenn Tanja für die Straßenreinigung allein aufkommen müsste, würde sie genau eine Straßenreinigung bezahlen. Nur bei einer Straßenreinigung übersteigt der individuelle Grenznutzen von Tanja (10 Euro) die Grenzkosten von 9 Euro.

b.

Tab. 17-2

Straßenreinigungen pro Monat	Tanjas Grenznutzen (€)	Antons Grenznutzen (€)	Gesellschaftlicher Grenznutzen (€)
0			
	10	8	18
1			
	6	4	10
2			
	2	1	3
3			

Die optimale Anzahl an Straßenreinigungen pro Monat beträgt zwei, da hier der gesellschaftliche Grenznutzen noch größer ist (10 Euro) als die Grenzkosten (9 Euro).

c. Tanja wäre nicht bereit, allein für diese letzte Reinigung zu bezahlen, da ihr Grenznutzen nur 6 Euro beträgt, die Kosten der Straßenreinigung jedoch 9 Euro betragen. Anton wäre ebenfalls nicht bereit, da sich sein Grenznutzen nur auf 4 Euro beläuft.

Aufgabe 4

In der Mitte von Obergerstendorf liegt die örtliche »Dorfwiese«, ein Stück Land, auf dem jeder Dorfbewohner das Recht hat, seine Kühe grasen zu lassen. Die Nutzung der Dorfwiese wird durch die Anzahl der Kühe gemessen, die auf ihr grasen. Nehmen Sie an, dass jedem Bürger steigende Grenzkosten dafür entstehen, seine Tiere auf der Wiese grasen zu lassen (weil z. B. immer mehr Zeit für das Hüten der Tiere erforderlich ist). Jede zusätzliche Kuh, die dort grast, bedeutet aber, dass für andere Kühe weniger Gras zur Verfügung steht. Gleichzeitig nimmt der Schaden, der aus der Übernutzung der Dorfwiese entsteht, mit der Anzahl der grasenden Kühe zu. Außerdem sinkt der Nutzen, der den Bewohnern für jede weitere Kuh zufließt, die auf der Dorfwiese grast, weil für jede zusätzliche Kuh weniger Gras vorhanden ist als für die vorhergehende.

a. Gilt für die Dorfwiese Ausschließbarkeit oder Nicht-Ausschließbarkeit? Besteht Rivalität im Konsum oder nicht? Um welche Art von Gut handelt es sich bei der Dorfwiese?

b. Veranschaulichen Sie die Situation anhand eines Diagramms. Vergleichen Sie die Menge an grasenden Kühen ohne staatlichen Eingriff mit der effizienten Menge.

c. Die Dorfbewohner stellen Sie an, um ihnen zu sagen, wie sich eine effiziente Nutzung der gemeinschaftlichen Dorfwiese erreichen lässt. Sie sagen den Bewohnern, dass es drei Wege gibt: eine Pigou-Steuer, die Zuweisung von Eigentumsrechten für die Dorfwiese und ein System handelbarer Zertifikate für das Recht, eine Kuh dort grasen zu lassen. Erläutern Sie, auf welche Weise jede dieser drei Wege zu einer effizienten Nutzung der Dorfwiese führen würde. Zeichnen Sie ein Diagramm, das die Pigou-Steuer zeigt.

Lösung

a. Da jeder Einwohner die Dorfwiese nutzen kann, gilt die Nicht-Ausschließbarkeit. Da aber eine Kuh der anderen Kuh das Gras wegfrisst, gilt gleichzeitig auch Rivalität im Konsum. Folglich handelt es sich um ein Allmendegut.

b.

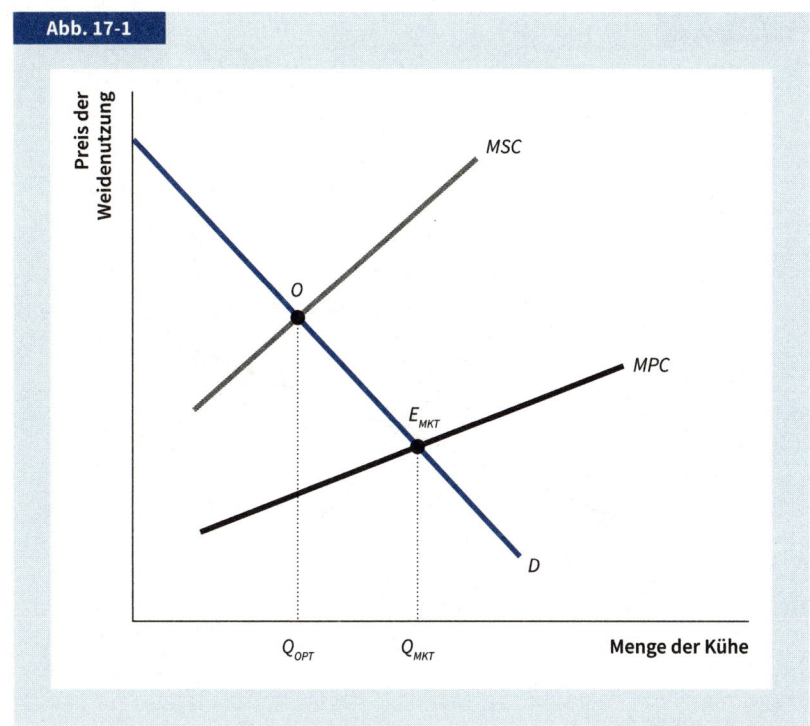

Abb. 17-1

Die privaten Grenzkosten der Dorfbewohner (*MPC*), die gleichzeitig die Angebotskurve darstellen, sind niedriger als die gesellschaftlichen Grenzkosten (*MSC*), da jede Kuh eines Dorfbewohners zu zusätzlichen Kosten für alle anderen Dorfbewohner führt.

Ohne einen staatlichen Eingriff werden im Vergleich zur gesellschaftlich optimalen Menge (Q_{OPT}) zu viele Kühe auf der Weide grasen (Q_{MKT}).

c.

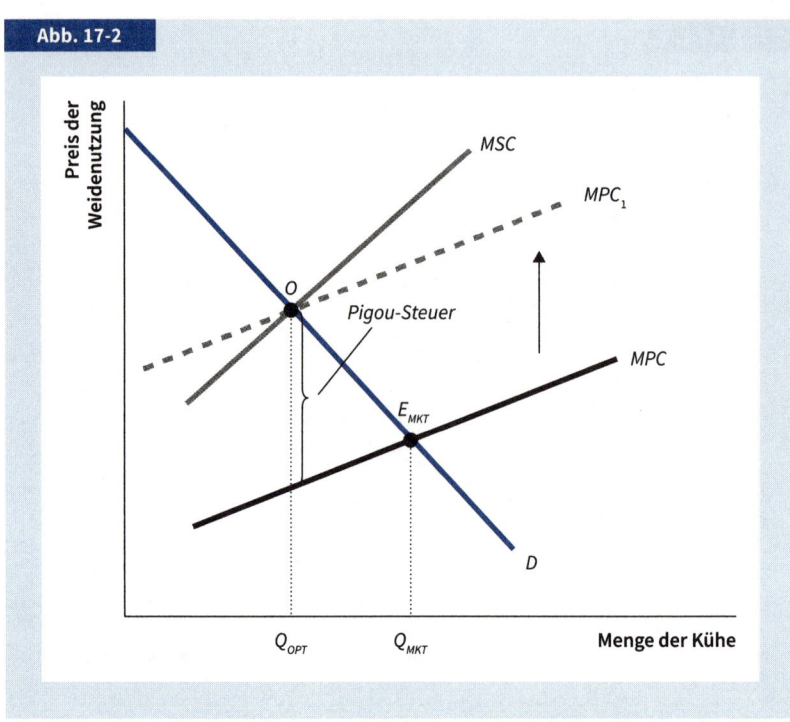

Abb. 17-2

Eine Pigou-Steuer auf die Weidenutzung würde die Grenzkosten der Weidenutzung für die Dorfbewohner erhöhen, sodass sich die Kurve der privaten Grenzkosten nach oben verschiebt (MPC_1). Bei einer optimalen Ausgestaltung der Pigou-Steuer wird im neuen Gleichgewicht (Punkt O) die gesellschaftlich optimale Menge der Weidenutzung erreicht.

Eine andere Möglichkeit, das Problem der Übernutzung zu lösen, besteht darin, Eigentumsrechte für die Dorfwiese einzuführen. Für Allmendegüter wie die Dorfwiese entsteht das Übernutzungsproblem gerade deswegen, weil sie niemandem gehören. Das Wesen von Eigentum an einem Gut – das Eigentumsrecht an dem Gut – besteht darin, dass man darüber bestimmen kann, wer das Gut nutzen darf und wer nicht, und dass man die Intensität der Nutzung festlegen kann. Der Eigentümer der Wiese hat dann den Anreiz, die Wiese effizient zu nutzen und eine Übernutzung zu verhindern.

Bei einem System von handelbaren Zertifikaten wird eine Anzahl von Zertifikaten an die Dorfbewohner vergeben, die insgesamt zu einem effizienten Nutzungsniveau der Dorfwiese führen (Q_{OPT}). Durch die Handelbarkeit der Zertifikate wird sichergestellt, dass die Allokation der Weidenutzung effizient ist, dass also am Ende diejenigen die Wiese nutzen, die daraus den größten Vorteil ziehen und daher auch bereit sind, am meisten für ein Zertifikat zu bezahlen.

Aufgabe 5

Die Tabelle zeigt die Zahlungsbereitschaft (den individuellen Grenznutzen) von sechs Konsumenten für eine MP3-Kopie eines Albums von Jay-Z. Die Grenzkosten der Bereitstellung der Datei für einen zusätzlichen Konsumenten betragen konstant null.

Tab. 17-3

Konsument	Individueller Grenznutzen (€)
Adriana	2
Billy	15
Charly	1
Dorian	10
Emma	5
Frank	4

a. Wie hoch wäre der effiziente Preis, der für das Herunterladen der Datei verlangt werden sollte?

b. Alle sechs Konsumenten können die Datei kostenlos von einem File-Sharing-Dienst (Pantster) herunterladen. Welche Konsumenten werden die MP3-Datei herunterladen? Wie groß ist die gesamte Konsumentenrente dieser Personen?

c. Pantster wird wegen Verletzung des Urheberrechts geschlossen. Um die Datei herunterladen zu können, müssen die Konsumenten nun bei einem kommerziellen Musikanbieter 4,99 Euro bezahlen. Welche Konsumenten werden sich die Datei herunterladen? Wie groß ist die gesamte Konsumentenrente, die diesen Personen zufällt? Wie hoch ist die Produzentenrente, die für den kommerziellen Musikanbieter entsteht? Wie hoch ist die Gesamtrente? Wie groß ist der Nettowohlfahrtsverlust, der aus der neuen Preispolitik resultiert?

Lösung

a. Da die Grenzkosten für die Bereitstellung der Datei für einen zusätzlichen Kunden null sind, liegt der effiziente Preis bei 0 Euro.

b. Da der Grenznutzen für alle sechs Konsumenten größer als null ist, werden alle die Datei herunterladen. Somit beträgt die Konsumentenrente 37 Euro (2 Euro + 15 Euro + 1 Euro + 10 Euro + 5 Euro + 4 Euro).

c. In diesem Fall werden nur Billy, Dorian und Emma die Datei herunterladen. Die Konsumentenrente beträgt dann nur noch 15,03 Euro (Billy: 10,01 Euro, Dorian 5,01 Euro, Emma: 0,01 Euro). Die Produzentenrente beläuft sich auf $3 \times 4{,}99\,€ = 14{,}97\,€$. Die Gesamtrente beträgt 30 Euro. Das sind 7 Euro weniger als bei einem kostenlosen Download. Der Nettowohlfahrtsverlust beläuft sich demnach auf 7 Euro.

Aufgabe 6

Der Wörlitzer Park ist eine große Gartenanlage in der Nähe von Dessau. Die Gartenanlage ist so groß, dass viel mehr Menschen sie besuchen könnten, ohne sich zu stören, als es gegenwärtig der Fall ist. Der Eintritt für den Wörlitzer Park beträgt derzeit 30 Euro pro Person. Bei diesem Preis schauen sich jeden Tag 1.000 Besucher den Park an. Wäre der Eintritt frei, würden jeden Tag 2.000 Besucher kommen.

    a. Gilt für Besuche im Wörlitzer Park Ausschließbarkeit oder Nicht-Ausschließbarkeit? Gilt Rivalität im Konsum oder gilt Nichtrivalität? Um welche Art von Gut handelt es sich?

    b. Zeigen Sie in einem Diagramm die Nachfragekurve für Besuche im Wörlitzer Park. Markieren Sie in Ihrer Zeichnung die Situation, die sich ergibt, wenn der Wörlitzer Park einen Eintrittspreis von 30 Euro erhebt. Zeigen Sie auch, was passieren würde, wenn der Eintritt kostenlos wäre. Zeigen Sie außerdem den Nettowohlfahrtsverlust, der aus der Erhebung eines Eintrittspreises von 30 Euro resultiert, und erläutern Sie, warum die Erhebung eines Eintrittspreises von 30 Euro ineffizient ist.

Lösung

    a. Für den Wörlitzer Park gilt Ausschließbarkeit (Eintrittspreis) und Nichtrivalität im Konsum (noch viel mehr Leute können die Gartenanlage besuchen). Das Vergnügen für einen Besucher aus einem Besuch des Parks wird also durch andere Besucher nicht gemindert. Folglich handelt es sich um ein Klubgut.

    b.

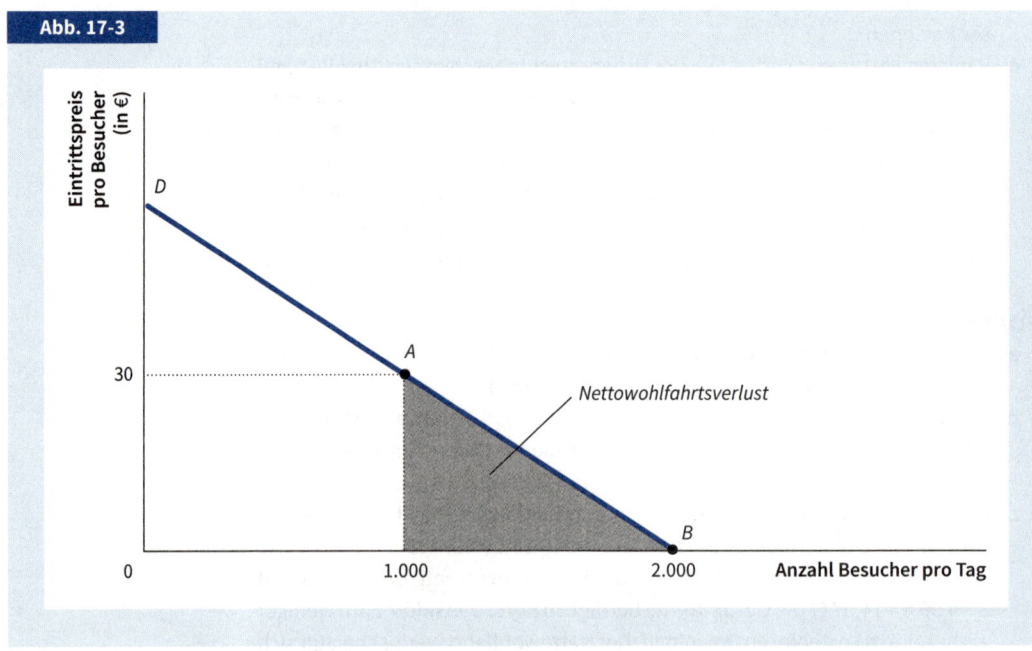

Abb. 17-3

Wenn der Wörlitzer Park einen Eintrittspreis von 30 Euro erhebt, stellt sich der Punkt *A* ein. Ist der Eintritt dagegen kostenlos, ergibt sich der Punkt *B*.

Da die Grenzkosten, die ein weiterer Besucher verursacht, mit null angesetzt werden können, beträgt der effiziente Eintrittspreis ebenfalls null. Ein Eintrittspreis von 30 Euro ist dagegen ineffizient, da Konsumenten, deren Zahlungsbereitschaft oberhalb der Grenzkosten liegt, von einem Besuch ausgeschlossen werden.

Aufgabe 7

Bei der Entwicklung eines Impfstoffs gegen einen neuen Virus, der SARS genannt wird, entstehen einem Pharmaunternehmen sehr hohe Fixkosten. Die Grenzkosten der Verabreichung des Impfstoffs an Patienten sind jedoch vernachlässigbar, sodass wir sie mit null ansetzen können. Das Pharmaunternehmen verfügt über ein exklusives Patent für den Impfstoff. Sie sind das Mitglied der Regulierungsbehörde, das entscheiden muss, welchen Preis das Pharmaunternehmen für den Impfstoff verlangen darf.

   a. Zeichnen Sie ein Diagramm, das den Preis P_M für den Impfstoff zeigt, der sich ergeben würde, falls es für das Unternehmen keine Regulierung gäbe. Wie hoch ist der effiziente Preis für eine Impfung? Markieren Sie in Ihrem Diagramm den Nettowohlfahrtsverlust.

   b. Zeigen Sie in einem weiteren Diagramm den niedrigsten Preis, den die Regulierungsbehörde durchsetzen könnte, bei dem für das Pharmaunternehmen aber immer noch ein Anreiz verbleibt, den Impfstoff zu entwickeln. Markieren Sie in Ihrem Diagramm den Nettowohlfahrtsverlust, der sich aus diesem Preis ergibt. Wie sieht dieser Nettowohlfahrtsverlust im Vergleich zu dem Nettowohlfahrtsverlust aus, der sich beim Preis P_M ergibt?

   c. Nehmen Sie an, Sie hätten präzise Informationen über die Fixkosten des Pharmaunternehmens. Wie könnten Sie die Preisregulierung des Pharmaunternehmens mit einer Subventionierung der Firma verbinden, um zu erreichen, dass die effiziente Menge des Impfstoffs zu den für die Regierung geringsten Kosten bereitgestellt wird?

Lösung

a.

Abb. 17-4

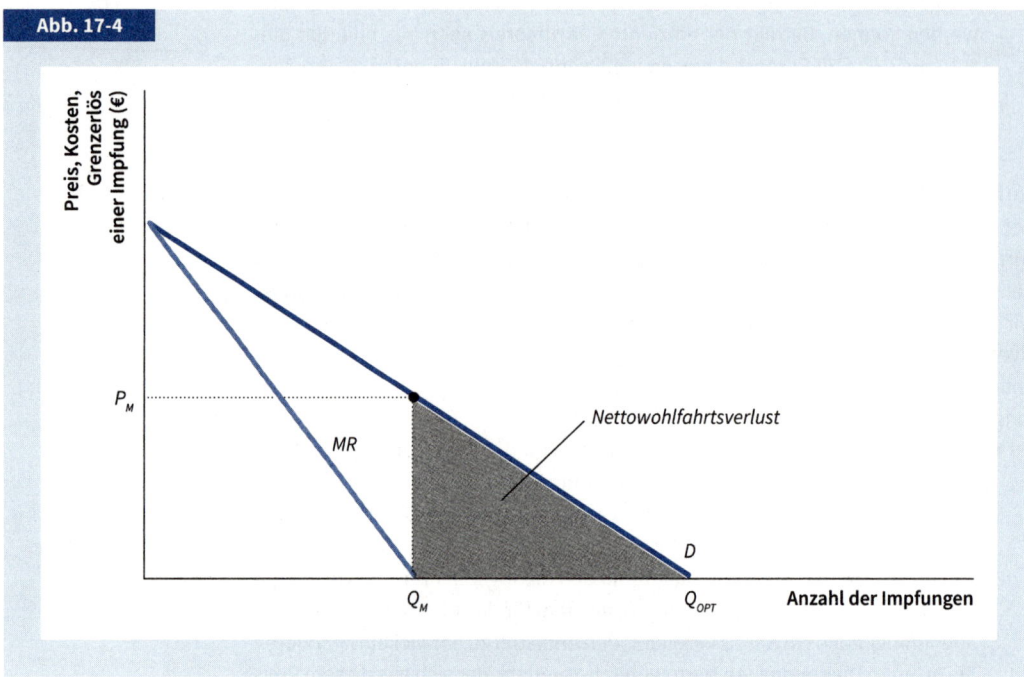

Ohne staatlichen Eingriff würde sich das Unternehmen wie ein Monopolist verhalten und die Menge Q_M anbieten, bei der der Grenzerlös *MR* den Grenzkosten entspricht. Daraus ergibt sich der (Monopol-)Preis P_M. Der effiziente Preis für eine Impfung dagegen beträgt null, da die Grenzkosten der Impfung null betragen.

b.

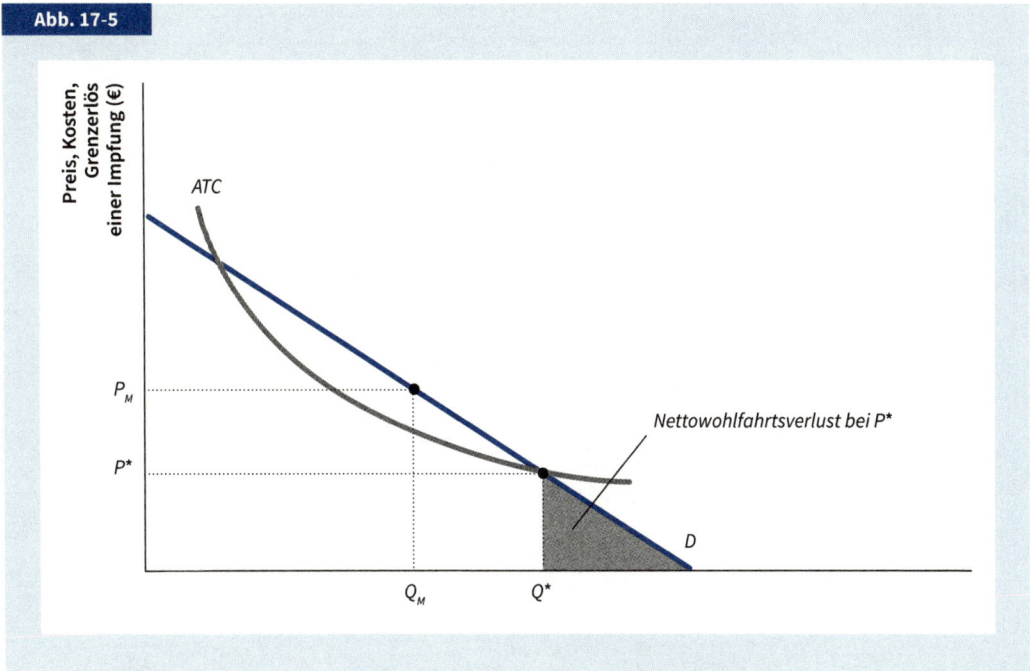

Abb. 17-5

Der niedrigste Preis, bei dem für das Unternehmen noch ein Anreiz verbleibt, das Medikament zu entwickeln, ist der Preis P^*, bei dem das Pharmaunternehmen durch den Preis gerade seine durchschnittlichen Gesamtkosten decken kann, sodass der Gewinn null ist.

Der Nettowohlfahrtsverlust ist in diesem Fall kleiner als der, der sich bei einem Preis pro Impfung in Höhe von P_M ergibt.

c. Der Preis müsste auf null reguliert werden. Dann würden alle Konsumenten mit einer positiven Zahlungsbereitschaft eine Impfung erhalten. Zur Finanzierung der Entwicklungskosten für den Impfstoff müsste dem Unternehmen eine Subvention gewährt werden, die die Fixkosten deckt.

18 Die Ökonomie des Wohlfahrtsstaates

Aufgabe 1

Die Tabelle zeigt für die US-amerikanische Volkswirtschaft für die Jahre 1983 und 2013: die Armutsgrenze, den Verbraucherpreisindex (ein Maß für das Preisniveau) sowie das Pro-Kopf-Einkommen (ein Maß für den Lebensstandard).

Tab. 18-1

Jahr	Armutsgrenze ($)	Verbraucherpreisindex (1982–1984 = 100)	Pro-Kopf-Einkommen ($)
1983	5.180	99,6	15.525
2013	11.490	233,0	53.086

Quelle: U.S. Census Bureau, Bureau of Labor Statistics, Bureau of Economic Analysis.

a. Um welchen Faktor hat sich die Armutsgrenze zwischen 1983 und 2013 erhöht?

b. Um welchen Faktor hat sich der Verbraucherpreisindex zwischen 1983 und 2013 erhöht?

c. Um welchen Faktor hat sich das Pro-Kopf-Einkommen zwischen 1983 und 2013 erhöht?

d. Welche Schlussfolgerungen ergeben sich aus den Ergebnissen für die wirtschaftliche Lage der Armen in den Vereinigten Staaten?

Lösung

a. Die Armutsgrenze hat sich zwischen 1983 und 2013 um den Faktor 2,2 erhöht.

b. Der Verbraucherpreisindex hat sich zwischen 1983 und 2013 um den Faktor 2,3 erhöht.

c. Das Pro-Kopf-Einkommen hat sich zwischen 1983 und 2013 um den Faktor 3,4 erhöht.

d. In den Vereinigten Staaten ist die Armutsgrenze absolut über ein bestimmtes Jahreseinkommen definiert. Diese absolute Armutsgrenze wird jedes Jahr angepasst, um Änderungen der Verbraucherpreise zu berücksichtigen. Dadurch entspricht der Anstieg der Höhe der Armutsgrenze ungefähr dem Anstieg der Verbraucherpreise. Unberücksichtigt bleiben bei dieser Vorgehensweise Änderungen im durchschnittlichen Lebensstandard der US-Amerikaner. Der Lebensstandard ist deutlich stärker gestiegen als die Höhe der Armutsgrenze. Dadurch gelten Menschen offiziell nicht mehr als arm, obwohl ihr Einkommen weniger angestiegen ist als das Pro-Kopf-Einkommen. Gleichzeitig sind die Menschen, die heute als arm eingestuft werden, im Vergleich zur restlichen Bevölkerung deutlicher ärmer als die Menschen, die im Jahr 1983 als arm eingestuft wurden.

Aufgabe 2

In der Stadt Metropolis leben 100 Menschen, die alle 75 Jahre alt werden. In Abhängigkeit von ihrem Alter erzielen die Bewohner unterschiedlich hohe Jahreseinkommen. Bewohner bis zum Alter von 14 Jahren verdienen nichts, Bewohner zwischen 15 Jahren und 29 Jahren verdienen 200 Taler, Personen zwischen 30 Jahren und 49 Jahren verdienen 400 Taler, Personen zwischen 50 Jahren und 64 Jahren verdienen 300 Taler. Im Alter von 65 Jahren gehen die Bewohner in den Altersruhestand und bekommen bis zu ihrem Tod eine Jahresrente in Höhe von 100 Talern. Jeder Bewohner gibt in jedem Jahr genau die Summe aus, die er verdient hat. Derzeit sind 20 Bewohner 10 Jahre alt, 20 Bewohner sind 20 Jahre alt, 20 Bewohner sind 40 Jahre alt, 20 Bewohner sind 60 Jahre alt und 20 Bewohner sind 70 Jahre alt.

Untersuchen Sie die Einkommensverteilung in Metropolis. Teilen Sie dazu die Bevölkerung von Metropolis in Quintile auf. Welchen Anteil am Gesamteinkommen in Metropolis haben die Einwohner in den einzelnen Quintilen? Sind die Einkommen in Metropolis gleich oder ungleich verteilt?

Lösung

Tab. 18-2

Einkommensgruppe	Einkommen pro Bewohner	Anteil am Gesamteinkommen
Unteres Quintil	0 Taler	0 %
Zweites Quintil	100 Taler	10 %
Drittes Quintil	200 Taler	20 %
Viertes Quintil	300 Taler	30 %
Oberes Quintil	400 Taler	40 %

Gesamteinkommen: 2.000 Taler + 4.000 Taler + 6.000 Taler + 8.000 Taler = 20.000 Taler

Die Einkommen in Metropolis sind ungleich verteilt, da nicht alle Quintile den gleichen Anteil am Gesamteinkommen aufweisen.

Aufgabe 3

Die Tabelle zeigt (inflationsbereinigte) Daten zum Durchschnittseinkommen und zum Medianeinkommen von männlichen Arbeitskräften in den Vereinigten Staaten für die Jahre 1972 und 2012.

Tab. 18-3		
Jahr	Medianeinkommen ($ von 2012)	Durchschnittseinkommen ($ von 2012)
1972	36.547	42.383
2012	33.904	49.915

Quelle: U.S. Census Bureau

a. Um wie viel Prozent hat sich das Medianeinkommen zwischen 1972 und 2012 verändert? Um wie viel Prozent hat sich das Durchschnittseinkommen zwischen 1972 und 2012 verändert?
b. Wie hat sich die Einkommensverteilung zwischen 1972 und 2012 entwickelt?

Lösung

a. Das Medianeinkommen ist um 7,2 Prozent gesunken, das Durchschnittseinkommen um 17,8 Prozent gestiegen.
b. In den Vereinigten Staaten ist das Medianeinkommen von 1972 bis 2012 gesunken. Gleichzeitig ist das Durchschnittseinkommen gestiegen. Das lässt darauf schließen, dass die Einkommensverteilung ungleicher geworden ist. Der Anstieg des Durchschnitteinkommens ist darauf zurückzuführen, dass die hohen Einkommen angestiegen sind. Gleichzeitig ist das Einkommen in der Mitte der Bevölkerung (Medianeinkommen) gesunken.

Aufgabe 4

Nehmen Sie an, in der Volkswirtschaft von Equalor gibt es 100 Haushalte. 99 der 100 Haushalte verfügen über ein Einkommen von 10.000 Euro, ein Haushalt hat ein Einkommen von 1.010.000 Euro.

a. Wie hoch ist das Medianeinkommen in dieser Volkswirtschaft? Wie hoch ist das Durchschnittseinkommen?
b. Im Rahmen eines Wohlfahrtsprogramms nimmt der Staat nun eine Umverteilung vor. Dem reichsten Haushalt werden 990.000 Euro entzogen und diese Summe wird gleichmäßig auf alle anderen 99 Haushalte aufgeteilt. Wie hoch ist jetzt das Medianeinkommen in der Volkswirtschaft? Hat sich das Durchschnittseinkommen verändert? Welche der beiden Größen kann die Einkommenssituation eines Durchschnittshaushalts besser widerspiegeln? Erläutern Sie Ihre Antwort.

Lösung

a. Das Medianeinkommen in Equalor beträgt 10.000 Euro. Das Durchschnittseinkommen beträgt 20.000 Euro.
b. Das Medianeinkommen beträgt nun 20.000 Euro. Das Durchschnittseinkommen bleibt dagegen unverändert, da sich das gesamtwirtschaftliche Einkommen nicht geändert hat. Ökonomen greifen zur Beurteilung der Einkommenssituation eines Durchschnittsbürgers eher auf das Medianeinkommen als auf

das Durchschnittseinkommen zurück. Das Durchschnittseinkommen kann durch eine kleine Gruppe mit sehr hohen Einkommen, die für die Durchschnittsbevölkerung nicht repräsentativ sind, verzerrt werden.

Aufgabe 5

Das Steuersystem in Taxilvania beinhaltet eine negative Einkommensteuer. Für alle Einkommen, die kleiner als 10.000 Euro sind, gilt ein Steuersatz in Höhe von –40 Prozent. Alle Einkommen oberhalb von 10.000 Euro werden mit einem Steuersatz von 10 Prozent besteuert. Berechnen Sie für die folgenden drei Fälle die Steuerzahlung sowie das Einkommen nach Steuern.

    a. Lowani verdient 8.000 Euro.
    b. Midram verdient 40.000 Euro.
    c. Hi-Wan verdient 100.000 Euro.
    d. Kann es in diesem Steuersystem zu einer Situation kommen, in der ein Mehrverdienst zu einem geringeren Einkommen nach Steuern führt?

Lösung

    a. Für die ersten 10.000 Euro gilt ein Steuersatz von –40 Prozent. Da Lowani 8.000 Euro verdient, beträgt die Steuerzahlung –3.200 Euro (–0,40 × 8.000 Euro). Das bedeutet, Lowani erhält eine Zahlung vom Staat in Höhe von 3.200 Euro. Damit beläuft sich das Einkommen nach Steuern auf 11.200 Euro.

    b. Midram verdient 40.000 Euro. Für die ersten 10.000 Euro gilt ein Steuersatz von –40 Prozent. Daraus resultiert eine Steuerzahlung von –4.000 Euro (–0,40 × 10.000 Euro). Auf die nächsten 30.000 Euro ist eine Steuer in Höhe von 10 Prozent zu entrichten. Das sind für Midram 3.000 Euro (0,10 × 30.000 Euro). Damit beläuft sich das Einkommen nach Steuern auf 41.000 Euro (40.000 Euro + 4.000 Euro – 3.000 Euro).

    c. Hi-Wan verdient 100.000 Euro. Für die ersten 10.000 Euro gilt ein Steuersatz von –40 Prozent. Daraus resultiert eine Steuerzahlung von –4.000 Euro (–0,40 × 10.000 Euro). Auf die nächsten 90.000 Euro ist eine Steuer in Höhe von 10 Prozent zu entrichten. Das sind für Hi-Wan 9.000 Euro (0,10 × 90.000 Euro). Damit beläuft sich das Einkommen nach Steuern auf 95.000 Euro (100.000 Euro + 4.000 Euro – 9.000 Euro).

    d. In diesem Steuersystem kann es nicht dazu kommen, dass ein höheres Einkommen vor Steuern zu einem geringeren Einkommen nach Steuern führt. Bei einem Einkommen unterhalb 10.000 Euro erhöht 1 Euro an zusätzlichem Einkommen das Einkommen nach Steuern um 1,40 Euro (durch die negative Einkommensteuer). Und bei einem Einkommen oberhalb von 10.000 Euro erhöht 1 Euro an zusätzlichem Einkommen das Einkommen nach Steuern um 0,90 Euro.

Aufgabe 6

In der Stadt Notchingham beträgt der Stundenlohnsatz für alle Arbeitskräfte 10 Euro. Arbeitslose erhalten eine Unterstützungszahlung durch die Stadt in Höhe von 50 Euro pro Tag. Diese Zahlung entfällt allerdings, wenn der Betroffene auch nur eine Stunde pro Tag arbeitet.

  a. Über welches Einkommen verfügt eine arbeitslose Person am Tag? Wie hoch ist das Arbeitseinkommen einer Person, wenn sie pro Tag vier Stunden arbeitet? Wie viele Stunden muss eine Person pro Tag arbeiten, um mindestens den Betrag als Arbeitseinkommen zu erzielen, der einer arbeitslosen Person gewährt wird?
  b. Würde überhaupt jemand bereit sein, eine Teilzeittätigkeit im Umfang von 4 Stunden am Tag anzunehmen, um nicht arbeitslos zu sein?
  c. Nun ändert die Stadt ihr Arbeitslosenunterstützungssystem. Für jeden Euro an Arbeitseinkommen entfallen nur 0,50 Euro an Unterstützungsleistung. Wie hoch ist jetzt das Einkommen einer Person, die vier Stunden am Tag arbeitet? Gibt es jetzt einen Anreiz, vier Stunden am Tag zu arbeiten?

Lösung

  a. Eine arbeitslose Person verfügt über ein Einkommen in Höhe von 50 Euro am Tag. Arbeitet eine Person pro Tag vier Stunden, erhält sie 40 Euro. Um mindestens den Betrag als Arbeitseinkommen zu erzielen, der einer arbeitslosen Person gewährt wird, muss eine Person 5 Stunden am Tag arbeiten.
  b. Bei diesem System würde niemand bereit sein, eine Teilzeittätigkeit im Umfang von 4 Stunden am Tag anzunehmen, da man bei Arbeitslosigkeit (und Arbeitslosenunterstützung) immer mehr Geld erhält (50 Euro) als bei einer Arbeit (40 Euro).
  c. Unter dem neuen System erhält eine Person, die vier Stunden am Tag arbeitet, 40 Euro Arbeitseinkommen und noch zusätzlich 30 Euro an Unterstützungsleistung (50 Euro abzgl. 20 Euro wegen des Arbeitseinkommens in Höhe von 40 Euro). Damit beträgt das Einkommen jetzt 70 Euro. Und damit gibt es auch einen Anreiz, vier Stunden am Tag zu arbeiten, da man ein höheres Einkommen erzielt als ohne Arbeitsaufnahme.

19 Faktormärkte und Einkommensverteilung

Aufgabe 1

Martins Unternehmen, das Joghurteis herstellt, weist die in der Tabelle gezeigte Produktionsfunktion auf. Der Gleichgewichtslohn für einen Arbeitnehmer beträgt 80 Euro pro Tag. Jeder Becher Joghurteis kann für 2 Euro verkauft werden.

Tab. 19-1

Arbeitsmenge (Arbeitskräfte)	Menge an Joghurteis (Becher)
0	0
1	110
2	200
3	270
4	300
5	320
6	330

a. Berechnen Sie für jeden Arbeiter sowohl das physische Grenzprodukt der Arbeit als auch das Wertgrenzprodukt.
b. Wie viele Arbeitnehmer sollte Martin beschäftigen?

Lösung

a.

Tab. 19-2

Arbeiter	Menge an Joghurteis (Becher)	Grenzprodukt (Becher)	Wertgrenz- produkt (€)
0	0		
		110	220
1	110		
		90	180
2	200		
		70	140
3	270		
		30	60
4	300		
		20	40
5	320		
		10	20
6	330		

b. Der gleichgewichtige Lohnsatz für einen Arbeitnehmer beträgt 80 Euro pro Tag. Folglich sollten drei Mitarbeiter beschäftigt werden.

Aufgabe 2

Patricks Pizzabude wird durch die in der Tabelle gezeigte Produktionsfunktion charakterisiert. Der Stundenlohnsatz für jeden Arbeiter beträgt 10 Euro. Jede Pizza wird für 2 Euro verkauft.

Tab. 19-3

Arbeitsmenge (Arbeiter)	Pizzamenge
0	0
1	9
2	15
3	19
4	22
5	24

a. Berechnen Sie für jeden Arbeiter das physische Grenzprodukt sowie das Wertgrenzprodukt.

b. Zeichnen Sie die Kurve des Wertgrenzproduktes. Verwenden Sie Ihr Diagramm, um zu bestimmen, wie viele Arbeiter Patrick beschäftigen sollte.

c. Der Pizzapreis steigt nun auf 4 Euro. Berechnen Sie das Wertgrenzprodukt und zeichnen Sie die neue Kurve des Wertgrenzproduktes in Ihr Diagramm ein. Verwenden Sie Ihr Diagramm, um zu bestimmen, wie viele Arbeitskräfte Patrick jetzt beschäftigen sollte.

d. Der Pizzapreis beträgt 2 Euro, aber der Stundenlohnsatz steigt von 10 auf 15 Euro. Verwenden Sie ein Diagramm um zu bestimmen, wie sich Patricks Nachfrage nach Arbeitskräften aufgrund dieser Lohnsatzsteigerung verändert.

e. Der Stundenlohnsatz eines Arbeiters beträgt 10 Euro und die Pizza kann für 2 Euro verkauft werden. Nun kauft Patrick einen neuen Pizzaofen, der auf einer stark verbesserten Technologie basiert. Damit werden seine Arbeiter nun doppelt so viele Pizzas produzieren. Kalkulieren Sie das neue physische Grenzprodukt der Arbeit und das neue Wertgrenzprodukt der Arbeit. Verwenden Sie ein Diagramm, um zu bestimmen, wie sich Patricks Entscheidung, Arbeitskräfte einzustellen, aufgrund der erhöhten Produktivität ändert.

Lösung

a.

Tab. 19-4

Arbeitsmenge (Arbeiter)	Pizzamenge (Stück)	Grenzprodukt	Wertgrenzprodukt (€) (Pizzapreis 2 Euro)
0	0		
		9	18
1	9		
		6	12
2	15		
		4	8
3	19		
		3	6
4	22		
		2	4
5	24		

b.

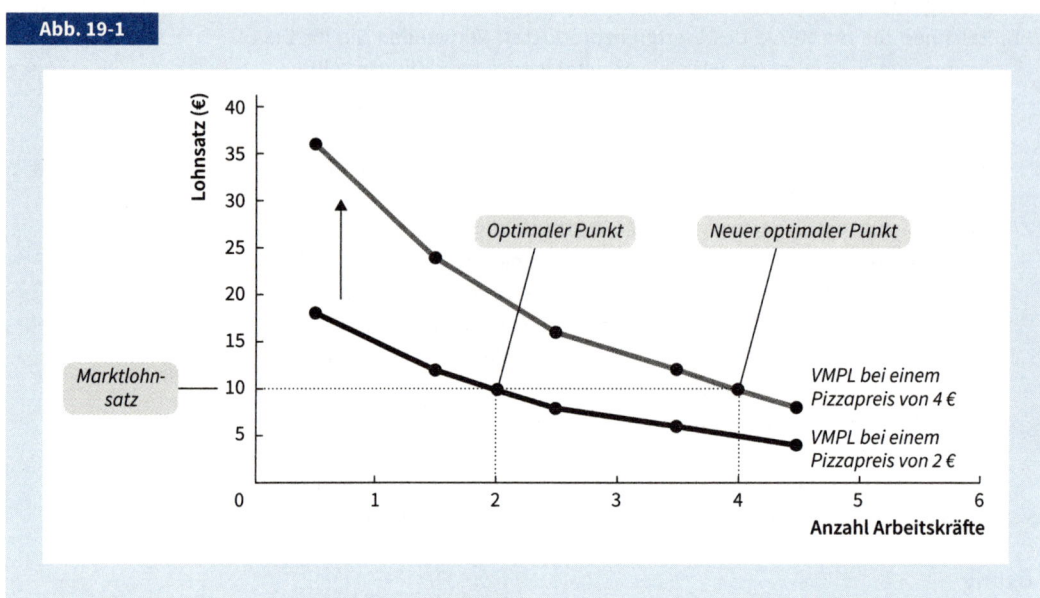

Abb. 19-1

Bei einem Pizzapreis von 2 Euro und einem Stundenlohnsatz von 10 Euro sollte Patrick zwei Arbeitskräfte einstellen, da hier die Bedingung Wertgrenzprodukt gleich Lohnsatz erfüllt ist.

Steigt der Pizzapreis auf 4 Euro, kann Patrick vier Arbeitskräfte einstellen, da das Wertgrenzprodukt durch den höheren Pizzapreis gestiegen ist.

Tab. 19-5

Arbeitsmenge (Arbeiter)	Pizzamenge (Stück)	Grenzprodukt	Wertgrenzprodukt (€) (Pizzapreis 4 Euro)
0	0		
		9	36
1	9		
		6	24
2	15		
		4	16
3	19		
		3	12
4	22		
		2	8
5	24		

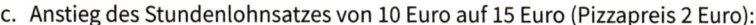

c. Anstieg des Stundenlohnsatzes von 10 Euro auf 15 Euro (Pizzapreis 2 Euro):

Abb. 19-2

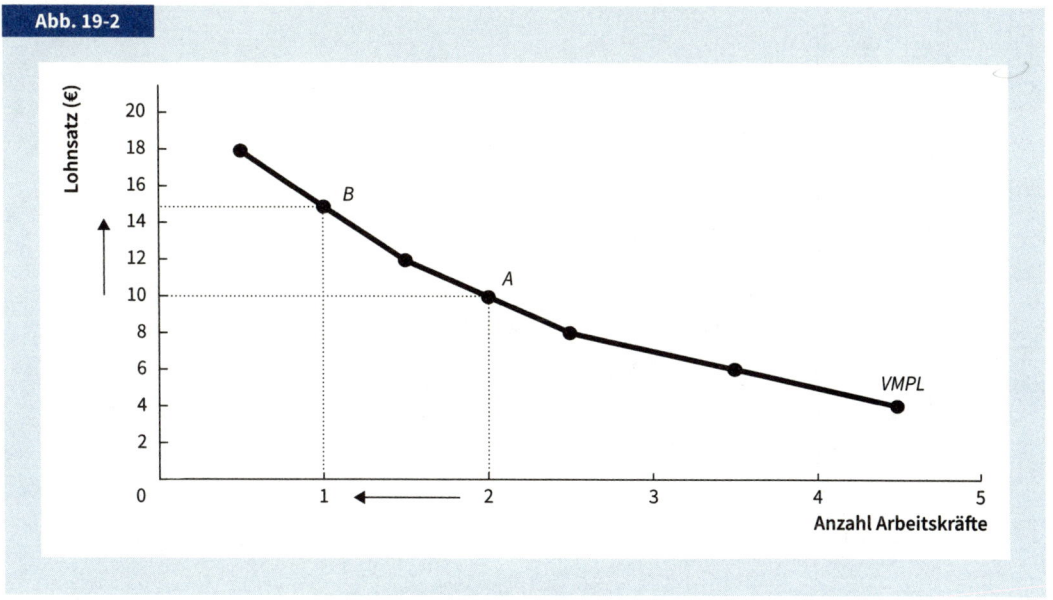

Patrick sollte nur einen Mitarbeiter beschäftigen, da schon der zweite Mitarbeiter mehr kostet als sein Wertgrenzprodukt beträgt.

d. Wertgrenzprodukt bei einem neuen Pizzaofen:

Tab. 19-6

Arbeitsmenge (Arbeiter)	Pizzamenge (Stück) (neuer Pizzaofen)	Grenzprodukt (neuer Pizzaofen)	Wertgrenzprodukt (€) (neuer Pizzaofen)
0	0		
		18	36
1	18		
		12	24
2	30		
		8	16
3	38		
		6	12
4	44		
		4	8
5	48		

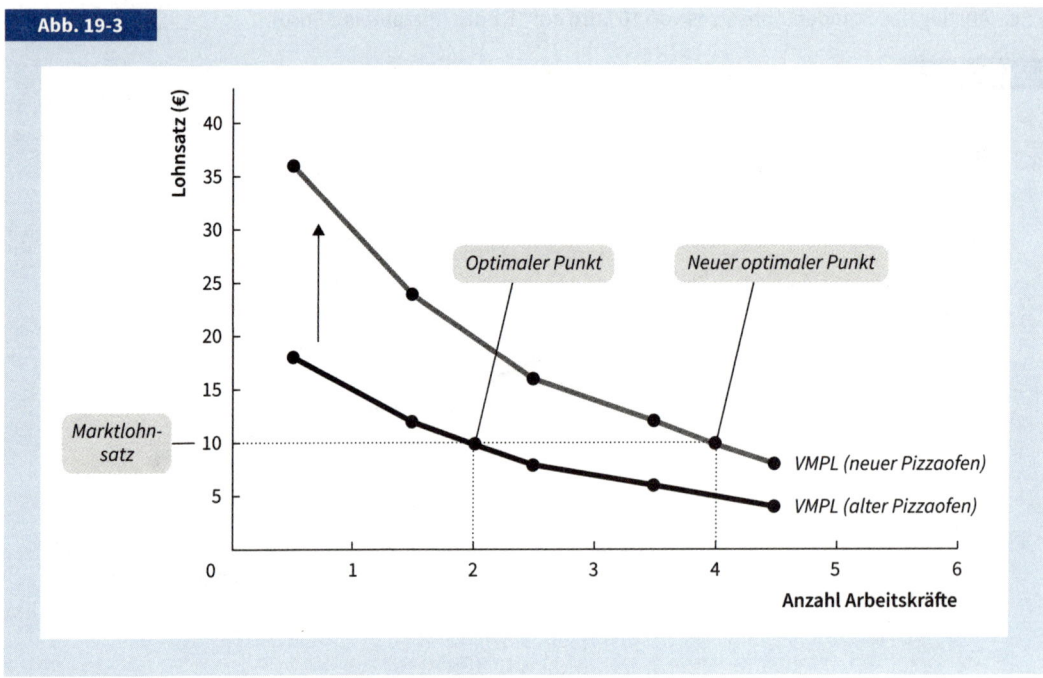

Abb. 19-3

Durch die neue Technologie und der damit verbundenen höheren Produktivität kann Patrick vier Arbeitskräfte einstellen.

Aufgabe 3

David und Diana arbeiten an einer Selbstbedienungstankstelle, die auch Getränke, Gebäck usw. verkauft. David macht jeden Morgen auf und Diana kommt später, um Waren aufzufüllen. Beide erhalten den gegenwärtigen Marktlohnsatz von 9,50 Euro je Stunde. David meint jedoch, dass ihm ein höherer Lohn zusteht, weil die Erlöse, die an den Zapfsäulen entstehen, die er jeden Morgen in Betrieb setzt, höher sind als diejenigen, die mit dem Verkauf der Waren erzielt werden, die Diana auffüllt. Was sagen Sie zu diesem Argument?

Lösung

David irrt sich, wenn er den Marktlohnsatz und die Erlöse seiner Tätigkeit in Beziehung zueinander setzt. Wenn der Tankstellenbesitzer seinen Gewinn maximiert, wird er solange Arbeitskräfte einstellen, bis das Wertgrenzprodukt einer zusätzlichen Arbeitsstunde gerade dem Marktlohnsatz von 9,50 Euro je Stunde entspricht. Das bedeutet, dass alle Arbeitskräfte, deren Wertgrenzprodukt einer zusätzlichen Arbeitsstunde größer als 9,50 Euro je Stunde ist, auch nur zum Marktlohnsatz bezahlt werden.

Aufgabe 4
Geben Sie für jede der folgenden Situationen, in denen ähnliche Arbeitnehmer unterschiedliche Löhne erhalten, die wahrscheinlichste Erklärung für diese Lohnunterschiede.
- a. Testpiloten, die neue Flugzeuge prüfen, erhalten höhere Löhne als die Piloten von Luftfahrtgesellschaften.
- b. Hochschulabsolventen erzielen normalerweise in ihrem ersten Berufsjahr höhere Einkommen als Arbeitskräfte ohne Hochschulabschluss im ersten Berufsjahr.
- c. In den Vereinigten Staaten erzielen gewerkschaftlich organisierte Arbeiter im Allgemeinen höhere Löhne als diejenigen, die nicht gewerkschaftlich organisiert sind.

Lösung
- a. Hier handelt es sich um Lohndifferenzierung. Testpiloten sind einem höheren Risiko ausgesetzt als normale Piloten von Luftfahrtgesellschaften.
- b. Die Ursache für die Lohnunterschiede liegt in der unterschiedlichen Ausstattung mit Humankapital. Hochschulabsolventen haben eine höhere Qualifikation als Arbeitskräfte ohne Hochschulabschluss.
- c. Hier ist Marktmacht für die Lohnunterschiede verantwortlich. Die Gewerkschaften setzen aufgrund ihrer Verhandlungsmacht für ihre Mitglieder höhere Löhne durch.

Aufgabe 5
Katja betreibt einen Milchviehbetrieb und greift dabei auf die Produktionsfaktoren Arbeit, Grund und Boden sowie Realkapital zurück. In der Milchproduktion kann Katja den Produktionsfaktor Arbeit durch den Produktionsfaktor Realkapital ersetzen und umgekehrt. Sie kann also die gleiche Menge Milch mit mehr Arbeit und weniger Realkapital oder mit weniger Arbeit und mehr Realkapital erzeugen. Wir wollen die jährlichen Kosten einer Arbeitskraft am Markt mit w^*, die jährlichen Kosten einer Einheit Grund und Boden am Markt mit r_L^* und die jährlichen Kosten einer Einheit Realkapital am Markt mit r_K^* bezeichnen.
- a. Nehmen wir, dass Katja ihren Gewinn steigern kann, wenn sie weniger Arbeit, mehr Realkapital und die gleiche Menge an Grund und Boden einsetzt. Welche drei Bedingungen müssen mit Blick auf die Wertgrenzprodukte der Produktionsfaktoren dann für Katjas Milchviehbetrieb erfüllt sein?
- b. Katja glaubt, dass sie ihren Gewinn dadurch steigern kann, dass sie mehr Grund und Boden anmietet. Wenn Sie in ihrem Milchviehbetrieb mehr Grund und Boden nutzt, wird sie auch mehr Arbeit und mehr Realkapital einsetzen. Welche drei Bedingungen müssen mit Blick auf die Wertgrenzprodukte der Produktionsfaktoren in diesem Fall für Katjas Milchviehbetrieb erfüllt sein?

Lösung

a. Die erste Bedingung lautet, dass das Wertgrenzprodukt des Bodens bei Katja den jährlichen Kosten einer Einheit Grund und Boden am Markt (r_L^*) entsprechen muss. Nur dann ist die Einsatzmenge dieses Produktionsfaktors optimal.

Die zweite Bedingung lautet, dass das Wertgrenzprodukt der Arbeit bei Katja kleiner als die jährlichen Kosten einer Arbeitskraft am Markt (w^*) sein muss. Nur in diesem Fall führt eine Verringerung in der Faktoreinsatzmenge bei Arbeit (und damit eine Erhöhung des Grenzproduktes und des Wertgrenzproduktes der Arbeit) dazu, dass das Wertgrenzprodukt der Arbeit bei Katja den jährlichen Kosten einer Arbeitskraft am Markt (w^*) entspricht. Und nur dann, wenn das Wertgrenzprodukt der Arbeit den jährlichen Kosten einer Arbeitskraft am Markt (also dem Faktorpreis) entspricht, nutzt Katja das gewinnmaximierende Beschäftigungsniveau.

Die dritte Bedingung lautet, dass das Wertgrenzprodukt des Realkapitals bei Katja größer als die jährlichen Kosten einer Einheit Realkapital am Markt (r_K^*) sein muss. Nur in diesem Fall führt eine Erhöhung in der Faktoreinsatzmenge bei Realkapital (und damit eine Verringerung des Grenzproduktes und des Wertgrenzproduktes des Realkapitals) dazu, dass das Wertgrenzprodukt des Realkapitals bei Katja den jährlichen Kosten einer Einheit Realkapital am Markt (r_K^*) entspricht. Und nur dann, wenn das Wertgrenzprodukt des Realkapitals den jährlichen Kosten einer Einheit Realkapital am Markt (also dem Faktorpreis) entspricht, nutzt Katja das gewinnmaximierende Niveau an Realkapital.

Die erste Bedingung lautet, dass das Wertgrenzprodukt des Bodens bei Katja größer als die jährlichen Kosten einer Einheit Grund und Boden am Markt (r_L^*) sein muss. Nur in diesem Fall führt eine Erhöhung in der Faktoreinsatzmenge bei Grund und Boden (und damit eine Verringerung des Grenzproduktes und des Wertgrenzproduktes von Grund und Boden) dazu, dass das Wertgrenzprodukt von Grund und Boden bei Katja den jährlichen Kosten am Markt (r_L^*) entspricht. Und nur dann, wenn das Wertgrenzprodukt von Grund und Boden den jährlichen Kosten am Markt (also dem Faktorpreis) entspricht, nutzt Katja das gewinnmaximierende Niveau an Grund und Boden.

Die zweite Bedingung lautet, dass das Wertgrenzprodukt der Arbeit bei Katja größer als die jährlichen Kosten einer Arbeitskraft am Markt (w^*) sein muss. Nur in diesem Fall führt eine Erhöhung in der Faktoreinsatzmenge bei Arbeit infolge der Erhöhung der Faktoreinsatzmenge bei Grund und Boden dazu, dass das Wertgrenzprodukt der Arbeit bei Katja den jährlichen Kosten einer Arbeitskraft am Markt (w^*) entspricht. Und nur dann, wenn das Wertgrenzprodukt der Arbeit den jährlichen Kosten einer Arbeitskraft am Markt (also dem Faktorpreis) entspricht, nutzt Katja das gewinnmaximierende Beschäftigungsniveau.

Die dritte Bedingung lautet, dass auch das Wertgrenzprodukt des Realkapitals bei Katja größer als die jährlichen Kosten einer Einheit Realkapital am Markt (r_K^*) sein muss. Nur in diesem Fall führt eine Erhöhung der Faktoreinsatzmenge des Realkapitals infolge der Erhöhung der Faktoreinsatzmenge von Grund und Boden dazu, dass das Wertgrenzprodukt des Realkapitals bei Katja den jährlichen Kosten einer Einheit Realkapital am Markt ($r_K{}^*$) entspricht. Und nur dann, wenn das Wertgrenzprodukt des Realkapitals den jährlichen Kosten einer Einheit Realkapital am Markt (also dem Faktorpreis) entspricht, nutzt Katja das gewinnmaximierende Niveau an Realkapital.

Aufgabe 6

Greta ist eine begeisterte Freizeitgärtnerin und verbringt einen großen Teil ihrer Zeit mit Gartenarbeit. Sie hat auch einen anspruchsvollen und gut bezahlten Beruf als Unternehmensberaterin. Allerdings sind die Zeiten für das Beratungsgeschäft gerade ziemlich schwierig und der Beratungssatz, den Greta für eine Stunde Beratungsleistung verlangen kann, sinkt. Greta beschließt, mehr Zeit in ihrem Garten zu verbringen und weniger Zeit auf ihre Beratungstätigkeit zu verwenden. Erläutern Sie Ihre Entscheidung mithilfe von Einkommens- und Substitutionseffekt.

Lösung

Wenn der Beratungssatz sinkt, dann nehmen für Greta die Opportunitätskosten der Freizeit ab. Der Substitutionseffekt schafft einen Anreiz, mehr Freizeit zu konsumieren und weniger zu arbeiten. Gleichzeitig senkt ein geringerer Beratungssatz auch das Einkommen. Dieser Einkommenseffekt bewirkt, dass die Nachfrage nach Freizeit (normales Gut) sinkt, und mehr gearbeitet wird.

Einkommens- und Substitutionseffekt wirken in entgegengesetzte Richtungen, aber der Substitutionseffekt überwiegt bei Greta den Einkommenseffekt.

Aufgabe 7

In Forschungsarbeiten zeigt sich immer wieder, dass trotz der Nichtdiskriminierungspolitik in den Vereinigten Staaten afroamerikanische Arbeiter im Durchschnitt geringere Löhne erhalten als ihre weißen Kollegen. Welche möglichen Gründe könnten dahinterstehen? Sind diese Gründe mit der Grenzproduktivitätstheorie vereinbar?

Lösung

Eine Ursache könnte Diskriminierung am Arbeitsplatz sein. Diskriminierung passt jedoch nicht zur Grenzproduktivitätstheorie. Die Einkommensunterschiede könnten jedoch das Ergebnis von Diskriminierung in der Vergangenheit sein. In der Vergangenheit führte die offene Diskriminierung in den Vereinigten Staaten dazu, dass Afroamerikaner deutlich schlechtere Bildungschancen hatten (institutionalisierte Diskriminierung durch Politik der Regierung). Das Ergebnis der schlechteren Bildungschancen in der Vergangenheit ist eine geringere Humankapitalausstattung bei Afroamerikanern heute. Die geringere Humankapitalausstattung führt wiederum zu einer geringeren Entlohnung. Und dieser Zusammenhang passt zur Grenzproduktivitätstheorie.

Aufgabe 8

Sie sind Regierungsberater. Die Regierung möchte eine Politik implementieren, die bereits beschäftigte Menschen dazu bewegt, mehr Stunden zu arbeiten, und die Arbeitslose dazu ermutigt, aktiv Arbeit zu suchen und eine Tätigkeit aufzunehmen. Bewerten Sie jeden der folgenden Politikvorschläge in Hinblick auf die Zielerreichung. Erläutern Sie Ihre Überlegungen unter Rückgriff auf Einkommens- und Substitutionseffekt. Wann sind die Auswirkungen der Maßnahmen unklar?

a. Die Einkommensteuer wird gesenkt, was einen Anstieg des Nettoeinkommens der Arbeitnehmer zur Folge hat.

b. Die Einkommensteuer wird erhöht, was einen Rückgang des Nettoeinkommens der Arbeitnehmer zur Folge hat.

c. Die Vermögensteuer wird erhöht, was einen Rückgang des Nettoeinkommens zur Folge hat.

Lösung

a. Die Auswirkungen dieser Maßnahme sind nicht eindeutig. Durch den Anstieg des Nettoeinkommens steigt das verfügbare Einkommen. Der Einkommenseffekt führt dazu, dass mehr (normale) Güter durch die Beschäftigten nachgefragt werden. Dazu zählt auch Freizeit. Gleichzeitig wird durch die Einkommensteuersenkung Arbeit lohnenswerter, da ein höheres Nettogehalt übrig bleibt. Durch den Substitutionseffekt steigen also die Opportunitätskosten der Freizeit, es wird weniger Freizeit (und mehr Arbeit) nachgefragt. Damit wirken Einkommenseffekt und Substitutionseffekt in eine entgegengesetzte Richtung.

Arbeitslose werden dagegen nur durch den Substitutionseffekt beeinflusst. Die Opportunitätskosten von Freizeit steigen, sodass Arbeitslose weniger Freizeit konsumieren und aktiver nach Arbeit suchen.

b. Auch diese Auswirkungen bei einer Erhöhung der Einkommensteuer sind nicht eindeutig zu bestimmen. Der Einkommenseffekt führt nun dazu, dass die Beschäftigten weniger Freizeit nachfragen, während durch den Substitutionseffekt die Opportunitätskosten der Arbeit steigen.

Da Arbeitslose nur durch den Substitutionseffekt beeinflusst werden, führt die Steuererhöhung dazu, dass sie weniger aktiv nach Arbeit suchen.

c. Diese Maßnahme führt unzweifelhaft dazu, dass die Menschen mehr arbeiten. Die Anhebung der Vermögensteuer macht die Menschen (Beschäftigte und Arbeitslose gleichermaßen) ärmer. Dadurch werden sie weniger konsumieren. Das betrifft auch das Gut Freizeit. Der Einkommenseffekt führt also dazu, dass die Menschen mehr arbeiten. Gleichzeitig resultiert aus einer Anhebung der Vermögensteuer aber kein Substitutionseffekt, da die Höhe der Vermögensteuer die Opportunitätskosten der Freizeit nicht beeinflusst.

Aufgabe 9

Wendy arbeitet in einem Schnellimbiss. Als ihr Lohnsatz 5 Euro pro Stunde betrug, arbeitete sie 30 Stunden pro Woche. Als ihr Lohnsatz auf 6 Euro pro Stunde stieg, beschloss sie, 40 Stunden zu arbeiten. Als ihr Lohnsatz aber dann noch weiter auf 7 Euro stieg, beschloss sie, nur 35 Stunden zu arbeiten.

    a. Zeichnen Sie die individuelle Arbeitsangebotskurve von Wendy.

    b. Ist Wendys Verhalten irrational oder können Sie eine rationale Erklärung dafür finden? Erläutern Sie Ihre Antwort.

Lösung

    a.

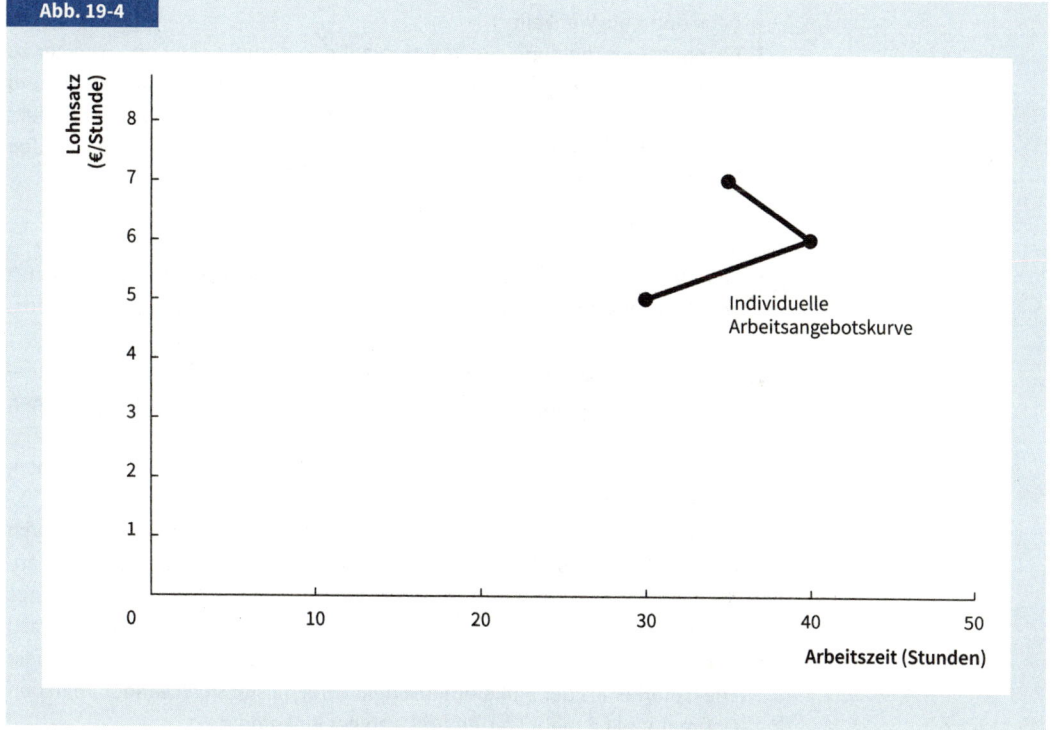

Abb. 19-4

    b. Wendys Verhalten kann rational erklärt werden, wenn man Einkommens- und Substitutionseffekt einer Lohnsatzerhöhung betrachtet: Bei einem Anstieg von 5 Euro auf 6 Euro überwiegt der Substitutionseffekt den Einkommenseffekt und Wendy beschließt, mehr zu arbeiten (weniger Freizeit zu konsumieren). Bei einem weiteren Lohnanstieg auf 7 Euro überwiegt der Einkommenseffekt den Substitutionseffekt und Wendy beschließt, etwas weniger zu arbeiten (sie konsumiert mehr Freizeit).

Aufgabe 10

Leander stehen jeden Tag 16 Stunden zur Verfügung, die er auf Arbeit und Freizeit aufteilen kann. Für seine Arbeit erhält er einen Lohnsatz von 20 Euro. Leander beschließt, acht Stunden Freizeit zu konsumieren. Seine Indifferenzkurven haben das übliche Aussehen: Sie verlaufen abwärts, sie schneiden sich nicht und haben die charakteristische konvexe Form.

    a. Zeichnen Sie Leanders Zeitbudgetgerade für einen typischen Tag. Tragen Sie dann die Indifferenzkurve ein, die zu seiner optimalen Entscheidung gehört.

    b. Nun sinkt Leanders Lohnsatz auf 10 Euro. Zeichnen Sie Leanders neue Budgetgerade.

    c. Nehmen Sie an, dass Leander in Reaktion auf seinen verminderten Lohnsatz jetzt nur noch vier Stunden arbeitet. Tragen Sie die Indifferenzkurve für seine neue optimale Wahl ein.

    d. Leanders Entscheidung, als Reaktion auf den gesunkenen Lohn weniger zu arbeiten, ist das Ergebnis des Zusammenspiels von Substitutionseffekt und Einkommenseffekt. Zeigen Sie in Ihrem Diagramm den Einkommenseffekt und Substitutionseffekt des gesunkenen Lohnsatzes. Welcher der beiden Effekte ist stärker?

Lösung

    a. Leanders Zeitbudgetgerade ist die Gerade BG_1. Seine optimale Konsumentscheidung wird durch den Punkt A wiedergegeben, der auf der Indifferenzkurve I_1 liegt.

    b. Sinkt der Lohnsatz von Leander auf 10 Euro, dann dreht sich seine Budgetgerade nach innen (BG_2), da er nun maximal noch 160 Euro pro Tag verdienen kann.

    c. Seine neue optimale Konsumwahl wird durch den Punkt C wiedergegeben, der auf der niedrigeren Indifferenzkurve I_2 liegt.

    d. Der Substitutionseffekt des gesunkenen Lohnsatzes ist im Diagramm durch den Punkt S dargestellt. Durch den gesunkenen Lohnsatz »konsumiert« Leander weniger Einkommen und mehr Freizeit. Gleichzeitig wirkt allerdings durch das gesunkene Einkommen noch ein Einkommenseffekt, der dazu führt, dass sich Leander weniger Freizeit leisten kann. Da der Substitutionseffekt stärker als der Einkommenseffekt wirkt, leistet sich Leander im neuen Optimalpunkt C mehr Freizeit und weniger Einkommen.

Abb. 19-5

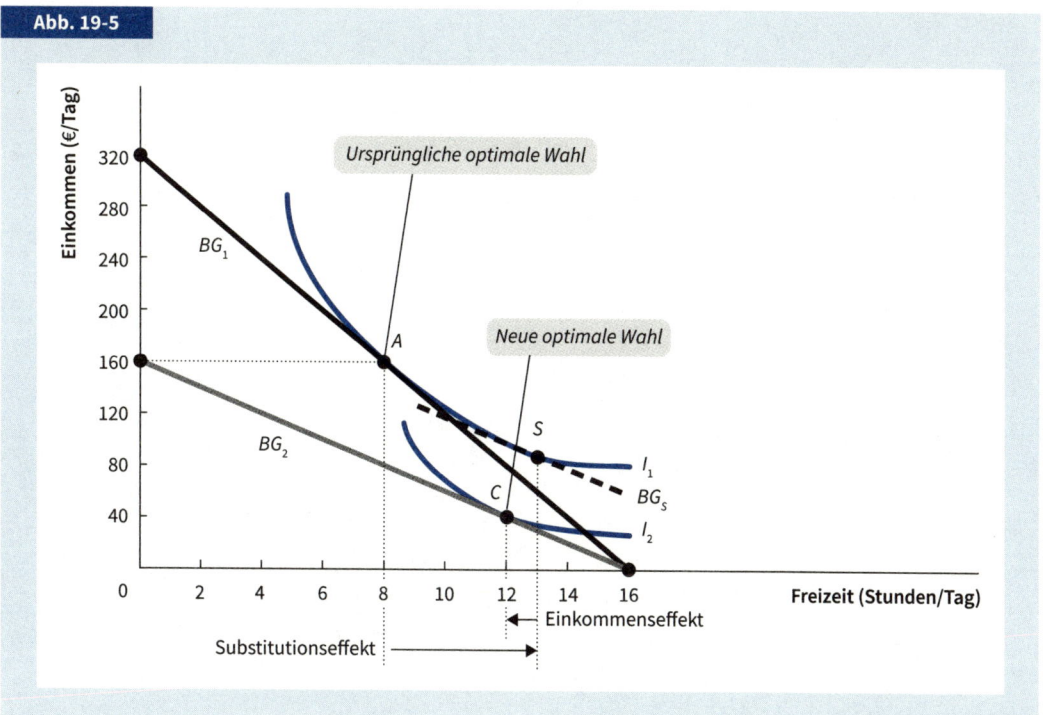

Einkommen (€/Tag)

Ursprüngliche optimale Wahl

Neue optimale Wahl

Freizeit (Stunden/Tag)

Einkommenseffekt

Substitutionseffekt

20 Unsicherheit, Risiko und private Informationen

Aufgabe 1

Berechnen Sie für jede der folgenden Situationen den Erwartungswert.

a. Tom besitzt eine Siemens-Aktie, die derzeit bei 80 Euro notiert ist. Es gibt eine 50-Prozent-Chance, dass der Kurs auf 100 Euro steigen wird und eine 50-Prozent-Chance, dass der Kurs auf 70 Euro sinken wird. Wie groß ist der Erwartungswert des künftigen Aktienkurses?

b. Sandra kauft sich ein Los. Die Wahrscheinlichkeit, dass sie eine Niete gezogen hat, beträgt 0,7. Die Wahrscheinlichkeit, dass sie 10 Euro gewinnt, beträgt 0,2. Mit einer Wahrscheinlichkeit von 0,1 wird sie 50 Euro gewinnen. Wie groß ist der erwartete Gewinn von Sandra?

c. Albrecht ist Landwirt. Die Preise, die er für seine Weizenernte erzielen kann, hängen vom Wetter ab. Sind die Bedingungen günstig, wird er einen Gewinn von 100 Euro erzielen. Ist das Wetter jedoch schlecht, wird sein Gewinn –20 Euro betragen (er macht einen Verlust). Die Wetterprognose besagt, dass die Wahrscheinlichkeit für günstige Bedingungen 0,9 und die Wahrscheinlichkeit für ungünstige Bedingungen 0,1 beträgt. Wie groß ist der Erwartungswert von Albrechts Gewinn?

Lösung

a. Erwartungswert des Aktienkurses: $0,5 \times 100\,€ + 0,5 \times 70\,€ = 85\,€$

b. Erwarteter Gewinn aus der Lotterie: $0,7 \times 0\,€ + 0,2 \times 10\,€ + 0,1 \times 50\,€ = 7\,€$

c. Erwarteter Gewinn: $0,9 \times 100\,€ + 0,1 \times (-20\,€) = 88\,€$

Aufgabe 2

Victoria überlegt, ob sie einen Teil ihres Einkommens in ein Start-up-Unternehmen investieren soll. Gegenwärtig beträgt ihr Einkommen 4.000 Euro, und sie denkt darüber nach, 2.000 Euro davon in das Unternehmen zu stecken. Mit einer 50-prozentigen Wahrscheinlichkeit wird das Unternehmen erfolgreich sein und Victoria 8.000 Euro auszahlen (ihre ursprüngliche Einlage von 2.000 Euro plus 6.000 Euro aus dem Gewinn des Unternehmens). Mit einer 50-prozentigen Wahrscheinlichkeit wird das Unternehmen insolvent werden. Victoria wird dann keinerlei Zahlungen erhalten, also auch ihr eingesetztes Kapital verlieren. Die nachfolgende Tabelle zeigt Victorias Nutzenfunktion.

Tab. 20-1

Einkommen (€)	Gesamtnutzen (Utile)
0	0
1.000	50
2.000	85
3.000	115
4.000	140
5.000	163
6.000	183
7.000	200
8.000	215
9.000	229
10.000	241

a. Berechnen Sie für jedes Einkommensniveau Victorias Grenznutzen des Einkommens. Ist Victoria risikoavers?

b. Ermitteln Sie den Erwartungswert des Ertrags von Victorias Investition.

c. Berechnen Sie den erwarteten Nutzen aus Victorias Investition.

d. Wie groß ist Victorias Nutzen, wenn sie auf die Investition verzichtet? Wird Victoria also in das Start-up-Unternehmen investieren oder nicht?

e. Nehmen Sie nun an, dass die Investition in das Start-up-Unternehmen 4.000 Euro kosten würde. Sollte das Unternehmen nicht erfolgreich sein, verliert Victoria ihren gesamten Einsatz. Ist das Unternehmen dagegen erfolgreich, erhält sie vom Unternehmen 10.000 Euro (ihre ursprüngliche Anlage von 4.000 Euro plus 6.000 Euro aus dem Gewinn des Unternehmens). Beide Ereignisse treten mit einer Wahrscheinlichkeit von 0,5 auf. Wird Victoria in das Unternehmen investieren?

Lösung

a.

Tab. 20-2

Einkommen (€)	Gesamtnutzen (Utile)	Grenznutzen (Utile)
0	0	
		50
1.000	50	
		35
2.000	85	
		30
3.000	115	
		25
4.000	140	
		23
5.000	163	
		20
6.000	183	
		17
7.000	200	
		15
8.000	215	
		14
9.000	229	
		12
10.000	241	

Ja, Victoria ist risikoavers, da sie über einen abnehmenden Grenznutzen verfügt.

b. Wenn das Unternehmen erfolgreich ist, erzielt Victoria ein Einkommen in Höhe von 10.000 Euro (2.000 Euro, die sie behält, plus 8.000 Euro Auszahlung). Ist das Unternehmen nicht erfolgreich, bleiben Victoria nur die 2.000 Euro, die sie nicht investiert hat.

Erwartungswert des Ertrages: 0,5 × 10.000 € + 0,5 × 2.000 € = 6.000 €

c. Erwartungsnutzen:

0,5 × 241 Utile + 0,5 × 85 Utile = 120,5 Utile + 42,5 Utile = 163 Utile

d. Ohne eine Investition verbleiben Victoria 4.000 Euro, die ihr einen Nutzen von 140 Utilen stiften. Da der Erwartungsnutzen der Investition größer ist, wird Victoria in das Start-up-Unternehmen investieren.

e. Vergleich des Erwartungsnutzens bei einer Investition in Höhe von 4.000 Euro:
Keine Investition: Erwartungsnutzen beträgt 140 Utile
Investition: Erwartungsnutzen beträgt
$0,5 \times 241$ Utile $+ 0,5 \times 0$ Utile $= 120,5$ Utile
Victoria wird unter diesen Voraussetzungen nicht investieren.

Aufgabe 3

Sie können 1.000 Euro anlegen. Sollten Sie BMW-Aktien kaufen und diese für ein Jahr halten, sehen Sie sich folgenden Erträgen und Wahrscheinlichkeiten gegenüber: Mit einer Wahrscheinlichkeit von 0,2 werden Sie 1.500 Euro erhalten, mit einer Wahrscheinlichkeit von 0,4 werden Sie 1.100 Euro erhalten und mit einer Wahrscheinlichkeit von 0,4 werden Sie 900 Euro erhalten. Legen Sie das Geld bei einer Bank an, dann erhalten Sie mit 100-prozentiger Sicherheit 1.100 Euro.

a. Wie groß ist der Erwartungswert Ihrer Erträge aus der Anlage in BMW-Aktien?
b. Nehmen Sie an, Sie seien risikoavers. Kann man dann mit Sicherheit sagen, ob Sie in BMW-Aktien investieren oder Ihr Geld auf die Bank tragen?

Lösung

a. Erwartungswert der Erträge aus einer Geldanlage in Aktien:
$0,2 \times 1.500$ € $+ 0,4 \times 1.100$ € $+ 0,4 \times 900$ € $= 300$ € $+ 440$ € $+ 360$ € $= 1.100$ €
b. Ein risikoaverser Investor wird sein Geld zur Bank bringen, da er dort die 1.100 Euro sicher bekommt. Beim Kauf von BMW-Aktien hat ein Investor lediglich einen Erwartungswert von 1.100 Euro. Das bedeutet, dass der Investor nur im Durchschnitt mit Erträgen von 1.100 Euro rechnen kann und dieser Betrag keinesfalls sicher ist.

Aufgabe 4

Willy ist Pilot bei einer kleineren Fluggesellschaft, die ihm gegenwärtig ein Jahreseinkommen von 60.000 Euro zahlt. Wird er krank und verliert seine Flugberechtigung, dann kann er nicht mehr fliegen und sein Einkommen beträgt nur noch 10.000 Euro. Seine Wahrscheinlichkeit, gesund zu bleiben, beträgt 0,6. Die Wahrscheinlichkeit, dass er krank wird, beträgt 0,4. Willys Nutzenfunktion wird durch die nachfolgende Tabelle beschrieben.

Tab. 20-3	
Einkommen (€)	**Gesamtnutzen (Utile)**
0	0
10.000	60
20.000	110
30.000	150
40.000	180
50.000	200
60.000	210

a. Wie groß ist der Erwartungswert von Willys Einkommen?
b. Wie groß ist Willys Erwartungsnutzen?
c. Willy denkt darüber nach, eine Versicherung gegen Fluguntauglichkeit abzuschließen, die seinen Einkommensverlust kompensiert, falls er die Flugberechtigung verliert. Eine Versicherungsgesellschaft bietet Willy eine vollständige Kompensation für seinen Einkommensverlust an (die Versicherungsgesellschaft würde ihm bei einem Verlust der Flugberechtigung also 50.000 Euro zahlen). Die Prämie, die hierfür verlangt wird, beträgt 40.000 Euro. Unabhängig davon, ob er seine Flugberechtigung verliert oder nicht, hat Willy nach der Versicherung ein Einkommen von 20.000 Euro. Wie groß ist Willys Erwartungsnutzen? Wird er die angebotene Versicherung abschließen?
d. Wie groß ist die höchste Prämie, die Willy gerade noch bereit wäre, für eine vollständige Versicherung zu zahlen (eine Versicherung, die ihn vollständig für seinen Einkommensverlust kompensiert)?

Lösung

a. Erwartungswert des Einkommens:
$0,6 \times 60.000 \text{ €} + 0,4 \times 10.000 \text{ €} = 40.000 \text{ €}$
b. Erwartungsnutzen:
$0,6 \times 210 \text{ Utile} + 0,4 \times 60 \text{ Utile} = 150 \text{ Utile}$
c. Durch die Versicherung ist Willy ein Einkommen in Höhe von 20.000 Euro garantiert. Der Nutzen dieses Einkommens beträgt 110 Utile. Da dieser Nutzen geringer ist als der Erwartungsnutzen ohne Versicherung, wird Willy die Versicherung nicht abschließen.
d. Bei einem sicheren Einkommen von 30.000 Euro würde Willy einen Nutzen von 150 Utilen realisieren. Dies entspricht genau dem Erwartungsnutzen ohne Versicherung. Wenn ihm eine Versicherungsgesellschaft für 30.000 Euro eine Versicherung anbietet, die ihm vollständig für seinen Einkommensverlust kompensiert, dann würde Willy ein sicheres Einkommen von 30.000 Euro haben. Demzufolge wäre Willy bereit, maximal 30.000 Euro für eine Versicherung zu bezahlen.

Aufgabe 5

Im Zeitraum von 1990 bis 2013 kam in den Vereinigten Staaten auf rund 277 Pkw ein Autodiebstahl. Beth gehört ein Pkw im Wert von 20.000 Dollar. Sie überlegt, ob sie ihr Auto gegen Diebstahl versichern lassen soll.

a. Wie groß ist die faire Versicherungsprämie für eine Versicherung, die Beth bei einem Diebstahl ihren Pkw ersetzt?
b. Nehmen Sie an, dass eine Versicherungsgesellschaft eine Prämie in Höhe von 0,6 Prozent des Wertes des Pkws verlangt. Wie hoch wäre dann die Versicherungsprämie für Beth?
c. Wird Beth die Versicherung unter b abschließen, wenn sie risikoneutral ist?
d. Mit welchem Problem wird die Versicherungsgesellschaft konfrontiert sein, wenn Beth eine Versicherung abschließt?

Lösung

a. Die faire Versicherungsprämie für eine Versicherung, die Beth bei einem Diebstahl ihren Pkw ersetzt, entspricht dem Erwartungswert des Anspruchs von Beth bei einem Diebstahl. Die Wahrscheinlichkeit für einen Diebstahl beträgt 1/277 = 0,003. Damit beläuft sich der Erwartungswert des Anspruches von Beth auf 0,003 × 20.000 $ = 60 $.

b. Die Versicherungsprämie beläuft sich auf 0,006 × 20.000 $ = 120 $.

c. Da die Versicherungsprämie nicht fair ist (zu teuer), wird Beth die Versicherung nicht abschließen, wenn sie risikoneutral ist.

d. Wenn Beth komplett gegen einen Diebstahl ihres Problems versichert ist, hat sie keinen Anreiz mehr, einen Diebstahl des Autos zu verhindern (Moral-Hazard-Problem). Sie könnte ihr Auto unverschlossen parken oder in unsicheren Gegenden auf der Straße abstellen anstatt ein bewachtes Parkhaus zu nutzen.

Aufgabe 6

Nehmen Sie an, Sie haben 1.000 Euro, die Sie entweder in Tonis »Venezia-Eispalast« oder in Sandras »Kakao-Haus« investieren können. Der Preis eines Anteilscheins (einer Aktie) beträgt für beide Unternehmen gegenwärtig 100 Euro. Die Aussichten jedes der Unternehmen hängen stark vom Wetter ab. Ist es warm, dann steigt der Wert des Aktienkurses von Tonis Firma auf 150 Euro, der Kurs von Sandras Unternehmen sinkt jedoch auf 60 Euro. Ist es dagegen kalt, dann steigt der Kurs von »Kakao-Haus« auf 150 Euro, während der Kurs von »Venezia-Eispalast«-Aktien auf 60 Euro sinkt. Die Wahrscheinlichkeit, dass es warm oder kalt wird, ist gleich groß.

a. Wie groß ist der Erwartungswert Ihrer Anlage, wenn Sie Ihr gesamtes Geld in Aktien von »Venezia-Eispalast« investieren? Wie groß ist der Erwartungswert, wenn Sie den gesamten Betrag in »Kakao-Haus«-Anteilscheine investieren?

b. Nehmen Sie an, dass Sie jeweils die Hälfte Ihrer 1.000 Euro in beide Unternehmen investieren. Wie groß ist der Wert Ihrer Anlage insgesamt, falls es warm wird? Wie groß ist der Wert der Anlage, wenn es kalt wird?

c. Nehmen Sie an, Sie seien risikoavers. Würden Sie es vorziehen, Ihr gesamtes Anlagekapital in Tonis Unternehmen oder Sandras Unternehmen zu investieren, so wie in Teilaufgabe a? Oder würden Sie es vorziehen zu diversifizieren, so wie in Teilaufgabe b? Erläutern Sie Ihre Überlegungen.

Lösung

a. Erwartungswert für einen Anteilschein Eispalast:
0,5 × 150 € + 0,5 × 60 € = 105 €
Erwartungswert für 10 Anteilscheine Eispalast:
105 € × 10 = 1.050 €
Erwartungswert für einen Anteilschein Kakao-Haus:
0,5 × 60 € + 0,5 × 150 € = 105 €
Erwartungswert für 10 Anteilscheine Kakao-Haus:
105 € × 10 = 1.050 €

b. Erwartungswert der Investitionen bei warmem Wetter:
(5 × 150 €) + (5 × 60 €) = 1.050 €

Erwartungswert der Investitionen bei kaltem Wetter:
(5 × 60 €) + (5 × 150 €) = 1.050 €

c. Mit Diversifikation wie in Teilaufgabe b kann ich sicherstellen, dass der Wert der Anlage unabhängig vom Wetter ist und sich auf 1.050 Euro beläuft. Ohne Diversifikation wie in Teilaufgabe a beträgt der Erwartungswert der Anlage zwar auch 1.050 Euro, aber der tatsächliche Wert der Anlage beträgt entweder 600 Euro oder 1.500 Euro. Wenn ich ein risikoaverser Anleger bin, was einen abnehmenden Grenznutzen des Anlagewertes impliziert, ist der Nutzenverlust aus einem Anlagewert von 600 Euro höher als der Nutzengewinn aus einem Anlagewert von 1.500 Euro. Daher ziehe ich einen sicheren Anlagewert von 1.050 Euro vor.

Aufgabe 7

Eva ist risikoavers. Sie verfügt gegenwärtig über 50.000 Euro, die sie anlegen kann. Sie sieht sich folgenden Wahlmöglichkeiten gegenüber: Sie kann entweder in ein Internetunternehmen investieren oder Siemens-Aktien kaufen. Investiert sie in das Internetunternehmen, dann wird sie mit 50-prozentiger Wahrscheinlichkeit 30.000 Euro verlieren, aber mit 50-prozentiger Wahrscheinlichkeit 50.000 Euro gewinnen. Investiert sie in Siemens-Aktien, dann wird sie mit 50-prozentiger Wahrscheinlichkeit nur 10.000 Euro verlieren, aber mit 50-prozentiger Wahrscheinlichkeit auch nur 30.000 Euro gewinnen. Können Sie sagen, welche der beiden Anlagen sie bevorzugen wird?

Lösung

Erwartungswert bei der Geldanlage in Aktien des Internetunternehmens:
0,5 × 20.000 € + 0,5 × 100.000 € = 60.000 €
Erwartungswert bei der Geldanlage in Siemens-Aktien:
0,5 × 40.000 € + 0,5 × 80.000 € = 60.000 €
Eva wird die Anlage in Siemens-Aktien bevorzugen, da sie es als risikoaverser Anleger bei gleichem Erwartungswert bevorzugt, im »Verlustfall« ein höheres Einkommen zu haben als im »Gewinnfall« ein höheres Einkommen.

Aufgabe 8

Sie überlegen, ob Sie einen gebrauchten Volkswagen kaufen sollten. Als Autoexperte wissen Sie, dass die Hälfte aller gebrauchten Volkswagen irgendwelche Defekte aufweist, während die andere Hälfte bilderbuchmäßig läuft. Wüssten Sie, dass Sie ein zuverlässiges Auto erhalten, dann wären Sie bereit, dafür 10.000 Euro zu bezahlen: Das ist der Wert, den Sie einem zuverlässigen Auto beimessen. Sie wären auch bereit, ein Problemauto zu kaufen, aber nur dann, wenn der Preis nicht höher als 4.000 Euro liegt: Das ist der Wert, den Sie einem defekten Auto zumessen. Jeder, dem ein zuverlässiges Auto gehört, wäre bereit, es für 8.000 Euro oder mehr zu verkaufen. Der Besitzer eines Problemautos wäre bereit, es bei jedem Preis oberhalb von 2.000 Euro zu verkaufen.

a. Unterstellen wir zunächst, dass Sie sofort sagen können, ob es sich bei einem Auto um ein defektes oder ein zuverlässiges Fahrzeug handelt. Nun bietet Ihnen jemand ein zuverlässiges Auto an. Kommt der Handel zustande?
b. Nehmen Sie nun an, dass der Verkäufer weiß, ob er ein defektes oder ein zuverlässiges Auto besitzt. Weil Sie nicht wissen, ob Ihnen ein defektes oder ein zuverlässiges Fahrzeug angeboten wird, basieren Sie Ihre Entscheidung auf dem Erwartungswert, den Sie einem Volkswagen zumessen, wobei Sie davon ausgehen, dass die Wahrscheinlichkeit für ein defektes Auto und für ein zuverlässiges Auto gleich groß sind. Berechnen Sie diesen Erwartungswert.
c. Nehmen Sie an, der Verkäufer weiß, dass er ein zuverlässiges Auto anbietet. Sie hingegen haben keine Ahnung, sodass Sie höchstens bereit sind, Ihren Erwartungswert zu zahlen. Wird der Handel zustande kommen?

Lösung

a. Ja, der Handel kommt zustande, da ich bereit bin, für ein zuverlässiges Fahrzeug 10.000 Euro zu zahlen und der Verkäufer bereit ist, es für 8.000 Euro zu verkaufen.
b. Erwartungswert:
$0,5 \times 10.000\ € + 0,5 \times 4.000\ € = 7.000\ €$
c. Der Handel kommt nicht zustande. Ich als Käufer bin nur bereit, bis zu 7.000 Euro zu zahlen, während der Verkäufer für sein zuverlässiges Fahrzeug mindestens 8.000 Euro haben möchte.

Aufgabe 9

Ihnen gehört eine Firma, die Stühle herstellt, und Sie denken darüber nach, eine zusätzliche Arbeitskraft einzustellen. Jeder von Ihnen produzierte Stuhl führt zu einem zusätzlichen Erlös von 10 Euro. Bei Ihnen haben sich zwei Bewerber vorgestellt, Stefan Schnell und Luise Langsam. Stefan ist ein schneller Arbeiter, der 10 Stühle pro Tag produziert und damit einen zusätzlichen Erlös von 100 Euro schafft. Stefan weiß, dass er schnell ist und will daher nur für Sie arbeiten, wenn Sie ihm mindestens 80 Euro pro Tag bezahlen. Luise ist eine langsame Arbeiterin, die pro Tag nur fünf Stühle produziert, was für Sie einen zusätzlichen Erlös von 50 Euro bedeutet. Luise weiß, dass sie langsam ist. Daher ist sie bereit, für Sie zu arbeiten, falls Sie ihr mindestens 40 Euro pro Tag bezahlen. Sie wissen allerdings nicht, wer von beiden schnell und wer langsam arbeitet.

a. Weil Sie nicht wissen, ob Sie eine schnelle oder eine langsame Arbeitskraft bekommen, denken Sie über den Erwartungswert Ihres Erlöszuwachses nach, den Sie erzielen, wenn Sie einen der beiden anstellen. Wie groß ist der Erwartungswert?
b. Nehmen Sie an, Sie würden den beiden einen Tageslohn anbieten, der Ihrem in Teilaufgabe a berechneten Erwartungswert des Erlöses entspricht. Wen könnten Sie dann einstellen: Stefan oder Luise, beide oder keinen von beiden?
c. Wenn Sie wissen würden, wer von den Bewerbern schnell und wer langsam arbeitet, wen würden Sie einstellen? Warum? Könnten Sie sich ein Entloh-

nungssystem vorstellen, das sicherstellt, dass Sie nur die Arbeitskraft einstellen, die Sie bevorzugen?

Lösung

a. Erwartungswert des Erlöszuwachses:

$0,5 \times 50 € + 0,5 \times 100 € = 75 €$

Zum Erwartungswert des Erlöszuwachses könnte ich nur Luise einstellen, da nur Luise bereit ist, zu einem Tageslohn von 75 Euro zu arbeiten.

b. Wenn ich wissen würde, wer von den Bewerbern schnell und wer langsam arbeitet, dann würde ich Stefan einstellen, weil mein maximaler Gewinnzuwachs durch Stefan ($100 € - 80 € = 20 €$) größer ist als mein maximaler Gewinnzuwachs durch Luise ($50 € - 40 € = 10 €$).

c. Ich könnte das Entlohnungssystem von einem fixen Tageslohn auf einen variablen Lohnsatz umstellen. Bei einer Tagesproduktion von mindestens 10 Stühlen erhält dann die Arbeitskraft 80 Euro, bei einer Tagesproduktion von weniger als 10 Stühlen allerdings weniger als 40 Euro. Damit wäre sichergestellt, dass nur die schnelle Arbeitskraft für mich arbeitet.

Aufgabe 10

Karla besitzt ein Haus im Wert von 300.000 Euro. Sollte das Haus abbrennen, hat sie einen Verlust in Höhe dieser 300.000 Euro. Brennt das Haus nicht ab, dann hat sie auch keinen Verlust. Die Wahrscheinlichkeit, dass ihr Haus abbrennt, beträgt 0,02. Karla ist risikoavers.

a. Wie viel würde eine faire Versicherungspolice kosten?

b. Nehmen Sie an, dass ihr eine Versicherungsgesellschaft gegen eine Prämie von 1.500 Euro anbietet, den Schaden im Brandfall vollständig zu ersetzen. Können Sie eindeutig sagen, ob Karla diese Versicherung abschließen wird?

c. Nehmen Sie an, dass ihr eine Versicherungsgesellschaft gegen eine Prämie von 6.000 Euro anbietet, den Schaden im Brandfall vollständig zu ersetzen. Können Sie eindeutig sagen, ob Karla diese Versicherung abschließen wird?

d. Nehmen Sie an, dass eine Versicherungsgesellschaft ihr gegen eine Prämie von 9.000 Euro anbietet, den Schaden im Brandfall vollständig zu ersetzen. Können Sie eindeutig sagen, ob Karla diese Versicherung abschließen wird?

Lösung

a. Erwartungswert des Hauses ohne Versicherung:

$0,98 \times 300.000 € + 0,02 \times 0 € = 294.000 €$

Erwartungswert des Anspruchs aus der Versicherung:

$0,98 \times 0 € + 0,02 \times 300.000 € = 6.000 €$

Eine faire Versicherungspolice würde 6.000 Euro kosten, da dann der Erwartungswert des Anspruchs gleich der Versicherungsprämie ist.

b. Karla wird diese Versicherung abschließen, da sie mehr als fair ist. Der Erwartungswert ihres Anspruches beträgt 6.000 Euro. Dafür muss sie jedoch nur 1.500 Euro bezahlen. Durch den Abschluss der Versicherung werden sich ihre erwarteten Zahlungen erhöhen.

c. Karla wird diese Versicherung abschließen, da sie fair ist.

d. Hier ist keine eindeutige Aussage möglich, da keine Informationen über Karlas Nutzenfunktion vorliegen. Erst die Nutzenfunktion liefert Informationen darüber, welchen Preis Karla für die Risikovermeidung zu zahlen bereit ist.

21 Makroökonomik: Ein Überblick

Aufgabe 1

Welche der folgenden Fragen sind für die Makroökonomik relevant und welche für die Mikroökonomik?

    a. Frau Martin arbeitet als Kellnerin in einem Restaurant, das in der Nähe einer großen Fabrik liegt. Wie werden sich ihre Einnahmen aus Trinkgeldern ändern, wenn die Fabrik geschlossen wird?

    b. Wie wird sich ein Wirtschaftsabschwung auf die Ausgaben der Konsumenten auswirken?

    c. Welche Auswirkungen hat ein völlig verregneter Sommer auf die Apfelpreise?

    d. Hat es Auswirkungen auf die Löhne eines Unternehmens, wenn der gewerkschaftliche Organisationsgrad seiner Mitarbeiter steigt?

    e. Welche Auswirkungen hat ein Rückgang des Euro-Wechselkurses auf die Exporte der Länder aus dem Euroraum?

    f. Welcher Zusammenhang besteht zwischen Arbeitslosenquote und Inflationsrate?

Lösung

    a. Es handelt sich um eine mikroökonomische Fragestellung, da die Auswirkungen der Handlung eines einzelnen Unternehmens auf eine einzelne Person untersucht werden.

    b. Es handelt sich um eine makroökonomische Fragestellung, da untersucht wird, wie die gesamtwirtschaftlichen Konsumausgaben durch die konjunkturelle Entwicklung beeinflusst werden.

    c. Es handelt sich um eine mikroökonomische Fragestellung, da die Auswirkungen des schlechten Wetters auf einen einzelnen Markt untersucht werden.

    d. Es handelt sich um eine mikroökonomische Fragestellung, da untersucht wird, ob bzw. wie sich die Löhne in einem bestimmten Unternehmen durch den gewerkschaftlichen Organisationsgrad verändern.

    e. Es handelt sich um eine makroökonomische Fragestellung, da untersucht wird, wie die Exporte des Euroraums auf Änderungen des Wechselkurses reagieren.

    f. Es handelt sich um eine makroökonomische Fragestellung, da der Zusammenhang zwischen zwei gesamtwirtschaftlichen Größen untersucht wird.

Aufgabe 2

Spart eine einzelne Person, dann steigt das Vermögen dieser Person. Damit kann diese Person in der Zukunft mehr konsumieren. Wenn jedoch alle mehr sparen, sinken insgesamt die Einkommen, sodass heute weniger konsumiert werden kann. Erklären Sie diesen scheinbaren Widerspruch.

Lösung

Bei diesem Phänomen handelt es sich um das sogenannte »Sparparadoxon«. Das Sparparadoxon ist ein Beispiel dafür, dass in einer Volkswirtschaft viele Tausende oder Millionen Einzelhandlungen zusammenkommen und zu einem Ergebnis führen, das mehr ist als die einfache Summe der Einzelhandlungen.

Machen sich beispielsweise Familien und Unternehmen Sorgen darüber, dass die Zeiten wirtschaftlich härter werden, dann bereiten sie sich darauf vor, indem sie ihre Ausgaben kürzen. Diese Ausgabenkürzung dämpft aber die wirtschaftliche Aktivität, weil die Konsumenten weniger ausgeben und die Unternehmen darauf mit Entlassungen reagieren. Im Ergebnis kann dieses Verhalten dazu führen, dass sich Familien und Unternehmen am Ende schlechter stellen als wenn sie gar nicht erst versucht hätten, verantwortlich zu handeln und ihre Ausgaben zu kürzen. Dies wird als Paradoxon bezeichnet, weil scheinbar tugendhaftes Verhalten – sich umsichtig durch höheres Sparen auf schwierige Zeiten vorzubereiten – in einer Schädigung von allen endet.

Eine Haupterkenntnis der Makroökonomik besteht darin, dass der kombinierte Effekt individueller Entscheidungen Auswirkungen haben kann, die sich deutlich von dem unterscheiden, was die einzelnen Individuen eigentlich wollten, und manchmal sogar das genaue Gegenteil zur Folge haben. Das Verhalten der Volkswirtschaft insgesamt ist tatsächlich mehr als die Summe von einzelwirtschaftlichem Verhalten und Marktergebnissen.

Aufgabe 3

Vor der Weltwirtschaftskrise gingen die meisten Ökonomen davon aus, dass eine Volkswirtschaft die Fähigkeit zur Selbstheilung hat.
   a. Passt diese Sichtweise zur Keynesianischen Lehre?
   b. Welche Auswirkungen hatte die Weltwirtschaftskrise auf die gängige Meinung unter Ökonomen?
   c. Was wäre Ihrer Meinung nach passiert, wenn die Wirtschaftspolitik während der Finanz- und Wirtschaftskrise 2007–2009 genauso reagiert hätte wie während der Weltwirtschaftskrise?

Lösung

   a. Nein. Nach Ansicht der Keynesianischen Lehre liegt die Ursache für eine Wirtschaftskrise in einem zu geringen Ausgabenniveau. Die Keynesianische Lehre vertritt die Auffassung, dass der Staat in einer derartigen Situation durch Geldpolitik und Fiskalpolitik aktiv eingreifen sollte, um die gesamtwirtschaftliche Entwicklung zu stabilisieren. Damit sprechen sich die Keynesianer grundsätzlich dafür aus, dass der Staat die Verantwortung für die Steuerung der gesamtwirtschaftlichen Entwicklung übernehmen sollte.

b. Die Weltwirtschaftskrise veränderte die vorherrschende Sichtweise über die Selbstheilungskräfte der Wirtschaft grundlegend. Das ungeheure Ausmaß der Weltwirtschaftskrise verdeutlichte die Notwendigkeit zum Handeln. Die Ökonomen bemühten sich darum, die Ursachen für den Einbruch in der gesamtwirtschaftlichen Entwicklung zu verstehen und Mittel und Wege zu finden, um derartige Krisen in Zukunft zu vermeiden. Sie kamen zu der Überzeugung, dass der Staat in Krisenzeiten eine aktive Stabilisierungspolitik verfolgen sollte.

c. Während der Finanz- und Wirtschaftskrise 2007–2009 verabschiedeten viele Regierungen Maßnahmenpakete zur Stabilisierung der gesamtwirtschaftlichen Entwicklung, die ganz klar keynesianische Züge trugen. Dadurch gelang es, in vielen großen Volkswirtschaften den Einbruch in der Wirtschaftsleistung auf einen kurzen Zeitraum (weniger als zwei Jahre) zu begrenzen. Ohne entsprechende staatliche Eingriffe hätte die Finanz- und Wirtschaftskrise 2007–2009 unter Umständen die gleichen Dimensionen erreicht wie die Weltwirtschaftskrise.

Aufgabe 4

Beantworten Sie die folgenden Fragen.

a. Welche drei ökonomischen Größen bewegen sich im Konjunkturzyklus im Gleichlauf? In welche Richtung bewegen sie sich während eines Aufschwunges und während eines Abschwunges?

b. Wer muss in einer Wirtschaftskrise leiden?

c. Welche Ansicht vertrat Milton Friedman mit Blick auf den Konjunkturzyklus?

Lösung

a. Industrieproduktion (reales BIP), Beschäftigungsniveau und Inflation bewegen sich im Konjunkturzyklus im Gleichlauf. Im Aufschwung steigen diese drei ökonomischen Größen an, im Abschwung sinken diese Größen.

b. Gerät die Volkswirtschaft in einen konjunkturellen Abschwung, dann hat dies unmittelbar Einfluss auf die Chancen der Arbeitskräfte, ihren Arbeitsplatz zu behalten oder einen neuen Arbeitsplatz zu finden. Da viele Menschen während einer Rezession ihren Arbeitsplatz verlieren und kaum Chancen haben, einen neuen Job zu finden, sinkt in Krisenzeiten der Lebensstandard von vielen Familien. In einer Rezession steigt die Zahl der Menschen, die unterhalb der Armutsgrenze leben. Familien verlieren ihre Häuser, da sie den Hypothekenzahlungen nicht mehr nachkommen können. Menschen verlieren den Versicherungsschutz, weil sie sich die Versicherungsbeiträge nicht mehr leisten können.

Eine Rezession trifft jedoch nicht nur die Arbeitskräfte. Auch die Unternehmen sind davon betroffen. In der Krise sinken auch Umsätze und Gewinne und viele, vor allem kleine Unternehmen gehen pleite.

c. Nach Ansicht der Keynesianischen Lehre hat der Staat die Aufgabe, in Krisenzeiten stabilisierend in die gesamtwirtschaftliche Entwicklung einzugreifen. Milton Friedman verwies auf die Notwendigkeit, die gesamtwirtschaftliche Entwicklung nicht nur in einem Abschwung zu stützen, sondern auch in einem Aufschwung zu bremsen. Damit erweiterte er die stabilisierungspolitische Rolle des Staates im Vergleich zur Keynesianischen Lehre, die den Fokus für die Wirtschaftspolitik auf eine aktive Stabilisierungspolitik in Krisenzeiten gelegt hatte. Die Wirtschaftspolitik war daraufhin bestrebt, den Konjunkturzyklus insgesamt zu glätten.

Aufgabe 5

Warum unterscheiden wir zwischen der Aufschwungphase eines Konjunkturzyklus und dem langfristigen Wirtschaftswachstum? Warum ist es für ein Land wichtig, sowohl die Größe seiner langfristigen Wachstumsrate des BIP zu kennen als auch die Wachstumsrate seiner Bevölkerung?

Lösung

Das langfristige Wirtschaftswachstum wird durch den anhaltenden Aufwärtstrend in der gesamtwirtschaftlichen Produktion über einen längeren Zeitraum wiedergegeben. Ein langfristiges Wachstum des Pro-Kopf-Einkommens ist die Schlüsselgröße für steigende Löhne und einen höheren Lebensstandard. Die Aufschwungphase in einem Konjunkturzyklus führt nur kurzfristig (mehrere Monate oder einige Jahre) zu einem Anstieg des realen BIP. Langfristiges Wirtschaftswachstum (über viele Jahrzehnte) sorgt dagegen für einen Anstieg des Pro-Kopf-Einkommens. Die langfristige Wachstumsrate des BIP und die Wachstumsrate der Bevölkerung entscheiden im Zusammenspiel darüber, ob der durchschnittliche Lebensstandard in einer Volkswirtschaft steigt oder sinkt. Ist die langfristige Wachstumsrate des BIP größer als die Wachstumsrate der Bevölkerung, dann steigt der durchschnittliche Lebensstandard in einer Volkswirtschaft. Ist die langfristige Wachstumsrate des BIP kleiner als die Wachstumsrate der Bevölkerung, dann sinkt der durchschnittliche Lebensstandard in einer Volkswirtschaft.

Aufgabe 6

Im Jahr 1798 wurde das Werk »Essay on the Principle of Population« von Thomas Malthus publiziert. In seinem Buch stellte Malthus die These auf, dass das Bevölkerungswachstum durch die Menge der verfügbaren Nahrungsmittel begrenzt wird. Außerdem würden die Menschen dauerhaft am Rande des Existenzminimums leben müssen. Warum trifft die Beschreibung von Malthus auf die Welt nach 1800 nicht mehr zu?

Lösung

Malthus ging zu seiner Zeit davon aus, dass das Leben so weitergehen würde wie in den 800 Jahren davor. Er konnte sich nicht vorstellen, welche großen Produktivitätssprünge durch technischen Fortschritt möglich waren. Bis ca. 1800 gab es nur ein sehr langsames Wirtschaftswachstum, das praktisch identisch mit dem Bevölkerungswachstum war. Damit kam es kaum zu Zuwächsen der gesamtwirtschaftlichen Produktion je Einwohner. Der Lebensstandard der Bevölkerung war nahezu unverändert am Existenzminimum. Die Volkswirtschaften konnten in der damaligen Zeit gar kein größeres Bevölkerungswachstum verkraften. Nach 1800 setzte ein stärkeres Wirtschaftswachstum ein, das das Bevölkerungswachstum deutlich überstieg, sodass auch die gesamtwirtschaftliche Produktion je Einwohner zunahm. Durch das stärkere Wirtschaftswachstum konnte das Bevölkerungswachstum quasi finanziert werden.

Aufgabe 7

Jedes Jahr veröffentlicht die Zeitschrift »The Economist« Daten zu den Preisen für einen »Big Mac« in verschiedenen Ländern und die jeweiligen Wechselkurse gegenüber dem Dollar. Die Tabelle zeigt einen Ausschnitt dieser Daten für 2007 und 2014. Beantworten Sie mithilfe der Daten die folgenden Fragen.

    a. In welchem Land war der Big Mac in Dollar gemessen im Jahr 2007 am billigsten?

    b. In welchem Land war der Big Mac in Dollar gemessen im Jahr 2014 am billigsten?

    c. In welchem Land gab es im Zeitraum von 2007 bis 2014 die höchste Inflationsrate bei den Preisen (in Landeswährung) für einen Big Mac? Gab es irgendwo eine Deflation bei den Burger-Preisen?

Tab. 21-1

Land	2007		2014	
	Preis eines Big Mac (in Landeswährung)	Preis eines Big Mac ($)	Preis eines Big Mac (in Landeswährung)	Preis eines Big Mac ($)
Argentinien	8,25 Peso	2,65	21,00 Peso	2,57
Kanada	3,63 CAD	3,08	5,25 CAD	5,64
Euroraum	2,94 €	3,82	3,68 €	4,95
Japan	280 ¥	2,31	370 ¥	3,64
Vereinigte Staaten	3,22 $	3,22	4,80 $	4,80

Lösung

    a. Am günstigsten war der Big Mac in Dollar im Jahr 2007 in Japan.

    b. Am günstigsten war der Big Mac in Dollar im Jahr 2014 in Argentinien.

    c. Die Inflationsrate bei Burger war in Argentinien im Zeitraum von 2007–2014 am höchsten. In diesem Zeitraum ist der Preis für einen Big Mac in Argentinien um 155 Prozent gestiegen. Das entspricht einer Inflationsrate von 155 Prozent. Der Preis für einen Big Mac ist in jedem Land gestiegen, sodass für kein Land eine Deflation zu konstatieren ist.

Aufgabe 8

In den letzten 40 Jahren hatten die Vereinigten Staaten ein permanentes Handelsbilanzdefizit zu verzeichnen. Die Vereinigten Staaten haben also mehr Waren importiert als exportiert. China ist eines der Länder, gegenüber denen die Vereinigten Staaten ein besonders großes Handelsbilanzdefizit aufweisen. Welche der folgenden Faktoren können dieses Handelsbilanzdefizit erklären? Erläutern Sie Ihre Antwort.

   a. Viele Produkte wie z. B. Fernsehgeräte, die früher in den Vereinigten Staaten produziert wurden, werden heute in China hergestellt.
   b. Die durchschnittlichen Löhne sind in China deutlich niedriger als in den Vereinigten Staaten.
   c. Die US-amerikanischen Investitionsausgaben sind mit Blick auf die gesamtwirtschaftliche Ersparnis vergleichsweise hoch.

Lösung

   a. Dieser Faktor kann nicht zur Erklärung des Handelsbilanzdefizits herangezogen werden. Die Entscheidung darüber, wo bestimmte Produkte hergestellt werden, geschieht auf der mikroökonomischen Ebene auf der Grundlage von komparativen Vorteilen. Makroökonomische Größen entscheiden darüber, ob ein Land ein Handelsbilanzdefizit aufweist oder nicht.
   b. Auch dieser Faktor liefert keine plausible Erklärung für das Handelsbilanzdefizit. Die niedrigen Löhne in China können auf der mikroökonomischen Ebene erklären, warum bestimmte Waren in China hergestellt werden und nicht in den Vereinigten Staaten. Sie können aber nicht erklären, warum es auf der makroökonomischen Ebene zu einem Handelsbilanzdefizit kommt.
   c. Dieser Faktor kann eine plausible Erklärung liefern. Die gesamtwirtschaftliche Ersparnis und die gesamtwirtschaftlichen Investitionsausgaben sind makroökonomische Größen, die darüber entscheiden, ob ein Land ein Handelsbilanzdefizit aufweist oder nicht.

22 BIP und Inflation: Die quantitative Erfassung des makroökonomischen Geschehens

Aufgabe 1

In der nachfolgenden Abbildung wird ein detailliertes Kreislaufdiagramm der Volkswirtschaft von Micronia gezeigt.

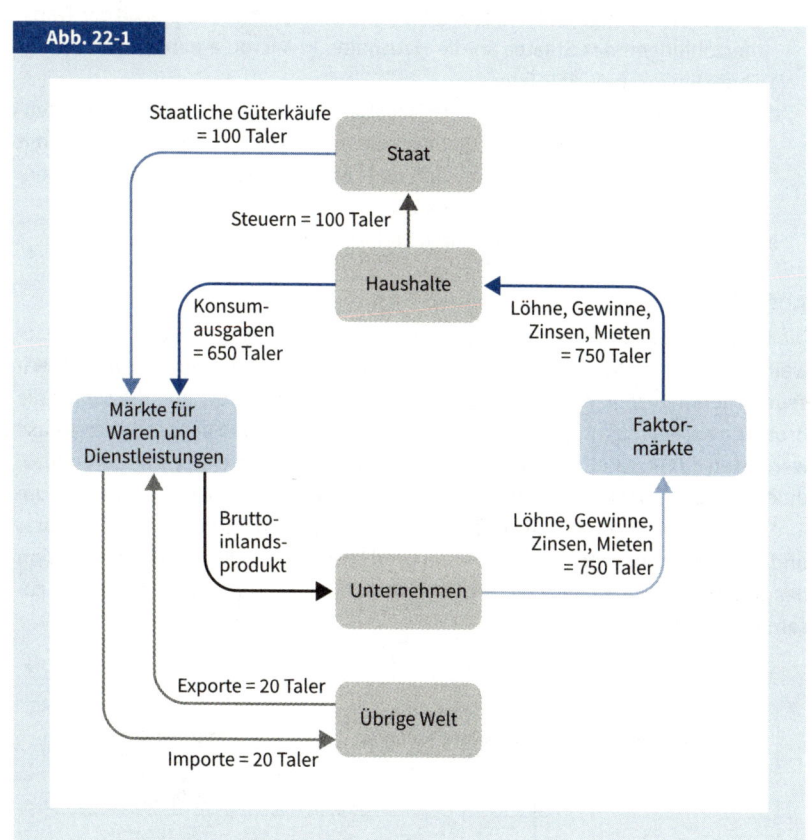

Abb. 22-1

a. Wie hoch ist das Bruttoinlandsprodukt in Micronia?
b. Wie hoch sind die Nettoexporte?
c. Wie hoch ist das verfügbare Einkommen?

d. Stimmt der gesamte Geldabfluss aus dem Haushaltssektor, also die Summe aus Steuerzahlungen und Konsumausgaben, mit dem gesamten Geldzufluss überein?
e. Wie finanziert die Regierung ihre Staatsausgaben?

Lösung
a. Das BIP in Micronia ergibt sich aus der Summe aller Ausgaben für im Inland produzierte Waren und Dienstleistungen: Konsumausgaben + Staatsausgaben + Exporte – Importe = 750 Taler
b. Die Nettoexporte ergeben sich aus der Differenz zwischen Exporten und Importen: 20 Taler – 20 Taler = 0 Taler.
c. Das verfügbare Einkommen der Haushalte entspricht dem Einkommen der Haushalte abzüglich der Steuerzahlung an den Staat und zuzüglich der Transferzahlungen des Staates an die Haushalte. In Micronia beträgt das verfügbare Einkommen 650 Taler.
d. Der gesamte Geldabfluss aus dem Haushaltssektor, also die Summe aus Steuerzahlungen und Konsumausgaben, beläuft sich auf 750 Taler und stimmt mit dem gesamten Geldzufluss in Form von Löhnen, Gewinnen, Zinsen und Mieten in Höhe von 750 Talern überein.
e. Die Staatsausgaben werden durch Steuern (100 Taler) finanziert.

Aufgabe 2
Die kleine Wirtschaft von Pizzania erzeugt drei Güter (Brot, Käse und Pizza), die jeweils von einem anderen Unternehmen hergestellt werden. Das Brot- sowie das Käseunternehmen stellen alle Vor- und Zwischenprodukte selbst her, die sie für die Brot- und Käseerzeugung benötigen. Das produzierte Brot und der produzierte Käse werden an das Pizzaunternehmen als Input für die Pizzaherstellung und als Endprodukte an Verbraucher verkauft. Alle drei Unternehmen beschäftigen Arbeiter, um ihre Güter zu produzieren. Die Differenz zwischen dem Wert der verkauften Güter und den Kosten für Arbeit und für die Vor- und Zwischenprodukte stellt den Gewinn des Unternehmens dar. Die Tabelle fasst die Aktivitäten der drei Unternehmen zusammen.

Tab. 22-1

	Brotunternehmen	Käseunternehmen	Pizzaunternehmen
Inputkosten (€)	0	0	50 (Brot) 35 (Käse)
Löhne (€)	25	30	75
Produktionswert (€)	100	60	200

a. Berechnen Sie das BIP über die in der Produktion entstandene Wertschöpfung.
b. Berechnen Sie das BIP über die Ausgaben für Endprodukte.
c. Berechnen Sie das BIP über die Faktoreinkommen.

Lösung

a. Entstehungsrechnung: Summe der Wertschöpfung in allen Unternehmen
100 € (Brotunternehmen) + 60 € (Käseunternehmen) + 115 € (Pizzaunternehmen): 200 € – 50 € – 35 € = 275 €
b. Verwendungsrechnung: Summe der Ausgaben für Endprodukte = Summe der Ausgaben für Brot, Käse und Pizza
50 € (Brot) + 25 € (Käse) + 200 € (Pizza) = 275 €
c. Verteilungsrechnung: Summe aller Faktoreinkommen (Löhne + Gewinne)
Brotunternehmen: 25 € + 75 € = 100 €
Käseunternehmen: 30 € + 30 € = 60 €
Pizzaunternehmen: 75 € + 40 € = 115 €
Die Summe aller Faktoreinkommen beträgt 275 Euro.

Aufgabe 3

Welche der folgenden Transaktionen sind Bestandteil des BIP der Bundesrepublik Deutschland?
a. Bahlsen baut eine neue Keksfabrik in Berlin.
b. Die deutsche Fluggesellschaft Lufthansa verkauft eines ihrer bereits im Betrieb befindlichen Flugzeuge an Korean Air.
c. Frau Müller aus München kauft an der Börse eine Aktie von BMW.
d. Ein sächsischer Winzer erzeugt eine Flasche Riesling und verkauft diese an einen Kunden in Montreal, Kanada.
e. Herr Schulze kauft eine Flasche tschechisches Bier.
f. Ein Verlag druckt zu viele Exemplare eines neuen Buches. Diese können nicht im laufenden Jahr verkauft werden, sodass der Verlag die überschüssigen Exemplare ins Lager nimmt.

Lösung

a. Wenn Bahlsen in Berlin eine neue Keksfabrik baut, handelt es sich um Investitionsausgaben, die Bestandteil des deutschen BIP sind.
b. Wenn Lufthansa eines ihrer bereits im Betrieb befindlichen Flugzeuge an Korean Air verkauft, dann ist diese Transaktion nicht Bestandteil des deutschen BIP, da das Flugzeug nicht neu ist. Das Flugzeug wurde in der Vergangenheit produziert und demzufolge auch zu diesem Zeitpunkt im BIP erfasst.
c. Wenn Frau Müller aus München an der Börse eine Aktie von BMW kauft, dann hat das keinen Einfluss auf das deutsche BIP, da durch diese Transaktion keine Produktion/Wertschöpfung erfolgt.
d. Wenn ein sächsischer Winzer eine Flasche Riesling erzeugt und diese an einen Kunden in Montreal, Kanada, verkauft, dann zählt diese Transaktion zum deutschen BIP, da es sich um den Export eines Gutes handelt.

e. Wenn Herr Schulze eine Flasche tschechisches Bier kauft, dann handelt es sich zunächst um eine Konsumausgabe, die vom BIP erfasst wird. Da das Bier aber nicht in Deutschland, sondern in Tschechien produziert wurde, zählt es als Import und muss dadurch wieder vom deutschen BIP abgezogen werden. Insgesamt ergibt sich kein Effekt auf das deutsche BIP.

f. Wenn ein Verlag zu viele Exemplare eines neuen Buches druckt und die überschüssigen Exemplare ins Lager nimmt, handelt es sich eine Lagerinvestition, die zum deutschen BIP zählt.

Aufgabe 4

Die Tabelle zeigt für die Vereinigten Staaten das nominale BIP (in Milliarden Dollar), das reale BIP (in Milliarden Dollar) unter Verwendung von 2005 als Basisjahr und die Bevölkerungszahl (in Tausend) für die Jahre 1960, 1970, 1980, 1990, 2000 und 2010. In diesem Zeitraum ist das Preisniveau in den Vereinigten Staaten ständig gestiegen.

Tab. 22-2

Jahr	Nominales BIP (Mrd. $)	Reales BIP (Mrd. $ von 2005)	Bevölkerung (1.000)
1960	526,4	2.828,5	180.760
1970	1.038,5	4.266,3	205.089
1980	2.788,1	5.834,0	227.726
1990	5.800,5	8.027,1	250.181
2000	9.951,5	11.216,4	282.418
2010	14.526,5	13.088,0	310.106

a. Warum ist das reale BIP für alle Jahre bis 2000 größer als das nominale BIP, für das Jahr 2010 aber kleiner?

b. Berechnen Sie die prozentualen Änderungen des realen BIP von 1960 bis 1970, 1970 bis 1980, 1980 bis 1990, 1990 bis 2000 und von 2000 bis 2010. In welchem Zeitraum war die Wachstumsrate am höchsten?

c. Berechnen Sie das reale BIP je Einwohner für jedes der in der Tabelle aufgeführten Jahre.

d. Berechnen Sie die prozentuale Änderung des realen BIP je Einwohner von 1960 bis 1970, 1970 bis 1980, 1980 bis 1990, 1990 bis 2000 und von 2000 bis 2010. In welchem Zeitraum war die Wachstumsrate am höchsten?

e. Wie verhalten sich die prozentuale Änderung des realen BIP und die prozentuale Änderung des realen BIP je Einwohner zueinander? Welche Wachstumsrate ist größer? War das zu erwarten?

Lösung

a. Da das Jahr 2005 als Basisjahr für die Berechnung des realen BIP gewählt wurde und das Preisniveau seit 1960 stetig gestiegen ist, muss das reale BIP für alle Jahre bis 2000 größer und für das Jahr 2010 kleiner sein als das nominale BIP.

b. bis d.

Tab. 22-3

Jahr	Nominales BIP (Mrd. $)	Reales BIP (Mrd. $ von 2005)	Prozentuale Änderung des realen BIP	Bevölkerung (1.000)	reales BIP pro Kopf ($ von 2005)	Prozentuale Änderung des realen BIP pro Kopf
1960	526,4	2.828,5		180.760	15.647,82	
1970	1.038,5	4.266,3	50,8	205.089	20.802,19	32,9
1980	2.788,1	5.834,0	36,8	227.726	25.618,51	23,2
1990	5.800,5	8.027,1	37,6	250.181	32.085,17	25,2
2000	9.951,5	11.216,4	39,7	282.418	39.715,60	23,8
2010	14.526,5	13.088,0	16,7	310.106	42.204,92	6,3

Die Wachstumsrate des realen BIP war im Zeitraum zwischen 1960 und 1970 am höchsten.

Die Wachstumsrate des realen BIP pro Kopf war auch im Zeitraum zwischen 1960 und 1970 am höchsten.

e. Die prozentuale Änderung des realen BIP ist im betrachteten Zeitraum immer größer als die prozentuale Änderung des realen BIP pro Kopf. Diese Beziehung war aufgrund des Bevölkerungsanstiegs zu erwarten.

Aufgabe 5

Nach Protesten von Studierenden wird auch unter den Professoren Ihrer Fakultät über die Preissteigerungen von wirtschaftswissenschaftlichen Lehrbüchern diskutiert. Um herauszufinden, wie stark die Preissteigerungen für die Lehrbücher tatsächlich sind, bittet Sie der Dekan, einen Index für die Preise von Lehrbüchern zu entwickeln. Der Durchschnittsstudierende an Ihrer Fakultät kauft drei BWL-Lehrbücher, zwei Mathematik-Lehrbücher und vier VWL-Lehrbücher. Die Preise für diese Bücher finden Sie in der Tabelle.

Tab. 22-4

	2012	2013	2014
BWL-Lehrbuch	50 €	55 €	57 €
Mathematik-Lehrbuch	70 €	72 €	74 €
VWL-Lehrbuch	80 €	90 €	100 €

a. Wie groß ist die prozentuale Preisänderung für ein BWL-Lehrbuch von 2012 bis 2014?
b. Wie groß ist die prozentuale Preisänderung für ein Mathematik-Lehrbuch von 2012 bis 2014?
c. Wie groß ist die prozentuale Preisänderung für ein VWL-Lehrbuch von 2012 bis 2014?
d. Berechnen Sie den Preisindex für diese Bücher für alle Jahre unter Verwendung von 2013 als Basisjahr.
e. Wie groß ist die prozentuale Preisänderung für den Preisindex von 2012 bis 2014?

Lösung

a. Die Preisänderung für ein BWL-Lehrbuch von 2012 auf 2014 beträgt 14 Prozent.
b. Die Preisänderung für ein Mathematik-Lehrbuch von 2012 auf 2014 beträgt 5,7 Prozent.
c. Die Preisänderung für ein VWL-Lehrbuch von 2012 auf 2014 beträgt 25 Prozent.
d. Preisindex 2012:
(50 € × 3 + 70 € × 2 + 80 € × 4)/(55 € × 3 + 72 € × 2 + 90 € × 4) = 91,2
Preisindex 2013:
(55 € × 3 + 72 € × 2 + 90 € × 4)/(55 € × 3 + 72 € × 2 + 90 € × 4) = 100,0
Preisindex 2014:
(57 € × 3 + 74 € × 2 + 100 € × 4)/(55 € × 3 + 72 € × 2 + 90 € × 4) = 107,5
e. Die Änderung des Preisindex von 2012 bis 2014 beträgt 17,9 Prozent
[(107,5 – 91,2)/91,2 × 100].

Aufgabe 6

In Deutschland veröffentlicht das Statistische Bundesamt monatlich den Verbraucherpreisindex für den vorhergehenden Monat. Gehen Sie im Internet auf die Seite www.destatis.de, um sich die letzte Veröffentlichung anzuschauen. Wie hoch war der Verbraucherpreisindex für den Vormonat? Wie hat er sich gegenüber dem Vormonat geändert? Wie sieht die Änderung des Verbraucherpreisindex im Vergleich zum gleichen Monat des Vorjahres aus?

Lösung

Im Juli 2016 lag der Verbraucherpreisindex bei 107,6. Im Juni 2016 lag der Verbraucherpreisindex bei 107,3. Das entspricht einer Veränderung von 0,3 Prozent.

Im Juli 2015 lag der Verbraucherpreisindex bei 107,2. Damit hat sich der Verbraucherpreisindex innerhalb eines Jahres um 0,4 Prozent erhöht.

Aufgabe 7

In der nachfolgenden Tabelle finden Sie Daten zum nominalen und realen BIP in den Vereinigten Staaten (Basisjahr 2009).

Tab. 22-5

	2009	2010	2011	2012	2013
Reales BIP (Mrd. $ von 2009)	14.417,9	14.779,4	15.052,4	15.470,7	15.761,3
Nominales BIP (Mrd. $)	14.417,9	14.958,3	15.533,8	16.244,6	16.799,7

a. Berechnen Sie für jedes Jahr den BIP-Deflator.
b. Berechnen Sie mithilfe des BIP-Deflators die Inflationsrate für die Jahre 2010 bis 2014.

Lösung

a. Der BIP-Deflator für ein bestimmtes Jahr ergibt sich aus dem Quotienten zwischen nominalem BIP und realem BIP für dieses Jahr.
BIP-Deflator 2009: 100; BIP-Deflator 2010: 101,2; BIP-Deflator 2011: 103,2; BIP-Deflator 2012: 105,0; BIP-Deflator 2013: 106,6.
b. Mithilfe des BIP-Deflators lässt sich die Inflationsrate wie folgt ermitteln:
aktuelle Inflationsrate = [(aktueller BIP-Deflator – BIP-Deflator im letzten Jahr)/BIP-Deflator im letzten Jahr] × 100
Inflationsrate 2010: 1,2 Prozent; Inflationsrate 2011: 2,0 Prozent; Inflationsrate 2012: 1,7 Prozent; Inflationsrate 2013: 1,5 Prozent.

Aufgabe 8

Nehmen Sie an, der Warenkorb für die Ermittlung des Verbraucherpreisindex besteht nur aus Wohnen, Nahrungsmitteln, Transport, Gesundheit, Ausbildung und Freizeit. Der Wert des Verbraucherpreisindex für die einzelnen Bestandteile des Warenkorbs sowie ihr Anteil am Warenkorb sind in der nachfolgenden Tabelle wiedergegeben.

Tab. 22-6

	Verbraucherpreisindex	Anteil am Warenkorb (%)
Wohnen	190,7	10,0
Nahrungsmittel	188,9	15,0
Transport	164,8	10,0
Gesundheit	314,9	30,0
Ausbildung	112,6	20,0
Freizeit	108,5	15,0

a. Ermitteln Sie den Wert für den Verbraucherpreisindex.
b. Für Rentner gilt typischerweise eine andere Zusammensetzung des Warenkorbs: 10 Prozent für Wohnen, 15 Prozent für Nahrungsmittel, 5 Prozent für Transport, 60 Prozent für Gesundheit, 0 Prozent für Ausbildung und 10 Prozent für Freizeit. Berechnen Sie den Wert für den Verbraucherpreisindex für Rentner.
c. Auch für Studierende gilt in der Regel eine andere Zusammensetzung des Warenkorbs: 5 Prozent für Wohnen, 15 Prozent für Nahrungsmittel, 20 Prozent für Transport, 0 Prozent für Gesundheit, 40 Prozent für Ausbildung und 20 Prozent für Freizeit. Berechnen Sie den Wert für den Verbraucherpreisindex für Studierende. Vergleichen Sie diesen Wert mit dem von Ihnen berechneten Wert für den Verbraucherpreisindex insgesamt sowie mit dem Wert für den Verbraucherpreisindex für Rentner.

Lösung

a. Verbraucherpreisindex gesamt:
$(190{,}7 \times 0{,}1 + 188{,}9 \times 0{,}15 + 164{,}8 \times 0{,}1 + 314{,}9 \times 0{,}3 + 112{,}6 \times 0{,}2 + 108{,}5 \times 0{,}15)$
$= 197{,}15$
b. Verbraucherpreisindex für Rentner:
$(190{,}7 \times 0{,}1 + 188{,}9 \times 0{,}15 + 164{,}8 \times 0{,}05 + 314{,}9 \times 0{,}6 + 112{,}6 \times 0 + 108{,}5 \times 0{,}1)$
$= 255{,}44$
c. Verbraucherpreisindex für Studierende:
$(190{,}7 \times 0{,}05 + 188{,}9 \times 0{,}15 + 164{,}8 \times 0{,}2 + 314{,}9 \times 0 + 112{,}6 \times 0{,}4 + 108{,}5 \times 0{,}2)$
$= 137{,}57$
Der Verbraucherpreisindex für Studierende liegt unterhalb des Verbraucherpreisindex insgesamt, während der Verbraucherpreisindex für Rentner darüber liegt. Dies ist dadurch begründet, dass Studierende einen deutlich geringen Anteil der »teuren« Gesundheit als der Durchschnitt der Bevölkerung in ihrem Warenkorb haben und einen deutlich größeren Anteil der »billigen« Güter Ausbildung und Freizeit. Für Rentner gilt das Gegenteil. Dadurch ist ihr Warenkorb wesentlich teurer als der durchschnittliche Warenkorb.

23 Arbeitslosigkeit und Inflation

Aufgabe 1

Die Bundesagentur für Arbeit veröffentlich im Internet (http://statistik.arbeitsagentur.de) jeden Monat die aktuelle Arbeitslosenquote. Das Statistische Bundesamt (https://www.destatis.de) veröffentlich dagegen jeden Monat die aktuelle Erwerbslosenquote. Recherchieren Sie die aktuellen Werte für beide Größen. Warum unterscheiden sich die beiden Größen?

Lösung

Im Juli 2016 betrug die Arbeitslosenquote der Bundesagentur für Arbeit 6,0 Prozent. Die Erwerbslosenquote betrug im Juli 2016 4,2 Prozent. Die beiden Größen unterscheiden sich voneinander, da sie auf unterschiedlichen Messkonzepten basieren. Die Arbeitslosenquote der Bundesagentur für Arbeit stützt sich auf alle Personen, die zu einem bestimmten Zeitpunkt nach den im Sozialgesetzbuch (SGB) festgelegten Kriterien als arbeitslos gelten und auch als arbeitslos gemeldet sind. Die Erwerbslosenquote des Statistischen Bundesamtes basiert dagegen auf der Definition der Erwerbslosigkeit der International Labor Organization (ILO). Diese beiden Messkonzepte sind nicht deckungsgleich, sodass in der ILO-Arbeitsmarktstatistik des Statistischen Bundesamtes Personen als erwerbslos ausgewiesen werden, die nach der Zählung der Bundesagentur für Arbeit nicht arbeitslos sind. Es gibt aber auch Personen, die nach der Statistik der Bundesagentur für Arbeit als arbeitslos gelten, während sie nach der Zählung des Statistischen Bundesamtes nicht erwerbslos sind.

Aufgabe 2

Welche Art von Arbeitslosigkeit erfährt Melanie in den folgenden Situationen?
a. Melanie wird nach Abschluss eines komplexen Programmierprojektes entlassen. Ihre Aussichten auf eine neue Stelle mit ähnlichen Qualifikationen sind gut und sie hat bei einer Vermittlungsagentur für Programmierer unterschrieben. Geringer bezahlte Stellen hat sie nicht angenommen.
b. Da Melanie und ihr Kollege nicht bereit waren, eine Gehaltskürzung zu akzeptieren, hat ihr Arbeitgeber die Programmierarbeiten ins Ausland verlagert. Dieses Vorgehen trifft man in der gesamten Branche an.
c. Während einer Wirtschaftskrise hat Melanie ihre Stelle als Programmiererin verloren. Ihr bisheriger Arbeitgeber verspricht, sie bei einer Besserung der Geschäftslage wiedereinzustellen.

Lösung

a. In diesem Fall ist Melanie durch friktionelle Arbeitslosigkeit betroffen. Sie ist nicht bereit, eine geringer bezahlte Stelle anzunehmen und sucht stattdessen nach einem besser bezahlten Job.

b. In diesem Fall liegt strukturelle Arbeitslosigkeit vor. Melanie fordert einen Lohnsatz, der in ihrer Branche oberhalb des Gleichgewichtslohnsatzes liegt. Der Gleichgewichtslohnsatz ist durch die Verlagerung von Arbeitsplätzen ins Ausland gesunken.

c. Hier handelt es sich um konjunkturelle Arbeitslosigkeit. Melanie ist aufgrund der schlechten wirtschaftlichen Entwicklung entlassen worden. Bei einer Besserung der Geschäftslage wird sie wahrscheinlich wiedereingestellt.

Aufgabe 3

Die nachfolgende Tabelle zeigt die Arbeitsmarktstatistik für die Vereinigten Staaten für unterschiedliche Regionen.

Tab. 23-1

Region	Erwerbspersonen (1.000)		Erwerbslose (1.000)	
	April 2013	April 2014	April 2013	April 2014
Nordosten	28.470,2	28.288,9	2.174,4	1.781,3
Süden	56.787,8	57.016,4	4.089,9	3.363,8
Mittlerer Westen	34.320,0	34.467,0	2.473,7	2.109,0
Westen	36.122,2	36.307,3	2.940,8	2.535,7

Quelle: Bureau of Labor Statistics

Berechnen Sie die Erwerbslosenquoten für die einzelnen Regionen im April 2013 und im April 2014. Wie hat sich die Situation auf dem Arbeitsmarkt in den einzelnen Regionen entwickelt? Ist der Rückgang der Erwerbslosenquote auf einen Anstieg der Zahl der Erwerbstätigen oder auf einen Anstieg in der Zahl der Erwerbspersonen zurückzuführen?

Lösung

Die Erwerbslosenquote ergibt sich durch die Relation der Zahl der Erwerbslosen zur Zahl der Erwerbspersonen.

Für die Region Nordosten lag die Erwerbslosenquote im April 2013 bei 7,6 Prozent und im April 2014 bei 6,3 Prozent.

Für die Region Süden lag die Erwerbslosenquote im April 2013 bei 7,2 Prozent und im April 2014 bei 5,9 Prozent.

Für die Region Mittlerer Westen lag die Erwerbslosenquote im April 2013 bei 7,2 Prozent und im April 2014 bei 6,1 Prozent.

Für die Region Westen lag die Erwerbslosenquote im April 2013 bei 8,1 Prozent und im April 2014 bei 7,0 Prozent.

Die Lage am Arbeitsmarkt hat sich von April 2013 bis April 2014 in allen vier Regionen deutlich entspannt. Die Erwerbslosenquoten sind in allen vier Regionen zurückgegangen.

In der Region Nordosten ist der Rückgang der Erwerbslosenquote auf einen Anstieg der Zahl der Erwerbstätigen (Erwerbspersonen minus Erwerbslose) und auf einen Rückgang der Zahl der Erwerbspersonen zurückzuführen.

In allen anderen Regionen ist sowohl die Zahl der Erwerbstätigen als auch die Zahl der Erwerbspersonen gestiegen. Der Anstieg bei den Erwerbstätigen war jedoch größer als der Anstieg bei den Erwerbspersonen, sodass es zu einem Rückgang der Erwerbslosenquote gekommen ist.

Aufgabe 4

In welchem der nachfolgenden Fälle sind Effizienzlöhne wahrscheinlicher? Weshalb?

  a. Jana und ihr Chef arbeiten im Team und verkaufen zusammen Eis.
  b. Jana verkauft Eis ohne jede Aufsicht durch ihren Chef.
  c. Jana spricht Koreanisch und verkauft Eis in einer Gegend mit Koreanisch als vorwiegender Umgangssprache. Eine andere Arbeitskraft mit koreanischen Sprachkenntnissen zu finden, ist sehr schwierig.

Lösung

  a. Wenn Jana und ihr Chef in einem Team zusammenarbeiten, dann wird Jana bestrebt sein, dass ihr Chef sieht, dass sie ihre Arbeit gut macht. Ihr Chef wiederum weiß, dass Jana bei einer direkten Zusammenarbeit mit ihm eine gute Arbeit machen wird und es daher nicht notwendig ist, ihr einen Effizienzlohn zu zahlen. Ihr Chef kann ihre Arbeitsweise jederzeit beobachten.
  b. Wenn Jana das Eis ohne Aufsicht durch ihren Chef verkauft, dann kann sich ihr Chef nicht sicher sein, dass sie ihre Arbeit auch gut macht und so viel Eis wie möglich verkauft. Ihr Chef könnte aus diesem Grund gewillt sein, ihr einen Effizienzlohn zu zahlen, um sie dadurch zu motivieren, noch besser zu arbeiten.
  c. Hier wird Jana von ihrem Chef auf jeden Fall einen Effizienzlohn gezahlt bekommen. Ihr Chef wird sie auf keinen Fall verlieren wollen, da sie aufgrund ihrer speziellen Sprachkenntnisse nicht so einfach zu ersetzen ist.

Aufgabe 5

Wie werden die nachfolgenden Veränderungen die natürliche Arbeitslosenquote beeinflussen?

  a. Der Staat senkt die maximale Bezugsdauer von Arbeitslosenunterstützung.
  b. Mehr junge Leute beginnen ein Hochschulstudium und nicht sofort eine berufliche Ausbildung.

c. Durch einen besseren Internetzugang greifen sowohl Arbeitgeber als auch Arbeitnehmer stärker auf das Internet für die Stellen- und Bewerbersuche zurück.

d. Der Organisationsgrad der Arbeiterschaft und die Zahl der Gewerkschaftsmitglieder gehen zurück.

Lösung

a. Wenn der Staat die maximale Bezugsdauer von Arbeitslosenunterstützung senkt, werden die Arbeitsuchenden bestrebt sein, schneller einen neuen Arbeitsplatz zu finden. Dadurch sinkt das Ausmaß an friktioneller Arbeitslosigkeit und die natürliche Arbeitslosenquote geht zurück.

b. Da junge Leute häufiger von friktioneller Arbeitslosigkeit betroffen sind, sinkt das Niveau an friktioneller Arbeitslosigkeit, wenn mehr junge Leute ein Hochschulstudium beginnen. Dadurch geht die natürliche Arbeitslosenquote zurück.

c. Ein besserer Internetzugang erleichtert die Stellensuche, reduziert die friktionelle Arbeitslosigkeit und senkt damit die natürliche Arbeitslosenquote.

d. Starke Gewerkschaften verfügen über eine erhebliche Marktmacht und sind dadurch in der Lage, Lohnsätze oberhalb des Gleichgewichtsniveaus auszuhandeln. Dadurch kommt es zu struktureller Arbeitslosigkeit. Gehen der Organisationsgrad der Arbeiterschaft und die Zahl der Gewerkschaftsmitglieder zurück, dann führt dies über einen Rückgang der strukturellen Arbeitslosigkeit zu einer Senkung der natürlichen Arbeitslosenquote.

Aufgabe 6

Betrachten Sie die folgenden Beispiele: Entstehen Nettokosten für die Volkswirtschaft oder nicht, weil Inflation einige Leute schädigt und andere begünstigt? Um welche Kostenart geht es, wenn insgesamt Kosten anfallen?

a. Wenn eine hohe Inflationsrate erwartet wird, werden Arbeiter und Angestellte häufiger bezahlt und alle gehen öfter zur Bank.

b. Da die Inflationsrate seit Jahren 20 Prozent beträgt, will Doris ihr Geld in Sachwerten anlegen und kauft ein Stück Land für 100.000 Euro. Ein Jahr später verkauft sie das Land allerdings wieder und erhält dafür 120.000 Euro. Sie ärgert sich, als sie feststellt, dass sie auf den Gewinn von 20.000 Euro eine Spekulationssteuer entrichten muss.

c. Hans hat vor fünf Jahren ein Hypothekendarlehen mit einem festen Zinssatz von 6 Prozent aufgenommen. Seitdem ist die Inflationsrate unerwartet bis auf gegenwärtig 7 Prozent angestiegen.

d. Als Reaktion auf eine unerwartet hohe Inflationsrate muss der Manager von Charming Cottages teure Farbprospekte neu drucken und versenden, damit die Preisangaben aktuell bleiben.

Lösung

a. Hier handelt es sich um ein Beispiel für Schuhsohlen-Kosten, die mit Netto-kosten für die Volkswirtschaft einhergehen. Die Arbeiter und Angestellte »ver-schwenden« wertvolle Ressourcen, wenn sie häufig zur Bank gehen müssen. Das Gleiche gilt für die Unternehmen, die ihre Beschäftigten häufiger bezah-len müssen. Und auch bei den Banken werden mehr Ressourcen durch die höhere Zahl an Transaktionen benötigt.

b. Das ist ein Beispiel für Recheneinheiten-Kosten. Ein Euro, den Doris für den Grundstückskauf ausgibt, ist mehr wert als ein Euro, den sie später aus dem Verkauf des Grundstücks zurückerhält. Dadurch werden die Menschen weni-ger bereit sein, Grundstücksgeschäfte zu tätigen, sodass vorteilhafte Transak-tionen unterbleiben.

c. Anhand dieses Beispiels lässt sich gut erkennen, dass Inflation mit Vor- und Nachteilen verbunden ist. Durch den unerwarteten Anstieg der Inflationsrate ist der Realwert des Hypothekendarlehens gesunken. Hans hat durch die In-flation einen Vorteil, der Darlehensgeber einen Nachteil. Insgesamt fallen keine Inflationskosten für die Volkswirtschaft an.

d. Das ist ein Beispiel für Speisekarten-Kosten, die zu Nettokosten für die Volks-wirtschaft führen. Der Manager von Charming Cottages muss aufgrund der unerwartet hohen Inflationsrate die Prospekte neu drucken und versenden lassen, da die Preise für die Ferienwohnungen an die Inflationsrate angepasst werden müssen.

Aufgabe 7

Die nachfolgende Abbildung zeigt Darlehenszinssätze und Inflationsraten während der Jahre 1998 bis 2013 in der Volkswirtschaft von Albernia. Wann waren Hypothe-kendarlehen besonders attraktiv und weshalb?

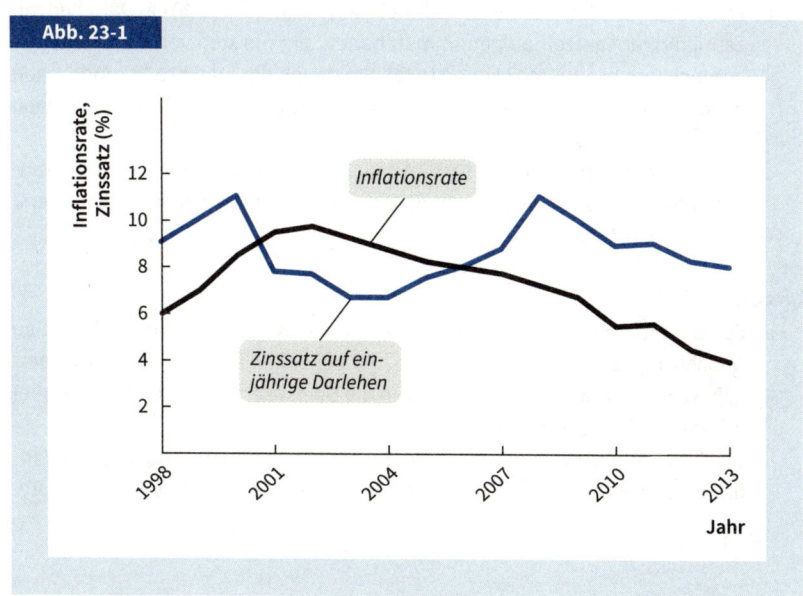

Abb. 23-1

Lösung

Hypothekendarlehen sind für Darlehensnehmer immer dann besonders günstig, wenn der Hypothekenzinssatz unterhalb der Inflationsrate liegt. Dann ist der Realzinssatz negativ. Das war in den Jahren 2001–2006 der Fall.

Aufgabe 8

Die Tabelle zeigt die Inflationsrate im Jahr 2000 sowie die durchschnittliche Inflationsrate im Zeitraum 2001–2013 für sieben ausgewählte Volkswirtschaften.

Tab. 23-2

Land	Inflationsrate im Jahr 2000 (%)	Durchschnittliche Inflationsrate im Zeitraum 2001–2013 (%)
Brasilien	7,06	6,72
China	0,40	2,34
Frankreich	1,83	1,86
Indonesien	3,77	7,56
Japan	–0,78	–0,23
Türkei	55,03	18,79
Vereinigte Staaten	3,37	2,43

Quelle: Internationaler Währungsfonds

a. Im welchem Land waren im Zeitraum 2001–2013 die Speisekarten-Kosten am höchsten?
b. In welchen Ländern konnten Kreditnehmer, die im Jahr 2000 ein Darlehen mit zehnjähriger Laufzeit aufgenommen haben, am meisten von der Inflationsentwicklung profitieren? Unterstellen Sie dabei, dass die Kreditkonditionen auf der Annahme basierten, dass sich die Inflationsrate des Jahres 2000 auch in den nächsten Jahren einstellt.
c. Haben Kreditnehmer in Japan, die im Jahr 2000 ein Darlehen mit zehnjähriger Laufzeit aufgenommen haben, von der Inflationsentwicklung profitiert? Erläutern Sie Ihre Antwort.

Lösung

a. Speisekarten-Kosten bestehen in den erhöhten Kosten, die durch die häufige Anpassung der Preislisten entstehen, die bei hohen Inflationsraten erforderlich ist. Im Zeitraum 2001–2013 waren die Speisekarten-Kosten in der Türkei mit Abstand am höchsten.
b. Kreditnehmer profitieren dann von der Inflationsentwicklung, wenn die Inflationsrate nach der Kreditvergabe höher ist als die erwartete Inflationsrate.

In diesem Fall sinkt der Realwert der Kreditsumme. Dies war in China und Indonesien der Fall.

c. Durch Deflation entsteht ein Nachteil für die Kreditnehmer, da der Realwert der Kreditsumme steigt. Dennoch haben Kreditnehmer in Japan, die im Jahr 2000 ein Darlehen mit zehnjähriger Laufzeit aufgenommen haben, von der Inflationsentwicklung profitiert, da die Deflation im Zeitraum 2001–2013 schwächer als erwartet ausgefallen ist.

24 Das langfristige Wachstum

Aufgabe 1

Die Tabelle zeigt Daten der Penn World Table, Version 8.0, für das reale BIP je Einwohner in Dollar von 2005 für Argentinien, Ghana, Südkorea und die Vereinigten Staaten für die Jahre 1960, 1970, 1980, 1990, 2000 und 2011.

Tab. 24-1

Jahr	Argentinien	Ghana	Südkorea	Vereinigte Staaten
	Reales BIP je Einwohner ($ von 2005)	Reales BIP je Einwohner ($ von 2005)	Reales BIP je Einwohner ($ von 2005)	Reales BIP je Einwohner ($ von 2005)
1960	6.585	1.557	1.610	15.136
1970	8.147	1.674	2.607	20.115
1980	8.938	1.418	5.161	25.221
1990	6.889	1.296	11.376	31.431
2000	9.208	1.530	20.016	39.498
2011	13.882	2.349	29.618	42.244

Quelle: Penn World Table, Version 8.0

a. Berechnen Sie das reale BIP je Einwohner als Prozentsatz der Werte von 1960 und 2011.
b. Vergleichen Sie den Anstieg des Lebensstandards von 1960 bis 2011 für diese vier Länder. Worauf könnten die Unterschiede zurückzuführen sein?

Lösung

a.

Tab. 24-2

Jahr	Argentinien		Ghana	
	Reales BIP je Einwohner ($ von 2005) in Prozent des Wertes von 1960	Reales BIP je Einwohner ($ von 2005) in Prozent des Wertes von 2011	Reales BIP je Einwohner ($ von 2005) in Prozent des Wertes von 1960	Reales BIP je Einwohner ($ von 2005) in Prozent des Wertes von 2011
1960	100	47	100	66
1970	124	59	108	71
1980	136	64	91	60
1990	105	50	83	55
2000	140	66	98	65
2011	211	100	151	100
Jahr	Südkorea		Vereinigte Staaten	
	Reales BIP je Einwohner ($ von 2005) in Prozent des Wertes von 1960	Reales BIP je Einwohner ($ von 2005) in Prozent des Wertes von 2011	Reales BIP je Einwohner ($ von 2005) in Prozent des Wertes von 1960	Reales BIP je Einwohner ($ von 2005) in Prozent des Wertes von 2011
1960	100	5	100	36
1970	162	9	133	48
1980	321	17	167	60
1990	707	38	208	74
2000	1.243	68	261	93
2011	1.840	100	279	100

Ergebnisse gerundet

b. In Argentinien hat sich der Lebensstandard von 1960 bis 2011 verdoppelt. In Ghana ist der Lebensstandard in diesem Zeitraum nur um rund 50 Prozent gestiegen. Dagegen war der Lebensstandard in Südkorea im Jahr 2011 mehr als 18-mal größer als im Jahr 1960. Und in den Vereinigten Staaten hat sich der Lebensstandard fast verdreifacht.

Die großen Unterschiede im Wachstum des Pro-Kopf-Einkommens der einzelnen Länder spiegeln die Wachstumsmuster in den einzelnen Regionen wider. Südkorea hat, wie viele andere ostasiatische Länder auch, gestützt auf hohe Spar- und Investitionsquoten ein starkes Produktivitätswachstum realisiert, verfügt über ein gutes Bildungssystem und einen beträchtlichen technischen Fortschritt. In Argentinien ist es dagegen, wie in anderen lateinamerikanischen Ländern, nur zu einem moderaten Anstieg des Pro-Kopf-Einkommens gekommen. Die Gründe dafür liegen in niedrigen Spar- und Investitionsquoten, zu geringen Investitionen in das Bildungssystem, politischer Instabilität und schlechter Wirtschaftspolitik. Ghana hat, wie viele afrikanische Länder, in der jüngeren Vergangenheit einige Fortschritte in Sachen Wirtschaftswachstum aufzuweisen. Dennoch bleibt das Land durch politische Instabilität, ein schlechtes Bildungssystem, unzureichende Infrastruktur und Krankheiten in seiner Entwicklung beeinträchtigt.

Aufgabe 2

Die Tabelle zeigt die durchschnittliche jährliche Wachstumsrate des realen BIP je Einwohner für Argentinien, Ghana und Südkorea unter Verwendung von Daten aus der Penn World Table, Version 8.0, für die zurückliegenden Jahrzehnte.

Tab. 24-3

Jahre	Durchschnittliche jährliche Wachstumsrate des realen BIP je Einwohner (%)		
	Argentinien	Ghana	Südkorea
1960–1970	2,15	0,73	4,94
1970–1980	0,93	−1,64	7,07
1980–1990	−2,57	−0,90	8,22
1990–2000	3,40	1,67	5,81
2000–2010	7,92	3,16	3,67

Quelle: World Penn Table, Version 8.0

a. Berechnen Sie, wenn möglich, unter Verwendung der 70er-Regel für jedes Jahrzehnt und für jedes Land, wie lange es dauern würde, bis sich das reale BIP je Einwohner des betreffenden Landes verdoppelt.
b. Nehmen Sie an, die durchschnittliche jährliche Wachstumsrate, die jedes Land im Zeitraum 2000 bis 2010 erreicht hat, würde sich unendlich lang in die Zukunft fortsetzen. Gehen Sie vom Jahr 2010 aus und verwenden Sie die 70er-Regel, um, wenn möglich, zu berechnen, in welchem Jahr ein Land sein reales BIP je Einwohner verdoppelt haben wird.

Lösung

a.

Tab. 24-4			
Jahre	**Zeit bis zur Verdopplung des BIP pro Kopf nach der 70er-Regel (Jahre)**		
	Argentinien	**Ghana**	**Südkorea**
1960–1970	33	96	14
1970–1980	75	–	10
1980–1990	–	–	9
1990–2000	21	42	12
2000–2010	9	22	19

»–« bedeutet Angabe nicht möglich, da die 70er-Regel nur bei positiven Wachstumsraten angewendet werden kann. Ergebnisse gerundet.

b. Würde sich die durchschnittliche jährliche Wachstumsrate im Zeitraum 2000 bis 2010 für jedes Land unendlich lang in die Zukunft fortsetzen, hätte Argentinien sein BIP pro Kopf des Jahres 2010 im Jahr 2019 verdoppelt, Ghana im Jahr 2032 und Südkorea im Jahr 2029.

Aufgabe 3

Die Volkswirtschaft von Androde nutzt für die Produktion derzeit die Technologie 1. Durch einen Zufall erfinden Wissenschaftler eine neue Technologie (Technologie 2), die die Produktivität deutlich erhöht. Die nachfolgende Tabelle zeigt den Zusammenhang zwischen der Faktoreinsatzmenge (Realkapital je Arbeitskraft) und der Produktionsmenge (reales BIP je Arbeitskraft). Der Einsatz an Humankapital (je Arbeitskraft) sei konstant.

Tab. 24-5

Technologie 1		Technologie 2	
Realkapital (je Arbeitskraft)	Reales BIP (je Arbeitskraft)	Realkapital (je Arbeitskraft)	Reales BIP (je Arbeitskraft)
0	0,00	0	0,00
50	35,36	50	70,71
100	50,00	100	100,00
150	61,24	150	122,47
200	70,71	200	141,42
250	79,06	250	158,11
300	86,60	300	173,21
350	93,54	350	187,08
400	100,00	400	200,00
450	106,07	450	212,13
500	111,80	500	223,61

a. Stellen Sie den Zusammenhang zwischen der Faktoreinsatzmenge und der Produktionsmenge für beide Technologien grafisch dar. Gehen Sie davon aus, dass in Androde derzeit 100 Einheiten an Realkapital je Arbeitskraft bei der Technologie 1 eingesetzt werden. Markieren Sie den entsprechenden Punkt in Ihrer Abbildung mit A.

b. Ausgehend vom Punkt A steigt der Faktoreinsatz in einem Zeitraum von 70 Jahren auf 400 Einheiten Realkapital je Arbeitskraft. Markieren Sie das entsprechende Produktionsergebnis für die Technologie 1 in Ihrer Abbildung mit dem Punkt B. Ermitteln Sie mithilfe der 70er-Regel, um wie viel Prozent die Produktionsmenge je Arbeitskraft gewachsen ist.

c. Nehmen Sie nun an, dass die Volkswirtschaft von Androde die Technologie 2 verwendet. Markieren Sie das entsprechende Produktionsergebnis, das sich ergibt, wenn der Faktoreinsatz in einem Zeitraum von 70 Jahren von 100 Einheiten auf 400 Einheiten Realkapital je Arbeitskraft steigt, mit dem Punkt C. Ermitteln Sie mithilfe der 70er-Regel, um wie viel Prozent die Produktionsmenge je Arbeitskraft in diesem Fall gewachsen ist.

d. Wenn sich die Volkswirtschaft vom Punkt A zum Punkt C bewegt, welcher Anteil am jährlichen Produktivitätswachstum ist auf eine höhere totale Faktorproduktivität zurückzuführen?

Lösung

a.

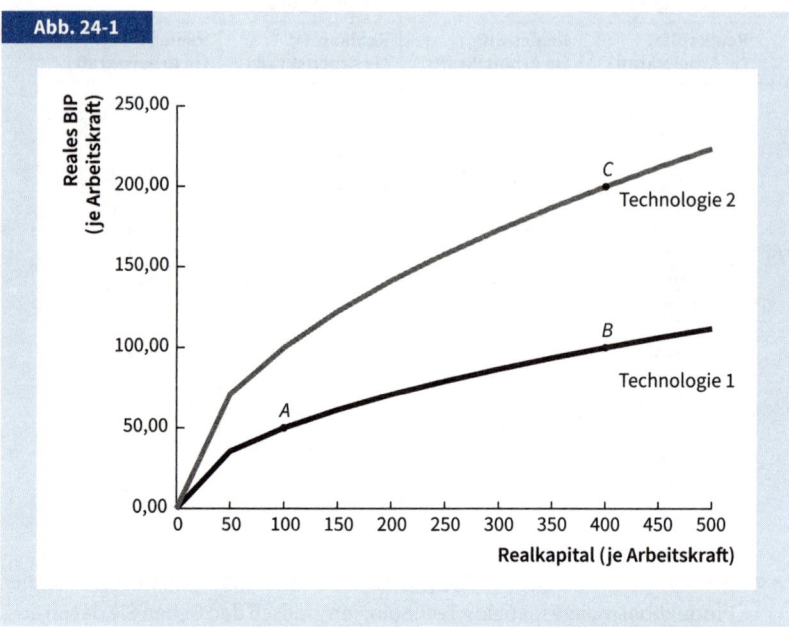

Abb. 24-1

b. Das Produktionsergebnis für die Technologie 1 nach 70 Jahren und einem Anstieg des Realkapitaleinsatzes (je Arbeitskraft) auf 400 Einheiten wird durch den Punkt *B* gekennzeichnet. Da sich das Produktionsergebnis (je Arbeitskraft) über einen Zeitraum von 70 Jahren verdoppelt hat, muss das Produktionsergebnis (je Arbeitskraft) um 1 Prozent pro Jahr gewachsen sein.

c. Das Produktionsergebnis für die Technologie 2 nach 70 Jahren und einem Anstieg des Realkapitaleinsatzes (je Arbeitskraft) auf 400 Einheiten wird durch den Punkt *C* gekennzeichnet. Vom Punkt *A* zum Punkt *C* hat sich das Produktionsergebnis (je Arbeitskraft) über einen Zeitraum von 70 Jahren von 50 Einheiten auf 200 Einheiten erhöht. Nach der 70er-Regel geht eine Vervierfachung über einen Zeitraum von 70 Jahren mit einer Wachstumsrate von 2 Prozent pro Jahr einher.

d. Ohne den technischen Fortschritt würde das Produktionsergebnis (je Arbeitskraft) nur um 1 Prozent pro Jahr wachsen. Durch die Erfindung der Technologie 2 kann die Volkswirtschaft von Androde mit 2 Prozent wachsen. Das bedeutet, dass die Hälfte der Wachstumsrate auf einen Anstieg der totalen Faktorproduktivität zurückzuführen ist.

Aufgabe 4
Welchen Einfluss haben Realkapital, Humankapital, Technologie und natürliche Ressourcen auf das langfristige Wirtschaftswachstum?

Lösung
Langfristige Erhöhungen des BIP pro Kopf sind fast ausschließlich auf eine Erhöhung der Arbeitsproduktivität zurückzuführen. Eine Erhöhung der Arbeitsproduktivität ist im Wesentlichen durch drei Einflussfaktoren zu erreichen. Eine Quelle höherer Produktivität ist die Zunahme des Realkapitalbestandes. Humankapital und neue Technologien sind ebenfalls Determinanten für Erhöhungen der Produktivität. Heutzutage sind in den meisten Volkswirtschaften dagegen die natürlichen Ressourcen weniger wichtig für das Produktivitätswachstum als Realkapital und Humankapital.

Um abzuschätzen, welche Anteile die einzelnen Faktoren am Produktivitätswachstum haben, greift man auf die aggregierte Produktionsfunktion zurück. Die Zurechnung von Wachstumsbeiträgen hat gezeigt, dass ein Anstieg der totalen Faktorproduktivität, die als Maß für den technischen Fortschritt interpretiert wird, für das langfristige Wirtschaftswachstum von zentraler Bedeutung ist.

Aufgabe 5
Man geht davon aus, dass das reale BIP je Einwohner in Groland über die nächsten 100 Jahre mit einer jährlichen Wachstumsrate von 2 Prozent zunimmt. In Sloland wird dagegen mit einer etwas niedrigeren durchschnittlichen jährlichen Wachstumsrate von 1,5 Prozent gerechnet. In beiden Ländern beträgt das reale BIP je Einwohner heute 20.000 Taler. Berechnen Sie für beide Länder das reale BIP je Einwohner in 100 Jahren und ermitteln Sie den Unterschied. [Hinweis: Ein Land, das heute über ein reales BIP in Höhe von x Talern verfügt und mit einer Rate von y Prozent pro Jahr wächst, wird in z Jahren ein reales BIP in Höhe von x Talern $\times (1 + (y/100))^z$ erreichen. Wir unterstellen dabei $0 \leq y < 10$].

Lösung
In 100 Jahren liegt das reale BIP je Einwohner in Groland bei 144.893 Talern und in Sloland bei 88.641 Talern. Durch das unterschiedlich starke Wirtschaftswachstum ergibt sich nach 100 Jahren ein Unterschied im Pro-Kopf-Einkommen zwischen beiden Volkswirtschaften in Höhe von 56.252 Talern.

Aufgabe 6
Die Tabelle zeigt Daten aus der Penn World Table, Version 8.0, für das reale BIP je Einwohner in Dollar von 2005 für Frankreich, Japan, Großbritannien und die Vereinigten Staaten für die Jahre 1950 und 2011. Vervollständigen Sie die Tabelle. Ist für diese Länder ökonomische Konvergenz festzustellen?

Tab. 24-6

	1950		2011	
	Reales BIP je Einwohner ($ von 2005)	in Prozent des realen US-BIP je Einwohner	Reales BIP je Einwohner ($ von 2005)	in Prozent des realen US-BIP je Einwohner
Frankreich	6.475	?	29.476	?
Japan	2.329	?	31.587	?
Großbritannien	9.669	?	32.079	?
Vereinigte Staaten	15.136	?	42.244	?

Quelle: Penn World Table, Version 8.0

Lösung

Das Wachstum des Pro-Kopf-Einkommens in Frankreich, Japan und Großbritannien hat dazu geführt, dass sich der Abstand im Lebensstandard zu den Vereinigten Staaten im Zeitraum von 1950 bis 2011 verkleinert hat. Damit ist für alle drei Länder eine Konvergenz zu beobachten – eine Angleichung der Pro-Kopf-Einkommen. Dies gilt vor allem für Japan, wo das Pro-Kopf-Einkommen im Jahr 1950 gerade 15 Prozent des Niveaus in den Vereinigten Staaten betrug. Leichte Konvergenz ist auch für Frankreich und Großbritannien zu konstatieren.

Tab. 24-7

	1950		2011	
	Reales BIP je Einwohner ($ von 2005)	in Prozent des realen US-BIP je Einwohner	Reales BIP je Einwohner ($ von 2005)	in Prozent des realen US-BIP je Einwohner
Frankreich	6.475	43	29.476	70
Japan	2.329	15	31.587	75
Großbritannien	9.669	64	32.079	76
Vereinigte Staaten	15.136	100	42.244	100

(Ergebnisse gerundet)

Aufgabe 7

Die Tabelle zeigt Daten aus der Penn World Table, Version 8.0, für das reale BIP je Einwohner in Dollar von 2005 für Argentinien, Ghana, Südkorea und die Vereinigten Staaten für die Jahre 1960 und 2011. Vervollständigen Sie die Tabelle. Ist für diese Länder ökonomische Konvergenz zu beobachten?

Tab. 24-8

	1960		2011	
	Reales BIP je Einwohner ($ von 2005)	in Prozent des realen US-BIP je Einwohner	Reales BIP je Einwohner ($ von 2005)	in Prozent des realen US-BIP je Einwohner
Argentinien	6.585	?	13.882	?
Ghana	1.557	?	2.349	?
Südkorea	1.610	?	29.618	?
Vereinigte Staaten	15.136	?	42.244	?

Quelle: Penn World Table, Version 8.0

Lösung

Tab. 24-9

	1960		2011	
	Reales BIP je Einwohner ($ von 2005)	in Prozent des realen US-BIP je Einwohner	Reales BIP je Einwohner ($ von 2005)	in Prozent des realen US-BIP je Einwohner
Argentinien	6.585	44	13.882	33
Ghana	1.557	10	2.349	6
Südkorea	1.610	11	29.618	70
Vereinigte Staaten	15.136	100	42.244	100

(Ergebnisse gerundet)

Lediglich zwischen Südkorea und den Vereinigten Staaten ist eine (starke) Konvergenz zu beobachten. Für Argentinien und Ghana ist der Abstand der Pro-Kopf-Einkommen zu den Vereinigten Staaten im Zeitraum 1960–2011 sogar noch größer geworden.

Aufgabe 8

Warum würden Sie erwarten, dass die Entwicklung des realen BIP je Einwohner in den US-Bundestaaten Kalifornien und Pennsylvania konvergiert, aber nicht in Kalifornien und Baja California, einem Bundestaat in Mexiko, der an die Vereinigten Staaten grenzt? Welche Änderungen würden es Kalifornien und Baja California erlauben zu konvergieren?

Lösung

Die Konvergenzhypothese besagt, dass sich die Unterschiede im realen BIP je Einwohner zwischen verschiedenen Ländern im Zeitverlauf tendenziell verringern werden, weil die Länder, die von einem niedrigeren realen BIP je Einwohner ausgehen, tendenziell höhere Wachstumsraten aufweisen. Diesen Ansatz kann man auch auf Regionen anwenden.

Die Einflussfaktoren für das Wirtschaftswachstum sind in Kalifornien und Pennsylvania nahezu gleich. Kalifornien und Pennsylvania verfügen über das gleiche Bildungssystem und Bildungsniveau, über die gleiche Infrastrukturausstattung, haben den gleichen Stand des technischen Fortschritts, es herrscht die gleiche politische Stabilität sowie der gleiche Schutz von Eigentumsrechten und ein gleiches Niveau an staatlicher Intervention. Daher ist Konvergenz zu erwarten.

Dies gilt nicht für Kalifornien und Baja California. Zwischen diesen beiden Regionen weisen die Wachstumsfaktoren deutliche Unterschiede auf. In beiden Regionen gibt es unterschiedliche Bildungssysteme und Bildungsniveaus, eine unterschiedlich entwickelte und ausgebaute Infrastruktur, einen unterschiedlichen Stand beim technischen Fortschritt, es herrscht nicht die gleiche politische Stabilität sowie der gleiche Schutz von Eigentumsrechten und auch nicht ein gleiches Niveau an staatlicher Intervention. Es ist daher nicht sehr wahrscheinlich, dass die Regionen Kalifornien und Baja California konvergieren. Wenn der Staat einige der Wachstumsfaktoren in Baja California fördern könnte (mehr Bildung, Infrastruktur, politische Stabilität, weniger staatliche Intervention), würde das die Bedingungen für Konvergenz verbessern.

Aufgabe 9

In der Tabelle finden sich Angaben über die durchschnittliche jährliche Wachstumsrate der CO_2-Emissionen pro Kopf sowie des BIP pro Kopf im Zeitraum 2000-2011 für ausgewählte Länder.

Tab. 24-10

Land	Durchschnittliche jährliche Wachstumsrate im Zeitraum 2000–2011	
	BIP pro Kopf (%)	CO_2-Emissionen pro Kopf (%)
Argentinien	2,25	2,95
Bangladesch	4,16	6,52
China	10,72	9,31
Deutschland	1,25	−1,20
Großbritannien	1,05	−1,09
Irland	0,57	−0,96
Japan	0,59	−0,16
Kanada	1,10	−0,33
Mexiko	0,79	1,72
Nigeria	5,93	−0,55
Russland	5,08	1,61
Südafrika	2,73	1,63
Südkorea	3,74	3,06
USA	0,74	−0,60

Quellen: Energy Information Administration; The Conference Board

a. Welche fünf Länder weisen die höchste Wachstumsrate beim BIP pro Kopf auf? Welche fünf Länder weisen die niedrigste Wachstumsrate beim BIP pro Kopf auf? Welche fünf Länder weisen die höchste Wachstumsrate bei den CO_2-Emissionen pro Kopf auf? Welche fünf Länder weisen die niedrigste Wachstumsrate bei den CO_2-Emissionen pro Kopf auf?

b. Gibt es einen Zusammenhang zwischen der Höhe der Wachstumsrate beim BIP pro Kopf und der Höhe der Wachstumsrate bei den CO_2-Emissionen pro Kopf? Führt ein hohes Wirtschaftswachstum notwendigerweise zu hohen CO_2-Emissionen?

Lösung

a. Die höchste Wachstumsrate beim BIP pro Kopf weisen China (10,72 Prozent), Nigeria (5,93 Prozent), Russland (5,08 Prozent), Bangladesch (4,16 Prozent) und Südkorea (3,74 Prozent) auf. Die niedrigste Wachstumsrate beim BIP pro Kopf weisen Irland (0,57 Prozent), Japan (0,59 Prozent), die Vereinigten Staaten (0,74 Prozent), Mexiko (0,79 Prozent) und Großbritannien (1,05 Prozent) auf.

Die höchste Wachstumsrate bei den CO_2-Emissionen pro Kopf weisen China (9,31 Prozent), Bangladesch (6,52 Prozent), Südkorea (3,06 Prozent), Argentinien (2,95 Prozent) und Mexiko (1,72 Prozent) auf. Die niedrigste Wachstumsrate bei den CO_2-Emissionen pro Kopf weisen Deutschland (–1,20 Prozent), Großbritannien (–1,09 Prozent), Irland (–0,96 Prozent), die Vereinigten Staaten (–0,60 Prozent) und Nigeria (–0,55 Prozent) auf.

b. Mit Blick auf die Länder China, Bangladesch, Südkorea, Irland, die USA oder Großbritannien scheint es einen positiven Zusammenhang zwischen der Höhe der Wachstumsrate beim BIP pro Kopf und der Höhe der Wachstumsrate bei den CO_2-Emissionen pro Kopf zu geben. Länder wie China, Bangladesch und Südkorea haben sowohl ein hohes Wachstum beim BIP pro Kopf als auch bei den CO_2-Emissionen. Länder wie Irland, die Vereinigten Staaten und Großbritannien haben sowohl ein geringes Wachstum beim BIP pro Kopf als auch bei den CO_2-Emissionen. Es gibt allerdings auch Länder, die diesen positiven Zusammenhang zwischen Wirtschaftswachstum und Wachstum der CO_2-Emissionen nicht stützen. Dazu gehören beispielsweise Nigeria, Argentinien oder Mexiko.

Ohne Eingriffe des Staates führt Wirtschaftswachstum zu einer wachsenden Umweltbelastung und zu höheren CO_2-Emissionen. CO_2-Emissionen sind ein Beispiel für einen negativen externen Effekt, bei dem Handlungen eines Einzelnen oder eines Unternehmens zu Kosten für unbeteiligte Dritte führen, ohne dass sie dafür entschädigt werden. Ohne staatliche Eingriffe haben die Verursacher von CO_2-Emissionen keinen Anreiz, ihre Emissionen zu reduzieren. Für die Senkung der CO_2-Emissionen gibt es zahlreiche Möglichkeiten (z. B. Nutzung von erneuerbaren Energien). Diese Maßnahmen sind natürlich mit (zusätzlichen) Kosten für die Volkswirtschaft verbunden. Allerdings zeigen Schätzungen, dass selbst eine deutliche Reduktion der CO_2-Emissionen in den nächsten Jahrzehnten das langfristige Wachstum des realen BIP pro Kopf kaum merklich beeinflussen würde. Das Problem liegt einzig und allein darin, all diese Maßnahmen umzusetzen. Voraussetzung dafür ist allerdings Einigkeit auf der politischen Ebene über die notwendigen Maßnahmen.

25 Sparen, Investitionsausgaben und das Finanzsystem

Aufgabe 1

Für die offene Volkswirtschaft von Regalia liegen die folgenden Daten vor. Wie hoch sind die Investitionsausgaben, wie hoch die private Ersparnis, wie hoch ist der Haushaltssaldo und wie groß ist der Nettokapitalzufluss? Welche Beziehung besteht zwischen diesen vier Größen? Es gibt keine staatlichen Transferzahlungen.

$BIP = 1.000$ Millionen Taler; $C = 850$ Millionen Taler; $T = 50$ Millionen Taler; $G = 100$ Millionen Taler; $X = 100$ Millionen Taler; $IM = 125$ Millionen Taler.

Lösung

Die Investitionsausgaben belaufen sich auf 75 Millionen Taler.

$I = BIP - C - G - X + IM$

$I = 1.000 - 850 - 100 - 100 + 125 = 75$

Die private Ersparnis beträgt 100 Millionen Taler.

$S_{privat} = BIP + TR - T - C$

$S_{privat} = 1.000 - 50 - 850 = 100$

Der Haushaltssaldo ist negativ und beträgt –50 Millionen Taler (Budgetdefizit).

$S_{Staat} = T - G$

$S_{Staat} = 50 - 100 = -50$

Der Nettokapitalzufluss beläuft sich auf 25 Millionen Taler.

$NCI = IM - X$

$NCI = 125 - 100 = 25$

Für die Beziehung zwischen den vier Größen gilt: $I = S_{privat} + S_{Staat} + NCI$.

Aufgabe 2

Für die Volkswirtschaften von Capsland und Marsalia gelten die Größen in der Tabelle für die private Ersparnis, die Investitionsausgaben und den Nettokapitalzufluss (jeweils als Prozentsatz des BIP). Capsland verzeichnet gegenwärtig einen positiven Nettokapitalzufluss, Marsalia dagegen einen negativen Nettokapitalzufluss. Wie groß ist jeweils der Haushaltssaldo (als Prozentsatz des BIP) in beiden Ländern? Verzeichnen Capsland und Marsalia ein Budgetdefizit oder einen Budgetüberschuss?

Tab. 25-1

	Capsland	Marsalia
Investitionsausgaben (als Prozentsatz des BIP)	20	20
Private Ersparnis (als Prozentsatz des BIP)	10	25
Nettokapitalzufluss (als Prozentsatz des BIP)	5	–2

Lösung

In beiden Ländern müssen die Investitionsausgaben (als Prozentsatz am BIP) der Summe aus privater Ersparnis, staatlicher Ersparnis und Nettokapitalzufluss (jeweils als Prozentsatz am BIP) entsprechen. Daraus folgt:

Haushaltssaldo (staatliche Ersparnis) = Investitionen – private Ersparnis – Nettokapitalzufluss

Capsland:

Haushaltssaldo (staatliche Ersparnis) = 20 Prozent – 10 Prozent – 5 Prozent = 5 Prozent

In Capsland gibt es einen Budgetüberschuss in Höhe von 5 Prozent des BIP.

Marsalia:

Haushaltssaldo (staatliche Ersparnis) = 20 Prozent – 25 Prozent – (–2) Prozent = –3 Prozent

In Marsalia gibt es ein Budgetdefizit in Höhe von 3 Prozent des BIP.

Aufgabe 3

Gehen Sie von einer offenen Volkswirtschaft aus. Der Nettokapitalzufluss entspricht der Differenz zwischen Importen und Exporten ($IM - X$).

a. X = 125 Mio. €; IM = 80 Mio. €; S_{Staat} = –200 Mio. €; I = 350 Mio. €. Berechnen Sie die Höhe der privaten Ersparnis.

b. X = 85 Mio. €; IM = 135 Mio. €; S_{Staat} = 100 Mio. €; S_{privat} = 250 Mio. €. Berechnen Sie die Höhe der Investitionen.

c. X = 60 Mio. €; IM = 95 Mio. €; S_{privat} = 325 Mio. €; I = 300 Mio. €. Berechnen Sie die Höhe der staatlichen Ersparnis.

d. S_{privat} = 325 Mio. €; I = 400 Mio. €; S_{Staat} = 10 Mio. €. Berechnen Sie die Höhe der Nettoexporte.

Lösung

a. $S_{\text{privat}} = I - S_{\text{Staat}} - (IM - X)$ = 350 Mio. € + 200 Mio. € – (80 Mio. € – 125 Mio. €) = 595 Mio. €

b. $I = S_{\text{privat}} + S_{\text{Staat}} + (IM - X)$ = 250 Mio. € + 100 Mio. € + (135 Mio. € – 85 Mio. €) = 400 Mio. €

c. $S_{\text{Staat}} = I - S_{\text{privat}} - (IM - X)$ = 300 Mio. € – 325 Mio. € – (95 Mio. € – 60 Mio. €) = –60 Mio. €

d. $X - IM = S_{\text{privat}} + S_{\text{Staat}} - I$ = 325 Mio. € + 10 Mio. € – 400 Mio. € = –65 Mio. €

Aufgabe 4

Wir gehen von einem ausgeglichenen Staatshaushalt aus. Jetzt beschließt der Staat, die Bildungsausgaben um 200 Milliarden Euro zu erhöhen und die Ausgaben durch die Emission von Anleihen zu finanzieren. Die nachfolgende Abbildung zeigt den Kreditmarkt, bevor der Staat die Anleihen verkauft. Gehen Sie von einer geschlossenen Volkswirtschaft aus. Wie werden sich gleichgewichtiger Zinssatz und gleichgewichtiges Kreditvolumen ändern? Kommt es im Markt zu einem Verdrängungseffekt?

Abb. 25-1

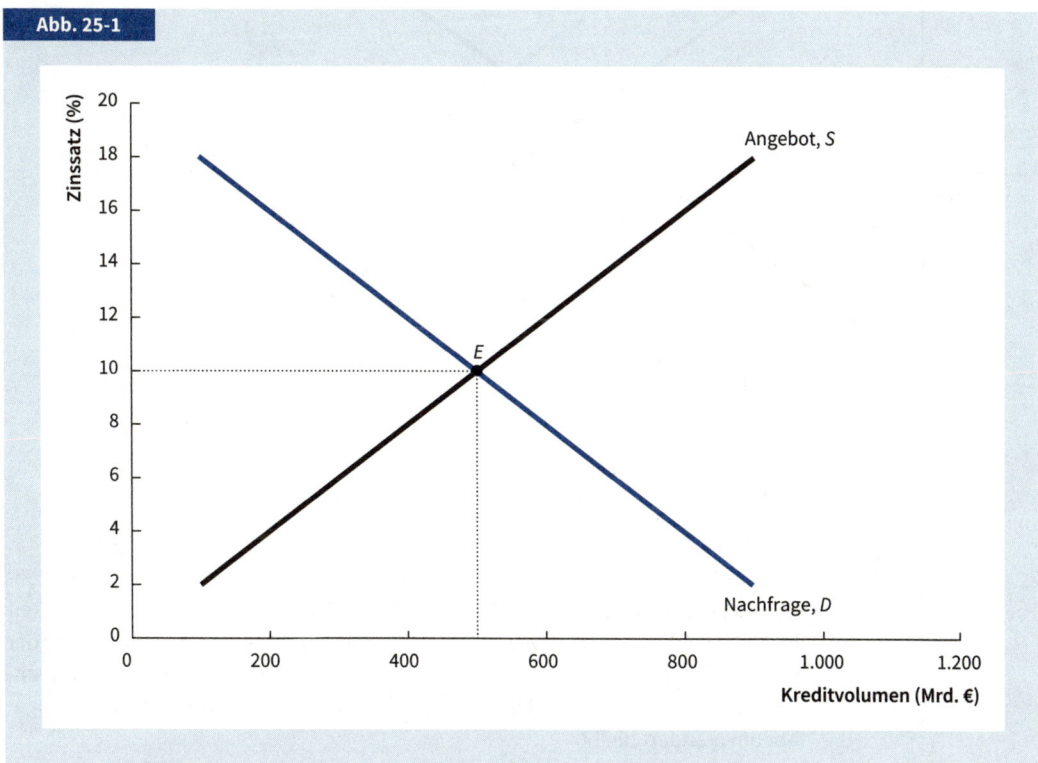

Lösung

Die Erhöhung der Staatsausgaben um 200 Milliarden Euro führt zu einem Anstieg der Kreditnachfrage, sodass sich die Nachfragekurve nach Kreditmitteln von D_1 zu D_2 verschiebt. Dadurch kommt es zu einem Anstieg des gleichgewichtigen Zinssatzes von 10 Prozent auf 12 Prozent. Das gleichgewichtige Kreditvolumen steigt von 500 Milliarden Euro auf 600 Milliarden Euro.

  Der Zinsanstieg führt zu einer höheren privaten Ersparnis, die um 100 Milliarden Euro zunimmt. Gleichzeitig fallen die privaten Investitionsausgaben um 100 Milliarden Euro auf 400 Milliarden Euro. Durch die Erhöhung der Staatsausgaben kommt es also zu einer Verdrängung von privaten Investitionsausgaben (crowding out) in Höhe von 100 Milliarden Euro.

Abb. 25-2

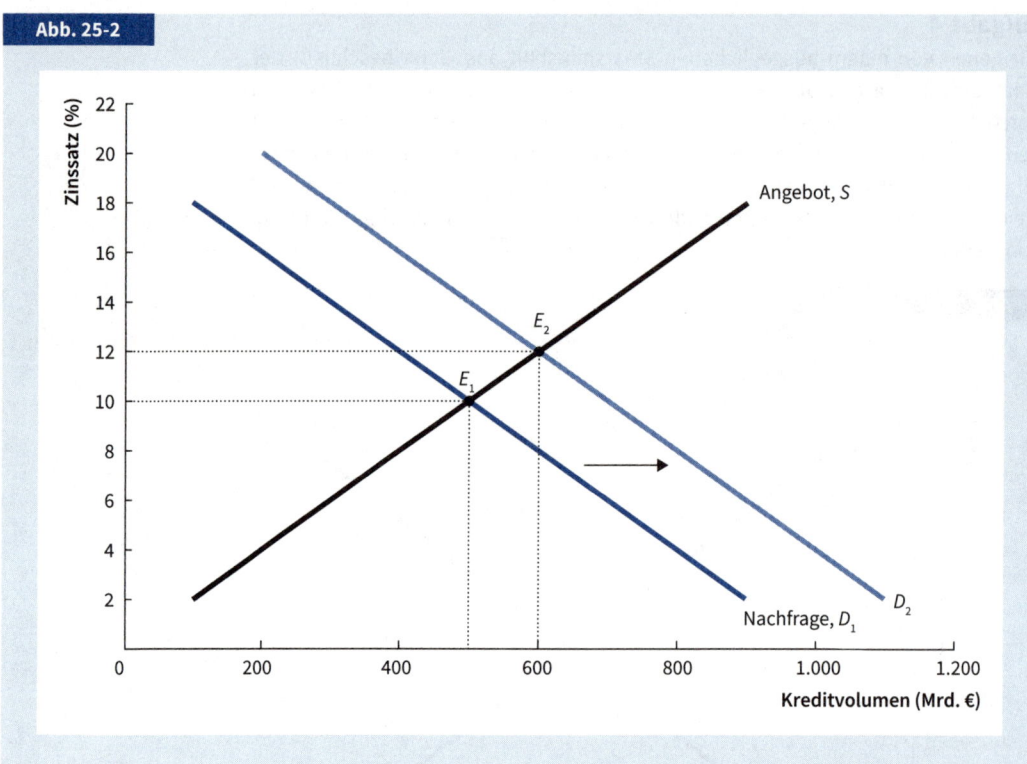

Aufgabe 5

Im Jahr 2014 schätzte der US-Kongress die Kosten für eine Verbesserung der früh-kindlichen Ausbildung auf 28 Milliarden Dollar. Da der US-Haushalt zu dieser Zeit ein Defizit aufwies, wollen wir unterstellen, dass die Ausgaben zur Verbesserung der frühkindlichen Ausbildung über eine zusätzliche Kreditaufnahme des Staates finan-ziert werden. Dadurch steigt die Nachfrage nach Kreditmitteln, während das Ange-bot unverändert bleibt.

    a. Zeichnen Sie ein Modell des Kreditmarktes mit Angebot und Nachfrage nach Kreditmitteln, bevor die Ausgaben zur Verbesserung der frühkindlichen Aus-bildung getätigt werden.

    b. Zeigen Sie nun, was passiert, wenn der Staat die Ausgaben zur Verbesserung der frühkindlichen Ausbildung durch eine zusätzliche Kreditaufnahme finan-ziert. Wie verändert sich der gleichgewichtige Zinssatz durch die zusätzlichen Ausgaben?

Lösung

a.

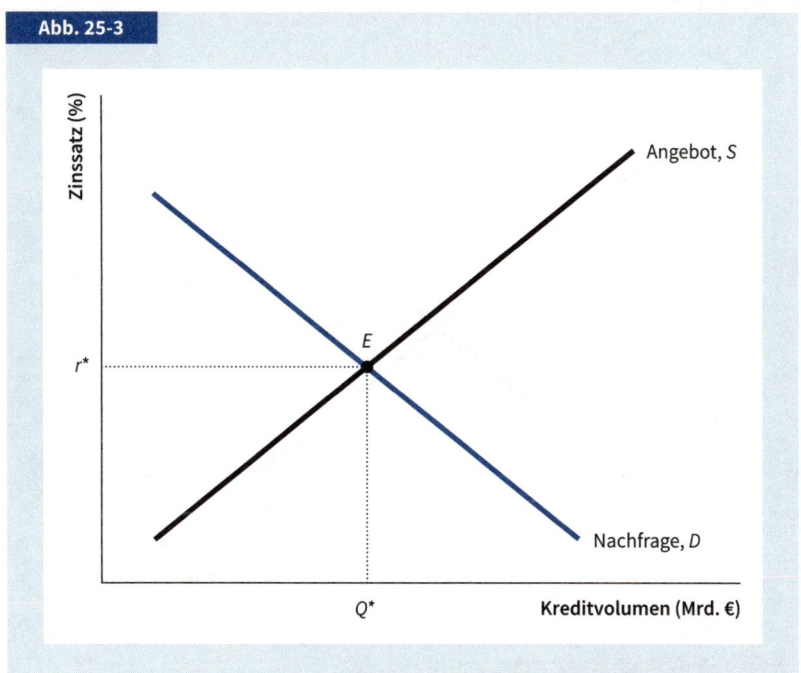

Abb. 25-3

In der Abbildung des Kreditmarktes sind die Nachfrage nach und das Angebot an Kreditmitteln dargestellt. Die Nachfragekurve nach Krediten D verläuft mit negativer Steigung: Je niedriger der Zinssatz ist, desto größer ist die nachgefragte Menge an Kreditmitteln. Die Angebotskurve S verläuft mit positiver Steigung: Je höher der Zinssatz ist, desto größer ist die angebotene Menge an Kreditmitteln. Im Schnittpunkt von Angebot und Nachfrage entspricht das angebotene Kreditvolumen gerade dem nachgefragten Kreditvolumen. Der Kreditmarkt ist im Gleichgewicht, das durch den gleichgewichtigen Zinssatz r^* und das gleichgewichtige Kreditvolumen Q^* wiedergegeben wird.

b.

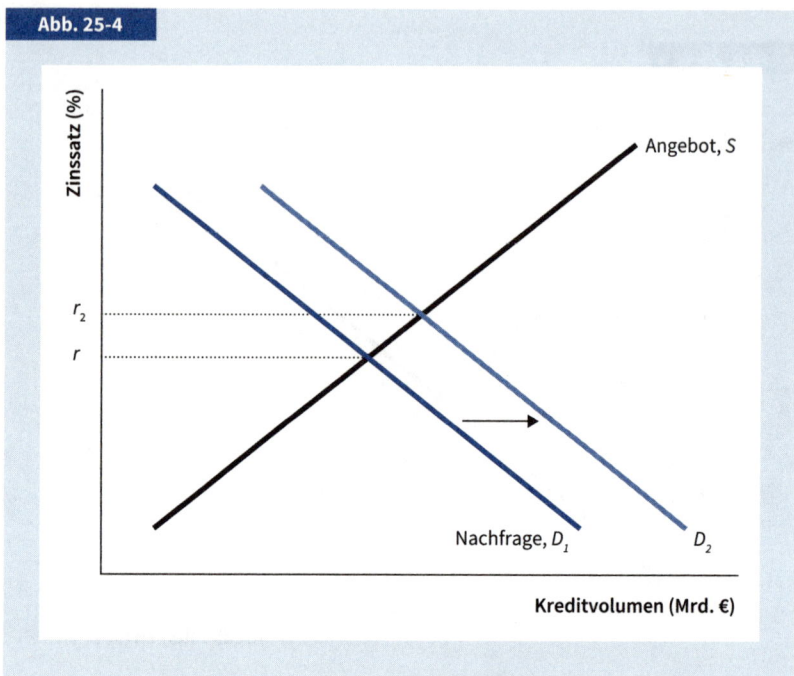

Abb. 25-4

Die zusätzliche Kreditaufnahme des Staates zur Finanzierung der Ausgaben zur Verbesserung der frühkindlichen Ausbildung erhöht die Nachfrage nach Kreditmitteln. Eine Zunahme der Nachfrage nach Kreditmitteln bedeutet, dass die nachgefragte Menge nach Kreditmitteln bei jedem Zinssatz steigt, sodass sich die Nachfragekurve nach rechts von D_1 zu D_2 verschiebt. Der gleichgewichtige Zinssatz steigt auf r_2. Damit führt die zusätzliche Kreditaufnahme des Staates zu einem Zinsanstieg.

Aufgabe 6
Erläutern Sie, warum das Gleichgewicht auf dem Kreditmarkt die Effizienz maximiert.

Lösung
Das Gleichgewicht auf dem Kreditmarkt maximiert die Effizienz, da es sicherstellt, dass zunächst die Investitionsprojekte eine Finanzierung (einen Kredit) erhalten, die zu höheren Erträgen führen, bevor Investitionsprojekte mit niedrigeren Erträgen finanziert werden. Gleichzeitig werden zunächst die liquiden Mittel von Sparern mit den geringeren Opportunitätskosten zur Kreditvergabe herangezogen, bevor auch Sparer mit höheren Opportunitätskosten ihre liquiden Mittel verleihen können. Im Gleichgewicht werden damit die Investitionsprojekte mit den höchsten Erträgen durch die liquiden Mittel mit den geringsten (Opportunitäts-)Kosten finanziert. Auf diese Weise kommen mehr Transaktionen zwischen Kreditnehmern und Kreditge-

bern zum gegenseitigen Vorteil zustande und die Gesellschaft als Ganze ist besser gestellt.

Aufgabe 7

Wie würden Sie die Behauptung eines Freundes kommentieren, der Staat solle alle Ausgaben streichen, die durch Kreditaufnahme finanziert werden, weil die Kreditaufnahme private Investitionsausgaben verdrängt?

Lösung

Diese pauschale Aussage stimmt nicht. Es kommt auf die Verwendung der Mittel durch den Staat an, die durch Kreditaufnahme bereitgestellt werden: Wenn damit Rechtssystem, Gesundheitssystem, Bildung oder Investitionen in die Infrastruktur finanziert werden, fördern diese Mittel das Wirtschaftswachstum. Erst darüber hinausgehende Staatsausgaben, die mit einem Budgetdefizit verbunden sind, führen zu einem Rückgang der privaten Investitionen und zu einem geringeren Wirtschaftswachstum.

Aufgabe 8

Kay Kreditnehmer und Konrad Kreditgeber vereinbaren, dass Konrad Kay ein Darlehen in Höhe von 10.000 Euro zur Verfügung stellt und dass Kay dieses Darlehen nach einem Jahr mit Zinsen zurückzahlt. Sie einigen sich auf einen Nominalzinssatz in Höhe von 8 Prozent, der einen Realzinssatz von 3 Prozent und eine erwartete Inflationsrate für das nächste Jahr von 5 Prozent widerspiegelt.

   a. Was passiert, wenn die Inflationsrate im nächsten Jahr geringer als erwartet ausfällt und 4 Prozent beträgt? Wer wird dadurch besser gestellt?

   b. Was passiert, wenn die Inflationsrate im nächsten Jahr höher als erwartet ausfällt und 7 Prozent beträgt? Wer wird dadurch besser gestellt?

Lösung

   a. Wenn die tatsächliche Inflationsrate 4 Prozent beträgt, erfährt Konrad Kreditgeber einen Vorteil, Kay Kreditnehmer dagegen einen Nachteil. Konrad Kreditgeber hat erwartet, einen Realzinssatz in Höhe von 3 Prozent zu erhalten, Kay Kreditnehmer hat damit gerechnet, einen Realzinssatz in Höhe von 3 Prozent bezahlen zu müssen. Bei einer Inflationsrate von 4 Prozent ergibt sich aus einem Nominalzinssatz von 8 Prozent jedoch ein Realzinssatz von 4 Prozent. Damit erhält Konrad Kreditgeber durch den Kredit real eine höhere Zahlung als erwartet und Kay Kreditnehmer muss für den Kredit real mehr bezahlen als erwartet.

   b. In diesem Fall verhält sich die Sache genau andersherum. Wenn die tatsächliche Inflationsrate bei 7 Prozent liegt, erfährt Konrad Kreditgeber einen Nachteil, Kay Kreditnehmer dagegen einen Vorteil. Bei einer Inflationsrate von 7 Prozent resultiert aus einem Nominalzinssatz von 8 Prozent ein Realzinssatz von 1 Prozent. Erwartet haben beide jedoch einen Realzinssatz in Höhe von 3 Prozent. Damit erhält Konrad Kreditgeber durch den Kredit real eine geringere Zahlung als erwartet und Kay Kreditnehmer muss für den Kredit real weniger bezahlen als erwartet.

Aufgabe 9

Erklären Sie anhand eines Diagramms, was auf dem Kreditmarkt geschieht, wenn die erwartete Inflationsrate um 2 Prozentpunkte von 4 Prozent auf 2 Prozent sinkt. Wie wird die Änderung der erwarteten Inflationsrate das gleichgewichtige Volumen des Kreditmarktes beeinflussen?

Abb. 25-5

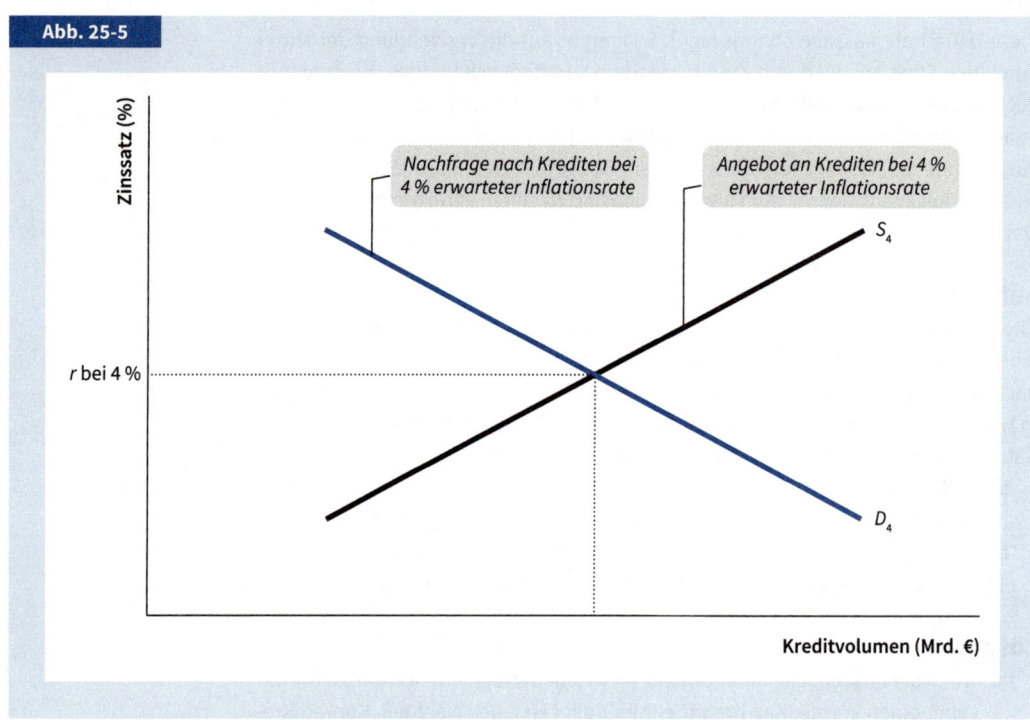

Zinssatz (%)

Nachfrage nach Krediten bei 4 % erwarteter Inflationsrate

Angebot an Krediten bei 4 % erwarteter Inflationsrate

S_4

r bei 4 %

D_4

Kreditvolumen (Mrd. €)

Lösung

Abb. 25-6

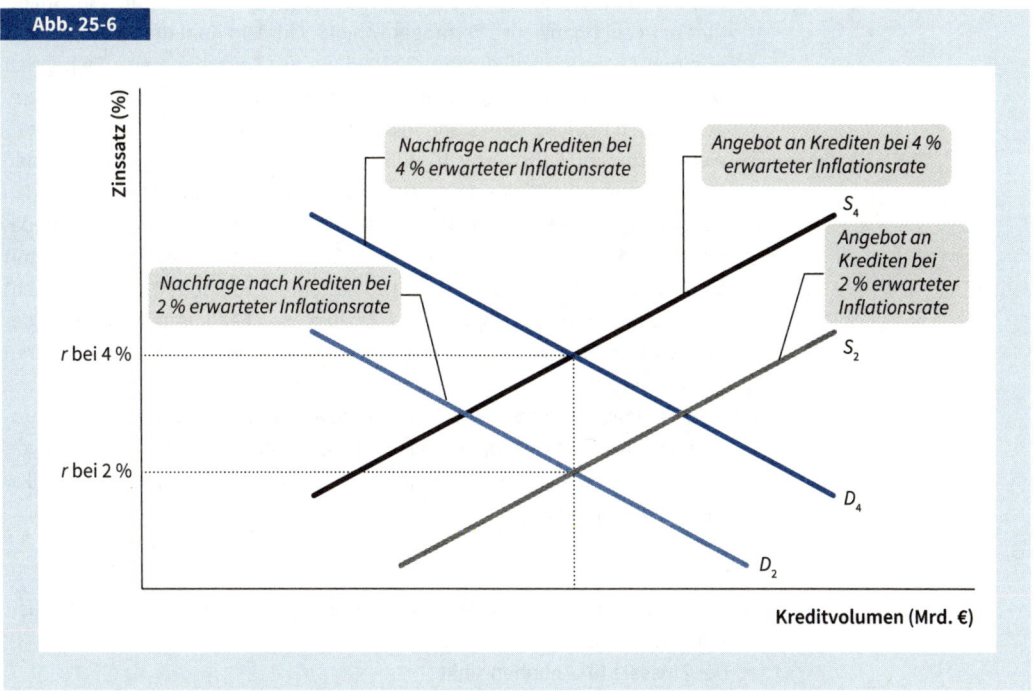

Bei einer Änderung der erwarteten Inflationsrate um 2 Prozentpunkte von 4 Prozent auf 2 Prozent werden Kreditangebots- und -nachfragekurve um den gleichen Betrag senkrecht nach unten verschoben. Der gleichgewichtige Nominalzinssatz sinkt (durch den Fisher-Effekt) um 2 Prozentpunkte, das gleichgewichtige Kreditvolumen bleibt unverändert.

Aufgabe 10

Erläutern Sie für jedes der folgenden Beispiele, ob es sich um Investitionsausgaben, die Anlage in finanzielle Vermögensobjekte oder die Anlage in physische Vermögensobjekte handelt.

a. Gerhard Geldsack kauft an der Börse 100 Siemens-Aktien.

b. Ferdinand Fußballstar bezahlt 10 Millionen Euro, um eine Villa aus den 1970er-Jahren mit Blick auf das Mittelmeer zu kaufen.

c. Adidas baut eine neue Produktionsanlage, um Fußballschuhe zu produzieren.

Lösung

a. Wenn Gerhard Geldsack an der Börse 100 Siemens-Aktien kauft, dann investiert er in ein finanzielles Vermögensobjekt. Mit dem Kauf der Aktien erwirbt er einen Anspruch auf zukünftige Gewinne des Unternehmens. Es handelt sich nicht um Investitionsausgaben, da der Kauf der Aktien keine Auswirkungen auf den Realkapitalbestand in der Volkswirtschaft hat.

b. Wenn Ferdinand Fußballstar 10 Millionen Euro bezahlt, um eine Villa aus den 1970er-Jahren mit Blick auf das Mittelmeer zu kaufen, handelt es sich um den Kauf eines physischen Vermögensobjektes. Ferdinand Fußballstar erwirbt damit einen Anspruch auf ein materielles Objekt, das ihm das Recht gibt, mit diesem Objekt nach seinem Willen zu verfahren. Es handelt sich aber nicht um Investitionsausgaben, da seine Zahlung den Realkapitalbestand in der Volkswirtschaft unverändert lässt. Die Villa ist bereits in den 1970er-Jahren gebaut worden.

c. Wenn Adidas eine neue Produktionsanlage baut, um Fußballschuhe zu produzieren, handelt es sich um Investitionsausgaben, weil die Ausgaben von Adidas für die neue Produktionsanlage den Realkapitalbestand in der Volkswirtschaft erhöhen.

Aufgabe 11

Erläutern Sie die Auswirkungen der folgenden Ereignisse (ceteris paribus) auf den aktuellen Kurs der Aktien eines Unternehmens.

a. Der Zinssatz für Anleihen sinkt.

b. Mehrere Unternehmen aus der gleichen Branche kündigen überraschend hohe Verkaufszahlen an.

c. Eine im letzten Jahr verabschiedete Änderung der Steuergesetze führt in diesem Jahr zu einer Gewinnminderung.

d. Das Unternehmen informiert unerwartet darüber, dass es aufgrund eines Buchhaltungsfehlers den Jahresabschluss des vergangenen Jahres ändern muss, wodurch sich der ermittelte Gewinn um fünf Millionen Euro verringert. Das Unternehmen informiert gleichzeitig darüber, dass diese Berichtigung keine Auswirkungen auf den künftigen Gewinn hat.

Lösung

a. Da Anleihen Substitute für Aktien sind, werden mehr Aktien gekauft als Anleihen. Die Aktienkurse werden steigen und damit auch der Aktienkurs dieses Unternehmens.

b. Diese Ankündigungen werden zu einem Anstieg des Aktienkurses des Unternehmens führen. Die Anleger werden aus diesen Ankündigungen die Schlussfolgerung ziehen, dass es in der Branche insgesamt gut läuft und damit auch für das Unternehmen mit steigenden Absatzzahlen zu rechnen ist.

c. Die Gewinnminderung aufgrund neuer steuerlicher Regeln wird keine Auswirkungen auf den Aktienkurs des Unternehmens haben, da die Auswirkungen der geänderten Steuergesetze auf den Unternehmensgewinn bereits im Aktienkurs »enthalten« sind. Die Anleger haben diese Auswirkungen bereits zu dem Zeitpunkt berücksichtigt, als die Steueränderung beschlossen wurde und die Konsequenzen für den Gewinn des Unternehmens bekannt waren.

d. Da die Gewinnminderung nur die Vergangenheit berührt, ändert sich der Aktienkurs nicht. Der Aktienkurs reflektiert die Erwartungen der Anleger über die zukünftige Unternehmens-/Gewinnentwicklung.

Aufgabe 12

Sally arbeitet für eine halbstaatliche Regierungsbehörde. Ihre Aufgabe besteht darin, einzelne Studiendarlehen zu bündeln und Anteile an diesen Bündeln in Form von Wertpapieren an Investoren zu verkaufen.

a. Wie bezeichnet man das, was Sally macht? Welche Auswirkungen hat die Bündelung von Darlehen für die Investoren, die ansonsten nur einzelne Darlehen kaufen oder verkaufen könnten?

b. Welche Auswirkungen hat die Arbeit von Sally auf die Verfügbarkeit von Studiendarlehen für Studierende?

c. Nehmen Sie an, dass es zu einer schweren Wirtschaftskrise kommt. Dadurch stehen viele Studierende nach dem Abschluss ohne Job da und können ihren Kredit nicht bedienen. Welche Auswirkungen hat diese Entwicklung auf die Wertpapiere von Sally? Warum ist davon auszugehen, dass die Investoren jetzt glauben, dass die Wertpapiere von Sally mit mehr Risiko behaftet als erwartet sind? Wie wird sich die Entwicklung auf die Verfügbarkeit von Studiendarlehen auswirken?

Lösung

a. Die Zusammenfassung von einzelnen Studiendarlehen zu Bündeln und der Verkauf von Anteilen (Wertpapieren) an diesen Bündeln an Investoren bezeichnet man als Verbriefung. Bei einer Verbriefung von Kreditforderungen werden einzelne Kredite gebündelt. Anschließend werden Anteile an diesen Kreditbündeln an Investoren verkauft. Für die Investoren bringt die Bündelung von Kreditforderungen den Vorteil der Risikodiversifikation mit, denn mit der Bündelung der Kreditforderungen werden auch die Risiken der einzelnen Kreditforderungen gebündelt. Wenn die Wahrscheinlichkeiten eines Zahlungsausfalls bei einzelnen Kreditforderungen voneinander unabhängig sind, ist das Risiko eines Zahlungsausfalls für ein Bündel an Kreditforderungen geringer als für eine einzelne Kreditforderung.

b. Durch die Verbriefung von Studiendarlehen werden mehr Investoren bereit sein, finanzielle Mittel für Studiendarlehen zur Verfügung zu stellen, da das Risiko eines Zahlungsausfalls für sie durch die Bündelung geringer ist als bei einer Kreditvergabe an einzelne Studierende. Damit sollten mehr Studiendarlehen zu niedrigeren Zinsen vergeben werden.

c. Können viele Studierende ihren Zahlungsverpflichtungen nicht nachkommen, dann steigt das Risiko eines Zahlungsausfalls bei den kreditbesicherten Wertpapieren von Sally. Die Käufer der kreditbesicherten Wertpapiere von Sally werden erhebliche Verluste erleiden. Bei den Investoren kommt es neben den finanziellen Verlusten auch zu einem immensen Vertrauensverlust. Schließlich sind die Investoren davon ausgegangen, dass sie durch die Bündelung (so gut wie) kein Zahlungsausfallrisiko haben und sind nun von den Verlusten vollkommen überrascht. Die Investoren werden nun nicht mehr davon ausgehen, dass die Wahrscheinlichkeiten eines Zahlungsausfalls bei einzelnen Kreditforderungen voneinander unabhängig sind. Aus diesem Grund werden weniger Investoren bereit sein, kreditbesicherte Wertpapiere von Sally zu kaufen. Das hat negative Auswirkungen auf die Verfügbarkeit von Studiendarlehen, da der Rückzug der Investoren zur einer Verknappung des Angebotes an Kreditmitteln führt. Die Studierenden werden Schwierigkeiten haben, an ein Studiendarlehen zu kommen und müssen dafür höhere Zinszahlungen akzeptieren.

26 Einnahmen und Ausgaben

Aufgabe 1

Durch einen Vermögensanstieg bei den privaten Haushalten kommt es zu einer autonomen Erhöhung der Konsumausgaben in den Volkswirtschaften von Nordland und Südland um jeweils 40 Milliarden Taler. Wir wollen annehmen, dass das Preisniveau konstant ist, der Zinssatz in beiden Ländern unverändert bleibt und es weder Steuern noch Außenhandel gibt. Die marginale Konsumneigung beträgt in Nordland 0,5 und in Südland 0,75. Ermitteln Sie die Auswirkungen der Ausgabenerhöhung auf das BIP in beiden Volkswirtschaften. Füllen Sie dazu die Tabelle für beide Volkswirtschaften aus. Wie groß ist der Gesamteffekt auf das BIP in beiden Volkswirtschaften? Was sagen die von Ihnen ermittelten Ergebnisse über die Beziehung zwischen der Höhe der marginalen Konsumneigung und der Größe des Multiplikators aus?

Tab. 26-1

Runde	Erhöhung des BIP in der jeweiligen Runde	Gesamte Erhöhung des BIP
1	ΔC = 40 Mrd. Taler	
2	$MPC \times \Delta C$ =	
3	$MPC \times MPC \times \Delta C$ =	
4	$MPC \times MPC \times MPC \times \Delta C$ =	
...	...	
Gesamte Änderung des BIP	$(1/(1 - MPC)) \times \Delta C$ =	

Lösung

Es gilt: je größer die marginale Konsumneigung, desto größer ist der Multiplikator. In Nordland beträgt die marginale Konsumneigung 0,5. Daraus resultiert ein Multiplikator von 2.

Tab. 26-2

Runde	Erhöhung des BIP in der jeweiligen Runde	Gesamte Erhöhung des BIP
1	ΔC = 40 Mrd. Taler	40 Mrd. Taler
2	$MPC \times \Delta C$ = 20 Mrd. Taler	60 Mrd. Taler
3	$MPC \times MPC \times \Delta C$ = 10 Mrd. Taler	70 Mrd. Taler
4	$MPC \times MPC \times MPC \times \Delta C$ = 5 Mrd. Taler	75 Mrd. Taler
…	…	…
Gesamte Änderung des BIP	**(1/(1 – MPC)) × ΔC =**	**80 Mrd. Taler**

In Südland beträgt die marginale Konsumneigung 0,75. Daraus ergibt sich ein Multiplikator von 4.

Tab. 26-3

Runde	Erhöhung des BIP in der jeweiligen Runde	Gesamte Erhöhung des BIP
1	ΔC = 40 Mrd. Taler	40 Mrd. Taler
2	$MPC \times \Delta C$ = 30 Mrd. Taler	70 Mrd. Taler
3	$MPC \times MPC \times \Delta C$ = 22,5 Mrd. Taler	92,5 Mrd. Taler
4	$MPC \times MPC \times MPC \times \Delta C$ = 16,9 Mrd. Taler	109,4 Mrd. Taler
…	…	…
Gesamte Änderung des BIP	**(1/(1 – MPC)) × ΔC =**	**160 Mrd. Taler**

Aufgabe 2

Nehmen Sie an, dass das Preisniveau und der Zinssatz konstant sind und dass es weder Steuern noch Außenhandel gibt. Zu welchen Änderungen des BIP kommt es bei Eintritt der folgenden Ereignisse?

- a. Eine autonome Erhöhung der Konsumausgaben um 25 Milliarden Euro. Die marginale Konsumneigung beträgt 2/3.
- b. Die Unternehmen verringern ihre Investitionsausgaben um 40 Milliarden Euro. Die marginale Konsumneigung beträgt 0,8.
- c. Der Staat erhöht seine Ausgaben für Rüstungsgüter um 60 Milliarden Euro. Die marginale Konsumneigung beträgt 0,6.

Lösung

- a. Änderung des BIP = $(1/(1 - MPC)) \times \Delta C = (1/(1 - 2/3) \times 25$ Mrd. € = 75 Mrd. €
  Das BIP steigt um 75 Milliarden Euro.
- b. Änderung des BIP = $(1/(1 - MPC)) \times \Delta I = (1/(1 - 0,8) \times -40$ Mrd. € = –200 Mrd. €
  Das BIP sinkt um 200 Milliarden Euro.
- c. Änderung des BIP = $(1/(1 - MPC)) \times \Delta G = (1/(1 - 0,6) \times 60$ Mrd. € = 150 Mrd. €
  Das BIP steigt um 150 Milliarden Euro.

Aufgabe 3

Ökonomen beobachten die nur fünf Einwohner einer sehr kleinen Volkswirtschaft und schätzen die Konsumausgaben jedes Einwohners für verschiedene Werte des verfügbaren Einkommens. Die Tabelle zeigt die Konsumausgaben jedes Einwohners für drei verschiedene Einkommenshöhen (alle Angaben in Euro).

Tab. 26-4

Konsumausgaben (€) von	Verfügbares Einkommen (€)		
	0	20.000	40.000
Andre	1.000	15.000	29.000
Barbara	2.500	12.500	22.500
Cecilie	2.000	20.000	38.000
Dirk	5.000	17.000	29.000
Elena	4.000	19.000	34.000

a. Wie lautet die Konsumfunktion für jeden Einwohner? Wie hoch ist die marginale Konsumquote für jeden Einwohner?
b. Wie lautet die gesamtwirtschaftliche Konsumfunktion der Volkswirtschaft? Wie hoch ist die marginale Konsumquote für die gesamte Volkswirtschaft?

Lösung

a. Die Konsumfunktion setzt sich aus den autonomen Konsumausgaben (den Konsumausgaben bei einem Einkommen von null) und der marginalen Konsumneigung zusammen. Die marginale Konsumneigung lässt sich über die Änderung der Konsumausgaben durch eine Änderung des verfügbaren Einkommens ermitteln. Die marginale Konsumneigung von Andre beläuft sich z. B. auf (29.000 € – 15.000 €)/(40.000 € – 20.000 €) = 0,7.
Damit ergeben sich folgende Konsumfunktionen:
Andre: $c = 1.000 + 0,7 \times yd$
Barbara: $c = 2.500 + 0,5 \times yd$
Cecilie: $c = 2.000 + 0,9 \times yd$
Dirk: $c = 5.000 + 0,6 \times yd$
Elena: $c = 4.000 + 0,75 \times yd$
Damit beläuft sich die marginale Konsumneigung bei Andre auf 0,7, bei Barbara auf 0,5, bei Cecilie auf 0,9, bei Dirk auf 0,6 und bei Elena auf 0,75.
b. Um die gesamtwirtschaftliche Konsumfunktion zu bestimmen, muss man die aggregierten Konsumausgaben für jedes verfügbare Einkommen berechnen. Bei einem verfügbaren Einkommen von null betragen die aggregierten Konsumausgaben 14.500 Euro. Hat jeder ein verfügbares Einkommen in Höhe von 20.000 Euro, dann belaufen sich in der Volkswirtschaft insgesamt das verfügbare Einkommen auf 100.000 Euro und die aggregierten Konsumausgaben auf 83.500 Euro. Hat jeder ein verfügbares Einkommen in Höhe von 40.000

Euro, dann belaufen sich in der Volkswirtschaft insgesamt das verfügbare Einkommen auf 200.000 Euro und die aggregierten Konsumausgaben auf 152.500 Euro.

Damit belaufen sich die autonomen Konsumausgaben der Volkswirtschaft auf 14.500 Euro. Die marginale Konsumquote für die gesamte Volkswirtschaft beträgt 0,69 [(83.500 € – 14.500 €)/(100.000 € – 0 €)].

Für die gesamte Volkswirtschaft ergibt sich folgende Konsumfunktion:
$C = 14.500 + 0,69 \times YD$.

Aufgabe 4

Von 2009 bis 2014 gab es in Südland große Schwankungen sowohl bei den gesamtwirtschaftlichen Konsumausgaben als auch beim verfügbaren Einkommen, während sich das Vermögen, der Zinssatz und das erwartete zukünftige Einkommen nicht verändert haben. Die Tabelle zeigt die Höhe der gesamtwirtschaftlichen Konsumausgaben und des verfügbaren Einkommens in Millionen Euro für diesen Zeitraum.

Tab. 26-5

Jahr	Verfügbares Einkommen (Mio. €)	Konsumausgaben (Mio. €)
2009	100	180
2010	350	380
2011	300	340
2012	400	420
2013	375	400
2014	500	500

Verwenden Sie die Informationen aus der Tabelle, um die folgenden Fragen zu beantworten:

a. Zeichnen Sie die Konsumfunktion für Südland.
b. Wie hoch ist die marginale Konsumquote? Wie hoch ist die marginale Sparquote?
c. Wie sieht die gesamtwirtschaftliche Konsumfunktion aus?

Lösung

a.

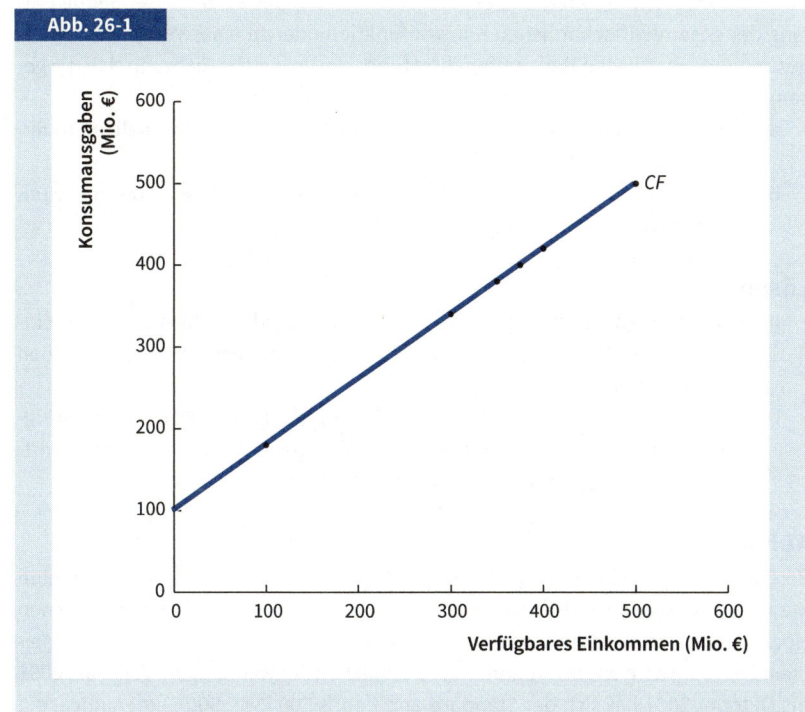

Abb. 26-1

b. Die marginale Konsumquote beträgt 0,8. Daraus resultiert eine marginale Sparquote von 0,2.

c. Für die gesamtwirtschaftliche Konsumfunktion gilt allgemein $C = A + MPC \times YD$. Die gesamtwirtschaftliche Konsumfunktion setzt sich aus den autonomen Konsumausgaben A und den einkommensabhängigen Konsumausgaben $MPC \times YD$ zusammen. Die marginale Konsumquote MPC beläuft sich auf 0,8. Zu bestimmen sind demnach noch die autonomen Konsumausgaben. Bei einer marginalen Konsumquote von 0,8 resultieren aus einem verfügbaren Einkommen von 100 Millionen Euro 0,8 × 100 Mio. € = 80 Mio. € an einkommensabhängigen Konsumausgaben. Da die gesamtwirtschaftlichen Konsumausgaben 180 Millionen Euro betragen, belaufen sich die autonomen Konsumausgaben A auf 100 Millionen Euro.

Für die Volkswirtschaft von Südland ergibt sich folgende Konsumfunktion:

$C = 100$ Mio. $+ 0,8 \times YD$.

Aufgabe 5

Wie wird jede der folgenden Handlungen die gesamtwirtschaftliche Konsumfunktion beeinflussen? Erklären Sie, ob das jeweilige Ereignis zu einer Bewegung entlang der gesamtwirtschaftlichen Konsumfunktion oder zu einer Verschiebung der gesamtwirtschaftlichen Konsumfunktion führt, und in welche Richtung sich die gesamtwirtschaftliche Konsumfunktion gegebenenfalls verschiebt.

   a. Der Staat gewährt den Haushalten eine unerwartete und einmalige Steuersenkung.

   b. Der Staat kündigt eine dauerhafte Steuererhöhung mit Beginn des nächsten Jahres an.

Lösung

   a. Eine unerwartete und einmalige Steuersenkung erhöht das verfügbare Einkommen und führt zu einer Bewegung entlang der gesamtwirtschaftlichen Konsumfunktion.

   b. Eine dauerhafte Steuererhöhung vermindert das erwartete, zukünftig verfügbare Einkommen und verursacht damit eine Verschiebung der gesamtwirtschaftlichen Konsumfunktion nach unten.

Aufgabe 6

Seit Beginn der 2000er-Jahre ist der Index für Immobilienpreise in den Vereinigten Staaten (Case-Shiller Index) stetig gestiegen und erreichte im März 2006 seinen Höchststand. Von März 2006 bis März 2009 verlor der Index dann 32 Prozent. Im gleichen Zeitraum kam es am Aktienmarkt zu ähnlichen Schwankungen. Von März 2003 bis Oktober 2007 hat sich der Standard and Poor's 500 (S&P 500) Aktienindex, ein breit angelegter Aktienindex an der New Yorker Börse, von 800,73 Punkten auf 1.565,15 Punkte fast verdoppelt. Bis März 2009 fiel der Index dann um fast 60 Prozent auf 676,53 Punkte. Wie hat die Entwicklung bei den Immobilienpreisen Ihrer Meinung nach das Wachstum des realen BIP zu Beginn der 2000er-Jahre sowie die Sorgen über die Höhe der Konsumausgaben nach dem Ausbruch der Finanzkrise beeinflusst? Inwiefern wirkten die Entwicklungen an den Aktienmärkten positiv oder negativ auf die Konsumausgaben?

Lösung

Der Anstieg der Immobilienpreise bis zum März 2006 hat das reale Vermögen vieler US-amerikanischer Haushalte erhöht. Dieser Vermögensanstieg führte zu einem Anstieg der gesamtwirtschaftlichen autonomen Konsumausgaben (Verschiebung der gesamtwirtschaftlichen Konsumfunktion nach oben), was eine Erhöhung des realen BIP ausgelöst hat. In den folgenden Jahren sind die Immobilienpreise jedoch stark gefallen. Der dadurch ausgelöste Vermögensrückgang bei vielen Immobilienbesitzern reduzierte die gesamtwirtschaftlichen autonomen Konsumausgaben (Verschiebung der gesamtwirtschaftlichen Konsumfunktion nach unten). Damit befanden sich die Konsumausgaben im Abwärtstrend und es gab Anlass zur Sorge, dass sich dieser Rückgang durch die Finanzkrise noch weiter verstärken würde.

Die Entwicklungen am Aktienmarkt haben diese Effekte aus dem Immobilienmarkt noch verstärkt. Durch den Anstieg der Aktienkurse hat sich das Vermögen vieler Aktienbesitzer erhöht, sodass die gesamtwirtschaftlichen autonomen Konsumausgaben noch zusätzlich angestiegen sind. Der Rückgang der Aktienkurse nach dem Oktober 2007 wiederum hat den Rückgang der Konsumausgaben aufgrund des Preiseinbruchs im Immobilienmarkt noch verstärkt, da viele Aktienbesitzer durch den Einbruch am Aktienmarkt einen Teil ihres Vermögens verloren haben.

Aufgabe 7

Erklären Sie, wie jedes der folgenden Ereignisse die Höhe der geplanten Investitionsausgaben und die Höhe der ungeplanten Lagerinvestitionen beeinflusst. Nehmen Sie dabei an, die Volkswirtschaft befindet sich im Ausgangspunkt im Einnahmen-Ausgaben-Gleichgewicht.

   a. Die EZB erhöht das Zinsniveau.
   b. Es gibt einen Anstieg der erwarteten Wachstumsrate des realen BIP.
   c. Durch einen Zufluss von Finanzmitteln aus dem Ausland sinkt das Zinsniveau.

Lösung

   a. Bei einem steigenden Zinsniveau sinken die geplanten Investitionsausgaben, da einige Investitionsprojekte, die im Einnahmen-Ausgaben-Gleichgewicht noch realisiert worden wären, jetzt nicht mehr realisiert werden. Durch den Zinsanstieg liegt die Rendite dieser Investitionsprojekte nun unterhalb des gestiegenen Zinsniveaus und damit sind diese Projekte nicht mehr wirtschaftlich. Mit den geplanten Investitionsausgaben sinken die gesamtwirtschaftlichen Ausgaben, sodass sich die Kurve der geplanten gesamtwirtschaftlichen Ausgaben nach unten verschiebt. Da die geplanten gesamtwirtschaftlichen Ausgaben nun unterhalb des Einnahmen-Ausgaben-Gleichgewichts-BIP liegen, kommt es zu positiven ungeplanten Lagerinvestitionen.

   b. Bei einem Anstieg der erwarteten Wachstumsrate des realen BIP gehen die Unternehmen für die Zukunft von einem Absatzanstieg aus. Da die vorhandenen Produktionskapazitäten im Einnahmen-Ausgaben-Gleichgewicht nicht ausreichen, um die zukünftigen Absatzmengen zu produzieren, werden die Unternehmen in zusätzliche Produktionskapazitäten investieren. Damit steigen die geplanten Investitionsausgaben. Mit den geplanten Investitionsausgaben steigen die gesamtwirtschaftlichen Ausgaben, sodass sich die Kurve der geplanten gesamtwirtschaftlichen Ausgaben nach oben verschiebt. Da die geplanten gesamtwirtschaftlichen Ausgaben nun oberhalb des Einnahmen-Ausgaben-Gleichgewichts-BIP liegen, kommt es zu negativen ungeplanten Lagerinvestitionen.

   c. Bei einem sinkenden Zinsniveau steigen die geplanten Investitionsausgaben, da einige Investitionsprojekte, die im Einnahmen-Ausgaben-Gleichgewicht nicht realisiert wurden, nun durchgeführt werden, da die Rendite dieser Investitionsprojekte jetzt oberhalb des (gesunkenen) Zinsniveaus liegt und diese Projekte damit profitabel sind. Mit den geplanten Investitionsausgaben steigen die gesamtwirtschaftlichen Ausgaben, sodass sich die Kurve der geplanten gesamtwirtschaftlichen Ausgaben nach oben verschiebt. Da die geplanten gesamtwirtschaftlichen Ausgaben nun oberhalb des Einnahmen-Ausgaben-Gleichgewichts-BIP liegen, kommt es zu negativen ungeplanten Lagerinvestitionen.

Aufgabe 8

Obwohl die Vereinigten Staaten eine der reichsten Nationen der Welt sind, sind sie gleichzeitig auch der größte Schuldner. Es wird oft gesagt, dass die geringe Sparquote im Land die Ursache dafür ist. Nehmen Sie an, die Politik will diesen Zustand korrigieren und ermuntert die Leute zu einem stärkeren Sparen. Welche Wirkung werden höhere Ersparnisse auf das reale BIP haben?

Lösung

Höhere Ersparnisse setzen eine höhere marginale Sparquote und damit eine geringere marginale Konsumquote voraus. Dies führt zu einem Rückgang der gesamtwirtschaftlichen Konsumausgaben. Damit entsteht eine Lücke zwischen den geplanten gesamtwirtschaftlichen Ausgaben und dem realen BIP. Es kommt zu positiven ungeplanten Lagerinvestitionen. Die Unternehmen werden darauf mit einer Produktionskürzung reagieren, das reale BIP sinkt. Der Rückgang des realen BIP ist gleichbedeutend mit einem Rückgang des verfügbaren Einkommens, was zu einem weiteren Rückgang der Konsumausgaben führt. Aufgrund des Multiplikatorprozesses ergibt sich am Ende ein Rückgang des realen BIP, der deutlich größer ausfällt als der ursprüngliche Ausgabenrückgang. Ein stärkeres Sparen führt also in letzter Konsequenz zu einem Rückgang im realen BIP (sogenanntes Sparparadoxon).

Aufgabe 9

Im Verlauf des Jahres 2008 kam es in den Vereinigten Staaten und in vielen Industrieländern zu einer spürbaren Abkühlung der konjunkturellen Entwicklung. Die US-Regierung reagierte auf die Wirtschaftskrise mit der Verabschiedung eines Maßnahmenpaketes, das Staatsausgaben von insgesamt 700 Milliarden Dollar vorsah. Gehen Sie vereinfachend davon aus, dass die Summe von 700 Milliarden Dollar direkt an die US-amerikanischen Verbraucher ausgezahlt wurde.
  a. Wie groß war der unmittelbare Anstieg der Konsumausgaben, wenn die marginale Konsumneigung 0,5 betrug? Wie groß war die resultierende Änderung des realen BIP?
  b. Zeigen Sie die Wirkung auf das reale BIP mithilfe eines Diagramms, das das Einnahmen-Ausgaben-Gleichgewicht darstellt.

Lösung

  a. Bei einer marginalen Konsumneigung von 0,5 führten Staatsausgaben in Höhe von 700 Milliarden Dollar zu einem Anstieg der Konsumausgaben von 0,5 × 700 Milliarden Dollar = 350 Milliarden Dollar. Die Änderung des realen BIP betrug $1/(1 - 0,5) \times 700$ Milliarden Dollar = 1.400 Milliarden Dollar.

b.

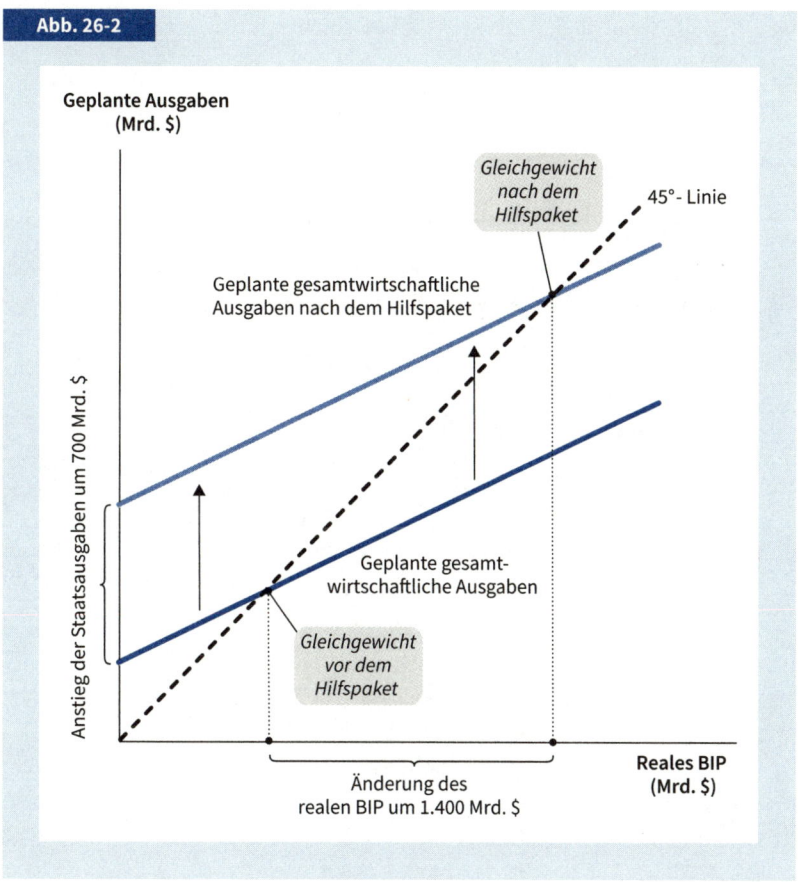

Abb. 26-2

Geplante Ausgaben
(Mrd. $)

Anstieg der Staatsausgaben um 700 Mrd. $

*Gleichgewicht
nach dem
Hilfspaket*

45°- Linie

Geplante gesamtwirtschaftliche
Ausgaben nach dem Hilfspaket

Geplante gesamt-
wirtschaftliche Ausgaben

*Gleichgewicht
vor dem
Hilfspaket*

Reales BIP
(Mrd. $)

Änderung des
realen BIP um 1.400 Mrd. $

27 Gesamtwirtschaftliches Angebot und gesamtwirtschaftliche Nachfrage

Aufgabe 1

Sinkt der Wert des Euro gegenüber anderen Währungen, dann werden Waren und Dienstleistungen aus dem Euroraum für das Ausland billiger, auch wenn die Preise im Euroraum unverändert bleiben. Die Nachfrage aus dem Ausland nach Waren und Dienstleistungen aus dem Euroraum steigt. Ihr Freund vertritt die Auffassung, dass es dadurch zu einer Bewegung nach unten auf der gesamtwirtschaftlichen Nachfragekurve kommt, da das Ausland als Reaktion auf billigere Waren und Dienstleistungen mehr nachfragt. Ihre Freundin ist dagegen der Meinung, dass es durch die Reaktion der Auslandsnachfrage zu einer Verschiebung der gesamtwirtschaftlichen Nachfragekurve kommt. Wer von beiden hat Recht und warum?

Lösung

Die Freundin hat Recht. Die gesamtwirtschaftliche Nachfragekurve zeigt die Beziehung zwischen dem inländischen Preisniveau und der gesamtwirtschaftlichen Nachfrage nach im Inland produzierten Gütern. Ein Anstieg der Nachfrage nach inländischen Waren und Dienstleistungen aus dem Ausland erhöht die gesamtwirtschaftliche Nachfrage für jedes Preisniveau. Die Erhöhung der gesamtwirtschaftlichen Nachfrage durch die höhere Auslandsnachfrage verschiebt damit die gesamtwirtschaftliche Nachfragekurve nach rechts.

Aufgabe 2

Nehmen Sie an, die Volkswirtschaft befindet sich in der Ausgangssituation im Schnittpunkt von kurzfristiger und langfristiger gesamtwirtschaftlicher Angebotskurve. Nun kommt es zu einem Anstieg des Preisniveaus. Wie wird sich das gesamtwirtschaftliche Angebot kurzfristig und langfristig an diese Erhöhung des Preisniveaus anpassen?

Lösung

Kurzfristig steigt bei zunächst konstanten Produktionskosten (insbesondere wegen fixer Nominallöhne) mit steigendem Preisniveau der Stückgewinn der Unternehmen. Daher werden sie das gesamtwirtschaftliche Angebot ausdehnen. Dem entspricht eine Bewegung entlang der *SRAS*-Kurve nach oben zum Punkt B bei einem Preisniveau P_2 und einer gesamtwirtschaftlichen Produktion von Y_2.

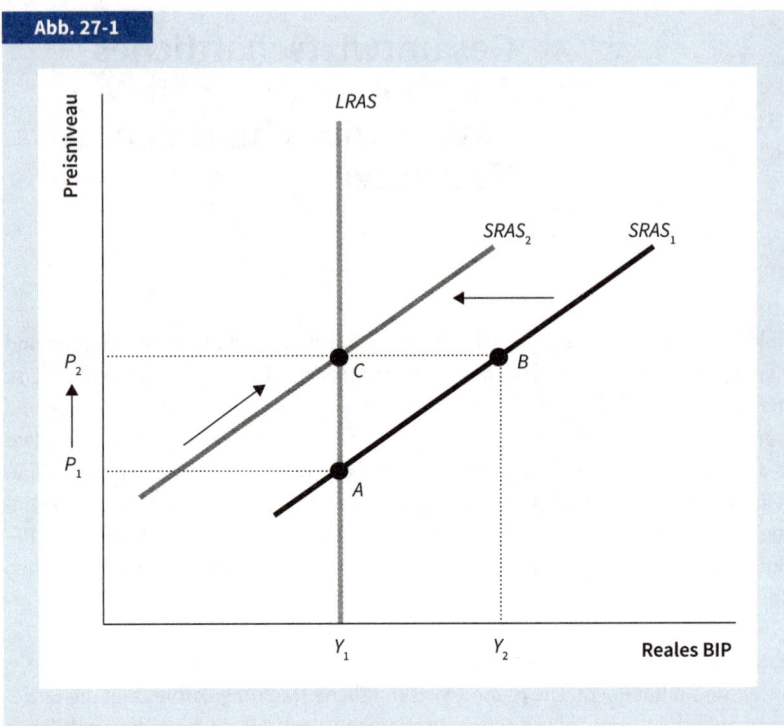

Abb. 27-1

Langfristig erhöhen sich jedoch die Nominallöhne, da die gesamtwirtschaftliche Produktion jetzt oberhalb des Produktionspotenzials liegt und das Niveau der Arbeitslosigkeit sehr gering ist. Die Erhöhung der Nominallöhne führt zu einem Kostenanstieg und zu einer Verschiebung der $SRAS$-Kurve nach links von $SRAS_1$ zu $SRAS_2$. Im langfristigen Gleichgewicht C entspricht die gesamtwirtschaftliche Produktion wieder dem Produktionspotenzial.

Aufgabe 3

Nehmen Sie an, alle Haushalte würden ihr gesamtes Vermögen in Vermögensobjekten halten, deren nominaler Wert automatisch steigt, wenn sich das Preisniveau erhöht. Wie wirkt sich das auf den Vermögenseffekt einer Änderung des Preisniveaus aus? Welche Konsequenz ergibt sich für die Steigung der gesamtwirtschaftlichen Nachfragekurve? Wird sie immer noch fallend verlaufen?

Lösung

Wenn alle Haushalte ihr gesamtes Vermögen in Vermögensobjekten halten, deren nominaler Wert automatisch steigt, wenn das Preisniveau zunimmt, dann verschwindet der Vermögenseffekt einer Änderung des Preisniveaus. Die Kaufkraft des Vermögens schwankt dann nicht bei Änderungen im Preisniveau, sodass es bei Preisänderungen nicht zu Änderungen bei den Konsumausgaben kommt. In diesem Fall verläuft die gesamtwirtschaftliche Nachfragekurve steiler. Die gesamtwirtschaftliche Nachfragekurve hat aber noch immer einen fallenden Verlauf, da es noch den Zinseffekt gibt.

Aufgabe 4

Nehmen Sie an, dass sich die gesamtwirtschaftliche Produktion gegenwärtig auf dem Niveau des Produktionspotenzials befindet. Nehmen Sie weiter an, dass Sie ein wirtschaftspolitischer Entscheidungsträger sind und von einem Wirtschaftsstudierenden gebeten werden, falls möglich, verschiedene Arten von Schocks in eine Rangfolge zu bringen, und zwar mit dem Schock beginnend, der Ihnen am liebsten ist: positiver Nachfrageschock, negativer Nachfrageschock, positiver Angebotsschock, negativer Angebotsschock. Welche Rangfolge würden Sie aufstellen und warum?

Lösung

Am besten wäre ein positiver Angebotsschock. Bei einem positiven Angebotsschock erfährt die Volkswirtschaft einen Anstieg des realen BIP, ohne dass es zu Inflation kommt. Der Staat müsste nicht korrigierend eingreifen.

Am schlechtesten wäre ein negativer Angebotsschock. Bei einem negativen Angebotsschock kommt es zu Stagflation (reales BIP sinkt, Inflation). Der Staat steht bei einem negativen Angebotsschock vor dem Problem, dass er nur die Wahl hat, entweder die Inflation auf Kosten eines weiteren Produktionsrückgangs zu bekämpfen oder die gesamtwirtschaftliche Nachfrage anzukurbeln auf Kosten einer noch höheren Inflation.

Bei einem Nachfrageschock ist nicht ganz klar, ob die Wirtschaftspolitik einen positiven Nachfrageschock oder einen negativen Nachfrageschock bevorzugt. Ein positiver Nachfrageschock führt zu einem Anstieg des realen BIP, aber auch zu Inflation. Ein negativer Nachfrageschock verursacht einen Rückgang des realen BIP, aber führt auch zu einem geringeren Preisniveau. In beiden Fällen könnte die Wirtschaftspolitik mit entsprechenden geld- oder fiskalpolitischen Maßnahmen reagieren und gegensteuern.

Aufgabe 5

Erläutern Sie, ob und wie sich die im Folgenden genannten wirtschaftspolitischen Maßnahmen auf die gesamtwirtschaftliche Nachfragekurve oder die kurzfristige gesamtwirtschaftliche Angebotskurve auswirken.
   a. Der Staat senkt den gesetzlichen Mindestlohnsatz.
   b. Der Staat erhöht das Kindergeld.
   c. Um sein Haushaltsdefizit zu verringern, kündigt der Staat an, dass die Haushalte ab dem kommenden Jahr sehr viel höhere Steuern bezahlen müssen.
   d. Der Staat verringert seine Rüstungsausgaben.

Lösung

   a. Wenn der Staat den gesetzlichen Mindestlohnsatz senkt, dann kommt das einem Rückgang des Nominallohnsatzes gleich. Die Produktionskosten sinken, das gesamtwirtschaftliche Angebot steigt bei jedem Preisniveau und die kurzfristige gesamtwirtschaftliche Angebotskurve verschiebt sich nach rechts. Die gesamtwirtschaftliche Nachfragekurve bleibt unverändert.

b. Eine Anhebung des Kindergeldes erhöht das verfügbare Einkommen. Die gesamtwirtschaftliche Nachfrage steigt und die gesamtwirtschaftliche Nachfragekurve verschiebt sich nach rechts. Die kurzfristige gesamtwirtschaftliche Angebotskurve bleibt unverändert.

c. Die Steuererhöhungen verringern das verfügbare Einkommen. Die gesamtwirtschaftliche Nachfrage sinkt und die gesamtwirtschaftliche Nachfragekurve verschiebt sich nach links. Die kurzfristige gesamtwirtschaftliche Angebotskurve bleibt unverändert.

d. Wenn der Staat seine Rüstungsausgaben senkt, verringert sich die gesamtwirtschaftliche Nachfrage. Die gesamtwirtschaftliche Nachfragekurve verschiebt sich nach links. Die kurzfristige gesamtwirtschaftliche Angebotskurve bleibt unverändert.

Aufgabe 6

In Lohnland schließen alle Arbeitnehmer jedes Jahr am 1. Januar einen Jahresvertrag ab, in dem ihre Lohnhöhe festgelegt wird. Ende Januar wird ein neues Computer-Betriebssystem eingeführt, das die Arbeitsproduktivität dramatisch erhöht. Erläutern Sie, wie sich die Volkswirtschaft von Lohnland von einem kurzfristigen Gleichgewicht zum nächsten bewegt. Illustrieren Sie Ihre Überlegungen mit einem Diagramm.

Lösung

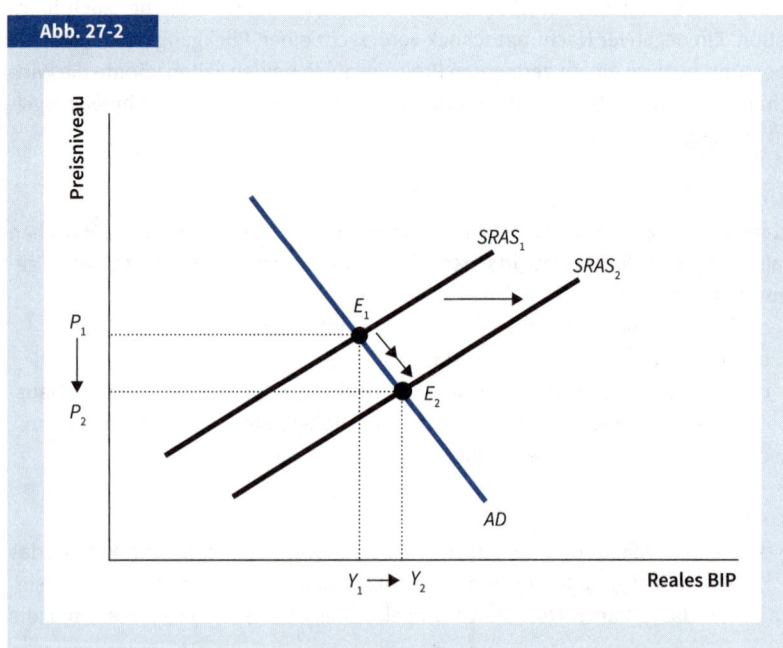

Abb. 27-2

Ausgangspunkt sei E_1, ein Gleichgewicht mit P_1 und Y_1. Eine höhere Arbeitsproduktivität führt zu einer Senkung der Produktionskosten bei den Unternehmen, sodass die Stückgewinne steigen. Bei jedem gegebenen Preisniveau erhöht sich dadurch die angebotene gesamtwirtschaftliche Produktion. Es kommt zu einer Verschiebung der kurzfristigen gesamtwirtschaftlichen Angebotskurve von $SRAS_1$ nach rechts zu $SRAS_2$. Die gesamtwirtschaftliche Produktion steigt im neuen Gleichgewicht auf Y_2, die Preise sinken von P_1 auf P_2.

Aufgabe 7

Im Internet lesen Sie die folgende Meldung: »In Japan ist der Index des Konsumentenvertrauens den zweiten Monat in Folge deutlich gesunken.«

    a. Was bedeutet diese Meldung ihrer Meinung nach für das Wirtschaftswachstum in Japan? Veranschaulichen Sie Ihre Antwort grafisch mithilfe des *AS-AD*-Modells. Nehmen Sie dabei an, dass alle anderen Einflussfaktoren unverändert bleiben.

    b. Wie sollte die japanische Regierung Ihrer Meinung nach auf diese Meldung reagieren?

Lösung

    a.

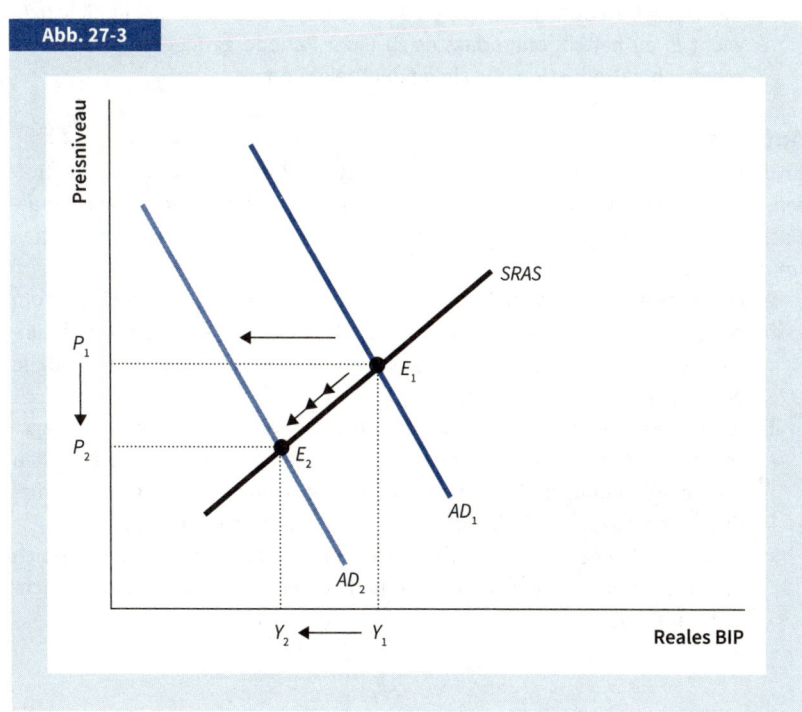

Abb. 27-3

Die Konsumausgaben sind ein wichtiges Element der gesamtwirtschaftlichen Nachfrage und hängen auch von den Erwartungen der Menschen über die Zukunft ab. Die Konsumenten basieren ihre Ausgabenentscheidungen nicht nur auf ihrem gegenwärtigen Einkommen, sondern auch auf dem Einkommen, das sie für die Zukunft erwarten. Das führt dazu, dass Erwartungsänderungen einen direkten Einfluss auf die Konsumausgaben haben. Werden die Verbraucher in Japan zunehmend pessimistischer, wie der Rückgang des Konsumentenvertrauens zeigt, gehen die Konsumausgaben zurück. Die gesamtwirtschaftliche Nachfragekurve verschiebt sich nach links von AD_1 nach AD_2, wie in der Abbildung zu sehen. Die japanische Volkswirtschaft bewegt sich entlang der *SRAS*-Kurve von E_1 nach E_2 nach unten, was zu einem niedrigeren gleichgewichtigen Niveau der gesamtwirtschaftlichen Produktion und einem niedrigeren gleichgewichtigen Preisniveau führt.

b. Die japanische Regierung könnte auf den Rückgang der gesamtwirtschaftlichen Nachfrage durch den Einsatz von Geld- oder Fiskalpolitik reagieren (z. B. Steuersenkungen, höhere Staatsausgaben oder eine Erhöhung der Geldmenge), um die gesamtwirtschaftliche Nachfragekurve wieder zurück nach rechts zu verschieben. Ist die japanische Regierung in der Lage, die durch den Rückgang des Konsumentenvertrauens ausgelöste Verschiebung der gesamtwirtschaftlichen Nachfragekurve präzise zu antizipieren, dann könnte es die Regierung unter Umständen sogar schaffen, die Volkswirtschaft im Gleichgewicht E_1 zu halten, ohne dass es zu einer Periode geringerer gesamtwirtschaftlicher Produktion und sinkender Preise kommt.

Aufgabe 8

Im Jahr 2007 wurde die US-amerikanische Volkswirtschaft von zwei Schocks getroffen, die in einer schweren Wirtschaftskrise mündeten. Der eine Schock war ein drastischer Anstieg des Ölpreises, der andere Schock war ein starker Einbruch bei den Immobilienpreisen.

a. Handelte es sich bei dem Ölpreisanstieg um einen Nachfrageschock oder um einen Angebotsschock? Erläutern Sie Ihre Antwort. Stellen Sie die Auswirkungen des Ölpreisschocks auf die US-amerikanische Volkswirtschaft mithilfe des *AS-AD*-Modells grafisch dar.

b. Handelte es sich beim Einbruch der Immobilienpreise um einen Nachfrageschock oder um einen Angebotsschock? Erläutern Sie Ihre Antwort. Stellen Sie die Auswirkungen der einbrechenden Immobilienpreise auf die US-amerikanische Volkswirtschaft mithilfe des *AS-AD*-Modells grafisch dar.

c. Welche Wirkungen in Bezug auf das reale BIP und das Preisniveau haben sich für die US-amerikanische Volkswirtschaft ergeben, als beide Schocks gleichzeitig auftraten?

Lösung

a.

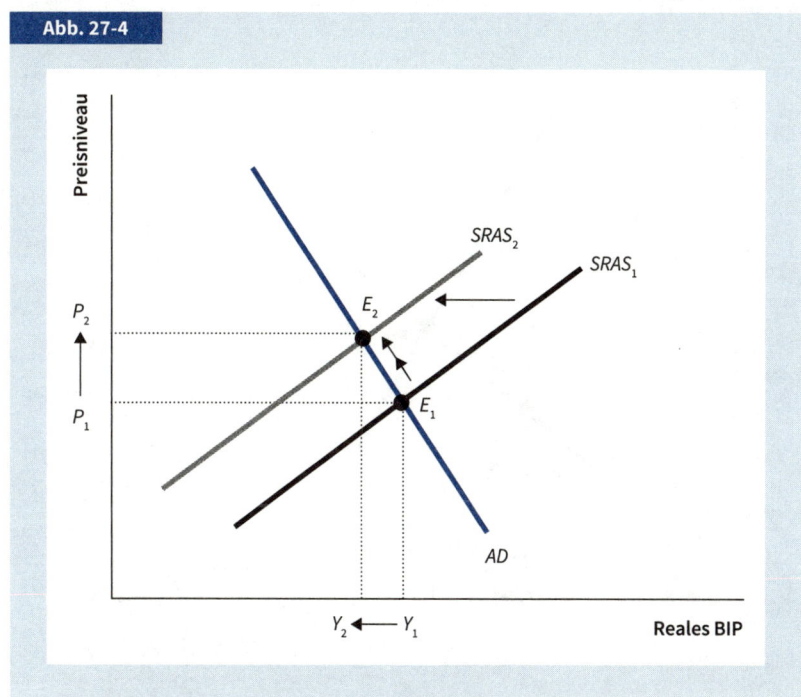

Abb. 27-4

Der Ölpreisanstieg führte zu einem negativen Angebotsschock. Der Preisanstieg eines derart wichtigen Rohstoffs bewirkte über die gesamte Volkswirtschaft hinweg einen Anstieg der Produktionskosten. Damit verringerte sich das gesamtwirtschaftliche Angebot für jedes Preisniveau und die kurzfristige gesamtwirtschaftliche Angebotskurve verschob sich nach links von $SRAS_1$ zu $SRAS_2$. Durch den Angebotsrückgang sank die gesamtwirtschaftliche Produktion, während das Preisniveau stieg. Im neuen Gleichgewicht E_2 war das gleichgewichtige Preisniveau höher (P_2) und die gleichgewichtige gesamtwirtschaftliche Produktion geringer (Y_2) als zuvor.

b.

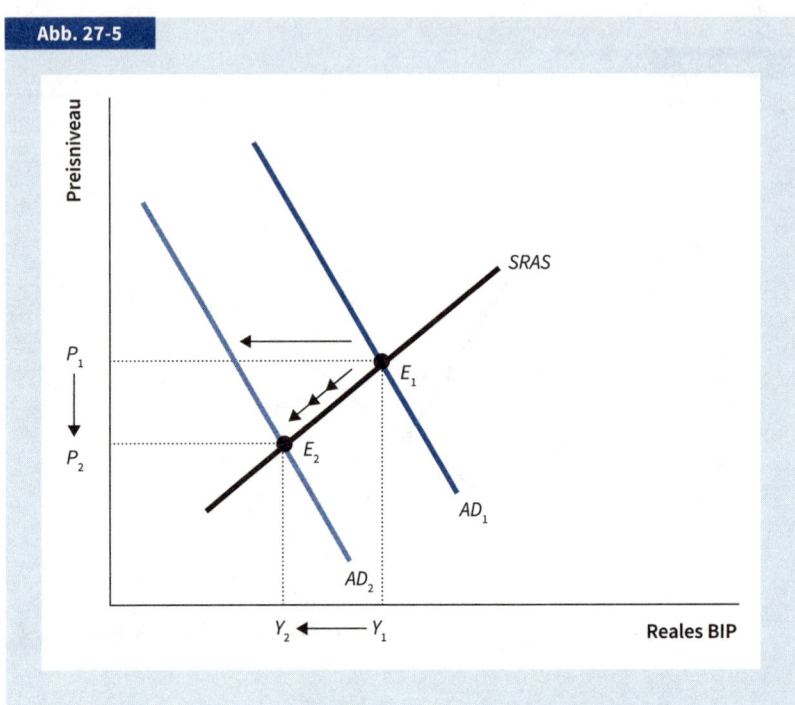

Abb. 27-5

Der Einbruch der Immobilienpreise führte zu einem negativen Nachfrage-schock. Die Konsumausgaben hängen auch vom Wert des Vermögens der Haushalte ab. Durch den Einbruch bei den Immobilienpreisen sank der reale Wert der Vermögen der Haushalte. Die in den Immobilien gebundene Kauf-kraft ging zurück, sodass es zu einer Verringerung der gesamtwirtschaftlichen Nachfrage kam und sich die gesamtwirtschaftliche Nachfragekurve von AD_1 nach AD_2 nach links verschoben hat. Die US-amerikanische Volkswirtschaft hat sich entlang der $SRAS$-Kurve von E_1 nach E_2 nach unten bewegt, was zu einem niedrigeren gleichgewichtigen Niveau der gesamtwirtschaftlichen Pro-duktion und einem niedrigeren gleichgewichtigen Preisniveau geführt hat.

c. Das gleichzeitige Auftreten eines negativen Angebotsschocks und eines nega-tiven Nachfrageschocks hat auf jeden Fall zu einem Rückgang der gesamt-wirtschaftlichen Produktion und damit des realen BIP geführt, da der nega-tive Angebotsschock und der negative Nachfrageschock gleichermaßen ei-nen Rückgang der gesamtwirtschaftlichen Produktion auslösen. Die Wirkung auf das Preisniveau ist dagegen unbestimmt, da der negative Angebots-schock zu einem Preisanstieg und der negative Nachfrageschock zu einem Preisrückgang geführt hat.

Aufgabe 9

Erläutern Sie für jedes der folgenden ökonomischen Ereignisse, wie der Anpassungsprozess von einem langfristigen makroökonomischen Gleichgewicht zum anderen aussieht. Argumentieren Sie unter Verwendung von gesamtwirtschaftlicher Nachfragekurve, kurzfristiger gesamtwirtschaftlicher Angebotskurve und langfristiger gesamtwirtschaftlicher Angebotskurve. Verdeutlichen Sie für beide betrachtete Fälle, wie die kurzfristigen und langfristigen Wirkungen auf das Preisniveau und die gesamtwirtschaftliche Produktion aussehen.

  a. Aufgrund eines Rückgangs der Aktienkurse verringert sich das Vermögen der Haushalte.
  b. Der Staat senkt die Steuern, was zu einem Anstieg des verfügbaren Einkommens der Haushalte führt, ohne entsprechend die staatlichen Güterkäufe zu reduzieren.

Lösung

  a.

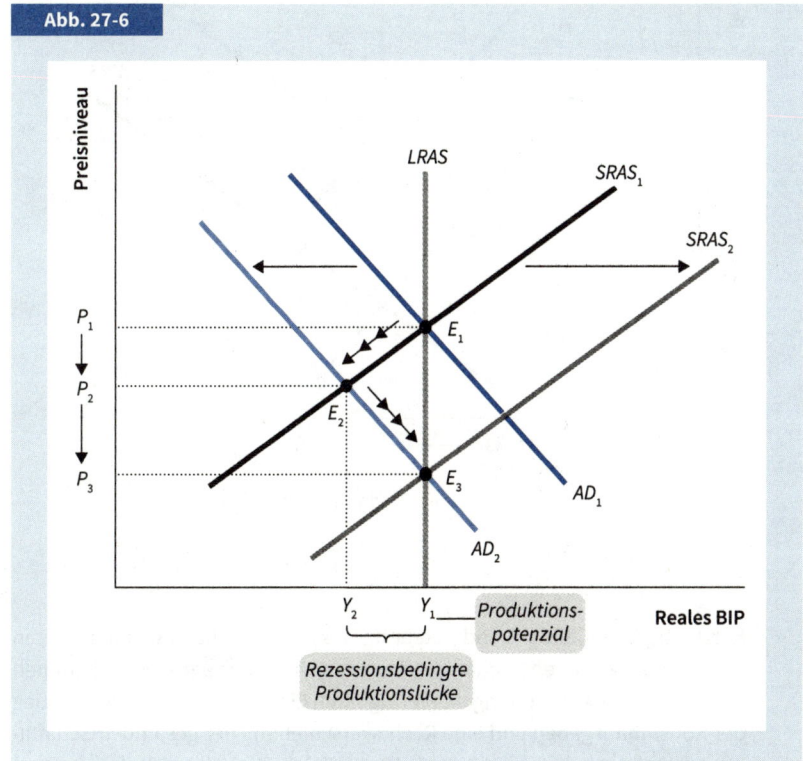

Abb. 27-6

Kurzfristig führt das sinkende reale Vermögen der Haushalte dazu, dass die gesamtwirtschaftliche Nachfrage sinkt. Die gesamtwirtschaftliche Nachfragekurve verschiebt sich von AD_1 nach links zu AD_2. Vom ursprünglichen kurz-

und langfristigen Gleichgewicht in E_1 ausgehend kommt es zu einer rezessionsbedingten Produktionslücke. Das Preisniveau sinkt von P_1 auf P_2 und die gesamtwirtschaftliche Produktion sinkt von Y_1 auf Y_2. Diese Entwicklung wird von steigender Arbeitslosigkeit begleitet.

Langfristig sinken die Nominallöhne als Reaktion auf die hohe Arbeitslosigkeit bei Y_2, was zu einer Rechtsverschiebung der gesamtwirtschaftlichen Angebotskurve von $SRAS_1$ nach $SRAS_2$ führt. Die gesamtwirtschaftliche Produktion steigt wieder von Y_2 auf Y_1, während das Preisniveau weiter von P_2 nach P_3 sinkt. Das langfristige Gleichgewicht wird schließlich im Punkt E_3 wieder erreicht.

b.

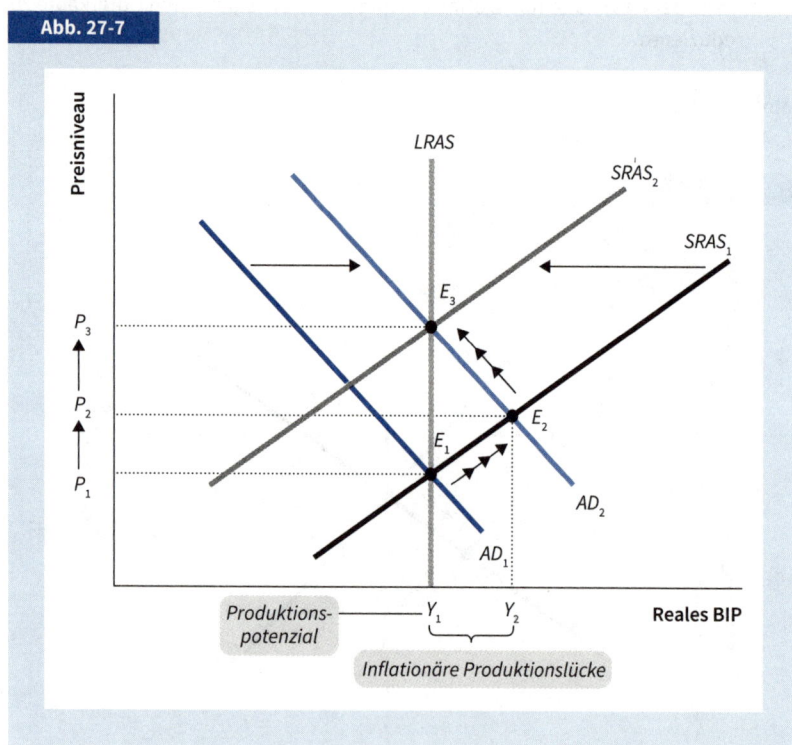

Abb. 27-7

Kurzfristig bedeuten sinkende Steuern, dass die Haushalte einen größeren Teil ihres Einkommens behalten können, sich ihr verfügbares Einkommen also erhöht. Diese Erhöhung des verfügbaren Einkommens hat einen Anstieg der Konsumausgaben und eine Rechtsverschiebung der gesamtwirtschaftlichen Nachfragekurve von AD_1 nach AD_2 zur Folge. Die Volkswirtschaft bewegt sich kurzfristig von E_1 nach E_2. Mit dem Anstieg der gesamtwirtschaftlichen Produktion von Y_1 auf Y_2 ist eine inflationäre Produktionslücke verbunden, die sich in einem Anstieg des Preisniveaus von P_1 auf P_2 und einer sinkenden Arbeitslosigkeit niederschlägt.

Langfristig kommt es als Reaktion auf die niedrigere Arbeitslosigkeit zu einem Anstieg der Nominallöhne, sodass sich die kurzfristige gesamtwirtschaftliche Angebotskurve von $SRAS_1$ nach links zu $SRAS_2$ verschiebt. Die gesamtwirtschaftliche Produktion geht auf Y_1 zurück, das Preisniveau erhöht sich weiter auf P_3. Im Punkt E_3 befindet sich die Wirtschaft wieder im langfristigen makroökonomischen Gleichgewicht.

Aufgabe 10

Nehmen Sie an, dass das kurzfristige makroökonomische Gleichgewicht der Volkswirtschaft durch eine rezessionsbedingte Produktionslücke gekennzeichnet ist.

a. Welche wirtschaftspolitischen Maßnahmen kann die Regierung ergreifen, die die Volkswirtschaft wieder zurück ins langfristige makroökonomische Gleichgewicht bringen? Erläutern Sie Ihre Antwort anhand einer Abbildung.

b. Findet die Wirtschaft von allein zum langfristigen makroökonomischen Gleichgewicht zurück, wenn die Regierung nicht eingreift, um die Produktionslücke zu schließen? Erläutern Sie Ihre Überlegungen anhand einer Abbildung.

c. Welche Vorteile und welche Nachteile sehen Sie in wirtschaftspolitischen Maßnahmen zur Schließung der Produktionslücke?

Lösung

a. Die Regierung kann wirtschaftspolitische Maßnahmen ergreifen, die die gesamtwirtschaftliche Nachfragekurve nach rechts verschieben, von AD_1 zu AD_2. Die Volkswirtschaft würde sich vom Gleichgewicht in E_1 zum Punkt E_2 bewegen. Zu den wirtschaftspolitischen Maßnahmen gehören eine Erhöhung der staatlichen Güterkäufe, die Senkung der Steuern, eine Erhöhung der Transferzahlungen und eine Erhöhung der Geldmenge.

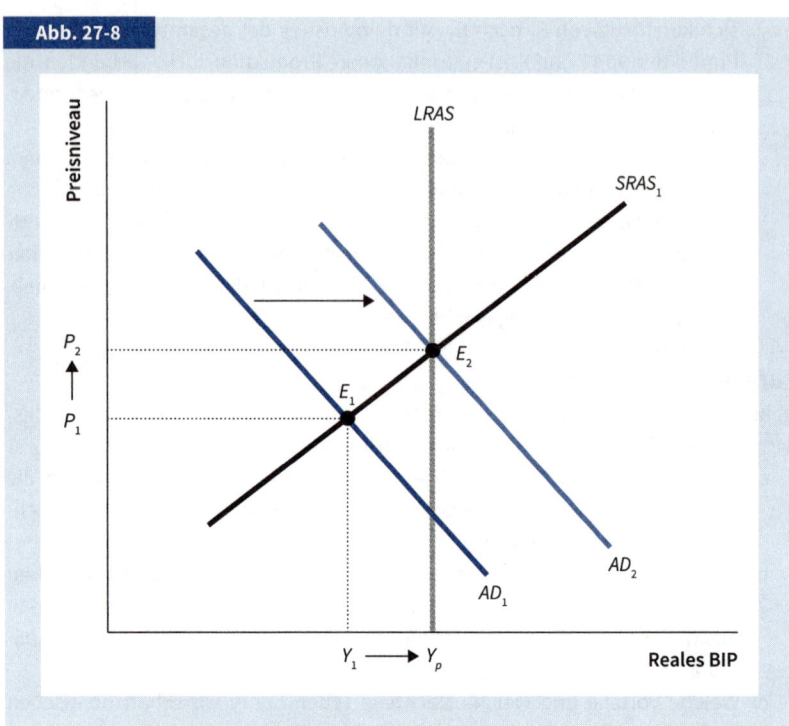

Abb. 27-8

b. Wenn die Regierung nicht eingreift, verbleibt die Volkswirtschaft zunächst im Punkt E_1. Eine gesamtwirtschaftliche Produktion Y_1 unterhalb des Produktionspotenzials (Y_P) impliziert jedoch eine hohe Arbeitslosigkeit. Weil es viele Arbeitsuchende gibt, aber nur wenige Arbeitsplätze, werden die Nominallöhne im Laufe der Zeit sinken. Durch diesen Rückgang der Produktionskosten verschiebt sich die kurzfristige gesamtwirtschaftliche Angebotskurve ausgehend von $SRAS_1$ nach rechts. Schließlich wird die kurzfristige gesamtwirtschaftliche Angebotskurve bei einer neuen Position $SRAS_2$ angelangt sein. Begleitet wird diese Bewegung von sinkenden Preisen, abnehmender Arbeitslosigkeit und einer gesamtwirtschaftlichen Produktion, die wieder dem Produktionspotenzial Y_P entspricht. Die Volkswirtschaft würde also langfristig wieder allein zum makroökonomischen Gleichgewicht zurückfinden.

Abb. 27-9

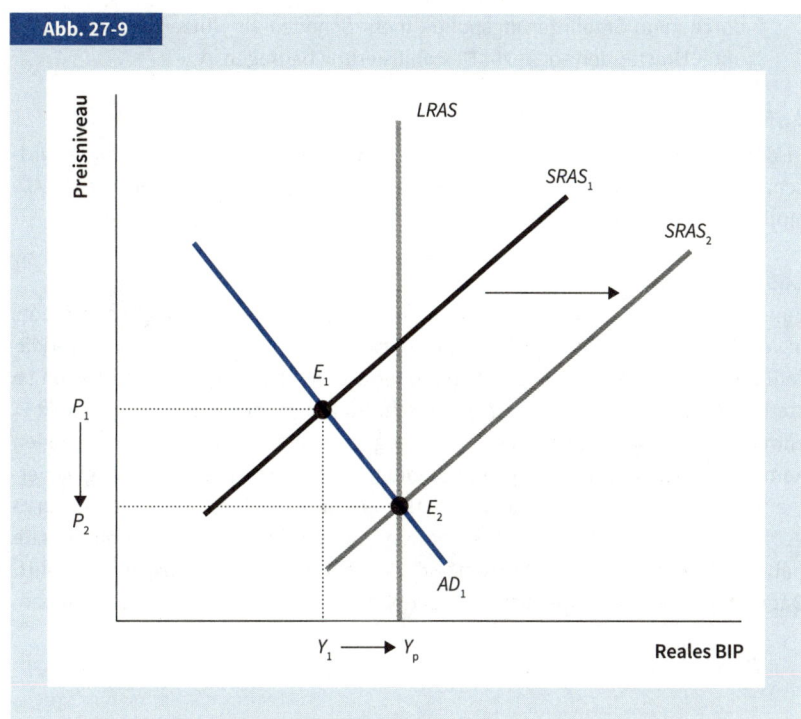

c. Die Volkswirtschaft findet nach einem Nachfrageschock auch ohne wirtschaftspolitische Eingriffe des Staates wieder zum langfristigen Gleichgewicht zurück. Dennoch kann der Einsatz von wirtschaftspolitischen Maßnahmen wünschenswert sein, mit denen der Anpassungsprozess abgekürzt oder die Volkswirtschaft vielleicht sogar in ihrem ursprünglichen Gleichgewicht gehalten werden kann. Erstens ist der vorübergehende Rückgang der gesamtwirtschaftlichen Produktion nachteilig, zu dem es ohne wirtschaftspolitische Intervention kommen würde, insbesondere, weil mit dem Produktionsrückgang auch eine hohe Arbeitslosigkeit einhergeht. Zweitens wird, wie wir wissen, Preisstabilität im Allgemeinen als wünschenswertes Ziel angesehen. Eine Deflation zu verhindern, den Rückgang des Preisniveaus, ist also von Vorteil. Das bedeutet allerdings nicht, dass die Wirtschaftspolitik stets versuchen sollte, Rückgänge der gesamtwirtschaftlichen Nachfrage zu verhindern. Einige wirtschaftspolitische Maßnahmen zur Stimulierung der gesamtwirtschaftlichen Nachfrage, insbesondere diejenigen, die zu einer Erhöhung des Budgetdefizits führen, können langfristige Kosten in Form von niedrigerem Wirtschaftswachstum aufweisen, etwa durch die Verdrängung privater Investitionsausgaben. Darüber hinaus ist stets zu berücksichtigen, dass die Wirtschaftspolitik nicht vollkommen informiert ist und dass die Auswirkungen von wirtschaftspolitischen Maßnahmen nicht präzise vorhersagbar sind. Dadurch kann Stabilisierungspolitik mehr Schaden als Nutzen anrichten und unter Umständen sogar zur Destabilisierung beitragen.

Aufgabe 11

In den späten 1990er-Jahren erlebten die Vereinigten Staaten ein kräftiges Wirtschaftswachstum bei gleichzeitig geringer Inflation. Erklären Sie mithilfe des *AS-AD*-Modells, wie es dazu gekommen ist.

Lösung

Eine Erhöhung des kurzfristigen und langfristigen gesamtwirtschaftlichen Angebots in Verbindung mit einem Anstieg der gesamtwirtschaftlichen Nachfrage kann erklären, warum das reale BIP in den Vereinigten Staaten bei nur geringer Inflation so stark wachsen konnte. Die US-amerikanische Volkswirtschaft hat sich vom Punkt E_1 zum Punkt E_2 bewegt. Durch die Verbreitung der neuen Informationstechnologien kam es zu einem deutlichen und dauerhaften Produktivitätszuwachs, der gleichermaßen die kurzfristige und die langfristige gesamtwirtschaftliche Angebotskurve verschoben hat (von $SRAS_1$ zu $SRAS_2$ und von $LRAS_1$ zu $LRAS_2$). Auf der Nachfrageseite haben die steigenden Aktienkurse zu einem Anstieg der Konsumausgaben geführt. Dadurch wurde die gesamtwirtschaftliche Nachfragekurve nach rechts verschoben.

Abb. 27-10

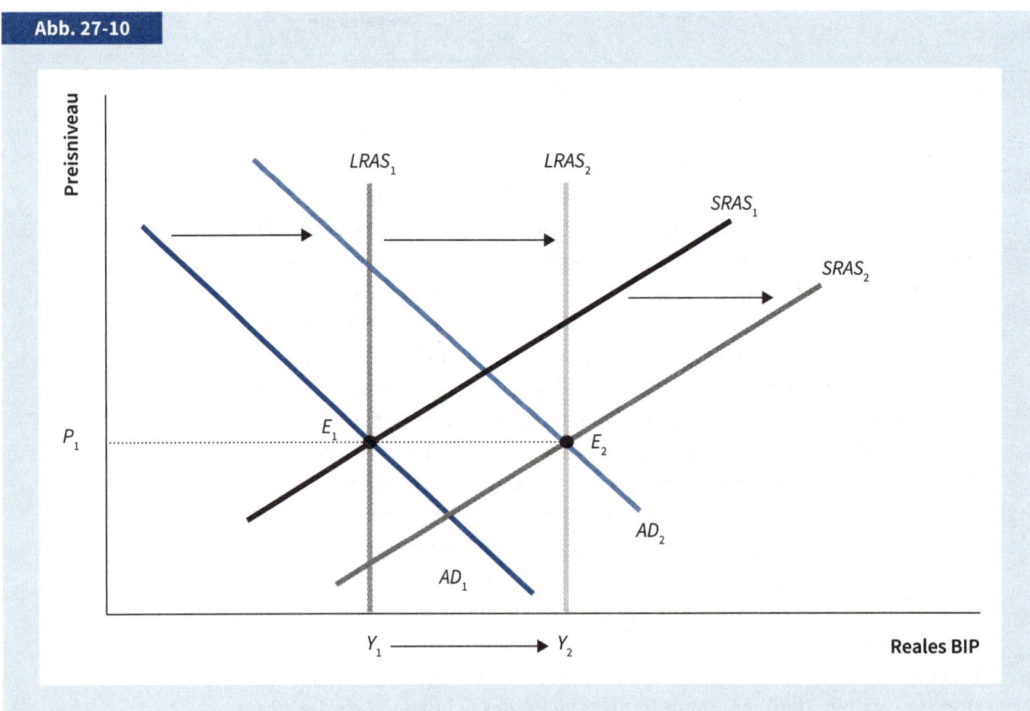

28 Fiskalpolitik

Aufgabe 1

Die Abbildung zeigt die gegenwärtige gesamtwirtschaftliche Situation für die Volkswirtschaft von Albernia. Stellen Sie sich vor, Sie wären als ökonomischer Sachverständiger angestellt worden, um die Volkswirtschaft mit geeigneten Maßnahmen wieder zum Produktionspotenzial Y_p zu bringen.

Abb. 28-1

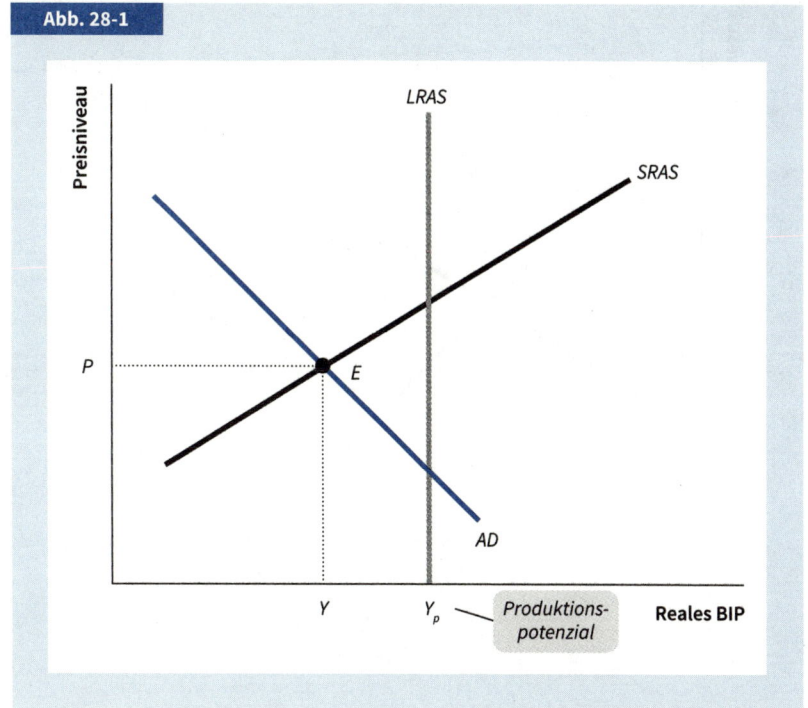

a. Befindet sich Albernia in einer rezessionsbedingten Produktionslücke oder in einer inflationären Produktionslücke?

b. Welche Art von Fiskalpolitik – expansive oder restriktive Fiskalpolitik – würde die Volkswirtschaft von Albernia wieder zum Produktionspotenzial Y_p bringen? Welche Beispiele für derartige fiskalpolitische Maßnahmen kennen Sie?

c. Zeigen Sie grafisch die gesamtwirtschaftliche Situation in Albernia, nachdem die Fiskalpolitik erfolgreich umgesetzt wurde.

Lösung

a. Da die gesamtwirtschaftliche Produktion Y_1 unterhalb des Produktionspotenzials Y_P liegt, befindet sich Albernia in einer rezessionsbedingten Produktionslücke.

b. Eine expansive Fiskalpolitik, die zu einer Erhöhung der gesamtwirtschaftlichen Nachfrage führt, würde die Volkswirtschaft von Albernia wieder zum Produktionspotenzial Y_P bringen. Expansive fiskalpolitische Maßnahmen wären z. B. eine Erhöhung der Ausgaben des Staates für den Kauf von Waren und Dienstleistungen, eine Steuersenkung oder eine Erhöhung der staatlichen Transferzahlungen.

c.

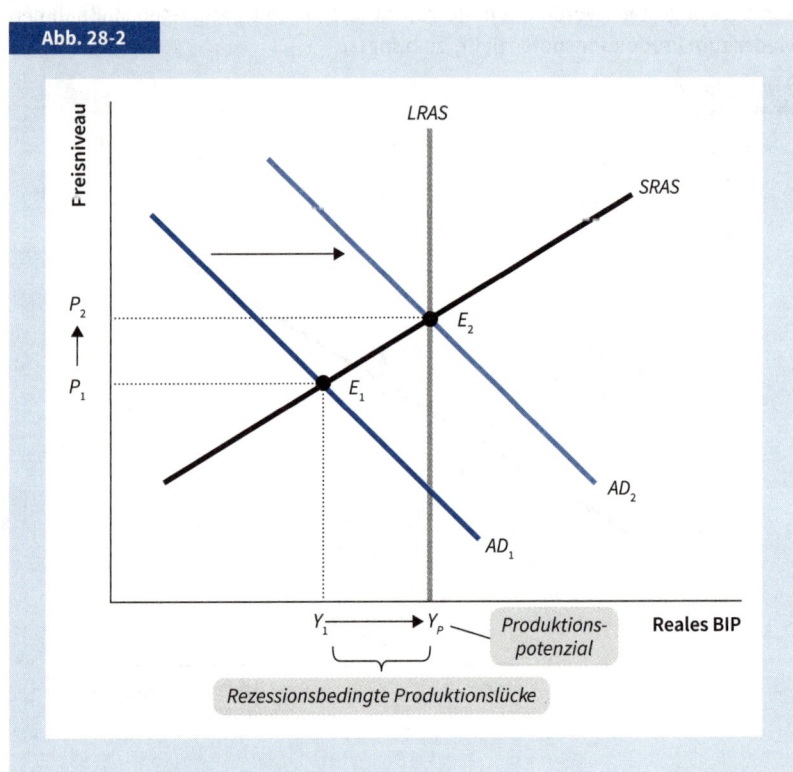

Abb. 28-2

Eine expansive Fiskalpolitik führt zu einer Erhöhung der gesamtwirtschaftlichen Nachfrage. Dadurch verschiebt sich die gesamtwirtschaftliche Nachfragekurve nach rechts zu AD_2. Auf diese Weise steigt die gesamtwirtschaftliche Produktion auf das Niveau des Produktionspotenzials an.

Aufgabe 2

Eine Volkswirtschaft befindet sich im langfristigen makroökonomischen Gleichgewicht, als es zu einem der unten stehenden Nachfrageschocks kommt. Sieht sich die Volkswirtschaft nach dem jeweiligen Nachfrageschock einer rezessionsbedingten Produktionslücke oder einer inflationären Produktionslücke gegenüber und welche Art von Fiskalpolitik würde die Volkswirtschaft wieder zum Produktionspotenzial zurückbringen?

a. Ein Boom auf dem Aktienmarkt lässt den Wert der Aktien steigen, die die Haushalte halten.

b. Die Unternehmen gelangen zu der Überzeugung, dass es in naher Zukunft zu einer Rezession kommt.

c. Aufgrund einer drohenden Kriegsgefahr erhöht der Staat seine Verteidigungsausgaben.

d. Die Geldmenge in der Volkswirtschaft verringert sich und die Zinsen steigen.

Lösung

a. Wenn ein Boom auf dem Aktienmarkt den Wert der Aktien steigen lässt, die die Haushalte halten, dann führt dies zu einem Vermögensanstieg. Durch den Vermögenseffekt steigen die autonomen Konsumausgaben und damit auch das BIP. Es entsteht eine inflationäre Produktionslücke, da die gesamtwirtschaftliche Produktion oberhalb des Produktionspotenzials liegt. In einer derartigen Situation würde eine restriktive Fiskalpolitik – reduzierte Staatsausgaben für Waren und Dienstleistungen, Steuererhöhungen oder eine Senkung der staatlichen Transferzahlungen – die gesamtwirtschaftliche Nachfrage dämpfen und damit die gesamtwirtschaftliche Produktion auf das Niveau des Produktionspotenzials absenken.

b. Gelangen die Unternehmen zu der Überzeugung, dass es in naher Zukunft zu einer Rezession kommt, so werden die Unternehmen ihre geplanten Investitionsausgaben reduzieren. Durch den autonomen Rückgang der gesamtwirtschaftlichen Ausgaben sinkt die gesamtwirtschaftliche Nachfrage und das BIP geht zurück. Es entsteht eine rezessionsbedingte Produktionslücke, da die gesamtwirtschaftliche Produktion unterhalb des Produktionspotenzials liegt. In einer derartigen Situation würde eine expansive Fiskalpolitik – erhöhte Staatsausgaben für Waren und Dienstleistungen, Steuersenkungen oder eine Erhöhung der staatlichen Transferzahlungen – die gesamtwirtschaftliche Nachfrage erhöhen und auf diese Weise die gesamtwirtschaftliche Produktion auf das Niveau des Produktionspotenzials ansteigen lassen.

c. Eine Erhöhung der Verteidigungsausgaben des Staates führt unmittelbar zu einem Anstieg der gesamtwirtschaftlichen Nachfrage. Das BIP steigt, und es entsteht eine inflationäre Produktionslücke, da die gesamtwirtschaftliche Produktion oberhalb des Produktionspotenzials liegt. In einer derartigen Situation würde eine restriktive Fiskalpolitik – reduzierte Staatsausgaben für Waren und Dienstleistungen, Steuererhöhungen oder eine Senkung der staatlichen Transferzahlungen – die gesamtwirtschaftliche Nachfrage dämpfen und damit die gesamtwirtschaftliche Produktion auf das Niveau des Produktionspotenzials absenken.

d. Ein höheres Zinsniveau reduziert die geplanten Investitionsausgaben bei den Unternehmen, da die Rendite einiger Investitionsprojekte nun unterhalb des (gestiegenen) Zinssatzes liegt und diese Investitionsprojekte nicht mehr realisiert werden. Durch den Rückgang der geplanten Investitionsausgaben sinkt die gesamtwirtschaftliche Nachfrage. Das BIP geht zurück, und es entsteht eine rezessionsbedingte Produktionslücke, da die gesamtwirtschaftliche Produktion unterhalb des Produktionspotenzials liegt. In einer derartigen Situation würde expansive Fiskalpolitik durch einen Anstieg der gesamtwirtschaftlichen Nachfrage die gesamtwirtschaftliche Produktion auf das Niveau des Produktionspotenzials ansteigen lassen.

Aufgabe 3

In einem Interview im Jahr 2008 verwies der damalige Bundesfinanzminister Peer Steinbrück auf die Gefahr der Stagflation in Europa, einer Kombination aus einer schrumpfenden Volkswirtschaft und hohen Inflationsraten. Eine derartige Situation lässt sich grafisch durch eine Linksverschiebung der kurzfristigen aggregierten Angebotskurve *SRAS* darstellen.

a. Wie sollte die Fiskalpolitik in einer solchen Situation reagieren, wenn das vordringliche Ziel des Staates darin besteht, für Wirtschaftswachstum zu sorgen?

b. Wie sollte die Fiskalpolitik in einer solchen Situation reagieren, wenn das vordringliche Ziel des Staates darin besteht, für Preisstabilität zu sorgen?

c. Wie erfolgreich sind die fiskalpolitischen Maßnahmen unter a und b bei der Beseitigung der Stagflation?

Lösung

a. Besteht das vordringliche Ziel des Staates darin, für Wirtschaftswachstum zu sorgen, dann sollte der Staat durch eine expansive Fiskalpolitik (höhere Staatsausgaben für Güterkäufe, höhere Transferzahlungen, niedrigere Steuern) die gesamtwirtschaftliche Nachfrage erhöhen. Durch expansive Fiskalpolitik verschiebt sich die *AD*-Kurve nach rechts und die rezessionsbedingte Produktionslücke wird geschlossen. Die Volkswirtschaft bewegt sich zu einem neuen Gleichgewichtspunkt. Mit dem Anstieg der gesamtwirtschaftlichen Nachfrage geht allerdings ein weiterer Preisanstieg einher, der das Inflationsproblem verschärft.

b. Besteht das vordringliche Ziel des Staates darin, für Preisstabilität zu sorgen, dann sollte der Staat durch eine restriktive Fiskalpolitik (geringere Staatsausgaben für Güterkäufe, niedrigere Transferzahlungen, höhere Steuern) die gesamtwirtschaftliche Nachfrage senken. Durch eine restriktive Fiskalpolitik verschiebt sich die AD-Kurve nach links. Durch die Linksverschiebung sinkt das Preisniveau und die Volkswirtschaft bewegt sich zu einem neuen kurzfristigen Gleichgewichtspunkt. Der Rückgang der gesamtwirtschaftlichen Nachfrage führt allerdings zu einem weiteren Rückgang im gesamtwirtschaftlichen Einkommen.

c. Weder expansive Fiskalpolitik noch restriktive Fiskalpolitik sind in der Lage, das Problem der Stagflation zu lösen. Durch eine expansive Fiskalpolitik kann der Staat das gesamtwirtschaftliche Einkommen erhöhen, allerdings auf Kosten einer noch höheren Inflationsrate. Durch eine restriktive Fiskalpolitik kann der Staat die Inflation senken, allerdings auf Kosten eines noch stärker gesunkenen gesamtwirtschaftlichen Einkommens.

Aufgabe 4

Zeigen Sie, warum ein Rückgang der Staatsausgaben für Waren und Dienstleistungen in Höhe von 10 Milliarden Euro einen größeren Effekt auf das reale BIP hat als ein Rückgang der Transferzahlungen in gleicher Höhe. Füllen Sie dabei unter der Annahme einer marginalen Konsumquote von 0,6 die freien Felder in der Tabelle aus. In der Tabelle stehen bereits Werte für den Rückgang des realen BIP und des verfügbaren Einkommens infolge der gesunkenen Staatsausgaben, die zu einem Rückgang der Konsumausgaben von 6 Milliarden Euro führen ($MPC \times$ Änderung des verfügbaren Einkommens). Der Rückgang der Transferzahlungen um 10 Milliarden wirkt dagegen in der ersten Runde des Multiplikatorprozesses nicht direkt auf das reale BIP, sondern vermindert das verfügbare Einkommen um 10 Milliarden Euro, sodass die Konsumausgaben und damit das reale BIP um 6 Milliarden Euro sinken.

Tab. 28-1

Runde	Rückgang von G = –10 Mrd. €			Rückgang von TR = –10 Mrd. €		
	Änderung von G oder C	Änderung des realen BIP (Mrd. €)	Änderung von YD	Änderung von C	Änderung des realen BIP (Mrd. €)	Änderung von YD
1	ΔG = –10,00	–10,00	0,00	ΔC = –6,00	–6,00	–10,00
2	ΔC = –6,00	–6,00	–10,00	ΔC = –3,60	–3,60	– 6,00
3	ΔC =	?	?	ΔC =	?	?
4	ΔC =	?	?	ΔC =	?	?
5	ΔC =	?	?	ΔC =	?	?
6	ΔC =	?	?	ΔC =	?	?
7	ΔC =	?	?	ΔC =	?	?
8	ΔC =	?	?	ΔC =	?	?
9	ΔC =	?	?	ΔC =	?	?
10	ΔC =	?	?	ΔC =	?	?

a. Wenn die Staatsausgaben um 10 Milliarden Euro sinken, auf welchen Betrag summieren sich die Änderungen des realen BIP nach 10 Runden?

b. Wenn die Transferzahlungen um 10 Milliarden Euro sinken, auf welchen Betrag summieren sich die Änderungen des realen BIP nach 10 Runden?

c. Berechnen Sie mithilfe der entsprechenden Formel für den Multiplikator die gesamte Änderung des realen BIP bei einer Senkung der Staatsausgaben für Waren und Dienstleistungen um 10 Milliarden Euro und bei einer Senkung der Transferzahlungen um 10 Milliarden Euro. Wie lässt sich die unterschiedliche Wirkung auf das reale BIP erklären?

Lösung

a.

Tab. 28-2

	Rückgang von $G = -10$ Mrd. €		
Runde	**Änderung von G oder C**	**Änderung des realen BIP (Mrd. €)**	**Änderung von YD**
1	$\Delta G = -10,00$	−10,00	0,00
2	$\Delta C = -6,00$	−6,00	−10,00
3	$\Delta C = -3,60$	−3,60	−6,00
4	$\Delta C = -2,16$	−2,16	−3,60
5	$\Delta C = -1,30$	−1,30	−2,16
6	$\Delta C = -0,78$	−0,78	−1,30
7	$\Delta C = -0,47$	−0,47	−0,78
8	$\Delta C = -0,28$	−0,28	−0,47
9	$\Delta C = -0,17$	−0,17	−0,28
10	$\Delta C = -0,10$	−0,10	−0,17

(Ergebnisse gerundet)

Nach zehn Runden ergibt sich folgende Änderung des realen BIP:
−(10,00 + 6,00 + 3,60 + 2,16 + 1,30 + 0,78 + 0,47 + 0,28 + 0,17 + 0,10) = −24,86 Milliarden Euro.
Das reale BIP sinkt nach zehn Runden um 24,86 Milliarden Euro.

b.

Tab. 28-3

Runde	Rückgang von *TR* = –10 Mrd. € Änderung von *C*	Änderung des realen BIP (Mrd. €)	Änderung von *YD*
1	ΔC = –6,00	–6,00	–10,00
2	ΔC = –3,60	–3,60	–6,00
3	ΔC = –2,16	–2,16	–3,60
4	ΔC = –1,30	–1,30	–2,16
5	ΔC = –0,78	–0,78	–1,30
6	ΔC = –0,47	–0,47	–0,78
7	ΔC = –0,28	–0,28	–0,47
8	ΔC = –0,17	–0,17	–0,28
9	ΔC = –0,10	–0,10	–0,17
10	ΔC = –0,06	–0,06	–0,10

(Ergebnisse gerundet)

Nach zehn Runden ergibt sich folgende Änderung des realen BIP:
(6,00 + 3,60 + 2,16 + 1,30 + 0,78 + 0,47 + 0,28 + 0,17 + 0,10 + 0,06) = –14,92 Mrd. €.
Das reale BIP sinkt nach zehn Runden um 14,92 Milliarden Euro.

c. Bei einer Änderung der Staatsausgaben beläuft sich der Multiplikator auf $1/(1 - MPC)$. Bei einer marginalen Konsumquote von 0,6 hat der Multiplikator damit den Wert 2,5. Die gesamte Änderung des realen BIP bei einer Senkung der Staatsausgaben für Waren und Dienstleistungen um 10 Milliarden Euro ergibt sich über:

Multiplikator Ausgabenänderung = 2,5 × (–10 Mrd. €) = –25 Mrd. €

Bei einer Änderung in den Transferzahlungen beläuft sich der Multiplikator auf $MPC/(1 - MPC)$. Bei einer marginalen Konsumquote von 0,6 hat der Multiplikator damit den Wert 1,5. Die gesamte Änderung des realen BIP bei einer Senkung der Transferzahlungen um 10 Milliarden Euro ergibt sich über:

Multiplikator Änderung in den Transferzahlungen =
1,5 × (–10 Mrd. €) = –15 Mrd. €.

Die Senkung der Staatsausgaben für Waren und Dienstleistungen verursacht über einen direkten Rückgang der gesamtwirtschaftlichen Ausgaben in der ersten Runde einen Rückgang des realen BIP in gleicher Größenordnung. Der Rückgang der Transferzahlungen führt dagegen über einen Rückgang des verfügbaren Einkommens der Haushalte zu einem Rückgang der Konsumausgaben. Allerdings resultiert aus dem Rückgang des verfügbaren Einkommens von 10 Milliarden Euro bei einer marginalen Konsumquote von 0,6 nur ein

Rückgang der Konsumausgaben um 6 Milliarden Euro und damit sinkt auch das reale BIP in der ersten Runde nur um diesen Betrag. Dadurch fällt der Rückgang des realen BIP bei einer Senkung der Staatsausgaben für Waren und Dienstleistungen größer aus als bei einer Senkung der Transferzahlungen gleichen Ausmaßes.

Aufgabe 5

Der Haushaltsüberschuss in Makroland ist in den letzten fünf Jahren kontinuierlich gestiegen. Zwei Politiker in der Regierung sind unterschiedlicher Auffassung darüber, warum es dazu gekommen ist. Der eine Politiker vertritt die Ansicht, dass der steigende Haushaltsüberschuss ein Zeichen für eine wachsende Volkswirtschaft ist. Der andere Politiker argumentiert dagegen, dass die Haushaltsüberschüsse das Ergebnis einer restriktiven Fiskalpolitik sind. Können Sie entscheiden, welcher der beiden Politiker Recht hat? Wenn nicht, warum nicht?

Lösung

Der Haushaltssaldo misst die Differenz zwischen den Einnahmen des Staates in Form von Steuereinnahmen und den Ausgaben des Staates in Form von Ausgaben für Waren und Dienstleistungen und Ausgaben für Transferzahlungen in einem bestimmten Jahr. Sowohl ein Wachstum des realen BIP als auch eine restriktive Fiskalpolitik können sich per se in Haushaltsüberschüssen widerspiegeln. Ein Wachstum des realen BIP wirkt sich über höhere Steuereinnahmen, die zu einer Erhöhung der Einnahmen des Staates führen, und über geringere Transferzahlungen, die zu einer Senkung der Ausgaben des Staates führen, positiv auf den Haushaltssaldo aus. Eine restriktive Fiskalpolitik, die die Ausgaben des Staates senkt, wirkt sich ebenfalls positiv auf den Haushaltssaldo aus.

Um zu ermitteln, ob die Haushaltsüberschüsse auf konjunkturelle Einflüsse (und damit das Wirken der automatischen Stabilisatoren) zurückzuführen sind oder aber das Ergebnis von bewussten fiskalpolitischen Entscheidungen widerspiegeln, müsste man den Einfluss der Konjunkturentwicklung aus dem Haushalt herausrechnen und den strukturellen Haushaltssaldo ermitteln. Hat sich mit den steigenden Haushaltsüberschüssen auch der strukturelle Haushaltssaldo verringert, so hat die restriktive Fiskalpolitik Wirkung gezeigt. Ist der strukturelle Haushaltssaldo dagegen unverändert geblieben, so sind die steigenden Haushaltsüberschüsse nur auf das Wachstum des realen BIP zurückzuführen. Ohne entsprechende Daten zum Haushalt des Staates lässt sich nicht entscheiden, welcher der beiden Politiker Recht hat.

Aufgabe 6

Stellen Sie sich vor, Sie wären ein Berater des Bundesministers für Finanzen. Der Minister fragt Sie nach den ökonomischen Auswirkungen einer Vorschrift für einen ausgeglichenen Bundeshaushalt und nach Ihrer Empfehlung, ob eine solche Regelung umgesetzt werden sollte. Wie antworten Sie?

Lösung

Diskussionen über die Einführung von (gesetzlichen) Regelungen für einen ausgeglichenen Haushalt haben ihren Ursprung in dauerhaften Budgetdefiziten des Staates. Viele Menschen sind der Meinung, dass permanente Haushaltsdefizite des Staates schädlich für die Volkswirtschaft sind. Bei permanenten Haushaltsdefiziten steigt die Staatsverschuldung kontinuierlich an und der Staat muss immer höhere Zinszahlungen auf die wachsende Schuldenlast entrichten.

Ist der Staat allerdings dazu verpflichtet, jedes Jahr für einen ausgeglichenen Haushalt zu sorgen, würde dadurch die Wirkung von Steuern und Transferzahlungen als automatische Stabilisatoren untergraben werden. Sinkende Steuereinnahmen und steigende Transferzahlungen sorgen in Krisenzeiten dafür, dass der wirtschaftliche Abschwung abgemildert wird. Gleichzeitig wirken sich sinkende Steuereinnahmen und steigende Transferzahlungen aber negativ auf den Haushaltssaldo aus und bewegen den Staatshaushalt in Richtung eines Defizits. Würde der Staat nun der Pflicht zu einem ausgeglichenen Haushalt unterliegen, müsste er auf das entstehende Defizit mit restriktiven fiskalpolitischen Maßnahmen wie Steuererhöhungen oder Ausgabenkürzungen reagieren. Dies würde die wirtschaftliche Krise weiter verstärken und damit auch den Staatshaushalt zusätzlich negativ beeinflussen. Von einer derartigen Regelung wäre daher abzuraten.

Überlegenswert wäre dagegen eine Regelung, die dazu führt, dass der Staat seinen Haushalt über einen längeren Zeitraum ausgleicht, damit Haushaltsdefizite in schlechten Jahren mit Haushaltsüberschüssen in guten Jahren kompensiert werden und somit das Haushaltsdefizit nicht stetig wächst.

Aufgabe 7

Ein Mitstudierender vertritt die Auffassung, dass sich die Unterscheidung zwischen Haushaltsdefizit und Staatsverschuldung mit der Unterscheidung zwischen der Ersparnis der Konsumenten und dem Vermögen vergleichen lässt. Gleichzeitig ist er der Meinung, dass große Haushaltsdefizite mit einer hohen Verschuldung einhergehen. Inwiefern hat Ihr Mitstudierender Recht und inwiefern irrt er?

Lösung

Die Unterscheidung zwischen dem Haushaltsdefizit und der Staatsverschuldung lässt sich durchaus mit der Unterscheidung zwischen der Ersparnis der Konsumenten und dem Vermögen vergleichen. Wenn eine Familie weniger Geld ausgibt, als sie im Verlauf eines Jahres einnimmt, dann hat die Familie am Jahresende einen bestimmten Betrag gespart, der das Vermögen der Familie anwachsen lässt.

Wenn eine Familie dagegen mehr Geld ausgibt, als sie im Verlauf eines Jahres verdient, muss sie die fehlenden Mittel entweder durch einen Verkauf von Vermögenswerten oder durch Kreditaufnahme decken. Beides führt dazu, dass das Vermögen der Familie sinkt. Damit führt also ein Überschuss im Familienhaushalt zu einem Vermögensanstieg (Sinken der Verschuldung), während ein Defizit im Familienhaushalt einen Vermögensrückgang (Anstieg der Verschuldung) verursacht.

Große Haushaltsdefizite müssen jedoch nicht per se mit einer hohen Staatsverschuldung einhergehen. Sie können auf bestimmte, zeitlich begrenzte fiskalpolitische Maßnahmen des Staates zurückzuführen sein oder die konjunkturelle Entwicklung widerspiegeln, während die Staatsverschuldung an sich niedrig ist. Große Haushaltsdefizite können allerdings mit einer hohen Staatsverschuldung einhergehen, da der Staat dann einen höheren Betrag für die Zinszahlungen auf die ausstehenden Schulden aufbringen muss.

Aufgabe 8

In welchem der folgenden Fälle deuten die Höhe der Staatsverschuldung und die Höhe des Haushaltsdefizits auf mögliche Probleme in der Volkswirtschaft hin?

a. Die Staatsverschuldung ist relativ gering, aber das Haushaltsdefizit ist groß, da der Staat eine Hochgeschwindigkeitsverbindung für die Eisenbahn zwischen wichtigen Großstädten bauen lässt.

b. Die Staatsverschuldung ist aufgrund von großen staatlichen Infrastrukturprojekten in der Vergangenheit ziemlich hoch, aber das Haushaltsdefizit ist jetzt nur noch gering.

c. Die Staatsverschuldung ist ziemlich klein, aber der Staat fährt ein Haushaltsdefizit, um die Zinszahlungen auf die Schulden zu finanzieren.

Lösung

a. In diesem Fall liegt noch kein Problem vor. Das Haushaltsdefizit wird durch Ausgaben des Staates für den Bau einer Hochgeschwindigkeitsverbindung für die Eisenbahn zwischen wichtigen Großstädten verursacht und ist daher nur vorübergehend. In den nächsten Jahren sollte daher mit keinen weiteren Defiziten zu rechnen sein. Gleichzeitig führt der Anstieg der gesamtwirtschaftlichen Nachfrage, ausgelöst durch die erhöhten Staatsausgaben, zu einem Anstieg des BIP, der durch den Multiplikatoreffekt deutlich größer ausfällt als die ursprüngliche Ausgabenerhöhung. Mit dem höheren BIP gehen auch höhere Steuereinnahmen einher, sodass der Anstieg der Verschuldung durch das Haushaltsdefizit durch Haushaltsüberschüsse in den Folgeperioden mehr als kompensiert wird.

b. Wenn der Anstieg der Verschuldung nur auf Haushaltsdefizite aufgrund von großen staatlichen Infrastrukturprojekten zurückzuführen ist, dann stellt die Höhe der Staatsverschuldung (noch) kein Problem für die Volkswirtschaft dar. Allerdings sollte der Staat bestrebt sein, auch das geringe Haushaltsdefizit zukünftig zu beseitigen und einen Haushaltsüberschuss zu erreichen, damit langfristig die Staatsverschuldung abgebaut werden kann.

c. Ungeachtet der geringen Höhe der Verschuldung ist diese Situation problematisch. Finanziert der Staat die Zinszahlungen auf die Schulden über ein Haushaltsdefizit, so kann er damit in eine Schuldenfalle geraten. Durch das Haushaltsdefizit vergrößern sich die Verschuldung und damit auch die Zinszahlungen. Die höheren Zinszahlungen müssen in den Folgejahren finanziert werden. Gelingt dies auch nur über Haushaltsdefizite, dann gerät der Staat in einen Teufelskreis aus höheren Schulden und höheren Zinszahlungen, der nur schwer zu durchbrechen ist.

Aufgabe 9

Im Gegensatz zu privaten Haushalten leisten sich Staaten oft eine hohe Schulden-last. So belief sich z. B. die Staatsverschuldung in den Vereinigten Staaten im Jahr 2013 auf 17,3 Billionen Dollar. Das entsprach 101,6 Prozent des BIP. Der durch-schnittliche Zinssatz auf die Staatsschulden betrug zu dieser Zeit rund 2 Prozent.

a. Berechnen Sie auf der Grundlage der Daten die jährlichen Zinszahlungen auf die Staatsverschuldung in den Vereinigten Staaten.

b. Wenn der Staat das Ziel eines ausgeglichenen Haushalts verfolgt (ohne Be-rücksichtigung von Zinszahlungen bei den Staatsausgaben), mit welcher Rate muss das BIP dann wachsen, damit die Schuldenquote unverändert bleibt?

c. Wie stark steigen die Staatsschulden bei einem Haushaltsdefizit von 600 Mil-liarden Dollar (ohne Zinszahlungen) im Jahr 2014 an?

d. Mit welcher Rate muss das BIP steigen, damit die Schuldenquote bei einem Haushaltsdefizit von 600 Milliarden Dollar (ohne Zinszahlungen) unverändert bleibt?

e. Warum ist die Schuldenquote der bevorzugte Indikator für den Schul-denstand eines Landes und nicht die absolute Höhe der Schulden? Warum ist es wichtig, dass der Staat die Schuldenquote kontrolliert?

Lösung

a. Die jährlichen Zinszahlungen belaufen sich auf 17,3 Billionen Dollar × 0,02 = 346 Milliarden Dollar.

b. Wenn der Staat das Ziel eines ausgeglichenen Haushalts verfolgt (ohne Zins-zahlungen), dann muss das BIP genauso stark wachsen wie die Staatsver-schuldung, damit die Schuldenquote unverändert bleibt. Auf die Staatsschul-den entfällt eine jährliche Zinslast von 2 Prozent, die durch neue Schulden finanziert wird. Somit muss die Wachstumsrate des BIP auch 2 Prozent betra-gen, damit BIP und Staatsschulden mit der gleichen Rate wachsen.

c. Bei einem Haushaltsdefizit von 600 Milliarden Dollar (ohne Zinszahlungen) steigen die Staatsschulden um 346 Milliarden Dollar (Zinszahlungen) + 600 Milliarden Dollar (Haushaltsdefizit) = 946 Milliarden Dollar im Jahr 2014 an.

d. Ein Haushaltsdefizit von 600 Milliarden Dollar und Zinszahlungen in Höhe von 346 Milliarden Dollar führen zu einem Anstieg der Verschuldung um 5,47 Pro-zent (946 Milliarden Dollar/17,3 Billionen Dollar × 100 Prozent). Demzufolge muss das BIP um 5,47 Prozent ansteigen, damit die Schuldenquote unverän-dert bleibt.

e. Die absolute Höhe der Staatsschulden hat keinen Bezug zur Wirtschaftskraft eines Landes und kann damit auch keine Anhaltspunkte dafür liefern, ob die Schuldenlast eines Landes tragbar ist oder nicht. Zur Messung der Fähigkeit des Staates, seine Schulden zu bezahlen, zieht man die Schuldenquote he-ran. Das BIP spiegelt die Größe der gesamten Volkswirtschaft wider und ist damit ein guter Indikator für die potenziellen Steuereinnahmen des Staates. Wenn die Staatsverschuldung langsamer wächst als das BIP, dann sinkt die Last der Schuldentilgung verglichen mit den potenziellen Steuereinnahmen des Staates.

29 Geld, Banken und Zentralbanken

Aufgabe 1

Erklären Sie zu jeder der folgenden Transaktionen, welche Wirkungen diese Transaktion auf die Geldmengenaggregate M1 und M2 hat (Anstieg oder Verminderung).

- a. Sie verkaufen einige Aktien und zahlen den Erlös auf Ihr Konto für Spareinlagen (Sparkonto) ein.
- b. Sie verkaufen einige Aktien und zahlen den Erlös auf Ihr Konto für Sichteinlagen (Sichteinlagenkonto) ein.
- c. Sie übertragen Geld von Ihrem Sparkonto auf Ihr Sichteinlagenkonto.
- d. Sie finden 0,20 Euro unter der Fußmatte Ihres Autos und zahlen diesen Betrag auf Ihr Sichteinlagenkonto ein.
- e. Sie finden 0,20 Euro unter der Fußmatte Ihres Autos und zahlen diesen Betrag auf Ihr Sparkonto ein.

Lösung

- a. Aktien gehören weder zum Geldmengenaggregat M1 noch zum Geldmengenaggregat M2. Die geringere Anzahl an Aktien hat damit keinen Einfluss auf M1 oder M2. Die Einzahlung des Verkaufserlöses auf das Sparkonto erhöht allerdings das Geldmengenaggregat M2, da Sparkonten als Quasigeld zum Geldmengenaggregat M2 zählen. Das Geldmengenaggregat M1 bleibt aber unverändert.
- b. Auch hier gilt, dass Aktien weder zum Geldmengenaggregat M1 noch zum Geldmengenaggregat M2 gehören. Die geringere Anzahl an Aktien hat damit keinen Einfluss auf M1 oder M2. Die Einzahlung des Verkaufserlöses auf das Sichteinlagenkonto (Girokonto) erhöht allerdings das Geldmengenaggregat M1, da Sichteinlagen zum Geldmengenaggregat M1 zählen. Und da das Geldmengenaggregat M1 Bestandteil des Geldmengenaggregates M2 ist, sich auch M2.
- c. Die Geldbewegung vom Sparkonto auf das Sichteinlagenkonto hat keinen Einfluss auf das Geldmengenaggregat M2, da sowohl Sichteinlagen als auch Spareinlagen Bestandteil von M2 sind. Da jedoch Spareinlagen nicht zum Geldmengenaggregat M1 gehören, führt die Transaktion vom Sparkonto zum Sichteinlagenkonto zu einer Erhöhung von M1.
- d. Die Einzahlung auf das Sichteinlagenkonto hat keine Auswirkungen auf das Geldmengenaggregat M1, da sowohl Bargeld (die 20-Cent-Münze) als auch Sichteinlagen zu M1 gehören. Und da M1 Bestandteil des Geldmengenaggregates M2 ist, bleibt auch M2 unverändert.

e. Die Einzahlung auf das Sparkonto hat keine Auswirkungen auf das Geldmengenaggregat M2, da sowohl Bargeld (die 20-Cent-Münze) als auch Spareinlagen zu M2 gehören. Da Spareinlagen aber nicht Bestandteil des Geldmengenaggregates M1 sind, Bargeld dagegen schon, führt die Transaktion zu einer Verringerung von M1.

Aufgabe 2

Es gibt drei Arten von Geld: Warengeld, warengestütztes Geld und Rechen- oder Befehlsgeld. Welche Geldart wird in jeder der folgenden Transaktionen verwendet?

a. Perlen wurden zur Bezahlung von Gütern im alten China benutzt.
b. In vielen europäischen Ländern wurde früher Salz als Zahlungsmittel verwendet.
c. In Deutschland gab es während der Hyperinflation zu Beginn der 1920er-Jahre Pläne, Papiergeld einzuführen (die »Roggenmark«), das in eine bestimmte Menge Roggen umgetauscht werden konnte.
d. Die Stadt Ithaka im US-Bundesstaat New York druckt eigenes lokales Geld (Ithaka HOURS), das zum Erwerb lokaler Waren und Dienstleistungen verwendet werden kann.

Lösung

a. Es handelt sich um Warengeld, da Perlen eigentlich eine andere Verwendung haben.
b. Es handelt sich um Warengeld, da Salz eigentlich eine andere Verwendung hat.
c. Bei der »Roggenmark« würde es sich um warengestütztes Geld handeln, da der Wert des Geldes durch das Versprechen auf einen Umtausch in ein wertvolles Gut (Roggenkörner) gesichert ist.
d. Bei Ithaka HOURS handelt es sich um Befehlsgeld/Rechengeld, dessen Wert dadurch entsteht, dass es in der Stadt Ithaka als Zahlungsmittel verwendet werden kann.

Aufgabe 3

Die Tabelle zeigt für die Komponenten von M1, M2 und M3 in Milliarden Euro die Bestände am Endes des Jahres für den Zeitraum von 2007 bis 2015 (Quelle: Europäische Zentralbank). Berechnen Sie die Geldmengenaggregate M1, M2 und M3 für die jeweiligen Jahre sowie die Größen »Bargeld im Umlauf im Verhältnis zu M1«, »Bargeld im Umlauf im Verhältnis zu M2« sowie »Bargeld im Umlauf im Verhältnis zu M3«.

Welche Trends oder Muster der Entwicklung erkennen Sie aus der Tabelle?

Tab. 29-1

Jahr	Bargeld im Umlauf	Täglich fällige Einlagen	Einlagen mit einer Laufzeit von bis zu 2 Jahren	Einlagen mit einer Kündigungsfrist von bis zu 3 Monaten	Repo-geschäfte	Geldmarkt-fonds-anteile	Schuldver-schreibun-gen mit einer Lauf-zeit von bis zu 2 Jahren
2007	625,6	3.204,9	1.969,3	1.540,5	307,6	685,9	312,2
2008	710,4	3.270,2	2.472,2	1.568,6	350,2	755,2	266,1
2009	757,5	3.738,1	1.896,8	1.804,8	334,3	668,1	131,8
2010	794,0	3.909,2	1.794,6	1.912,6	178,4	568,7	123,2
2011	843,9	3.963,1	1.838,6	1.961,9	146,2	537,8	207,7
2012	863,4	4.244,0	1.803,3	2.081,5	125,0	483,1	180,6
2013	909,7	4.476,3	1.683,3	2.142,8	121,4	418,1	86,5
2014	968,5	4.952,3	1.598,5	2.148,8	123,9	423,4	106,4
2015	1.034,5	5.569,7	1.448,1	2.160,6	77,1	474,2	72,9

Quelle: Monatsberichte der EZB, Wirtschaftsberichte der EZB

Lösung

Die Geldmenge M1 setzt sich aus dem Bargeldumlauf und den täglich fälligen Sicht-einlagen zusammen. Addiert man zur Geldmenge M1 Einlagen mit einer vereinbar-ten Kündigungsfrist von bis zu drei Monaten sowie Einlagen mit einer vereinbarten Laufzeit von bis zu zwei Jahren, erhält man das Geldmengenaggregat M2. Addiert man zur Geldmenge M2 Repogeschäfte (Wertpapierpensionsgeschäfte), Geldmarkt-papiere sowie Schuldverschreibungen mit einer Laufzeit von bis zu zwei Jahren, dann erhält man das Geldmengenaggregat M3.

Tab. 29-2

Jahr	M1	M2	M3	Bargeld im Umlauf in % von M1	Bargeld im Umlauf in % von M2	Bargeld im Umlauf in % von M3
2007	3.830,5	7.340,3	8.646,0	16,3	8,5	7,2
2008	3.980,6	8.021,4	9.392,9	17,8	8,9	7,6
2009	4.495,6	8.197,2	9.331,4	16,8	9,2	8,1
2010	4.703,2	8.410,4	9.280,7	16,9	9,4	8,6
2011	4.807,0	8.607,5	9.499,2	17,6	9,8	8,9
2012	5.107,4	8.992,2	9.780,9	16,9	9,6	8,8
2013	5.386,0	9.212,1	9.838,1	16,9	9,9	9,2
2014	5.920,8	9.668,1	10.321,8	16,4	10,0	9,4
2015	6.604,2	10.212,9	10.837,1	15,7	10,1	9,5

Während der Bargeldumlauf als Anteil von M1 nach einem Auf und Ab im Zeitablauf insgesamt nahezu konstant geblieben ist, hat der Anteil des Bargeldumlaufes an den Geldmengenaggregaten M2 und M3 stetig zugenommen. Das zeigt eine Tendenz zur Haltung von Bargeld.

Aufgabe 4

Stellen Sie fest, ob die nachfolgenden Posten Teile von M1, M2 oder von keinem dieser Geldmengenaggregate sind.

- a. 0,50 Euro im Handschuhfach Ihres Autos
- b. 1.663 Euro auf Ihrem Sparkonto
- c. 459 Euro auf Ihrem Girokonto (Sichteinlage)
- d. 100 Aktien im Wert von 4.000 Euro

Lösung

- a. Die 0,50 Euro im Handschuhfach sind Bargeld und zählen damit zu M1 und zu M2.
- b. Der Betrag von 1.663 Euro auf meinem Sparkonto kann nicht unmittelbar für Zahlungszwecke verwendet werden und gehört daher nicht zu M1. Das Geld auf dem Sparkonto kann jedoch problemlos in Bargeld und Sichteinlagen umgewandelt werden und ist daher Bestandteil von M2.
- c. Den Betrag von 459 Euro auf meinem Girokonto kann ich sofort für Zahlungszwecke verwenden. Er gehört somit zu M1 und damit auch zu M2.
- d. Die 100 Aktien im Wert von 4.000 Euro gehören weder zum Geldmengenaggregat M1 noch zum Geldmengenaggregat M2. Aktien stellen eine Vermögensposition dar, die nicht ohne Weiteres in Bargeld oder Sichteinlagen umgewandelt werden kann.

Aufgabe 5

Tatjana zahlt 500 Euro, die sie bisher in einem Strumpf aufbewahrte, als Sichteinlage auf ihrem Girokonto bei der Kreissparkasse ein.

- a. Wie verändert diese Einlage zunächst einmal die mit einem T-Konto schematisch dargestellte Bilanz der Sparkasse? Ändert sich die Geldmenge?
- b. Wie wird die Sparkasse bei einem Reservesatz von 10 Prozent auf die neue Einlage reagieren?
- c. Falls jedes neue Darlehen des Geldinstituts zu einer weiteren Sichteinlage bei einer anderen Bank führt: Um wie viel könnte die Geldmenge der Volkswirtschaft insgesamt ausgedehnt werden?
- d. Falls jedes neue Darlehen der Sparkasse zu einer weiteren Sichteinlage bei irgendeiner anderen Bank führt und ein Reservesatz von 5 Prozent gilt: Um wie viel könnte die Geldmenge als Reaktion auf die anfängliche Sichteinlage von 500 Euro anwachsen?

Lösung

a. Im T-Konto der Bilanz der Sparkasse gibt es einen Zugang auf der Aktiv- und auf der Passivseite (in Höhe von 500 Euro). Die Geldmenge verändert sich (zunächst) nicht.

b. Die Bank wird 50 Euro als Reserven halten, sodass 450 Euro ausgeliehen werden können.

c. Die Geldmenge kann maximal um 4.500 Euro wachsen. Legt Tatjana 500 Euro bei der Sparkasse an, dann verfügt die Sparkasse über Überschussreserven in Höhe von 450 Euro, die sie verleihen kann. Diese Kreditvergabe führt letztlich zu einem Anstieg der Geldmenge in Höhe von 450 € × 1/0,10 = 4.500 €.

d. Die Geldmenge kann maximal um 9.500 Euro wachsen. Legt Tatjana 500 Euro bei der Sparkasse an, dann verfügt die Sparkasse jetzt über Überschussreserven in Höhe von 475 Euro, die sie verleihen kann. Die Kreditvergabe führt letztlich zu einem Anstieg der Geldmenge in Höhe von 475 € × 1/0,05 = 9.500 €.

Aufgabe 6

Ryan hebt 400 Euro von seinem Konto bei der Bank ab und hält diesen Betrag bar in seiner Brieftasche.

a. Wie verändert die Abhebung die Bankbilanz und die Geldmenge?

b. Wie wird die Bank bei einem Reservesatz von 10 Prozent auf die Abhebung reagieren?

c. Um wie viel schrumpft die Geldmenge in der Volkswirtschaft insgesamt, wenn jede Verminderung der Bankkredite zu einem gleich hohen Rückgang der Sichteinlagen führt?

d. Um wie viel schrumpft die Geldmenge der Volkswirtschaft insgesamt, wenn bei einem Reservesatz von 20 Prozent jeder Kreditrückgang zu einer Verminderung der Sichteinlagen führt? Was bewirkt die Abhebung von 400 Euro?

Lösung

a. Aktiva (Kasse) und Passiva (Sichteinlagen) der Bankbilanz sinken um 400 Euro. Die Geldmenge verändert sich (zunächst) nicht.

b. Wenn Ryan 400 Euro abhebt, verfügt die Bank nur noch über eine unzureichende Reservehaltung und muss daher die Kreditvergabe einschränken. Von den 400 Euro an Einlagen hielt die Bank 40 Euro an Reserven und verwendete 360 Euro zur Kreditvergabe. Damit muss die Bank das Kreditvolumen um 360 Euro verringern.

c. Die Geldmenge wird um 400 € × 1/0,10 – 400 € = 3.600 € sinken. Die Sichteinlagen gehen um 4.000 Euro zurück. Da die 400 Euro in Ryans Brieftasche aber immer noch zur Geldmenge zählen, sinkt die Geldmenge um 3.600 Euro.

d. Bei einem Reservesatz von 20 Prozent schrumpft die Geldmenge um 400 € × 1/0,20 – 400 € = 1.600 €. Die Sichteinlagen gehen um 2.000 Euro zurück. Die 400 Euro in Ryans Brieftasche zählen weiterhin zur Geldmenge, sodass die Geldmenge nur um 1.600 Euro sinkt.

Aufgabe 7

Die Regierung von Nordland berechnet monetäre Aggregate auf die gleiche Weise wie die EZB, und die Zentralbank von Nordland verlangt einen Reservesatz von 10 Prozent. Beantworten Sie die Fragen und berücksichtigen Sie dabei noch folgende Informationen: Einlagen bei der Zentralbank = 200 Millionen Euro, Bargeld in den Händen des Publikums = 150 Millionen Euro, Bargeldbestände der Banken = 100 Millionen Euro, Sichteinlagen = 500 Millionen Euro.

- a. Wie hoch ist M1?
- b. Wie groß ist die Geldbasis?
- c. Halten die Geschäftsbanken Überschussreserven?
- d. Können die Geschäftsbanken die Sichteinlagen durch Geldschöpfung vergrößern? Falls ja: Um welchen Betrag können die Sichteinlagen steigen?

Lösung

- a. Das Geldmengenaggregat M1 setzt sich aus den Sichteinlagen und dem Bargeld im Umlauf zusammen. Es beläuft sich auf 650 Millionen Euro.
- b. Die Geldbasis ist die Summe aus dem Bargeld im Umlauf und den Bankreserven. Sie beträgt 450 Millionen Euro.
- c. Bei einem Reservesatz von 10 Prozent und Sichteinlagen in Höhe von 500 Millionen Euro müssen die Banken 50 Millionen Euro an Reserven halten. Da die Banken insgesamt über 300 Millionen Euro an Reserven verfügen (100 Millionen Euro bei den Banken selbst und 200 Millionen Euro bei der Zentralbank), halten sie Überschussreserven in Höhe von 250 Millionen Euro.
- d. Da die Banken Überschussreserven halten, können sie die Sichteinlagen vergrößern. Bei einem Reservesatz von 10 Prozent können 300 Millionen Euro an Reserven 3.000 Millionen Euro an Sichteinlagen decken. Damit könnten die Banken die Sichteinlagen um 2.500 Millionen Euro erhöhen.

Aufgabe 8

In Südland hält das Publikum 50 Prozent von M1 in Form von Bargeld, und der vorgeschriebene Reservesatz beträgt 20 Prozent. Ermitteln Sie durch Vervollständigung der Tabelle, um wie viel die Geldmenge als Reaktion auf eine neue Sichteinlage von 500 Euro ansteigen wird. Die Sichteinlage wird in bar eingezahlt.

Tab. 29-3

Runde	Sichteinlagen (€)	Mindestreserven (€)	Überschussreserven (€)	Darlehen (€)	Bargeldhaltung (€)
1	500,00	100,00	400,00	400,00	200,00
2	200,00	?	?	?	?
3	?	?	?	?	?
4	?	?	?	?	?
5	?	?	?	?	?
6	?	?	?	?	?
7	?	?	?	?	?
8	?	?	?	?	?
9	?	?	?	?	?
10	?	?	?	?	?
Summe nach 10 Runden	?	?	?	?	?

Hinweis: Die erste Tabellenzeile zeigt, dass die Bank 100 Euro als Mindestreserve halten muss – 20 Prozent von 500 Euro Einlage –, sodass 400 Euro als Überschussreserve verbleiben, die als Kredit ausgeliehen werden kann. Da das Bankenpublikum in diesem Land jedoch 50 Prozent der Darlehen als Bargeld halten möchte, werden sich in der zweiten Runde nur 200 Euro (400 Euro × 0,5) als Sichteinlage aus der ersten Stufe niederschlagen.

Wie fällt Ihre Antwort beim Vergleich mit einer Volkswirtschaft aus, in der sämtliche Darlehen zu Sichteinlagen werden? Was bedeutet das mit Blick auf die Neigung einer Bevölkerung zur Bargeldhaltung und die Höhe des Geldschöpfungsmultiplikators?

Lösung

Nach zehn Runden ist das Kreditvolumen um 666,60 Euro angestiegen. Das entspricht auch dem Anstieg der Geldmenge. Während die Einlagen um 833,25 Euro gewachsen sind, ist das Bargeld im Umlauf um 166,70 Euro gesunken (das Bargeld im Umlauf ist durch die Einlage zunächst um 500 Euro gesunken und dann um 333,30 Euro wieder gestiegen). Werden sämtliche Darlehen zu Sichteinlagen, dann erhöht sich die Geldmenge um 500 Euro/0,2 – 500 Euro = 2.000 Euro, die Sichteinlagen steigen um 2.500 Euro. Der Geldschöpfungsmultiplikator ist demnach umso größer, je kleiner der Anteil der Bargeldhaltung ist.

Tab. 29-4					
Runde	**Sichteinlagen (€)**	**Mindestreserven (€)**	**Überschussreserven (€)**	**Darlehen (€)**	**Bargeldhaltung (€)**
1	500,00	100,00	400,00	400,00	200,00
2	200,00	40,00	160,00	160,00	80,00
3	80,00	16,00	64,00	64,00	32,00
4	32,00	6,40	25,60	25,60	12,80
5	12,80	2,56	10,24	10,24	5,12
6	5,12	1,02	4,10	4,10	2,05
7	2,05	0,41	1,64	1,64	0,82
8	0,82	0,16	0,66	0,66	0,33
9	0,33	0,07	0,26	0,26	0,13
10	0,13	0,03	0,10	0,10	0,05
Summe nach 10 Runden	833,25	166,65	666,60	666,60	333,30

Aufgabe 8

Zeigen Sie die Veränderungen im T-Konten-Schema für die EZB und die Geschäftsbanken, sofern die EZB für 30 Millionen Euro Staatsanleihen verkauft. Um wie viel werden sich die Sichteinlagen bei den Geschäftsbanken verändern, wenn der Reservesatz 5 Prozent beträgt und das Publikum eine bestimmte Summe Bargeld hält (womit neue Darlehen einen gleichen Betrag von Sichteinlagen im Bankensystem erzeugen)? Um wie viel wird sich die Geldmenge ändern? Zeigen Sie das Endergebnis anhand von T-Konten.

Lösung
Zentralbank

Aktiva		Passiva	
Staatsanleihen	– 30 Mio. €	Geldbasis	– 30 Mio. €

Geschäftsbanken

Aktiva		Passiva	
Staatsanleihen	+ 30 Mio. €	Zunächst keine Änderung	
Reserven	– 30 Mio. €		

Nachdem die EZB für 30 Millionen Euro Staatsanleihen verkauft hat, halten die Banken für ihre Sichteinlagen nicht mehr genügend Reserven. Die Banken müssen daher ihr Kreditvolumen um 600 Millionen Euro einschränken. Das ist der Betrag, der durch Reserven in Höhe von 30 Millionen Euro gedeckt war. Durch die Einschränkung des Kreditvolumens um 600 Millionen Euro sinkt auch die Geldmenge um 600 Millionen Euro.

Geschäftsbanken

Aktiva		Passiva	
Staatsanleihen	+ 30 Mio. €	Sichteinlagen	– 600 Mio. €
Reserven	– 30 Mio. €		
Darlehen	– 600 Mio. €		

30 Geldpolitik

Aufgabe 1

Gehen Sie auf die Internetseite der Europäischen Zentralbank (EZB) unter https://www.ecb.europa.eu/ecb/html/index.de.html und informieren Sie sich über die aktuellen geldpolitischen Entscheidungen der EZB (in der Rubrik »Media« bei »Governing Council Decisions«).

a. Wie hoch sind die Leitzinsen der EZB?
b. Sind die Leitzinsen in der letzten Zeit verändert worden? In welche Richtung hat sich das Zinsniveau geändert?
c. Wie schätzt die EZB die aktuelle gesamtwirtschaftliche Entwicklung im Euroraum ein?

Lösung

a. Stand August 2016: Auf der Sitzung am 21. Juli 2016 hat der EZB-Rat für Höhe für die Zinssätze beschlossen:
   Zinssatz für die Hauptrefinanzierungsgeschäfte: 0,00 Prozent
   Zinssätze für die Spitzenrefinanzierungsfazilität: 0,25 Prozent
   Einlagefazilität: –0,40 Prozent.
b. Auf der Sitzung im März 2016 hatte der EZB-Rat beschlossen, den Zinssatz für Hauptrefinanzierungsgeschäfte von 0,05 Prozent auf 0,00 Prozent, den Zinssatz für die Spitzenrefinanzierungsfazilität von 0,30 Prozent auf 0,25 Prozent sowie den Zinssatz für die Einlagefazilität von –0,30 Prozent auf –0,40 Prozent zu senken.
c. Nach der Sitzung im Juli 2016 konstatierte der EZB-Rat, dass das Anfang März beschlossene umfassende Maßnahmenpaket (u. a. Senkung der Leitzinsen) die Dynamik der Konjunkturerholung im Euroraum unterstützt und die Rückkehr der Inflation auf ein Niveau von unter, aber nahe 2 Prozent befördert. Die Konjunkturerholung schreitet allmählich voran. Im aktuellen Umfeld ist es für die EZB von zentraler Bedeutung, sicherzustellen, dass sich die sehr niedrigen Inflationsraten nicht in Zweitrundeneffekten bei der Lohn- und Preisentwicklung verfestigen.
   Das reale BIP ist im Euroraum im ersten Quartal 2016 um 0,5 Prozent gegenüber dem Vorquartal und im zweiten Quartal 2016 um 0,3 Prozent gegenüber dem Vorquartal angestiegen. Das Wachstum wird weiterhin durch die inländische Nachfrage gestützt, während sich eine schwache Exportentwicklung dämpfend auswirkt. Mit Blick auf die Zukunft geht die EZB davon aus, dass sich die wirtschaftliche Erholung in gemäßigtem Tempo fortsetzt. Allerdings wird die konjunkturelle Erholung im Euroraum unter anderem durch das Er-

gebnis des Referendums im Vereinigten Königreich und andere geopolitische Unsicherheiten, die gedämpften Wachstumsaussichten in aufstrebenden Volkswirtschaften, die erforderlichen Bilanzanpassungen in einer Reihe von Sektoren sowie die schleppende Umsetzung von Strukturreformen gebremst. Vor diesem Hintergrund überwiegen in Bezug auf die Wachstumsaussichten des Euroraums weiterhin die Abwärtsrisiken.

Aufgabe 2

Wie werden die folgenden Tatbestände die Geldnachfrage verändern? Unterscheiden Sie zwischen Kurvenverschiebungen und Bewegungen entlang der Kurve in verschiedene Richtungen.

a. Rückgang des Zinssatzes von 2 Prozent auf 1 Prozent.
b. Beginn der Weihnachtssaison im Einzelhandel.
c. Lebensmitteldiscounter akzeptieren ab sofort Kreditkarten als Zahlungsmittel.
d. Die EZB kauft Staatsanleihen durch Offenmarktgeschäfte.

Lösung

a. Eine Zinssenkung führt zu einem Anstieg der nachgefragten Geldmenge und damit zu einer Abwärtsbewegung nach rechts unten entlang der Geldnachfragekurve. Es kommt nicht zu einer Verschiebung der Geldnachfragekurve.
b. Mit Beginn der Weihnachtssaison im Einzelhandel stellen sich die Konsumenten auf höhere Ausgaben ein, sodass sich die Geldnachfrage bei jedem Einkommen erhöht und sich die Geldnachfragekurve nach rechts verschiebt.
c. Wenn Lebensmitteldiscounter ab sofort Kreditkarten als Zahlungsmittel akzeptieren, reduziert sich die Geldnachfrage, da die Haushalte weniger Bargeld halten. Die Geldnachfragekurve verschiebt sich nach links.
d. Kauft die EZB Staatsanleihen, dann erhöht sich die Geldmenge in der Volkswirtschaft. Das führt zu einer Zinssenkung, die wiederum auf die nachgefragte Geldmenge wirkt. Die Offenmarktgeschäfte bewirken demnach eine Rechtsverschiebung der Geldangebotskurve, und durch die Zinssenkung kommt es zu einer Abwärtsbewegung nach rechts unten auf der Geldnachfragekurve hin zum neuen Gleichgewicht.

Aufgabe 3

Gehen Sie auf die Internetseite der Bundesbank unter https://www.bundesbank.de/ und suchen Sie nach der aktuellen Verzinsung von Bundesanleihen unter Statistiken/Zeitreihen-Datenbanken/Geld und Kapitalmärkte.

a. Wie hoch ist die Verzinsung von zweijährigen und von zehnjährigen Bundesanleihen?
b. Ist die Verzinsung von zweijährigen Bundesanleihen kleiner oder größer als die Verzinsung von zehnjährigen Bundesanleihen? Warum ist das so?

Lösung

a. Die Verzinsung von zweijährigen Bundesanleihen betrug am 28. Juli 2016 –0,65 Prozent, die Verzinsung von zehnjährigen Bundesanleihen –0,16 Prozent.

b. Die Verzinsung von zehnjährigen Bundesanleihen ist etwas höher als die Verzinsung von zweijährigen Bundesanleihen. In der Praxis spiegeln die langfristigen Zinssätze die durchschnittlichen Erwartungen darüber wider, was in nächster Zukunft mit den kurzfristigen Zinssätzen geschehen wird. Sind die langfristigen Zinssätze deutlich höher als die kurzfristigen Zinssätze, dann signalisiert der Markt damit seine Erwartungen für einen Anstieg der kurzfristigen Zinssätze in der nahen Zukunft. Dies ist jedoch momentan nicht der Fall. Der (geringe) Unterschied im Zinsniveau ist eher Ausdruck des höheren Risikos, das mit einer zehnjährigen Bundesanleihe aufgrund der längeren Laufzeit einhergeht.

Aufgabe 4

Die Volkswirtschaft befindet sich in einer rezessionsbedingten Produktionslücke. Sollte die Zentralbank expansive oder kontraktive Geldpolitik betreiben, um die Rezessionslücke zu beseitigen? Wie werden sich wichtige ökonomische Größen verändern (wie z. B. Zinssatz, Investitionsausgaben, Konsumausgaben, reales Bruttoinlandsprodukt, Preisniveau), wenn die Zentralbank die Rezessionslücke schließt?

Lösung

Die Zentralbank sollte eine expansive Geldpolitik betreiben, um die Rezessionslücke zu überwinden, z. B. durch den Kauf von Staatsanleihen. Dadurch kommt es zu einer Zinssenkung, die wiederum die Investitionsausgaben, die Konsumausgaben, das reale Bruttoinlandsprodukt sowie das Preisniveau ansteigen lassen wird.

Aufgabe 5

Nehmen Sie an, dass sich der Geldmarkt in der Volkswirtschaft Nordland im Gleichgewicht befindet. Nun gerät die Volkswirtschaft in eine Rezession.

a. Zeigen Sie mithilfe einer Abbildung des Geldmarktes, was passiert, wenn sich die Zentralbank von Nordland dazu entscheidet, die Geldmenge konstant zu lassen.

b. Wie sollte die Zentralbank von Nordland in der Krise reagieren, wenn sie das Ziel eines bestimmten Leitzinssatzes verfolgt? Erläutern Sie Ihre Antwort mithilfe eines Diagramms.

Lösung

a. Im Ausgangspunkt befindet sich die Volkswirtschaft im Punkt E_1. Gerät die Volkswirtschaft von Nordland in eine Rezession, dann sinken die gesamtwirtschaftlichen Ausgaben und die Geldnachfragekurve verschiebt sich von MD_1 nach links zu MD_2. Lässt die Zentralbank in einer solchen Situation die Geldmenge unverändert, dann stellt sich im Punkt E_2 ein neues Gleichgewicht mit einem gesunkenen Zinssatz (r_2) ein.

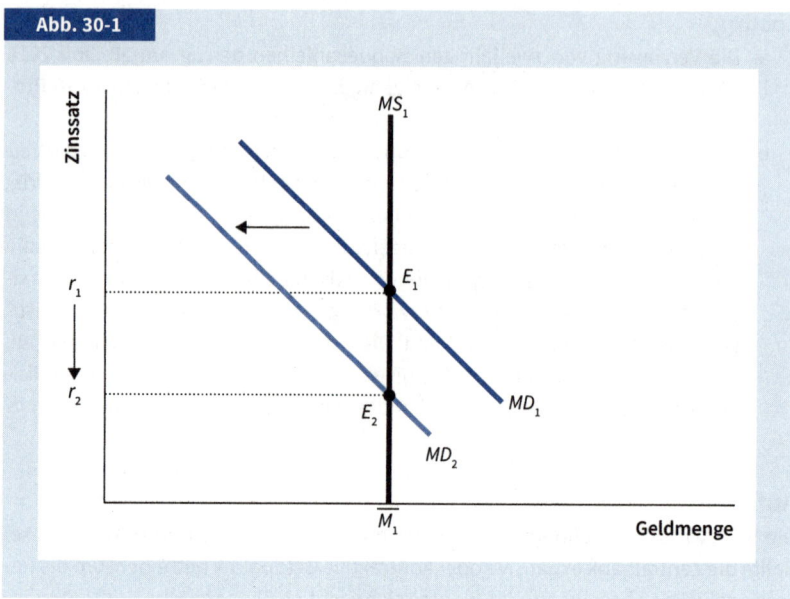

Abb. 30-1

b. Ist die Zentralbank von Nordland einem bestimmten Leitzins verpflichtet, dann muss sie in einer Rezession auf die sinkende Geldnachfrage mit einer Verknappung der Geldmenge reagieren. Durch die Verringerung der Geldmenge verschiebt sich die Geldangebotskurve von MS_1 nach links zu MS_2. Das neue Gleichgewicht befindet sich dann im Punkt E_3, bei dem der Zinssatz dem gewünschten Niveau entspricht.

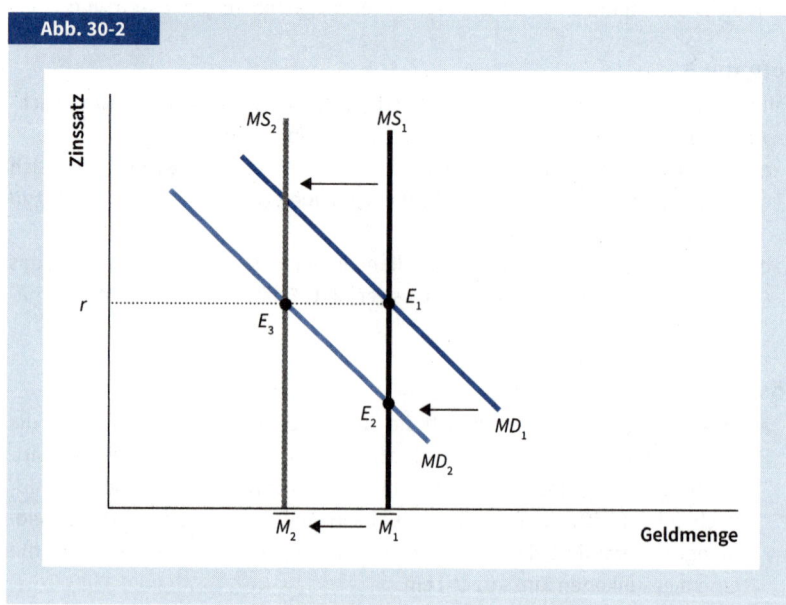

Abb. 30-2

Aufgabe 6

Nehmen Sie an, dass sich der Geldmarkt in der Volkswirtschaft Nordland im Gleichgewicht befindet und sich die Zentralbank von Nordland dazu entschließt, die Geldmenge zu senken. Zeigen Sie mithilfe eines Diagramms, wie sich der Zinssatz kurzfristig verändert. Was passiert mit dem Zinssatz auf lange Sicht?

Lösung

Kurzfristig führt eine Senkung der Geldmenge zu einem Anstieg des Zinsniveaus.
Langfristig jedoch verändern Geldmengenänderungen den Zinssatz nicht.

Kommt es zu einer Senkung der Geldmenge, bewegt sich die Volkswirtschaft
kurzfristig von E_1 nach E_2, und der Zinssatz steigt von r_1 auf r_2. Im Laufe der Zeit aber
sinkt das Preisniveau. Die Geldnachfrage geht zurück, sodass sich die Geldnachfragekurve von MD_1 zu MD_2 verschiebt. Die Volkswirtschaft bewegt sich zu einem neuen
langfristigen Gleichgewicht im Punkt E_3, und der Zinssatz kehrt zu seinem Aus-
gangsniveau r_1 zurück.

Der langfristige Gleichgewichtszinssatz entspricht dem ursprünglichen Zinsniveau r_1. Auf lange Sicht haben Änderungen der Geldmenge damit keinen Einfluss
auf den Zinssatz.

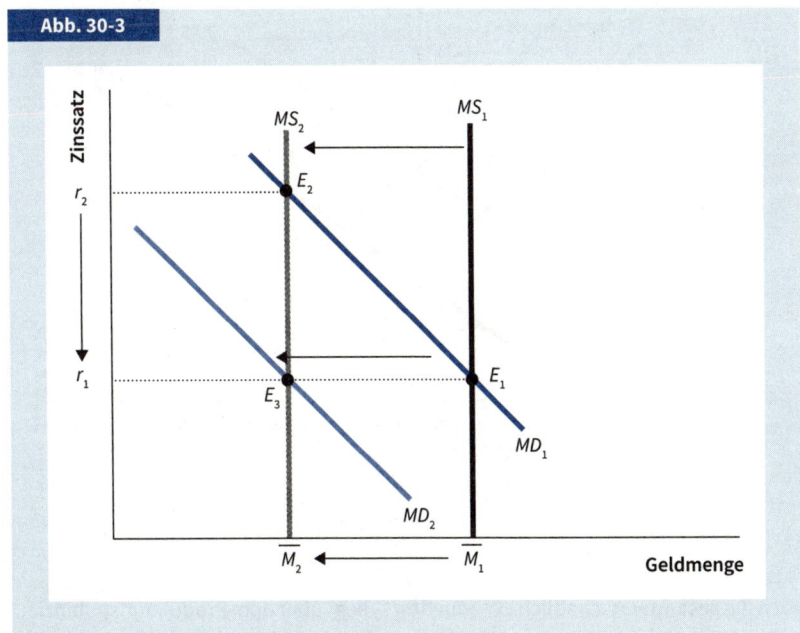

Abb. 30-3

Aufgabe 7

Eine Volkswirtschaft befindet sich bei einer Arbeitslosenquote von 5 Prozent im
langfristigen Gleichgewicht. Das Parlament verabschiedet ein Gesetz, das die Zentralbank veranlassen soll, unter dem Einsatz der Geldpolitik eine Arbeitslosenquote
von 3 Prozent zu erreichen und zu sichern. Wie könnte die Zentralbank dieses Ziel

kurzfristig erreichen? Was ist langfristig zu erwarten? Verwenden Sie zur Erläuterung ein Diagramm.

Lösung

Kurzfristig könnte die Zentralbank durch eine expansive Geldpolitik das Zinsniveau senken. Durch den ausgelösten Zinsrückgang kommt es zu einem Anstieg der Investitionsausgaben, der zu einem Anstieg der Konsumausgaben führt, und so weiter. Die AD-Kurve verschiebt sich nach rechts zu AD_2. Kurzfristig gelangt die Volkswirtschaft in das neue Gleichgewicht E_2. Das Preisniveau steigt von P_1 auf P_2, und das reale Bruttoinlandsprodukt erhöht sich von Y_1 auf Y_2. Kurzfristig steigen also das Preisniveau und die gesamtwirtschaftliche Produktion an, die Arbeitslosenquote sinkt.

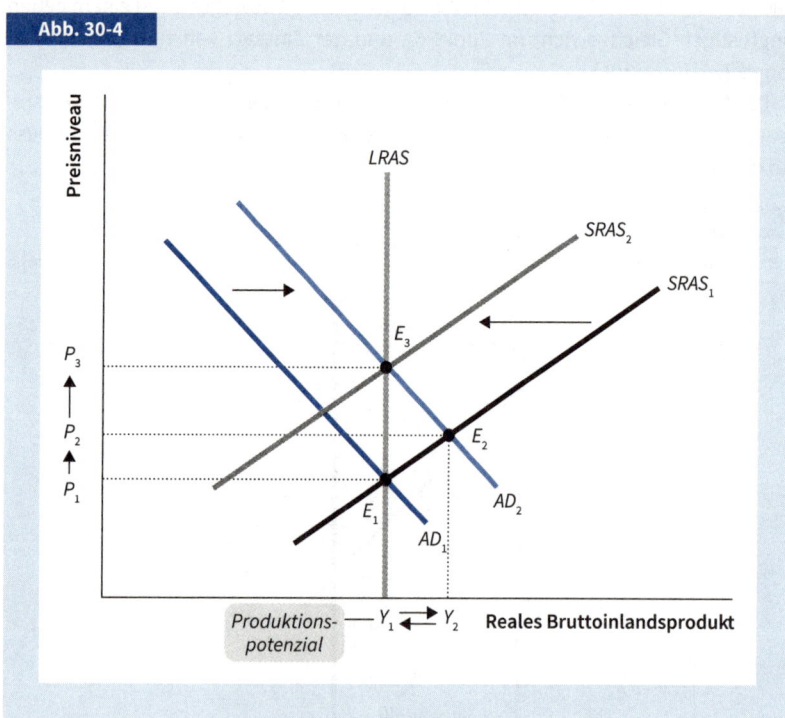

Abb. 30-4

Doch die gesamtwirtschaftliche Produktion Y_2 liegt über dem Produktionspotenzial. Dadurch werden die Nominallöhne ansteigen und die kurzfristige gesamtwirtschaftliche Angebotskurve nach links verschoben. Die Anpassungsvorgänge hören erst auf, wenn die SRAS-Kurve bei $SRAS_2$ liegt, und das neue Gleichgewicht E_3 (kurz- und zugleich langfristig) erreicht ist. Langfristig steigt das Preisniveau von P_1 auf P_3 an, und die gesamtwirtschaftliche Produktion geht auf das Produktionspotenzial Y_1 zurück. Langfristig bewirkt eine Steigerung der Geldmenge also nur eine Erhöhung des Preisniveaus, nicht jedoch eine Erhöhung des realen BIP.

Aufgabe 8

Ausführungen auf der Homepage der Europäischen Zentralbank zufolge ist es nach dem Vertrag über die Europäische Gemeinschaft überragend wichtig, die Preisstabilität zu sichern (und damit für wirtschaftliche Bedingungen zu sorgen, die u. a. ein hohes Beschäftigungsniveau begünstigen). Wie lässt sich Geldpolitik in einer Wirtschaftskrise zur Belebung der konjunkturellen Entwicklung einsetzen, sofern das vorrangige Ziel der Zentralbank darin besteht, die Preisniveaustabilität zu sichern? Erörtern Sie den Fall eines Abschwungs aufgrund eines Nachfrageschocks sowie den Fall eines Abschwungs durch einen Angebotsschock.

Lösung

Beim Vorrang des Ziels der Preisniveaustabilität kann es in der Geldpolitik zu Zielkonflikten kommen.

Bei einem Nachfrageschock kommt es zu einer Linksverschiebung der gesamtwirtschaftlichen Nachfragekurve. Auf das sinkende Preisniveau wird die Zentralbank mit einer expansiven Geldpolitik reagieren. Dadurch kommt es zu einer Zinssenkung, die die Investitionsausgaben ankurbelt und die gesamtwirtschaftliche Entwicklung stabilisiert. Mit dieser geldpolitischen Maßnahme kann die Zentralbank auch gleichzeitig das Ziel der Preisniveaustabilität realisieren, denn das Preisniveau steigt durch die Erhöhung der Geldmenge.

Bei einem Angebotsschock kommt es zu einer Linksverschiebung der gesamtwirtschaftlichen Angebotskurve, das Preisniveau steigt. Auf das steigende Preisniveau würde die Zentralbank mit einer kontraktiven Geldpolitik reagieren. Dadurch kommt es zu einem Zinsanstieg, der die Investitionsausgaben senkt, sodass sich die gesamtwirtschaftliche Nachfragekurve nach links verschiebt. Bei einem Angebotsschock ist die Zentralbank zwar in der Lage, für Preisniveaustabilität zu sorgen, allerdings auf Kosten einer Verschärfung der Wirtschaftskrise.

Das bedeutet: Wird der Abschwung durch einen Nachfrageschock verursacht, kann eine vorrangig der Preisniveaustabilität verpflichtete Geldpolitik die rezessionsbedingte Produktionslücke schließen. Wird der Abschwung dagegen durch einen Angebotsschock verursacht, kann eine vorrangig der Preisniveaustabilität verpflichtete Geldpolitik die rezessionsbedingte Produktionslücke nicht schließen.

Aufgabe 9

In einer schweren Wirtschaftskrise (wie z. B. während der Weltwirtschaftskrise) haben viele Geschäftsleute pessimistische Zukunftsaussichten und zögern selbst bei sinkenden Zinsen mit höheren Investitionsausgaben. Inwiefern beschränkt dies die Möglichkeiten der Geldpolitik zur Stabilisierung der gesamtwirtschaftlichen Entwicklung?

Lösung

Die Wirksamkeit der Geldpolitik bei der Stabilisierung der gesamtwirtschaftlichen Entwicklung basiert darauf, dass Geldmengenänderungen zu Zinsänderungen führen und diese Zinsänderungen auf die Investitionsausgaben wirken. Wenn viele Geschäftsleute pessimistisch in die Zukunft blicken und auf sinkende Zinsen nicht mit höheren Investitionsausgaben reagieren, dann ist die Geldpolitik kaum in der Lage, die gesamtwirtschaftliche Nachfrage zu stimulieren. Damit ist die Überwindung einer schweren Wirtschaftskrise allein durch Geldpolitik schwer oder gar nicht möglich.

31 Inflation, Desinflation und Deflation

Aufgabe 1

Beantworten Sie die folgenden Fragen nach der (realen) Inflationssteuer (nehmen Sie an, das Preisniveau beginnt bei 1).

  a. Maria versteckt 1.000 Euro ein Jahr lang unter ihrer Matratze. In diesem Jahr beläuft sich die Inflationsrate auf 10 Prozent. Wie hoch ist die reale Inflationssteuer für dieses Jahr?

  b. Maria lässt die 1.000 Euro noch ein Jahr länger unter ihrer Matratze. Wie hoch ist der reale Wert dieser 1.000 Euro zu Beginn des zweiten Jahres? Die Inflationsrate für dieses Jahr beträgt wiederum 10 Prozent. Wie hoch ist die reale Inflationssteuer für das zweite Jahr?

  c. Noch ein drittes Jahr lässt Maria ihre 1.000 Euro unter der Matratze. Wie hoch ist der reale Wert dieser Summe zu Beginn des dritten Jahres? Die Inflationsrate beträgt wiederum 10 Prozent. Wie hoch ist die reale Inflationssteuer im dritten Jahr?

  d. Wie hoch ist die kumulierte reale Inflationssteuer nach den drei Jahren?

  e. Ermitteln Sie die Höhe der Inflationssteuer wie in den Aufgaben a bis c für den Fall, dass die Inflationsrate 25 Prozent beträgt. Warum stellen Hyperinflationen ein ernsthaftes Problem dar?

Lösung

  a. Im ersten Jahr beläuft sich die reale Inflationssteuer auf 100 Euro (1.000 € × 0,10).

  b. Am Ende des ersten Jahres ist das Preisniveau auf 1 × (1 + 0,10) = 1,10 gestiegen. Damit beläuft sich der reale Wert der 1.000 Euro zu Beginn des zweiten Jahres noch auf 909,09 Euro (1.000 €/1,10). Die reale Inflationssteuer beträgt im zweiten Jahr demnach 90,91 Euro (909,09 € × 0,10).

  c. Am Ende des zweiten Jahres ist das Preisniveau auf 1,10 × (1 + 0,10) = 1,21 gestiegen. Damit beläuft sich der reale Wert der 1.000 Euro zu Beginn des dritten Jahres noch auf 826,45 Euro (1.000 €/1,21). Die reale Inflationssteuer beträgt im dritten Jahr demnach 82,65 Euro (826,45 € × 0,10).

  d. Nach drei Jahren hat sich die reale Inflationssteuer auf 273,56 Euro (100 € + 90,91 € + 82,65 €) kumuliert.

  e. Bei einer Inflationsrate von 25 Prozent und einem Preisniveau von 1 zu Beginn des ersten Jahres liegt die reale Inflationssteuer im ersten Jahr bei 250 Euro (1.000 € × 0,25). Zu Beginn des zweiten Jahres beläuft sich der reale Wert der 1.000 Euro nur noch auf 800 Euro (1.000 €/1,25). Die reale Inflationssteuer beträgt im zweiten Jahr demzufolge 200 Euro (800 € × 0,25), im dritten Jahr liegt sie bei 160 Euro [1.000 €/(1,25)^2 × 0,25]. Nach drei Jahren beläuft sich die kumulierte reale Inflationssteuer auf 610 Euro (250 € + 200 € + 160 €).

Hyperinflationen stellen ein ernsthaftes Problem dar, weil es dadurch zu einem starken Rückgang der Kaufkraft kommt. Das Rechenbeispiel zeigt, dass es durch den Anstieg der Inflationsrate von 10 Prozent auf 25 Prozent zu einem Anstieg der realen Inflationssteuer allein in den ersten drei Jahren von 336,44 Euro kommt.

Aufgabe 2

Die Inflationssteuer stellt in Entwicklungsländern oft eine bedeutende Einnahmequelle des Staates dar. In diesen Ländern ist das Steuererhebungs- und Berichtssystem noch nicht vollständig entwickelt, sodass es zu häufig zu Steuerflucht kommt.

Ermitteln Sie mithilfe der Daten aus der nachfolgenden Tabelle das Ausmaß der Inflationssteuer in den Vereinigten Staaten und in Indien. Wie hoch ist die Inflationssteuer im Vergleich zu den Staatseinnahmen?

Tab. 31-1

	Inflationsrate (2013)	Geldmenge (2013)	Staatseinnahmen (2013)
Indien	9,48 %	19.118 Mrd. Rupien	10.726 Mrd. Rupien
Vereinigte Staaten	1,46 %	2.832 Mrd. $	3.113 Mrd. $

Quellen: Bureau of Economic Analysis, Controller General of Accounts (India), Reserve Bank of India, Internationaler Währungsfonds, Weltbank.

Lösung

Die Inflationssteuer spiegelt den Verlust an Kaufkraft durch eine Minderung des Wertes des privaten Geldvermögens wider, der durch Inflation ausgelöst wird. Je höher die Inflationsrate ist, desto geringer ist die Kaufkraft der (nominalen) Geldmenge und desto größer ist die Inflationssteuer. Bei einer Inflationsrate von 5 Prozent hat eine bestimmte Geldmenge nach einem Jahr nur noch eine Kaufkraft von 95 Cent für Waren und Dienstleistungen. Dies ist gleichbedeutend mit einer Steuer von 5 Prozent auf das private Geldvermögen.

Für Indien beläuft sich die Inflationssteuer auf 0,0948 × 19.118 Mrd. Rupien = 1.812,39 Mrd. Rupien. Dieser Betrag entspricht rund 17 Prozent der Staatseinnahmen in Indien. Für die Vereinigten Staaten beläuft sich die Inflationssteuer auf 0,0146 × 2.832 Mrd. Dollar = 41,35 Mrd. Dollar. Dieser Betrag entspricht rund 1,3 Prozent der Staatseinnahmen in den Vereinigten Staaten.

Aufgabe 3

Weil er befürchtet, dass eine zusätzliche Staatsverschuldung private Investitionsvorhaben verdrängt, verkündet ein Präsidentschaftskandidat in den USA, die Regierung solle doch das Budgetdefizit per Notenpresse finanzieren. Welches sind die Vorteile und die Nachteile eines solchen Vorgehens?

Lösung

Die Vorteile eines solchen Vorgehens sind nur kurzfristiger Natur. Der Staat muss zur Finanzierung des Defizits keine Steuererhöhungen durchsetzen und auch keine neuen Kredite aufnehmen. Damit vermeidet der Staat den Verdrängungseffekt (crowding out), der sich negativ auf die private Investitionstätigkeit auswirkt.

Durch die Ausweitung der Geldmenge kommt es jedoch zu steigenden Inflationsraten. Durch die steigende Inflation sinkt die reale Geldmenge (infolge der sinkenden realen Kassenhaltung), sodass die Regierung immer mehr Geld drucken muss, um eine bestimmte Menge an Waren und Dienstleistungen bezahlen zu können. Auf die sinkende reale Geldmenge reagiert die Regierung folglich mit einem noch höheren Wachstum der Geldmenge. Das führt zu noch höherer Inflation. Dieser sich selbst verstärkende Prozess kann leicht außer Kontrolle geraten und in einer Hyperinflation münden. Irgendwann werden die Menschen kein Geld mehr halten, und die Wirtschaft des Landes steht kurz vor dem Zusammenbruch.

Aufgabe 4

Für eine fiktive Volkswirtschaft zeigt das nachfolgende Streudiagramm die Beziehung von Arbeitslosenquote und Produktionslücke sowie eine Gerade, die das Okunsche Gesetz widerspiegelt.

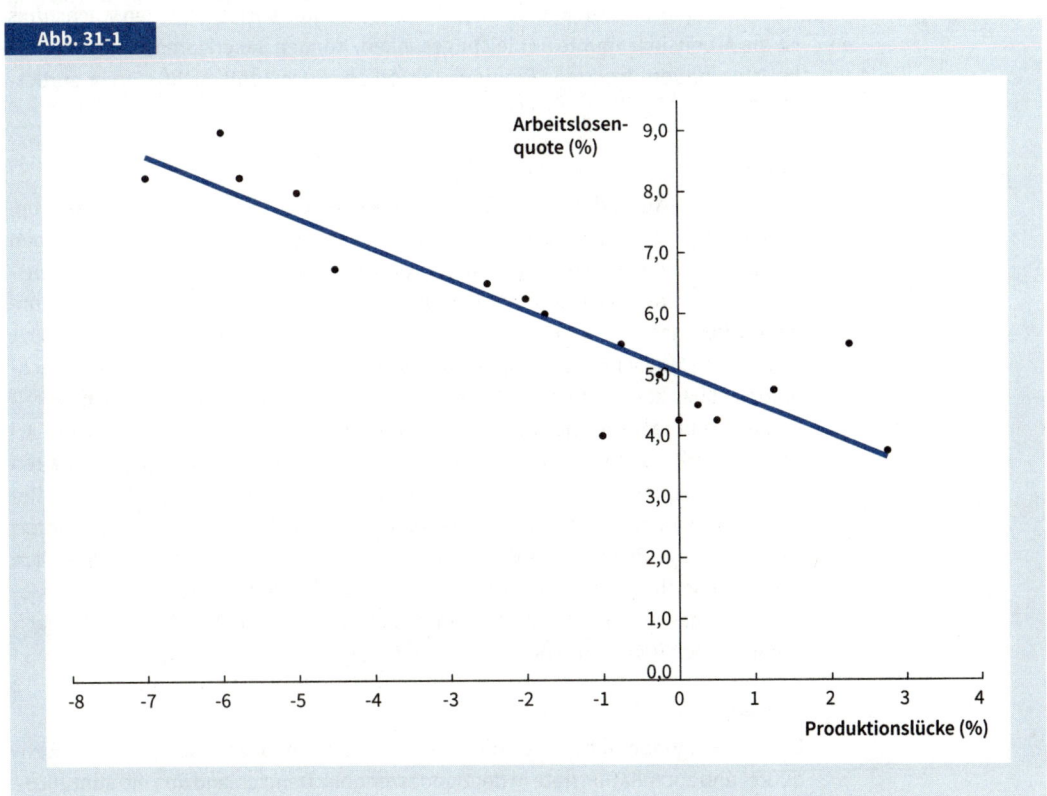

Abb. 31-1

Arbeitslosenquote = $b - (m \times$ Produktionslücke),
wobei b der senkrechte Achsenabschnitt ist und m die Steigung bezeichnet.

Wie hoch ist die Arbeitslosenquote, wenn das tatsächliche Produktionsniveau dem Produktionspotenzial entspricht? Wie hoch wäre die Arbeitslosenquote bei einer Produktionslücke von 2 Prozent? Wie verhält es sich bei einer Produktionslücke von –3 Prozent? Was sagen diese Befunde über die Größe der Koeffizienten m und b in der Gleichung für das Okunsche Gesetz aus?

Lösung

Bei einer Produktionslücke von 0 Prozent (Produktionsniveau = Produktionspotenzial) ergibt sich eine (natürliche) Arbeitslosenquote von 5 Prozent. Bei einer Produktionslücke von 2 Prozent ergibt sich eine Arbeitslosenquote von 4 Prozent, bei einer Produktionslücke von –3 Prozent dagegen eine Arbeitslosenquote von 6,5 Prozent.

Die Koeffizienten in der Gleichung für das Okunsche Gesetz sind $b = 5,0$ und $m = 0,5$.

Aufgabe 5

Nach einem Konjunkturabschwung in den vergangenen zwei Jahren halten die Regierungsverantwortlichen im Land Albernia nach Möglichkeiten Ausschau, die Arbeitslosenquote zu senken. Doch nach sechs Monaten wirtschaftlichen Wachstums ist die Arbeitslosenquote nur leicht gesunken. Können Sie erklären, warum die Arbeitslosenquote trotz des kräftigen Wirtschaftswachstums nicht stärker zurückging?

Lösung

Es gibt zwei Gründe dafür, dass es in der Volkswirtschaft von Albernia zu einem beschäftigungsfreien Wachstum gekommen ist. Zum einen werden die Unternehmen auf eine anziehende Nachfrage nicht sofort mit der Einstellung von neuen Arbeitskräften reagieren. Die Unternehmen werden zunächst versuchen, mit den vorhandenen Beschäftigten (z. B. durch Mehrarbeit) die Produktion auszuweiten. Erst wenn diese Möglichkeiten ausgeschöpft sind und die Unternehmen von der Nachhaltigkeit des konjunkturellen Aufschwungs überzeugt sind, wird es zu Neueinstellungen kommen. Gleichzeitig ist zu berücksichtigen, dass die Zahl der aktiv Arbeitsuchenden auch von der Lage am Arbeitsmarkt bestimmt wird. In Krisenzeiten geben viele Arbeitslose mangels Erfolgsaussichten die aktive Suche nach einer Beschäftigung auf und ziehen sich vom Arbeitsmarkt zurück. Selbst wenn die Unternehmen also zu Beginn eines Wirtschaftsaufschwungs neue Arbeitskräfte einstellen würden, hätten sie Probleme, Arbeitskräfte zu finden. Mit einer stetigen Verbesserung der Lage am Arbeitsmarkt werden auch wieder mehr Arbeitslose aktiv nach Arbeit suchen und dem Arbeitsmarkt zur Verfügung stehen.

Aufgabe 6

Die nachfolgende Tabelle enthält Daten zur Arbeitslosenquote (Erwerbslosenquote) und zur Inflationsrate in der Bundesrepublik Deutschland im Zeitraum 2005–2015. Tragen Sie die Daten in ein Streudiagramm ein (analog zur Abbildung 31-5).

Spiegeln die empirischen Befunde den Zusammenhang der kurzfristigen Phillips-Kurve wider?

Jahr	Arbeitslosenquote (%)	Inflationsrate (%)
2005	10,3	1,6
2006	9,4	1,5
2007	7,9	2,3
2008	6,9	2,6
2009	7,1	0,3
2010	6,4	1,1
2011	5,5	2,1
2012	5,0	2,0
2013	4,9	1,5
2014	4,7	0,9
2015	4,3	0,3

Quelle: Statistisches Bundesamt

Lösung

Abb. 31-2

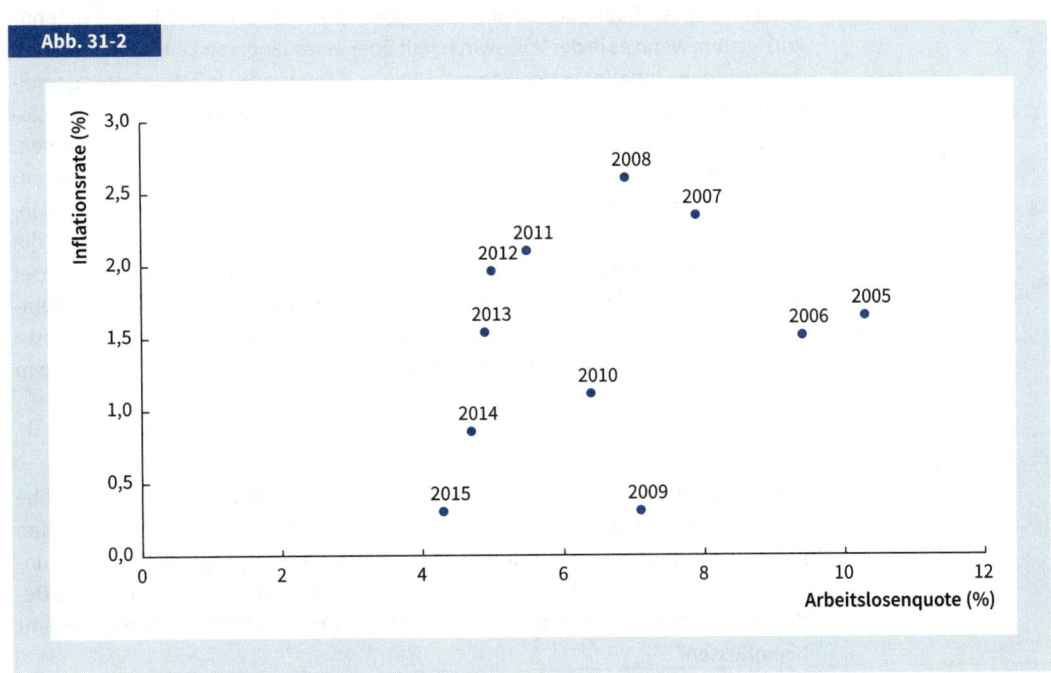

Die empirischen Befunde spiegeln den Zusammenhang, den die kurzfristige Phillips-Kurve beschreibt, nicht durchgängig wider. Nach dem Verständnis der Phillips-Kurve sollte ein Rückgang der Inflation zu höheren Arbeitslosenquoten führen, während steigende Inflationsraten mit sinkenden Arbeitslosenquoten einhergehen.

Mit Blick auf die Daten ist dieser Zusammenhang allerdings nur für den Zeitraum bis 2011 gegeben. Nach 2011 lässt sich dieser Zusammenhang nicht mehr beobachten. Im Jahr 2011 betrug die Inflationsrate noch 2,1 Prozent. In den Jahren nach 2011 war die Inflationsrate auf einem niedrigeren Niveau. Dennoch lag die Arbeitslosenquote in allen Jahren nach 2011 deutlich unter dem Niveau von 2011. In den Jahren nach 2011 zeigt die Inflationsrate demnach nur einen sehr geringeren Zusammenhang zur Arbeitslosenquote, was eher an den Verlauf der langfristigen Phillips-Kurve erinnert.

Aufgabe 7

Die Volkswirtschaft von Brittania hat unter hohen Inflationsraten gelitten, während die Arbeitslosenquote auf dem Niveau der natürlichen Arbeitslosenquote lag. Wirtschaftspolitiker möchten nun die Inflationsrate zu den geringstmöglichen volkswirtschaftlichen Kosten senken. Wie kann man die Kosten der Desinflation in Form von Arbeitslosigkeit minimieren, wenn man unterstellt, dass die wirtschaftliche Situation des Landes nicht durch einen negativen Angebotsschock verursacht wurde?

Lösung

Eine Politik der Senkung der Inflationsrate (Desinflation) ist mit dem Problem konfrontiert, dass die Öffentlichkeit zunächst von einer Fortsetzung der aktuellen Preisentwicklung (fortlaufende Inflation) ausgeht. Diese Erwartungen lassen sich nur korrigieren, wenn es in der Volkswirtschaft über einen längeren Zeitraum zu sinkenden/niedrigen Inflationsraten kommt. Um eine Senkung der Inflationsrate zu erreichen, ist es wiederum oft notwendig, für einen längeren Zeitraum eine Arbeitslosenquote oberhalb des Niveaus der natürlichen Arbeitslosenquote hinzunehmen. Damit kommt es unweigerlich zu Kosten in Form von (zusätzlicher) Arbeitslosigkeit. Je schwieriger es ist, die Inflationserwartungen der Öffentlichkeit zu korrigieren, desto höher werden die Kosten der Arbeitslosigkeit ausfallen. Entscheidend für die Höhe der Kosten der Desinflation ist, wie überzeugend der politische Wille zum Ziel der Inflationsreduzierung in der Öffentlichkeit vertreten wird. Je stärker die Öffentlichkeit vom politischen Willen zur Inflationsreduzierung überzeugt ist, desto schneller passen sich die Inflationserwartungen an, sodass es nur kurz zu einem Anstieg der Arbeitslosigkeit kommt.

Aufgabe 8

Nehmen Sie an, eine Bank gewährt Familie Müller ein Hypothekendarlehen in Höhe von 200.000 Euro, damit die Familie ein Haus im Wert von 210.000 Euro kaufen kann. Wer sind die Gewinner und Verlierer, wenn der Hauspreis im ersten Jahr unerwartet um 10 Prozent fällt? Was würden Sie im Fall einer länger anhaltenden Deflation erwarten? Wie würde fortdauernde Deflation die Volkswirtschaft insgesamt beeinflussen?

Lösung

Wenn der Hauspreis im ersten Jahr um 10 Prozent fällt, sinkt der Wert der Immobilie von Familie Müller von 210.000 Euro auf 189.000 Euro. Der Wert der Immobilie ist damit kleiner als die Höhe der Schulden von Familie Müller, da der Preisrückgang die Darlehenshöhe nicht berührt. Familie Müller wäre durch den Wertverlust nicht in der Lage, bei einem Verkauf des Hauses die Schulden bei der Bank zu bezahlen. Sollte Familie Müller ihre Schulden (dennoch) an die Bank zurückzahlen, dann könnte die Bank vom Preisrückgang profitieren, da der Realwert der Kreditsumme durch den Preisrückgang gestiegen ist. Die Bank könnte in diesem Fall bei einer neuen Kreditvergabe (real) eine höhere Kreditsumme verleihen.

Bei einer fortdauernden Deflation werden sowohl Familie Müller als auch die Bank zu den Verlierern zählen. Bei einer fortdauernden Deflation sinken die Löhne, sodass Familie Müller irgendwann nicht mehr in der Lage sein wird, ihren Zahlungsverpflichtungen gegenüber der Bank nachzukommen. Wird Familie Müller zahlungsunfähig, dann fällt das Haus an die Bank. Aber auch die Bank wird Verluste machen. Bei einer fortdauernden Deflation ist davon auszugehen, dass auch die Immobilienpreise infolge eines Überangebotes fallen werden, sodass der Wert des Hauses von Familie Müller deutlich unter dem Kreditbetrag von 200.000 Euro liegen wird.

In der Volkswirtschaft insgesamt wird die fortdauernde Deflation dazu führen, dass das Kreditgeschäft zum Erliegen kommt. Die Banken werden nicht mehr bereit sein, Kredite zu vergeben, da sie das wachsende Risiko eines Zahlungsausfalles fürchten. Gleichzeitig werden Haushalte und Unternehmen nicht mehr bereit sein, Kredite aufzunehmen, da sie wissen, dass durch die Deflation der Wert ihrer Vermögenspositionen sinkt, während der Wert der Kreditsumme unverändert bleibt.

32 Krisen und Konsequenzen

Aufgabe 1

Welches der folgenden Ereignisse ist kein Beispiel für Notverkäufe von Vermögenswerten? Erläutern Sie Ihre Antwort.

a. Ihre Universität entscheidet sich dazu, einige Liegenschaften zu verkaufen, um mit den Erlösen die Gebäude auf dem Universitätsgelände zu modernisieren.

b. Ein Unternehmen entschließt sich, seine große und wertvolle Kunstsammlung zu verkaufen, da der Wert von einigen Vermögenspositionen in der Bilanz so stark gesunken ist, dass einige Kreditgeber ihre ausstehenden Kredite zurückfordern.

c. Ein Unternehmen entscheidet sich freiwillig dazu, neue Aktien auszugeben, um mit den Erlösen einen Teil der Unternehmensschulden zu tilgen.

d. Eine Schattenbank muss ihre Unternehmensanleihen verkaufen, da fallende Vermögenspreise dazu geführt haben, dass bestimmte Bedingungen in den Kreditverträgen verletzt wurden.

Lösung

a. Es handelt sich nicht um einen Notverkauf. Die Universität entscheidet sich ohne Druck zum Verkauf der Liegenschaften.

b. Es handelt sich um einen Notverkauf. Das Unternehmen ist gezwungen, seine Kunstsammlung zu verkaufen, um die Kreditgeber bedienen zu können und einen Zusammenbruch des Unternehmens zu vermeiden.

c. Es handelt sich nicht um einen Notverkauf. Das Unternehmen ist nicht gezwungen, neue Aktien herauszugeben.

d. Es handelt sich um einen Notverkauf. Die Schattenbank muss die Unternehmensanleihen verkaufen, um den Bedingungen in den Kreditverträgen nachzukommen.

Aufgabe 2

Die nachfolgende Abbildung zeigt den Case-Shiller-Index für die Entwicklung der Immobilienpreise in den Vereinigten Staaten von 2000 bis 2010. Erreichten die Immobilienpreise vor oder nach der Finanzkrise ihren Höhepunkt? Erläutern Sie Ihre Antwort.

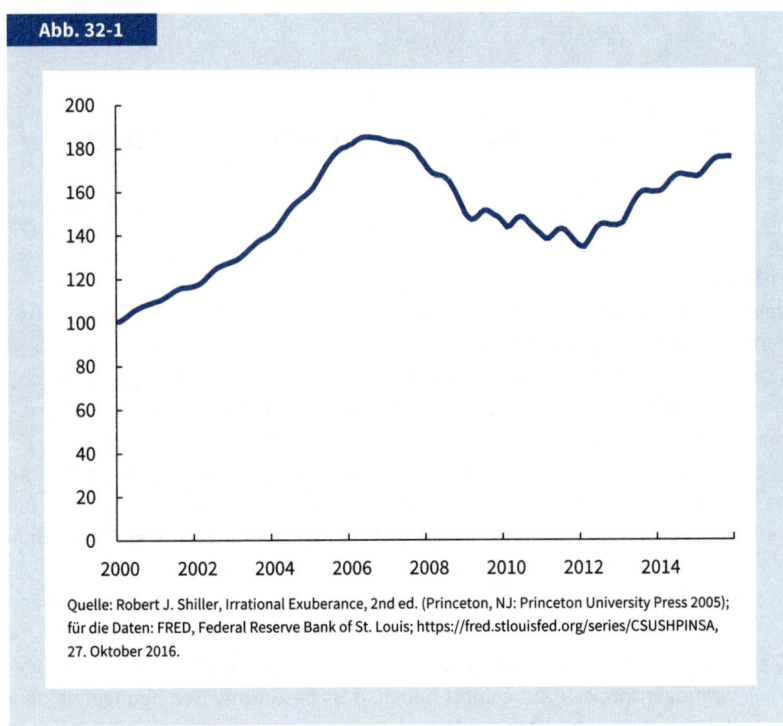

Abb. 32-1

Quelle: Robert J. Shiller, Irrational Exuberance, 2nd ed. (Princeton, NJ: Princeton University Press 2005);
für die Daten: FRED, Federal Reserve Bank of St. Louis; https://fred.stlouisfed.org/series/CSUSHPINSA,
27. Oktober 2016.

Lösung

Wie in der Abbildung gut zu erkennen ist, erreichten die Immobilienpreise in den
Vereinigten Staaten vor der Finanzkrise ihren Höhepunkt. Der Zusammenbruch der
Spekulationsblase am Immobilienmarkt und der damit verbundene Preisverfall bei
Immobilien war schließlich Auslöser der Finanzkrise.

Aufgabe 3

Die Abbildung 32-2 zeigt die Entwicklung der Arbeitslosenquoten für drei Banken-
krisen: die Panik von 1893 in den Vereinigten Staaten, die schwedische Bankenkrise
von 1991 und die Finanzkrise in den Vereinigten Staaten 2007–2009.

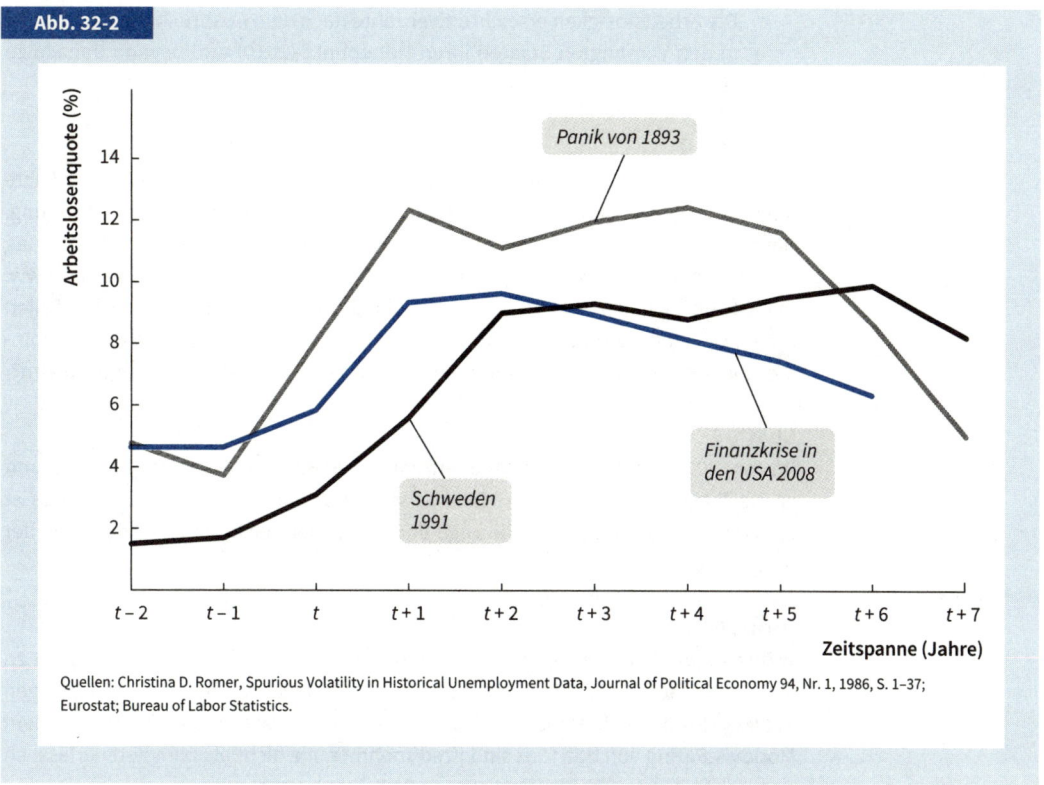

Abb. 32-2

Quellen: Christina D. Romer, Spurious Volatility in Historical Unemployment Data, Journal of Political Economy 94, Nr. 1, 1986, S. 1–37; Eurostat; Bureau of Labor Statistics.

a. Nach wie vielen Jahren erreichte die Arbeitslosigkeit während der Panik von 1893 ihren Höhepunkt?
b. Nach wie vielen Jahren erreichte die Arbeitslosigkeit während der schwedischen Bankenkrise von 1991 ihren Höhepunkt?
c. Nach wie vielen Jahren erreichte die Arbeitslosigkeit während der Finanzkrise in den Vereinigten Staaten ihren Höhepunkt?

Lösung
a. Die Arbeitslosigkeit erreichte bereits ein Jahr nach der Panik von 1893 ihren Höhepunkt. Im Jahr 1895 sank die Arbeitslosigkeit, stieg allerdings ab 1896 wieder an und erreichte im Jahr 1897 fast das Niveau des Jahres 1894.
b. Die Arbeitslosigkeit erreichte sechs Jahre nach der schwedischen Bankenkrise von 1991 ihren Höhepunkt. Nachdem die Arbeitslosigkeit bereits drei Jahre nach Ausbruch der Krise einen ersten Höhepunkt erreichte (1994), sank die Arbeitslosigkeit vorübergehend im Jahr 1995, bevor es ab 1996 wieder zu einem Anstieg kam, der im Jahr 1997 seinen Höhepunkt erreichte.

    c. Die Arbeitslosigkeit erreichte zwei Jahre nach dem Ausbruch der Finanzkrise in den Vereinigten Staaten ihren Höhepunkt (2010) und begann danach zu sinken.

Aufgabe 4

In den Jahren 2007–2009 agierte die US-amerikanische Zentralbank Fed als letzte Refinanzierungsinstanz und stellte dem Bankensektor liquide Mittel zur Verfügung. Gleichzeitig musste die Fed auch viele Banken übernehmen. Allein im Jahr 2009 lag die Zahl der übernommenen Banken bei 140. Gehen Sie auf die Seite https://www.fdic.gov und schauen Sie in der Rubrik »Bank Closing Information« nach der »Failed Bank List«. Wie viele Banken hat die Fed in den Jahren 2014 und 2015 übernommen? Ist die Zahl der übernommenen Banken seit 2009 gestiegen oder gesunken?

Lösung

Im Jahr 2014 betrug die Zahl der übernommenen Banken 18, im Jahr 2015 8. Damit ist die Zahl der übernommenen Banken seit 2009 deutlich zurückgegangen. Das ist ein Zeichen dafür, dass sich die Lage der US-Banken nach der Finanzkrise wieder normalisiert hat.

Aufgabe 5

Während der Finanzkrise im Oktober 2008 konnte der US-amerikanische Staat zu einem Zinssatz von 2,73 Prozent (Zinssatz für Schatzwechsel mit einer fünfjährigen Laufzeit) Kredite aufnehmen. Gleichzeitig mussten private Kreditnehmer mit einem Moody's-Rating von Baa (das sind Kreditnehmer, die nicht als komplett verlässlich angesehen werden) einen Zinssatz von 8,88 Prozent zahlen.

    a. Wie groß war der Unterschied in den Kreditkosten zwischen dem US-amerikanischen Staat und privaten Unternehmen?

    b. Gehen Sie auf die Seite http://fred.stlouisfed.org/categories/22 und klicken sie auf den Link »Treasury Constant Maturity«, um die aktuellen Zinssätze für fünfjährige US-Schatzwechsel zu finden. Recherchieren Sie außerdem im Internet den aktuellen Zinssatz für Unternehmen mit einem Baa-Rating von Moody's. Wie groß ist derzeit der Unterschied bei den Kreditkosten?

    c. Ist die Zinsdifferenz (und damit der Unterschied in den Kreditkosten) seit dem Höhepunkt der Finanzkrise im Oktober 2008 gesunken? Warum?

Lösung

    a. Der Unterschied in den Kreditkosten betrug 6,15 Prozentpunkte (8,88 Prozent – 2,73 Prozent).

    b. Ende Juli 2016 lag der Zins für fünfjährige US-Schatzwechsel bei 1,15 Prozent. Der Zins für Unternehmensanleihen mit einem Rating von Baa lag bei 4,25 Prozent. Damit betrug der Unterschied in den Kreditkosten 3,10 Prozentpunkte.

    c. Seit dem Höhepunkt der Finanzkrise im Oktober 2008 ist der Unterschied in den Kreditkosten deutlich gesunken. Die Verbesserung der gesamtwirtschaftlichen Lage hat dazu geführt, dass Unternehmensanleihen als weniger riskant angesehen werden. Dadurch ist die Verzinsung von Unternehmensanleihen deutlich stärker gesunken.

Aufgabe 6

Welcher der folgenden Fälle ist ein Beispiel für einen Schuldenüberhang? In welchen Fällen wird es zu einer Reduzierung der Ausgaben kommen? Erläutern Sie Ihre Antwort.

a. Onkel Alfred eröffnet ein Restaurant und nimmt zu Finanzierung seiner Investitionsausgaben einen Kredit auf. Das Restaurant muss nach kurzer Zeit mangels Kundschaft wieder schließen und Onkel Alfred sitzt auf einem Schuldenberg.

b. Ihre Eltern haben ein Haus gekauft und haben den Kauf durch einen Kredit finanziert. Nun wird Ihr Vater in eine andere Stadt versetzt, sodass Ihre Eltern das Haus wieder verkaufen müssen. Seit dem Kauf des Hauses ist der Wert der Immobilie angestiegen.

c. Die Eltern Ihres besten Freundes haben einen Kredit für den Kauf einer Eigentumswohnung aufgenommen, damit Ihr Freund während des Studiums eine Bleibe hat. Als Ihr Freund nach einigen Jahren seinen Universitätsabschluss in der Tasche hat, ist der Wert der Eigentumswohnung deutlich gesunken.

d. Sie schließen Ihr Studium mit Bestnoten ab. Sie haben gute Jobaussichten, aber auch ein Studiendarlehen in Höhe von 25.000 Euro, das Sie zurückzahlen müssen.

Lösung

a. Hier handelt es sich um einen Schuldenüberhang. Onkel Alfred hat auf der einen Seite hohe Schulden und auf der anderen Seite keine großen Vermögenswerte. Er wird seine Ausgaben reduzieren müssen, um den Kredit zurückzahlen zu können.

b. Dieser Fall ist kein Beispiel für einen Schuldenüberhang. Ihre Eltern können das Haus verkaufen und haben nach Rückzahlung der Kreditverbindlichkeiten sogar noch Geld übrig. Ihre Eltern werden sich reicher fühlen und ihre Ausgaben eher vergrößern.

c. Bei diesem Fall handelt es sich um einen Schuldenüberhang. Die Eltern Ihres besten Freundes haben das Problem, dass die Kreditschulden höher sind als der aktuelle Wert der Eigentumswohnung. Die Eltern werden mit großer Wahrscheinlichkeit ihre Ausgaben kürzen, um die Kreditschulden zurückzuzahlen.

d. Hier gibt es keinen Schuldenüberhang. Auch wenn Sie nach dem Studium mit Schulden in Höhe von 25.000 Euro dastehen, haben Sie Ihren Universitätsabschluss in der Tasche, der etwas von Wert darstellt. Schließlich haben Sie durch den Universitätsabschluss gute Jobaussichten. Es ist wenig wahrscheinlich, dass Sie Ihre Ausgaben kürzen, da Sie bald einen Job haben werden.

33 Makroökonomik: Ereignisse und Ideen

Aufgabe 1

Seit dem Börsencrash im Jahr 1989 gab es in der japanischen Volkswirtschaft nur ein geringes Wirtschaftswachstum, während es gleichzeitig zu Deflation gekommen ist. Die folgende Tabelle der OECD (Organisation für wirtschaftliche Zusammenarbeit und Entwicklung) zeigt wichtige makroökonomische Daten für die japanische Volkswirtschaft für das »Normaljahr« 1991 sowie für die Jahre 1995 bis 2003.

Tab. 33-1

Jahr	Wachstumsrate des realen BIP (%)	kurzfristiger Zinssatz (%)	Staatschulden (% des BIP)	Haushaltsdefizit (% des BIP)
1991	3,4	7,38	64,8	−1,81
1995	1,9	1,23	87,1	4,71
1996	3,4	0,59	93,9	5,07
1997	1,9	0,60	100,3	3,79
1998	−1,1	0,72	112,2	5,51
1999	0,1	0,25	125,7	7,23
2000	2,8	0,25	134,1	7,48
2001	0,4	0,12	142,3	6,13
2002	−0,3	0,06	149,3	7,88
2003	2,5	0,04	157,5	7,67

a. Bestimmen Sie mithilfe der Daten, welchen wirtschaftspolitischen Kurs die japanische Regierung zur Ankurbelung der gesamtwirtschaftlichen Entwicklung eingeschlagen hat.

b. Bei kurzfristigen Zinsen unter 0,1 Prozent liegt das Zinsniveau praktisch bei null. Wie bezeichnet man eine derartige Situation? Welche Auswirkungen ergeben sich hinsichtlich der Wirksamkeit von Geld- und Fiskalpolitik?

Lösung

a. Bei einem Blick auf die Wachstumsraten des realen BIP erkennt man, dass die japanische Volkswirtschaft in den Jahren 1998 und 2002 geschrumpft und in den Jahren 1999 und 2001 nur marginal gewachsen ist. Weiterhin zeigen die

Daten, dass die Wirtschaftspolitik eine expansive Geldpolitik verfolgt hat, um die gesamtwirtschaftliche Entwicklung anzukurbeln. Der kurzfristige Zinssatz ist von 7,38 Prozent im Jahr 1991 auf 0,04 Prozent im Jahr 2003 gesunken. Gleichzeitig ist es seit 1992 zu wiederkehrenden Haushaltsdefiziten gekommen, sodass die Schuldenquote deutlich angestiegen ist (von 64,8 Prozent im Jahr 1991 auf 157,5 Prozent im Jahr 2003). Das ist ein Beleg dafür, dass die japanische Regierung zusätzlich zu einer expansiven Geldpolitik auch eine expansive Fiskalpolitik betrieben hat.

b. In den Jahren 2002 und 2003 lag das Zinsniveau in Japan faktisch bei null. Eine derartige Situation bezeichnet man als Liquiditätsfalle. In einer Liquiditätsfalle verliert die Geldpolitik ihre Wirksamkeit, da die Zinsen auch bei einer expansiven Geldpolitik nicht weiter sinken (können). In diesem Fall ist eine Ankurbelung der gesamtwirtschaftlichen Entwicklung nur durch expansive Fiskalpolitik möglich.

Aufgabe 2

Durch den Zusammenbruch der Sowjetunion im Jahr 1989 konnten die US-Verteidigungsausgaben in den 1990er-Jahren deutlich reduziert werden. Stellen Sie die folgenden Daten zur Entwicklung des US-Haushaltsdefizits und zur Entwicklung der Arbeitslosenquote grafisch dar.

Tab. 32-2

Jahr	Budgetdefizit des Staates (% des BIP)	Arbeitslosenquote (%)
1990	3,9	5,6
1991	4,5	6,8
1992	4,7	7,5
1993	3,9	6,9
1994	2,9	6,1
1995	2,2	5,6
1996	1,4	5,4
1997	0,3	4,9
1998	−0,8	4,5
1999	−1,4	4,2
2000	−2,4	4,0

Warum würde ein Keynesianer in Anbetracht des kräftigen Wirtschaftswachstums in den Vereinigten Staaten in diesem Zeitraum die Kürzung der Verteidigungsausgaben als vorteilhaft ansehen?

Lösung

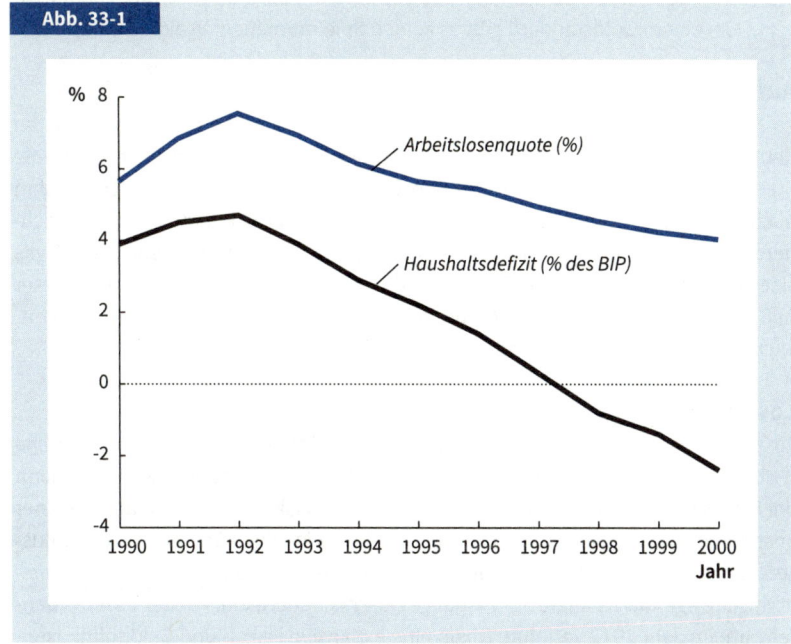

Abb. 33-1

Der Rückgang der Verteidigungsausgaben und der Abbau des Haushaltsdefizits in den 1990er-Jahren haben verhindert, dass es durch das starke Wirtschaftswachstum (und niedrige Arbeitslosenquoten) zu Inflationsdruck gekommen ist.

Aufgabe 3

Heutzutage erhöhen oder senken die Zentralbanken die Geldmenge je nach Einschätzung der Wirtschaftslage. Einige Leute sehnen sich jedoch zurück in die »guten alten Zeiten« des Goldstandards. Unter dem Goldstandard konnte die Geldmenge nur dann ausgeweitet werden, wenn gleichzeitig auch die Goldbestände zunahmen.

a. Welche Maßnahme würde – unter der Annahme, dass die Volkswirtschaft bei konstanter Umlaufgeschwindigkeit des Geldes wächst – bei einem Goldstandard dafür sorgen, dass die Preise stabil bleiben?

b. Warum ist der Goldstandard nach Ansicht von modernen Makroökonomen keine gute Idee?

Lösung

a. Um in einer wachsenden Volkswirtschaft (und bei einer konstanten Umlaufgeschwindigkeit des Geldes) die Preise konstant zu halten, muss die Geldmenge entsprechend wachsen. Dafür müssten bei einem Goldstandard die Goldbestände in dem Maße wachsen, in dem sich das reale BIP erhöht.

b. Moderne Makroökonomen halten den Goldstandard für keine gute Idee, da warengestütztes Geld einfach zu unflexibel für moderne Volkswirtschaften ist. Bei einem Goldstandard gibt es keinen Spielraum für eine aktive Geldpolitik.

Aufgabe 4

Zu Beginn der 1970er-Jahre sind die Staatsausgaben in den Vereinigten Staaten deutlich angestiegen. Dabei sind die Staatsausgaben schneller gewachsen als die Staatseinnahmen, sodass es zu großen Budgetdefiziten kam. Gleichzeitig nahm auch das Wachstum der Geldmenge zu. Der US-Ökonom Kenneth Rogoff bezeichnete den damaligen US-Präsident Richard Nixon aus diesem Grund einmal als »Meister des politischen Konjunkturzyklus«. Was könnte Kenneth Rogoff zu dieser Äußerung veranlasst haben? (Anmerkung: Nixon kam im Januar 1969 ins Amt, wurde 1972 wiedergewählt und trat im August 1974 zurück.)

Lösung

Ein politischer Konjunkturzyklus ergibt sich, wenn Politiker die makroökonomische Wirtschaftspolitik für ihre politischen Ziele einsetzen. Dies ist beispielsweise dann der Fall, wenn Politiker versuchen, durch expansive Fiskal- und Geldpolitik vor einer anstehenden Wahl die gesamtwirtschaftliche Entwicklung kurzfristig zu beeinflussen, um die Chance auf eine Wiederwahl zu erhöhen. Und genau diese wirtschaftspolitische Agenda verfolgte der damalige US-Präsident Nixon. Vor der US-Präsidentenwahl im Jahr 1972 verfolgte Nixon eine expansive Fiskal- und Geldpolitik (steigendes Budgetdefizit und schnelleres Wachstum der Geldmenge), die vor der Wahl zu einem stark beschleunigten Wirtschaftswachstum und nach der Wahl zu beschleunigter Inflation führte.

Aufgabe 5

In der Volkswirtschaft von Albernia entsteht eine rezessionsbedingte Produktionslücke, und der Regierungschef befragt fünf angesehene Ökonomen, die der klassischen Makroökonomik, dem Keynesianismus, dem Monetarismus, der Theorie realer Konjunkturzyklen und dem modernen makroökonomischen Konsens zuneigen. Erklären Sie, welche politischen Maßnahmen die einzelnen Ökonomen aus welchen Gründen empfehlen würden.

Lösung

Klassische Makroökonomik
Es sollte weder Geld- noch Fiskalpolitik eingesetzt werden. Expansive Geld- und Fiskalpolitik werden nur das Preisniveau erhöhen, nicht aber Produktion und Beschäftigung. Die rezessionsbedingte Produktionslücke wird nur kurzfristig existieren. Der Fokus der Wirtschaftspolitik sollte dagegen auf der langen Frist liegen.
Keynesianische Makroökonomik
Für die Überwindung der rezessionsbedingten Produktionslücke ist eine expansive Fiskalpolitik zu empfehlen. Expansive Fiskalpolitik ist insbesondere dann effektiver als expansive Geldpolitik, wenn – und das kann in einer Wirtschaftskrise durchaus der Fall sein – das Zinsniveau nahe null liegt. Fiskalpolitik wirkt direkt auf die ge-

samtwirtschaftliche Nachfrage, Geldpolitik nur über den Zins, der die Investitionsausgaben beeinflusst.

Monetarismus

Weder expansive Fiskalpolitik noch expansive Geldpolitik sind zu empfehlen.

Verzögerungen bei der Durchführung von Maßnahmen und Verzögerungen bei der Wirkung von Maßnahmen können dazu führen, dass expansive Fiskalpolitik zu spät wirkt und den nächsten Aufschwung verstärkt. Zudem ist die Größe des Multiplikators ungewiss. Zwar steigen zunächst Produktion und Preisniveau, dies führt aber zu steigender Geldnachfrage. Dadurch erhöht sich der Zins, was die Investitionsausgaben verringert und damit die expansive Fiskalpolitik in ihrer Wirksamkeit mindert. Besonders bei konstanter Geldmenge ist es nicht sinnvoll, expansive Fiskalpolitik einzusetzen.

Auch expansive Geldpolitik ist nicht zu empfehlen, da sie mit ähnlichen Schwierigkeiten wie eine expansive Fiskalpolitik zu tun hat (Verzögerungen bei Durchführung und Verzögerungen bei Wirkung). Expansive Geldpolitik hat überdies nur kurzfristige Effekte auf die Produktion, langfristig wirkt sie nur auf das Preisniveau.

Theorie realer Konjunkturzyklen

Die Regierung sollte wirtschaftspolitische Maßnahmen verfolgen, die auf eine Erhöhung der totalen Faktorproduktivität ausgerichtet sind. Geld- oder fiskalpolitische Maßnahmen zur Ankurbelung der gesamtwirtschaftlichen Nachfrage werden ohne Wirkung (auf das reale BIP) bleiben, da die gesamtwirtschaftliche Angebotskurve senkrecht verläuft.

Moderner Konsens

Prinzipiell sind sowohl Geld- als auch Fiskalpolitik geeignet, um die rezessionsbedingte Produktionslücke zu schließen. Auch wenn in der Situation einer Liquiditätsfalle, zu der es in einer Wirtschaftskrise kommen kann, die Wirksamkeit der Geldpolitik begrenzt oder gänzlich eliminiert wird, sollte der Geldpolitik Vorrang vor der Fiskalpolitik eingeräumt werden. Bei der Fiskalpolitik sind Diagnose-, Reaktions-, Anpassungs- und Wirkungsverzögerungen so groß, dass die Gefahr besteht, dass die Fiskalpolitik zu spät wirkt.

Aufgabe 6

Welche der nachfolgenden Politikempfehlungen sind mit den makroökonomischen Ansichten der Klassiker, der Keynesianer, der Monetaristen und/oder dem modernen Konsens vereinbar?

a. Da die langfristige Wachstumsrate des realen BIP 2 Prozent beträgt, sollte die Geldmenge mit 2 Prozent wachsen.

b. Eine Senkung der Staatsausgaben, um den inflatorischen Druck zu mildern.

c. Eine Ausweitung der Geldmenge, um einen konjunkturellen Abschwung zu mildern.

d. Die Pflicht, für ein ausgeglichenes Budget zu sorgen.

e. Eine Verringerung des Budgetdefizits um 1 Prozent des BIP, sobald ein konjunktureller Abschwung entsteht.

Lösung

a. Diese Empfehlung würden Monetaristen unterstützen. Monetaristen vertreten die Auffassung, dass die Geldmenge mit der gleichen Rate wie das BIP wachsen sollte. Da die Klassische Makroökonomik den Fokus auf die lange Frist legt, würde auch sie diese Empfehlung unterstützen. Nach den makroökonomischen Ansichten der Keynesianer und des modernen Konsenses hat eine diskretionäre Geldpolitik kurzfristig durchaus ihre Berechtigung. Aus diesem Grund sollte die Geldpolitik nicht regelgebunden sein.

b. Für die Klassische Makroökonomik ist Inflation nur ein kurzfristiges Problem, das auf lange Sicht verschwindet, sodass keinerlei wirtschaftspolitische Maßnahmen notwendig sind. Auch Monetaristen würden sich gegen kurzfristige fiskalpolitische Maßnahmen wenden, da diskretionäre Fiskalpolitik ihrer Auffassung nach die bestehenden Probleme nur noch verstärkt. Keynesianer würden sich auf jeden Fall für kontraktive fiskalpolitische Maßnahmen aussprechen, der moderne Konsens dagegen nur in sehr seltenen Fällen.

c. Für die Klassische Makroökonomik ist auch eine rezessionsbedingte Produktionslücke nur ein kurzfristiges Problem, das auf lange Sicht verschwindet, sodass keinerlei wirtschaftspolitische Maßnahmen notwendig sind. Auch Monetaristen würden sich gegen kurzfristige geldpolitische Maßnahmen wenden, da diskretionäre Geldpolitik ihrer Auffassung nach die bestehenden Probleme nur noch verstärkt. Keynesianer würden sich dagegen für expansive geldpolitische Maßnahmen aussprechen, ebenso wie der moderne Konsens, wenn sich die Volkswirtschaft nicht in einer Liquiditätsfalle befindet.

d. Diese Ansicht wird weder vom Keynesianismus noch vom modernen Konsens geteilt. Die Pflicht zum Budgetausgleich macht den Einsatz entsprechender diskretionärer fiskalpolitischer Maßnahmen unmöglich. Der Staat müsste in einer Krise sogar eine kontraktive Fiskalpolitik verfolgen, um einen ausgeglichen Haushalt sicherzustellen, und würde damit die gesamtwirtschaftliche Entwicklung zusätzlich destabilisieren. Dagegen befürworten Monetaristen die Pflicht zu einem ausgeglichenen Haushalt, weil damit der Verdrängungseffekt bei privaten Investitionen vermieden werden kann. Mit Blick auf den langfristigen Fokus würde sich auch die Klassische Makroökonomik für einen ausgeglichenen Haushalt aussprechen.

e. Dieser Empfehlung würde niemand zustimmen. Eine Verringerung des Budgetdefizits in einem konjunkturellen Abschwung durch kontraktive fiskalpolitische Maßnahmen (Senkung der Staatsausgaben oder Steuererhöhungen) würde die Krise weiter verschlimmern.

Aufgabe 7

Zeigen Sie mithilfe einer grafischen Darstellung wie in Abbildung 33-4 (Krugman/Wells, Volkswirtschaftslehre, 2. Auflage), wie ein Monetarist begründen würde, warum eine kontraktive Fiskalpolitik bei einer unveränderten Geldmenge nicht notwendigerweise zu einem Rückgang des realen BIP führen muss.

Lösung

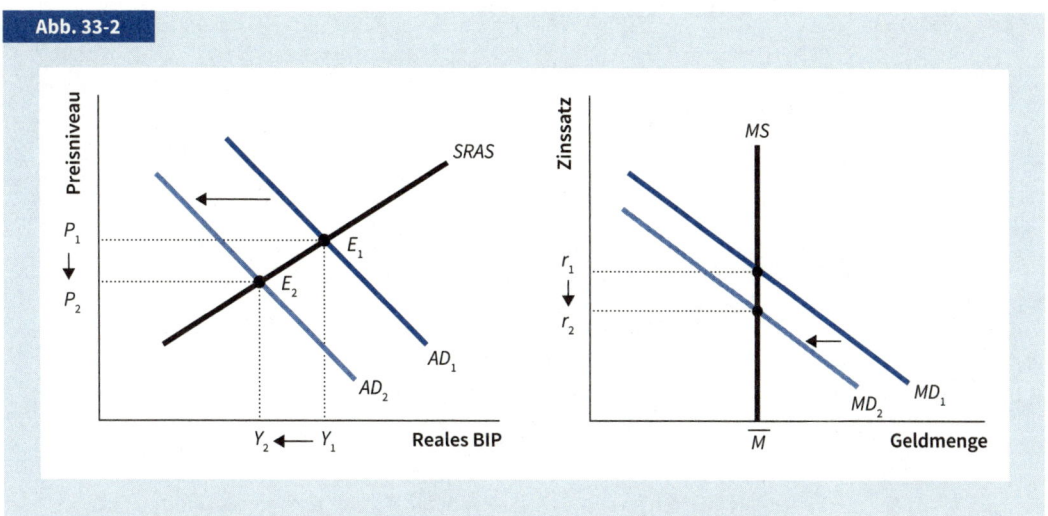

Abb. 33-2

Nach Auffassung der Monetaristen löst eine kontraktive Fiskalpolitik bei einer konstanten Geldmenge einen Zinsrückgang aus, der die privaten Investitionen ansteigen lässt.

Senkt der Staat die Käufe von Waren und Dienstleistungen, verschiebt sich die AD-Kurve nach links von AD_1 zu AD_2. Das gesamtwirtschaftliche Produktionsniveau wird von Y_1 auf Y_2 sinken, das Preisniveau von P_1 auf P_2. Sowohl der Rückgang des gesamtwirtschaftlichen Produktionsniveaus als auch der Rückgang des Preisniveaus senken die Geldnachfrage, sodass sich die Geldnachfragekurve von MD_1 nach links zu MD_2 verschiebt. Dadurch sinkt der Gleichgewichtszinssatz (auf r_2). Nach Auffassung der Monetaristen wirkt dieser Zinsrückgang stimulierend auf die (privaten) Investitionsausgaben. Der Anstieg der Investitionsausgaben wirkt dem kontraktiven Effekt der Fiskalpolitik entgegen. Fällt dieser Anstieg groß genug aus, dann kann damit der kontraktive Effekt der Fiskalpolitik kompensiert werden.

34 Die Makroökonomik der offenen Volkswirtschaft

Aufgabe 1

Wie gehen die nachfolgenden Transaktionen in die Zahlungsbilanzstatistik der Bundesrepublik Deutschland ein? Gehen sie in die Leistungsbilanz (als Zahlungen an einen Ausländer oder von einem Ausländer) oder in die Kapitalbilanz (als Kauf eines Vermögenswertes von einem oder als Verkauf eines Vermögenswertes an einen Ausländer) ein? Wie verändern sich die Leistungsbilanz und die Kapitalbilanz?

  a. Ein französischer Importeur kauft eine Kiste Wein aus Sachsen für 500 Euro.
  b. Ein Deutscher kauft Anleihen eines japanischen Unternehmens im Wert von 10.000 Euro.
  c. Eine deutsche Wohlfahrtsorganisation schickt Hilfsgelder in Höhe von 100.000 Euro nach Afrika, um dort ansässigen Einwohnern nach einer Missernte beim Einkauf von Nahrungsmitteln zu helfen.

Lösung

  a. Wenn ein französischer Importeur Wein aus Sachsen kauft, dann erscheint diese Transaktion als Zahlung von Ausländern für Exporte von Waren (500 Euro) in der Leistungsbilanz. Es kommt zu einer Verbesserung der Leistungsbilanz.
  b. Wenn ein Deutscher Anleihen eines japanischen Unternehmens kauft, dann erscheint diese Transaktion als Kauf von ausländischen Vermögenswerten (10.000 Euro) in der Kapitalbilanz. Durch den Kapitalabfluss kommt es zu einer Verschlechterung der Kapitalbilanz.
  c. Wenn eine deutsche Wohlfahrtsorganisation Hilfsgelder in Höhe von 100.000 Euro nach Afrika überweist, dann erscheint diese Transaktion als Übertragung an das Ausland in der Leistungsbilanz. Da eine Übertragung an das Ausland erfolgt, kommt es zu einer Verschlechterung der Leistungsbilanz.

Aufgabe 2

Im Zeitraum von 1980 bis 2013 haben sich sowohl die Höhe der ausländischen Vermögenswerte in den Vereinigten Staaten als auch die Höhe der US-amerikanischen Vermögenswerte im Ausland (jeweils als Anteil am BIP der übrigen Welt) nahezu verfünffacht.

  a. Bedeutet die Zunahme der US-amerikanischen Vermögenswerte (als Anteil am BIP der übrigen Welt), dass es in den Vereinigten Staaten in diesem Zeitraum zu einem negativen Nettokapitalzufluss gekommen ist?
  b. Ist die Entwicklung ein Beleg dafür, dass die Volkswirtschaften im Jahr 2013 stärker miteinander verflochten waren als im Jahr 1980?

Lösung

a. Die Zunahme der US-amerikanischen Vermögenswerte im Ausland (als Anteil am BIP der übrigen Welt) bedeutet nicht notwendigerweise, dass es in der US-amerikanischen Volkswirtschaft insgesamt zu einem negativen Nettokapitalzufluss gekommen ist. Schließlich haben sich auch die ausländischen Vermögenswerte in den Vereinigten Staaten im Zeitablauf erhöht. Es ist die Differenz zwischen den Käufen von US-amerikanischen Vermögenswerten durch Ausländer und den Käufen von ausländischen Vermögenswerten durch US-Amerikaner, die die Kapitalbilanz einer Volkswirtschaft und damit den Nettokapitalzufluss determiniert.

b. Die Tatsache, dass sowohl die Höhe der ausländischen Vermögenswerte in den Vereinigten Staaten als auch die Höhe der US-amerikanischen Vermögenswerte im Ausland angestiegen sind, lässt darauf schließen, dass es zu einem Abbau von institutionellen Hemmnissen im internationalen Kapitalverkehr sowie zu einer Verbesserung der Infrastruktur im internationalen Kapitalverkehr gekommen ist (Senkung der Transaktionskosten), die sich grundsätzlich positiv auf die internationalen Kapitalflüsse ausgewirkt haben, und die dazu geführt haben, dass die Volkswirtschaften heute stärker miteinander verflochten sind.

Aufgabe 3

In der Volkswirtschaft von Scottopia machten im Jahr 2015 die Exporte 400 Milliarden Euro an Waren und 300 Milliarden Euro an Dienstleistungen aus; die Importe beliefen sich auf 500 Milliarden Euro an Waren und 350 Milliarden Euro an Dienstleistungen. Von Scottopias Vermögenswerten kaufte das Ausland für 250 Milliarden Euro. Wie sieht die Handelsbilanz von Scottopia aus? Wie sieht die Leistungsbilanz von Scottopia aus? Was zeigt die Kapitalbilanz? Wie groß waren die Käufe der Volkswirtschaft Scottopia von Vermögenswerten aus dem Ausland?

Lösung

Die Summe aus Leistungsbilanzsaldo und Kapitalbilanzsaldo ergibt immer null. Da sich der Leistungsbilanzsaldo auf –150 Milliarden Euro beläuft, muss der Kapitalbilanzsaldo 150 Milliarden Euro betragen. Damit belaufen sich die Käufe von Vermögenswerten aus dem Ausland auf 100 Milliarden Euro.

Tab. 34-1

Handelsbilanz

	Zahlungen von Ausländern	Zahlungen an Ausländer	Saldo
Waren	400 Mrd. €	500 Mrd. €	−100 Mrd. €

Leistungsbilanz

	Zahlungen von Ausländern	Zahlungen an Ausländer	Saldo
Waren und Dienstleistungen	700 Mrd. €	850 Mrd. €	−150 Mrd. €

Kapitalbilanz

	Verkäufe von Vermögens-werten an das Ausland	Käufe von Vermögens-werten vom Ausland	Saldo
Staatliche und private Verkäufe und Käufe	250 Mrd. €	100 Mrd. €	150 Mrd. €

Aufgabe 4

In der Volkswirtschaft von Popania machten im Jahr 2015 die Käufe von Vermögenswerten aus der übrigen Welt 300 Milliarden Euro aus, die Käufe der übrigen Welt von Vermögenswerten aus Popania beliefen sich im gleichen Jahr auf 400 Milliarden Euro. Die Exporte an Gütern aus Popania betrugen 350 Milliarden Euro. Wie sah die Kapitalbilanz von Popania für das Jahr 2015 aus? Wie sah die Leistungsbilanz aus? Wie groß war der Wert der Importe?

Lösung

Es gilt, dass die Summe aus Leistungsbilanzsaldo und Kapitalbilanzsaldo immer null ergibt. Da sich der Kapitalbilanzsaldo auf 100 Milliarden Euro beläuft, muss der Leistungsbilanzsaldo −100 Milliarden Euro betragen. Damit belaufen sich die Importe auf 450 Milliarden Euro.

Tab. 34-2

Leistungsbilanz

	Zahlungen von Ausländern	Zahlungen an Ausländer	Saldo
Waren und Dienstleistungen	350 Mrd. €	450 Mrd. €	−100 Mrd. €

Kapitalbilanz

	Verkäufe von Vermögens-werten an das Ausland	Käufe von Vermögens-werten vom Ausland	Saldo
Staatliche und private Verkäufe und Käufe	400 Mrd. €	300 Mrd. €	100 Mrd. €

Aufgabe 5

Schauen Sie auf die Wechselkurse der ersten Handelstage der Jahre 2013 und 2014 in der nachfolgenden Tabelle und bestimmen Sie, ob der Dollar im Laufe dieses Zeitraums ab- oder aufgewertet hat. Machten die Bewegungen des Wechselkurses die US-amerikanischen Waren und Dienstleistungen für Ausländer mehr oder weniger attraktiv?

Tab. 34-3

1. Oktober 2013	1. Oktober 2014
1,62 Dollar für 1 Pfund Sterling	1,62 Dollar für 1 Pfund Sterling
29,51 Taiwan-Dollar für 1 Dollar	30,43 Taiwan-Dollar für 1 Dollar
0,97 Dollar für 1 Kanada-Dollar	0,89 Dollar für 1 Kanada-Dollar
98,04 Yen für 1 Dollar	109,31 Yen für 1 Dollar
1,35 Dollar für 1 Euro	1,26 Dollar für 1 Euro
0,91 Schweizer Franken für 1 Dollar	0,96 Schweizer Franken für 1 Dollar

Lösung

Gegenüber dem Pfund Sterling: weder Aufwertung noch Abwertung des Dollar
Gegenüber dem Taiwan-Dollar: Aufwertung des Dollar
Gegenüber dem Kanada-Dollar: Aufwertung des Dollar
Gegenüber dem Yen: Aufwertung des Dollar
Gegenüber dem Euro: Aufwertung des Dollar
Gegenüber dem Schweizer Franken: Aufwertung des Dollar
Die Attraktivität US-amerikanischer Waren und Dienstleistungen verbessert sich für Ausländer im Fall von Abwertungen und verschlechtert sich im Fall von Aufwertungen. Da der Dollar gegenüber fast allen Währungen aufgewertet hat, sind US-amerikanische Waren und Dienstleistungen für Ausländer weniger attraktiv geworden.

Aufgabe 6

Gehen Sie auf die Internetseite http://fx.sauder.ubc.ca und bestimmen Sie mithilfe der Wechselkurse in der Tabelle »The Most Recent Cross-Rates of Major Currencies«, ob das Britische Pfund, der Kanadische Dollar, der Yen, der Euro und der Schweizer Franken seit dem 1. Oktober 2014 gegenüber dem Dollar aufgewertet oder abgewertet haben. Die Wechselkurse vom 1. Oktober 2014 finden Sie in der Tabelle zu Aufgabe 5.

Lösung

Tab. 34-4

Wechselkurs am 1. Oktober 2014	Wechselkurs am 27. Juli 2016
1,62 Dollar für 1 Pfund Sterling	1,31 Dollar für 1 Pfund Sterling
0,89 Dollar für 1 Kanada-Dollar	0,76 Dollar für 1 Kanada-Dollar
109,31 Yen für 1 Dollar	104,83 Yen für 1 Dollar
1,26 Dollar für 1 Euro	1,10 Dollar für 1 Euro
0,96 Schweizer Franken für 1 Dollar	1,01 Schweizer Franken für 1 Dollar

Der Dollar hat gegenüber dem Yen abgewertet, gegenüber allen anderen Währungen jedoch aufgewertet.

Aufgabe 7

Von Januar 2001 bis Juni 2003 ist das Zinsniveau in den Vereinigten Staaten (Federal Funds Rate) von 6,5 Prozent auf 1,0 Prozent gesunken. Im gleichen Zeitraum ist das Zinsniveau im Euroraum (Spitzenrefinanzierungssatz) von 5,75 Prozent auf 3 Prozent gesunken.

a. Würden Sie auf der Grundlage des Kreditmarktmodells in Anbetracht der geschilderten Zinsentwicklung in diesem Zeitraum einen negativen Nettokapitalzufluss aus den Vereinigten Staaten in den Euroraum oder vom Euroraum in die Vereinigten Staaten erwarten?

b. Welche Auswirkungen sollte der negative Nettokapitalzufluss auf den Wechselkurs zwischen Euro und Dollar in diesem Zeitraum haben? Ist es zu dieser Wechselkursentwicklung tatsächlich gekommen (die tatsächliche Wechselkursentwicklung können Sie auf www.bundesbank.de unter Statistiken/Außenwirtschaft nachvollziehen).

Lösung

a. Da die Zinsen in den Vereinigten Staaten stärker gesunken sind als im Euroraum und sich im Sommer 2003 auf einem niedrigeren Niveau als im Euroraum befanden, ist für diesen Zeitraum ein negativer Nettokapitalzufluss aus den Vereinigten Staaten (niedrigere Zinsen) in den Euroraum (höhere Zinsen) zu erwarten.

b. Ein negativer Nettokapitalzufluss aus den Vereinigten Staaten in den Euroraum geht mit einer höheren Nachfrage nach Euro einher. Die höhere Nachfrage nach Euro verändert das Gleichgewicht auf dem Devisenmarkt. Der Euro wertet auf. Und zu dieser Entwicklung ist es auch gekommen. Der Wechselkurs des Dollar gegenüber dem Euro ist im Zeitraum von Januar 2001 bis Juni 2003 deutlich angestiegen. Während man im Januar 2001 nur rund 0,94

Dollar für einen Euro erhielt, waren es im Juni 2003 rund 1,17 Dollar. Der Euro hat also tatsächlich aufgewertet.

Aufgabe 8

Nehmen wir an, die Zentralbank von Albernia habe den Wechselkurs seiner Währungseinheit Bern zum Dollar festgelegt (auf 1,50 Dollar für 1 Bern) und sich auf diesen Wechselkurs verpflichtet. Zu Beginn befindet sich der Devisenmarkt für den Bern im Gleichgewicht. Doch nun fangen die Einwohner von Albernia und der Vereinigten Staaten an zu glauben, dass die Vermögenswerte des Landes Albernia hohe Risiken aufweisen und möchten daher für Vermögenswerte des Landes Albernia höhere Zinsen als für US-amerikanische Vermögenswerte. Stellen Sie diese Entwicklung grafisch dar. Wie würde es sich auf die Volkswirtschaft von Albernia auswirken, wenn die Zentralbank von Albernia den Wechselkurs mithilfe der Geldpolitik konstant halten will?

Lösung

Wenn die Einwohner in Albernia und in den Vereinigten Staaten glauben, dass Vermögenswerte aus Albernia zunehmend riskant sind, dann wird am Devisenmarkt die Nachfrage nach Bern sinken (Verschiebung der Nachfragekurve von D_1 nach links zu D_2), da die US-Amerikaner weniger Vermögenswerte aus Albernia nachfragen. Gleichzeitig steigt das Angebot an Bern (Verschiebung der Angebotskurve von S_1 nach rechts zu S_2), da die Einwohner von Albernia mehr Vermögenswerte aus den Vereinigten Staaten nachfragen. Im Ergebnis stellt sich eine Abwertung des Bern ein.

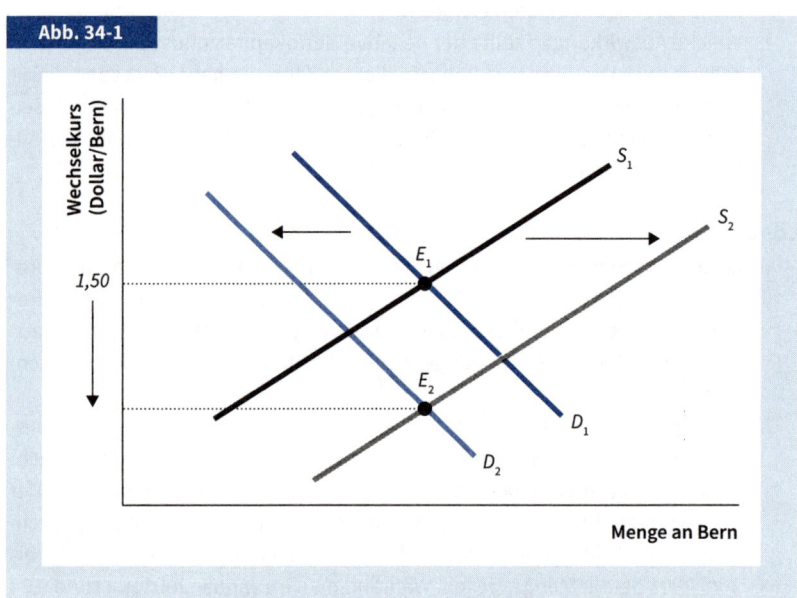

Abb. 34-1

Hat sich die Zentralbank von Albernia dazu verpflichtet, den Wechselkurs konstant zu halten, dann muss sie versuchen, durch eine restriktive Geldpolitik das Zinsniveau in Albernia zu erhöhen. Steigt das Zinsniveau in Albernia, würde sich die Nachfrage nach Bern am Devisenmarkt wieder erhöhen, während gleichzeitig das Angebot zurückgeht. Der Wechselkurs steigt. Allerdings wird sich eine restriktive Geldpolitik negativ auf die gesamtwirtschaftliche Entwicklung in Albernia auswirken. Das höhere Zinsniveau in Albernia wird die Investitionsausgaben und die gesamtwirtschaftliche Nachfrage verringern, damit sinken Produktion und Beschäftigung.

Aufgabe 9
Ihr Studienkollege fragt Sie: »Wenn Zentralbanken bei fixen Wechselkursen die Fähigkeit zu diskretionärer Geldpolitik einbüßen, weshalb sollten sich dann die Länder auf ein System fester Wechselkurse verständigen?« Wie lautet Ihre Antwort?

Lösung
Bei flexiblen Wechselkursen wirkt sich die Unsicherheit über die zukünftige Höhe des Wechselkurses negativ auf internationale Transaktionen aus. Wenn die Unternehmen aufgrund des flexiblen Wechselkurses nicht wissen, was eine zukünftige Zahlung in ausländischer Währung in heimischer Währung wert sein wird, werden sie im Zweifelsfall von derartigen Geschäften Abstand nehmen. Ein Vorteil fester Wechselkurse für die Geschäftswelt ist also die Sicherheit über den künftigen Wert einer Währung. Das Bekenntnis zu einem festen Wechselkurs bedeutet außerdem oft auch ein Bekenntnis, keine inflatorische Politik zu betreiben, weil die Geldpolitik nicht mehr frei eingesetzt werden kann.

Aufgabe 10
Nehmen Sie an, Japan und die Vereinigten Staaten sind die beiden einzigen Volkswirtschaften weltweit. Was passiert mit dem Wechselkurs zwischen beiden Volkswirtschaften (Yen je Dollar) bei den folgenden Ereignissen?
  a. Japan nimmt einen Teil seiner Importbeschränkungen zurück.
  b. Die Vereinigten Staaten erheben einen Zoll auf den Import japanischer Waren.
  c. Die Zinsen in den Vereinigten Staaten steigen deutlich an.
  d. Ein Zeitungsartikel berichtet darüber, dass die Lebensdauer von japanischen Pkw deutlich länger ist als zunächst angenommen, vor allem deutlicher länger als die Lebensdauer von US-amerikanischen Pkw.

Lösung
  a. Wenn Japan einen Teil seiner Importbeschränkungen zurücknimmt, werden die Japaner mehr US-amerikanische Güter nachfragen und damit auch mehr Dollar, um diese Güter zu bezahlen. Dadurch wertet der Dollar auf, der Wechselkurs (Yen je Dollar) steigt.
  b. Wenn die Vereinigten Staaten einen Zoll auf den Import japanischer Waren erheben, werden die US-Amerikaner weniger japanische Waren kaufen. Dadurch werden die US-Amerikaner weniger Dollar gegen Yen tauschen. Das An-

gebot an Dollar auf dem Devisenmarkt sinkt, und der Dollar wertet auf. Der Wechselkurs (Yen je Dollar) steigt.

c. Ein starker Anstieg der Zinsen in den Vereinigten Staaten macht US-amerikanische Vermögenswerte attraktiver für japanische Anleger. Gleichzeitig werden die US-Amerikaner auch weniger japanische Vermögenswerte kaufen. Die Nachfrage nach Dollar steigt und das Angebot sinkt. Es kommt zu einer starken Aufwertung des Dollar. Der Wechselkurs (Yen je Dollar) steigt.

d. Durch den Zeitungsartikel wird die Nachfrage nach japanischen Pkw zunehmen und damit auch die Nachfrage nach Yen. Der Yen wird aufwerten und der Dollar abwerten. Der Wechselkurs (Yen je Dollar) sinkt.

Stichwortverzeichnis